国家出版基金项目
NATIONAL PUBLICATION FOUNDATION

中国参政党丛书

中国民主同盟史

中国民主同盟中央委员会 著

華文出版社
SINO-CULTURE PRESS

图书在版编目（CIP）数据

中国民主同盟史／中国民主同盟中央委员会著. --
北京：华文出版社，2024.10
（中国参政党丛书）
ISBN 978-7-5075-5796-1

Ⅰ. ①中… Ⅱ. ①中… Ⅲ. ①中国民主同盟—党史
Ⅳ. ①D665.2

中国国家版本馆CIP数据核字(2024)第070290号

中国参政党丛书：中国民主同盟史

标准书号：ISBN 978-7-5075-5796-1
丛书编者："中国参政党丛书"编辑委员会
本册著者：中国民主同盟中央委员会
责任编辑：雷　平
责任印制：刘力新
封面设计：李琳琳
出版发行：华文出版社
地　　址：北京市西城区广外大街305号8区2号楼
邮政编码：100055
电　　话：总 编 室 010-58336239　发行部 010-58336270
责任编辑 010-58336254
经　　销：新华书店
印　　刷：北京新华印刷有限公司
开　　本：710mm×1000mm　1/16
印　　张：29.5
字　　数：422千字
版　　次：2024年10月第1版
印　　次：2024年10月第1次印刷
定　　价：698.00元（全8册）

“中国参政党丛书”
编辑委员会

总　序

2018年3月，习近平总书记在看望参加全国政协十三届一次会议的民盟、致公党、无党派人士和侨联界委员时明确指出：中国共产党领导的多党合作和政治协商制度作为我国一项基本政治制度，是中国共产党、中国人民和各民主党派、无党派人士的伟大政治创造，是从中国土壤中生长出来的新型政党制度。习近平总书记的重大理论判断，为我们理解中国的政党和政党制度提供了根本遵循。

一个国家实行什么样的政党制度，是由其特定的历史传承、文化传统、政治经济状况和现实国情等因素决定的。中国共产党领导的多党合作和政治协商制度植根于中华优秀传统文化，孕育于近代以来中国民主革命的历史进程，形成于协商建立新中国的伟大实践，发展于社会主义革命、建设、改革的伟大事业，完善于中国特色社会主义新时代，它是中国近现代社会发展的必然结果，是马克思主义政党理论与中国实际紧密结合的产物，是中国共产党、各民主党派和中国人民的共同政治选择，符合中国的基本国情，体现了中国人民的政治智慧。中国新型政党制度以合作、参与、协商为基本精神，以团结、民主、和谐为本质属性，具有政治参与、利益表达、社会整合、民主监督和维护稳定的重要功能，实现了执政与参政、领导与合作、协商与监督的有机统一，是人民当家作主的重要实现形式和社会主义协商民主的重要制度载体。它能够实现利益代表的广泛性，体现奋斗目标的一致性，促进决策施策的科学性，保障国家治理的有效性，在发展全过程人民民主中发挥了重要作用。

中国新型政党制度中包括中国共产党和八个民主党派，以及无党派人士。八个民主党派是中国国民党革命委员会（简称民革）、中国民主同盟（简称民盟）、中国民主建国会（简称民建）、中国民主促进会（简称民进）、中国农工民主党（简称农工党）、中国致公党（简称致公党）、九三学社、台湾民主自治同盟（简称台盟）。

长期以来，中国共产党同各民主党派长期共存、互相监督、肝胆相照、荣辱与共，形成了通力合作、团结和谐的新型政党关系，奠定了“共产党领导、多党派合作，共产党执政、多党派参政”的政治格局。中国共产党处于领导地位和执政地位。中国共产党是中国特色社会主义事业的坚强领导核心，各民主党派、无党派人士自觉接受中国共产党的领导，拥护中国共产党的领导地位和执政地位。中国共产党对各民主党派、无党派人士的领导，主要是政治领导，即政治原则、政治方向和重大方针政策的领导，中国共产党支持各民主党派、无党派人士独立自主地开展工作，充分履行职能、积极发挥作用。民主党派不是在野党、反对党，也不是旁观者、局外人，而是中国特色社会主义参政党，在中国共产党领导下参与国家治理。民主党派的基本职能是参政议政、民主监督、参加中国共产党领导的政治协商。民主党派参政的基本点是，参加国家政权，参与重要方针政策、重要领导人选的协商，参与国家事务的管理，参与国家方针政策、法律法规的制定和执行。民主党派的参政地位和参政权利受宪法保护，这是人民民主的重要体现。民主党派围绕国家经济社会发展中的重大问题献计出力，是中国特色社会主义事业的亲历者、实践者、维护者、捍卫者。

各民主党派是在中国人民反帝爱国、争取民主和反对独裁专制的斗争中产生和发展起来的，其社会基础主要是民族资产阶级、城市小资产阶级以及同这些阶级相联系的知识分子和其他爱国人士。除致公党 1925 年成立于美国旧金山、农工党成立于 1930 年外，民主党派大都成立于抗日战争和解放战争时期。在中国共产党统一战线政策的影响和团结下，各民主党派不断加深对中国共产党的了解，特别是1948年中国共产党发布“五一口号”后，民主党派积极响应，纷纷表示“愿在中共领导下，献其绵薄，贯彻始终，以冀中国人民民主革命之迅速成功，独立、自由、和平、幸福的新中国之早日实现”，积极参加新中国的筹备工作。在血与火的斗争洗礼和比较选择中，民主党派在政治上实现了从同情和倾向中国共产党到公开表示自觉接受中国共产党领导、走新民主主义道路的根本转变。1949年新政协的召开，标志着中国共产党领导的多党合作和政治协商制度这一新型政党制度的正式确立，为各民主党派同中国共产党在更大范围和更深程度上的团结合作提供了制度保障。

在社会主义革命和建设时期，各民主党派积极参加国家政权和国家事务的管理，调动成员和所联系的群众参加各项民主改革和新中国的建设，参加社会主义改造，作出了重要贡献，其自身阶级属性发生深刻变化，逐渐成为一部分劳动者的政党。

进入改革开放和社会主义现代化建设新的历史时期，各民主党派努力加强自身建设，充分发挥各自特点和优势，在深化改革、扩大开放、建设社会主义事业、维护安定团结的政治局面、促进国家统一方面不断作出新贡献。随着中国特色社会主义事业的不断推进，各民主党派进一步发展成为各自所联系的一部分社会主义劳动者、社会主义事业建设者和拥护社会主义的爱国者的政治联盟，成为接受中国共产党领导、同中国共产党通力合作的亲密友党，成为进步性与广泛性相统一、致力于中国特色社会主义事业的参政党。民主党派的性质发生了根本变化，由阶级联盟转变为政治联盟。共产党领导、多党派合作，共产党执政、多党派参政的良好政治格局更加巩固，民主团结、生动活泼的和谐政党关系更加融洽。

中国特色社会主义进入新时代，以习近平同志为核心的中共中央统筹中华民族伟大复兴战略全局和世界百年未有之大变局，形成了习近平总书记关于做好新时代党的统一战线工作的重要思想，强调必须坚持好发展好完善好中国新型政党制度；提出各民主党派是中国特色社会主义参政党，基本职能是参政议政、民主监督、参加中国共产党领导的政治协商；提出要推动多党合作展现新气象，思想共识取得新提高，履职尽责展现新作为，各民主党派要做中国共产党的好参谋、好帮手、好同事。这些新理念新思想新论断，系统回答了在新时代“坚持和发展什么样的多党合作制度、怎样坚持和发展多党合作制度”“建设什么样的参政党、怎样建设参政党”等重大问题。各民主党派认真学习习近平新时代中国特色社会主义思想，不断加强自身建设，提高建言资政水平，为推进国家各项事业发展作出了重要贡献。

知所从来，思所将往。习近平总书记指出：“一切向前走，都不能忘记走过的路；走得再远、走到再光辉的未来，也不能忘记走过的过去，不能忘记为什么出发。”回首中国新型政党制度和各民主党派的形成和发展，同样有着值得铭记的历史和不能忘却的初心。民主党派几经变迁和考验，始终秉持进步理念、认真履行职能、保持自身特色，形成了许多优良传统和宝贵经验，给人以深刻启示。

自觉接受中国共产党领导，是民主党派不断发展的根本保证。中国共产党的领导是中国特色社会主义最本质的特征，是中国特色社会主义制度的最大优势。历史和实践充分表明，中国共产党的领导是民主党派加强自身建设、不断发展进步的根本保证。民主党派的发展史，就是对中国共产党在认识上不断深化、政治上不断认同、行动上不断靠拢的历史。中国共产党的领导核心地位越突出，民主党派自身建设就越有力，多党合作的政治格局就越稳固。迈进新的征程，各民主党派要坚持自觉接受中国共产党领导的政治立场不变、与中国共产党亲密合作和同心同德的政治态度不变，始终做到肝胆相照、荣辱与共。

致力于国家富强、民族复兴和人民幸福，是民主党派不断发展的价值追求。正确的价值取向和目标追求，反映着政党的进步性，决定着政党的生命力。我国民主党派之所以能够经历大浪淘沙、不断发展，就是因为从一开始就以国家和民族大义为团结奋斗的价值追求。围绕这一价值目标，民主党派在民主革命时期同帝国主义和国民党反动派进行不屈的斗争，最后同中国共产党走到了一起。围绕这一价值目标，在新中国建设 70 多年历程中，各民主党派发挥优势作用，凝聚奋进力量，作出重要贡献。迈进新的征程，民主党派只有始终高扬爱国主义旗帜，积极践行致力于国家富强、民族振兴和人民幸福的价值追求，才能更加有所作为、有所进步。

推进社会主义民主政治建设，是民主党派不断发展的重要基础。人民民主是社会主义的生命，也是我国多党合作制度的基石。中国共产党自诞生之日起，就以发展人民民主为己任，开启了中国民主政治发展新征程。中国新型政党制度，就是中国共产党与各民主党派共同推动中国民主政治发展的重大成果，同时又是在新的历史条件下进一步推进全过程人民民主、最广泛地动员和组织人民依法管理国家和社会事务的重要途径。在这一制度下，民主党派作为参政党的作用和优势得到充分发挥。迈进新的征程，各民主党派要始终坚持走中国特色社会主义政治发展道路，进一步把中国新型政党制度坚持好、发展好、完善好，使我国社会主义政治制度的特点和优势得到更充分体现。

坚持进步性与广泛性的统一，是民主党派不断发展的内在要求。民主党派的进步性，集中体现在同中国共产党通力合作，共同建立新中国，共同致力于推进中国特色社会主义事业。民主党派的广泛性，主要表现在其成员来自不同的社会阶层和群体，负有更多地反映和代表各自所联系群众的具体利益和要求的责任。没有进步性，民主党派与中国共产党的合作就没有存在的基础；没有广泛性，民主党派就失去了存在的意义。迈进新的征程，民主党派要紧跟时代步伐、适应形势发展，不断增强进步性、保持广泛性，认真学习借鉴执政党建设的创新理念、经验做法，转化为符合自身实际、体现各自特色的思路举措，始终沿着正确的方向健康发展，不断前进。

为了更好地继承和弘扬民主党派的优良传统，在中央统战部的大力支持下，各民主党派中央持续开展历史传统记录工程，在此基础上撰写了“中国参政党丛书”。这套丛书共八册，主要目的是回望过去，把握现在，展望未来。回望过去，就是系统梳理各民主党派产生、发展、演变的历史脉络，深入总结历史经验，帮助民主党派广大成员深入理解统一战线和多党合作因党而生、伴党而行的光荣历史，充分认识中国共产党对民主党派发展的指引和帮助，感悟民主党派老一辈领导人对中国共产党的深厚感情，传承他们的爱国情怀，弘扬优良传统，搞好政治交接；把握现在，就是立足中国特色社会主义进入新时代的历史方位，从中西对比中深刻认识中国新型政党制度的进步性和优越性，深刻理解多党合作所蕴含的制度价值、政治价值、思想价值和文明价值，坚定制度自信；展望未来，就是顺应中国特色社会主义进入新时代、世界面临百年未有大变局的大趋势，从完善我国基本政治制度、发展全过程人民民主的高度，贯彻落实中共中央关于加强参政党建设的部署和要求，从中国共产党百年奋斗的伟大成就和历史经验中汲取智慧和力量，始终做同中国共产党通力合作的亲密友党和好参谋、好帮手、好同事，在全面建设社会主义现代化国家新征程中再立新功。

我们相信，在以习近平同志为核心的中共中央坚强领导下，我国各民主党派一定能够紧跟时代步伐，保持正确政治方向，谱写蓬勃发展、凝心聚力的崭新篇章！中国新型政党制度这一具有中国特色、中国气派、中国底蕴的好制度，将会展现更加超凡的制度优势，迈出更加坚实的发展步伐！

“中国参政党丛书”编辑委员会

2022 年 8 月

序　言

民盟中央主席　丁仲礼

2021 年是中国民主同盟成立 80 周年。80 年只是历史长河的短暂一瞬，却见证了中华大地的沧桑巨变，见证了中华民族从苦难走向辉煌的伟大历程。抚今追昔，足堪告慰前辈先贤。

2021 年还是中国共产党成立 100 周年。我们国家实现全面建成小康社会百年目标、开启全面建设社会主义现代化国家新征程，民盟在中国共产党的领导下，得以共襄伟业，何其幸哉！

历史总是在曲折中前进。中华民族如今的繁荣昌盛，是一代代有识、有志之士和人民大众前仆后继奋斗而来。民盟就是在与中国共产党共克时艰、共历风雨的筚路蓝缕之中，结下了肝胆相照、荣辱与共的深厚友谊，也由此成为推进中国革命、建设、改革事业，实现中华民族伟大复兴的中国梦的一支重要力量。站在“两个一百年”奋斗目标的历史交会点上，回首民盟 80 年来的发展历程，我们可以清楚地看到，虽然历经波折，但民盟致力于国家富强、民族复兴和人民幸福的精神指向一以贯之，民盟与中国共产党同舟共济的优良传统一以贯之，这是民盟实现价值追求的政治底色和根本保证。

民盟 1941 年成立于重庆。当时正是寇深祸急、民族危亡之际，国民党无视大局，肆意破坏抗日民族统一战线，直至制造皖南事变，国共合作难以为继。国共两党以外一些主张抗日的政团和人士对此深为忧虑，认为“近则妨碍抗战，远则重演内战”，“第三方面”必须联合起来，以政治民主、全国团结促进抗战胜利。是年 3 月 19 日遂秘密成立中国民主政团同盟，参加者有党派领导人黄炎培、左舜生、张君劢、梁漱溟、章伯钧，社会贤达张澜等。1944 年 9 月改组为中国民主同盟。抗战期间，民盟作为“民主运动的生力军”，努力推动民主、团结、抗战，积极响应中国共产党建立民主联合政府的号召，增强了国内的进步政治力量，推动和维护了团结抗日的局面。

抗战胜利前后，中国面临两种命运、两种前途的抉择。1945 年 7 月，民盟领导人黄炎培、左舜生、章伯钧、冷遹等六位参政员访问延安，与中共达成了从速召开政治会议、建立民主联合政府的共识。黄炎培在重庆出版《延安归来》一书，一时洛阳纸贵，为大后方社会各阶层深入了解延安发挥了积极作用，其与毛泽东关于历史周期率的“窑洞对”更传为佳话。抗战胜利之初，国共重庆谈判之际，毛泽东三访特园，与民盟主席张澜会晤，中国共产党与民盟形成了在重大政治问题上事先交换意见、共同商讨后采取一致行动的“君子协定”。此后，民盟在大方向上始终与中国共产党保持一致，为反内战、反独裁、争民主、促和平作出了巨大努力，一批优秀盟员，如李公朴、闻一多等，在争取民主自由的斗争中献出了宝贵生命，民盟先烈的鲜血和共产党人的鲜血流在了一起。1946 年 1 月，民盟作为五方代表之一参加了在重庆召开的政治协商会议，与中共代表团默契配合，与国民党进行了针锋相对的斗争，终于达成了有利于和平、民主的五项协议。其后，国民党违背政协决议，单方面召开“国民大会”。民盟顶住压力，坚决和中国共产党共进退，拒绝参加“国民大会”，极大地孤立了国民党，因而遭到打压，更于 1947 年 11 月被迫解散。在艰苦曲折的探索中，民盟认识到只有中国共产党才能救中国，只有与中国共产党亲密合作，才能实现救国救民的政治理想。1948 年 1 月，民盟在香港召开一届三中全会，公开宣布“与中国共产党携手合作，为彻底摧毁国民党反动政府，实现民主、和平、独立、统一的新中国而奋斗”。同年 4 月 30 日，中共中央发布“五一口号”，向各民主党派、各人民团体及社会贤达发出“召开政治协商会议，成立民主联合政府”的号召，得到民盟等各民主党派的热烈响应。“五一口号”的发布，标志着中国的民主政治建设和政党制度建设揭开了崭新一页。此后，民盟以极大的政治热忱参加了中国人民政治协商会议的筹备，参与了《中国人民政治协商会议共同纲领》的制定和多项重要筹备方案的设计与完善，为中华人民共和国的成立作出了重要贡献。由此可见，多党合作制度在确立之初就已确定两块基石：一是坚持中国共产党领导，二是为国家和人民的利益团结奋斗。在我们看来，这就是多党合作制度建立的初心所在。

中华人民共和国成立后，民盟在中国共产党领导下进入了新的历史发展时期。多位民盟领导人和部分代表人士担任中央和地方的重要领导职务，如张澜任中央人民政府副主席，黄炎培任政务院副总理兼轻工业部部长，沈钧儒任最高人民法院院长，等等，参与国家事务的决策和管理。广大盟员焕发出空前高涨的政治热情，积极投身国家各项建设事业，为巩固新生的人民政权、恢复和发展国民经济、进行社会主义改造贡献智慧和力量。特别是在文化和教育领域，广大盟员发挥特色优势，做了许多卓有成效的工作。1956 年，毛泽东在《论十大关系》中提出把“长期共存、互相监督”作为处理中国共产党同民主党派关系的基本方针，奠定了多党合作制度长期发展的格局。虽然随后的社会主义实践探索中经历了一些曲折，多党合作和政治协商制度经受了严峻考验，但民盟接受中国共产党领导的政治立场，与中国共产党同心同德、荣辱与共的政治态度始终不渝。

改革开放以来，中国共产党注重加强社会主义民主政治建设，多党合作事业进入蓬勃发展的新时期。民盟根据中国共产党大政方针的调整完善和国家形势任务的不断变化，立足于实践需要和自身优势，努力探索发挥作用的方式和领域，为推进中国特色社会主义事业和现代化建设作出了突出贡献。在此期间，民盟提出了“出主意、想办法，做好事、做实事”的号召，积极履行参政党职能。特别是认真开展区域发展战略的调查研究和论证工作，提出加快大西北、环渤海地区、长江三角洲、黄河三角洲和中原、淮海、闽东等经济区域发展的建议，对推动经济社会发展产生了积极影响。民盟深耕教育、民生、农业、科技、社会、生态等领域，倾心开展智力帮扶，打造了一系列参政议政和社会服务品牌。中共十八大以来，以习近平同志为核心的中共中央深刻总结改革开放以来我国政治制度的实践和经验，对发展和完善中国共产党领导的多党合作和政治协商制度作出新的部署，中国特色社会主义民主政治建设取得历史性成就。民盟聚焦国家中心任务，围绕统筹推进“五位一体”总体布局和协调推进“四个全面”战略布局，发挥特色优势，深入调查研究，就关系国计民生的重大问题提出许多具有前瞻性、针对性、可操作性的意见建议，为推动科学决策、民主决策，推进国家治理体系和治理能力现代化发挥了积极作用。民盟扎实开展脱贫攻坚民主监督，持续参与毕节、广宗等地扶贫开发建设，深化“农村教育烛光行动”等社会服务品牌，也产生了良好的社会影响。

作为中国特色社会主义参政党，在面对各种艰难险阻与自然灾害时，民盟始终与执政党同舟共济，并肩战斗。2020 年年初，新冠肺炎疫情肆虐中华大地，在以习近平同志为核心的中共中央坚强领导下，民盟与全国人民一道，坚决贯彻执行中共中央各项决策部署，围绕疫情防控和促进经济社会发展双任务履职尽责，发挥了应有作用。164 名各地医卫界盟员逆行出征，和 345 名湖北盟员一起，第一时间加入湖北抗疫保卫战，全国各地有 1 万多名盟员医卫人员坚守抗疫防疫一线。全盟捐款捐物价值 6.3 亿多元，大部分投入武汉、黄冈、孝感等疫情严重地区和毕节、广宗等重点扶贫地区。民盟中央就抗击新冠肺炎疫情、推动复工复产、常态化疫情防控等重大问题，向中共中央、国务院报送了 13 篇政策建议信，得到中共中央领导同志的重要批示。

80 载跋涉前行，民盟已发展成为一个政治上成熟、组织上健全、在国家政治生活中作用日益彰显的中国特色社会主义参政党。截至 2020 年底，民盟有省级组织 30 个，地市级组织 317 个，县级地方组织 95 个，基层组织 7973 个，盟员 33 万余人；先后拥有 155 位两院院士和众多知名专家学者。吴征镒、徐光宪、谷超豪、吴良镛、郑哲敏、张存浩先后荣获国家最高科学技术奖。广大民盟盟员在本职岗位上建功立业，其中多有享誉国际或获得国家表彰者。

“天若有情天亦老，人间正道是沧桑。”80 年的岁月，既是一部民盟成长、发展的编年史，更是一幅渐次展开的与中国共产党风雨同舟、亲密合作的绚丽长卷。正如中共中央在致民盟十二大的贺词中指出的：“民盟诞生于中华民族生死存亡的关键历史时刻，在争取民族独立和人民解放的斗争中，自觉地同中国共产党共克时艰；在巩固新生人民政权、推进社会主义建设中，坚定地同中国共产党共历风雨；在坚持和发展中国特色社会主义事业中，始终同中国共产党共襄伟业。几十年的伟大历史进程中，一代又一代民盟领导人团结带领广大盟员，始终致力于国家富强、民族振兴和人民幸福，同中国共产党结下了肝胆相照、荣辱与共的深厚友谊。”在这 80 年不平凡的历程中，民盟经受住了严峻的历史考验，逐渐形成了值得珍视、继承和发扬的光荣传统。我认为，这种光荣传统至少应包含以下内容：

一是坚持中国共产党的领导。民盟人从内心深处认识到：只有中国共产党，才能真正以全中国人民的利益作为出发点，也只有中国共产党才能真正凝聚和领导全中国人民，创造中华民族灿烂辉煌的美好明天。因为有这样的认知，在民盟章程中，我们把自觉拥护、接受中国共产党的领导作为立盟的重要基石。

二是立盟为公，以天下为己任。自成立以来，民盟“奔走国是、关注民生”，始终与国家、民族同呼吸、共命运，为国家富强、民族复兴和人民幸福团结奋斗的信念坚贞不渝。民盟中央原主席费孝通用最朴实的语言概括了我们的宗旨：“民盟的责任就是协助中国共产党把中国的事情办好。”

三是学有专长、甘于奉献。费孝通说过：“正是这样一批人，作风正派，学有专长，有社会影响，愿意为国家做事情，大家走到一起才有了民盟组织，有了更好的做事情的条件。”广大盟员脚踏实地，勤奋工作，以心血和生命作燃料，传薪续火。

四是修德守身、自尊自强。张澜先生终其一生践行的“人不可以不自爱，不可以不自修，不可以不自尊，不可以不自强，而断不可以自欺”的“四勉一戒”座右铭，令人感佩。民盟以高、中级知识分子为主，盟内有很多学者在所治专业堪称大师、泰斗，但终其一生只是普通盟员。他们淡泊名利，却把道德文章看得比生命还重。他们作为中国优秀知识分子的代表，其操守、自尊、涵养、风骨，既表现在大是大非上的仗义执言，更体现为润物无声的冰雪情操。

今天我们弘扬民盟传统，就是为了让这种传统在新的历史条件下，成为民盟持续为中华民族伟大复兴而奋斗的不竭动力。

当前，我们正处于中华民族伟大复兴的重要历史机遇期，机遇与挑战并存，希望与困难同在。如何在新时代奋发有为、推动多党合作事业行稳致远，这是摆在民盟人面前的重大课题。

中华民族独特的文化、历史土壤孕育了我国独特的多党合作制度。近代以来，中国政党制度的确立，经历了由西向东、由外而内、反求诸己的道路，最终培育生长出适合自己国情的政党制度。新型政党制度是将领导核心的一元性与结构的多元性有机统一起来的“合作型”政党制度，既有科学的指导思想，又有严谨的制度架构；既有明确的价值取向，又有符合国情的实现形式和推动力量，是一种“治理型”的政党制度结构，因而具有独特的制度优势。中国共产党与各民主党派“长期共存、互相监督、肝胆相照、荣辱与共”，建立了合作共存、体谅包容的和谐政党关系，我们的根本利益是一致的，就是为人民谋福利，基本目标也是一致的，那就是共襄中华复兴。这也是我们在饱经苦难之后的理性认知，是我们在经历过艰难曲折之后更加坚定的政治文化自信。

中共十八大以来，习近平总书记对民主党派更好地履行参政党职能提出了殷切希望，先后提出了“四新”“三好”等明确要求。民盟要在新时代的多党合作平台上更好地发挥作用，必须不断加强思想政治建设、组织建设、履职能力建设、作风建设、制度建设特别是领导班子建设，努力打造政治坚定、组织坚实、履职有力、作风优良、制度健全的民盟组织；必须进一步提高围绕中心、服务大局的意识和能力，切实提高履行参政党职能的质量和效果，为在新时代实现“多党合作要有新气象，思想共识要有新提高，履职尽责要有新作为，参政党要有新面貌”目标要求而更加努力。

展望未来，新时代多党合作舞台更加广阔。我们要以习近平新时代中国特色社会主义思想为指引，坚持中国共产党的领导，坚定不移走中国特色社会主义政治发展道路，努力把我国新型政党制度坚持好、发展好、完善好；要以民盟前辈为楷模，继承和发扬优良传统，与中国共产党肝胆相照、携手并进，努力做中国共产党的好参谋、好帮手、好同事，为夺取新时代中国特色社会主义伟大胜利、实现中华民族伟大复兴的中国梦作出新的更大贡献！

是为序，既是书序，亦希望是民盟新时代新征程前进的序曲。

2021 年 1 月

目录

第一章　坚持团结抗日，争取和平民主

第一章

坚持团结抗日，争取和平民主

中国民主同盟是在中国共产党的抗日民族统一战线政策影响下，在民族危机空前严重时刻，由主张团结、民主、抗日的政团联合，于 1941 年 3 月 19 日在重庆成立的，当时的名称是中国民主政团同盟。1944 年 9 月改组为中国民主同盟。民盟坚持团结抗日，争取和平民主，在宪政运动、重庆谈判、政治协商会议、反对国民党召开“国民大会”等重大事件中，与中共密切合作，共同斗争，成为国共两党之外重要的政治力量。1947 年，民盟被国民党宣布为“非法团体”，总部被迫解散。1948 年，民盟公开宣布同中共携手合作，通电响应中共中央“五一口号”。1949 年，民盟宣告接受中国共产党的领导，出席中国人民政治协商会议第一届全体会议，参加中华人民共和国的筹建工作。

一、中国民主政团同盟的成立

卢沟桥事变后，全国抗日救亡运动不断高涨，在中国共产党的倡议推动下，第二次国共合作和抗日民族统一战线形成。国民参政会的召开，为国共两党以外一些主张团结民主抗日的政党和人士提供了争取民主宪政的舞台。然而，皖南事变发生，国共合作遭到破坏，抗日民族统一战线危机四伏。这些政党和人士更迫切希望联合起来，中国民主政团同盟应运而生。

（一）统一建国同志会的建立

1937 年 7 月 7 日抗日战争全面爆发，中华民族面临亡国的严重危险。

作为抗日民族统一战线的积极倡导者和组织者，中共中央在卢沟桥事变的第二天即发出通电号召：“全中国同胞，政府，与军队，团结起来，筑成民族统一战线的坚固长城，抵抗日寇的侵掠！”“国共两党亲密合作抵抗日寇的新进攻！”15 日，中共代表周恩来将《中共中央为公布国共合作宣言》交给蒋介石，提出迅速发动全民族抗战、实行民主政治和改善人民生活三项基本要求。

在全国抗日救亡运动不断高涨和中国共产党倡议国共合作抗战的推动下，当权的国民党不得不接受中共提出的“筑成民族统一战线”的主张，开始承认共产党和主张抗日的各党派的合法地位。9 月 22 日，国民党中央通讯社发表了《中共中央为公布国共合作宣言》，23 日，蒋介石发表实际上承认共产党合法地位的谈话。以 1936 年年底西安事变和平解决为契机开始的第二次国共合作，以及以国共合作为中心、包括各党派在内的抗日民族统一战线至此形成。

国民党作出团结各党派共同抗日的民主姿态，先是于 1937 年 8 月成立和召开了国防参议会。国防参议会是直属于国防最高会议的战时咨议性机构。第一批遴选出的国防参议员共 16 人，后增至 25 人，其中党派领袖占有相当比例，有中国青年党的曾琦、李璜、左舜生，国家社会党的张君劢，中华职业教育社的黄炎培，乡村建设协会的梁漱溟、晏阳初，全国各界救国联合会的沈钧儒等。党派参议员在国防参议会上就加强抗战力量提出了一些有价值的建议，如梁漱溟建议成立担负全国动员责任的系统机构并归纳了战时基本原则，沈钧儒提出“组织全国整个民众之伟大力量”以“巩固后方，增加抗战实力”。

国防参议会于 1938 年 6 月宣告结束后，7 月，国民政府成立和召开了国民参政会。参政员总数 200 名，其中有中共的毛泽东、陈绍禹、秦邦宪、董必武、吴玉章、林祖涵、邓颖超，青年党的曾琦、左舜生、李璜、余家菊、陈启天、常乃悳、杨赓陶等，国社党的张君劢、罗隆基（后退出该党）、胡石青、罗文干等，中华民族解放行动委员会（俗称“第三党”）的章伯钧，救国会的沈钧儒、陶行知、王造时、史良、张申府、邹韬奋，职教社的黄炎培、江恒源、冷遹，乡建派的梁漱溟、晏阳初，社会贤达张澜、光升等。主张团结抗日的各党派和民主人士对国民党和国民参政会寄予厚望，希望国民参政会成为代行民意的机关，可是这个希望很快就落空了。

1938 年 10 月，日军占领广州、武汉后，抗日战争进入战略相持阶段。国民政府在武汉即将沦陷前迁往重庆。国民党的抗日态度日趋消极，反共倾向明显增长。1938 年 12 月，国民党亲日派汪精卫公开投降。1939 年 1 月，国民党五届五中全会决定了“溶共”“防共”“限共”的方针，后又陆续制定和秘密颁发了《防制异党活动办法》《共党问题处置办法》等反共文件。1939 年 11 月，国民党五届六中全会进一步确定了以“军事限共为主、政治限共为辅”的方针。1939 年冬至 1940 年春，国民党顽固派掀起了第一次反共高潮。

国民党破坏抗日民族统一战线的反共活动，使得拥蒋抗日的各党派不满和失望；其坚持一党专政和消灭异己的政策，也使得手无寸铁的各党派生存受到严重威胁。在这种形势下，各党派纷纷要求国民党结束一党专政，实行民主宪政，产生了联合起来共同斗争的迫切要求。中共中央为了坚持、巩固和扩大抗日民族统一战线，制定了“发展进步势力，争取中间势力，孤立顽固势力”的策略总方针，并于 1939 年 1 月在重庆成立南方局，由周恩来主持。各党派的要求和希望，得到了中共的支持和鼓励。

1939 年 9 月，国民参政会一届四次会议在重庆召开。这次会议的提案集中在巩固党派团结、保障各党派合法地位和实行宪政等方面。中共参政员陈绍禹联络其他党派参政员提出了《请政府明令保障各抗日党派合法地位案》，针对国民党反民主的政策和法令，提出由国民政府明令保障各抗日党派之合法权利，取消各种所谓防制“异党”活动办法，严令禁止借口所谓“异党”党籍或思想问题压迫人民。左舜生、张君劢、章伯钧也联络其他参政员，提出《请结束党治立施宪政以安定人心发扬民力而利抗战案》，说明了实施宪政的五点理由和三项办法。张君劢、左舜生、章伯钧还联络各参政员提出《改革政治以应付非常局面案》，指出

“扶危救急之道”，一是“立即结束党治，实行宪政，以求全国政治上之彻底开发”，二是“立即成立举国一致之战时行政院，以求全国行政上之全盘改革”。此外，孔庚（国民党）领衔提出《请政府遵照中国国民党第五次全国代表大会决议案定期召集国民大会制定宪法开始宪政案》，江恒源领衔提出《为决定立国大计解除根本纠纷谨提具五项意见建议政府请求采纳施行案》，张申府领衔提出《建议集中人才办法案》，王造时领衔提出《为加紧精诚团结以增强抗战力量而保证最后胜利案》。这 7 个提案不同程度涉及宪政问题，遭到了国民党右翼参政员的反对。经过审查委员会两天一夜的激烈争论，最终形成了《请政府定期召集国民大会实行宪政决议案》。

参政会最终通过明令政府定期召集国民大会，制定宪法、实行宪政，并由议长指定参政员若干人组织宪政期成会，协助政府促成宪政案，还通过了“全国人民除汉奸外，在法律上其政治地位一律平等”等决议，民主势力取得了一次重大胜利。

经过国民参政会一届四次会议上的激烈斗争，各党派领导人深刻体会到：这场斗争的胜利是各党派联合的结果；如果没有联合，要在中国真正实行民主宪政、坚持团结抗日是不可能的。因此，国民参政会中的一些党派领导人开始酝酿成立一个国共两党以外的联合政治组织，形成一种联合的政治力量，“进以求全国之团结抗敌，退亦将抑止内战”。1939 年 10 月起，黄炎培、梁漱溟、章伯钧、沈钧儒等主张抗日的党派领导人和张澜等社会贤达在重庆多次聚议，“谋第三者之联合”，发起组织“统一建国同志会”。

1939 年 11 月 23 日，统一建国同志会在重庆青年会召开了成立大会。参加者有：第三党的章伯钧、丘哲，青年党的左舜生、曾琦、李璜、余家菊，国社党的罗隆基、罗文干、胡石青，救国会的沈钧儒、邹韬奋、张申府、章乃器，职教社的黄炎培、江恒源、冷遹，乡建派的梁漱溟及社会贤达张澜、光升等。

会议确定统一建国同志会的宗旨是“集合各方热心国是之上层人士，

共同探讨国事政策，以求意见之一致，促成行动之团结”。

会议通过了《统一建国同志会信约》（以下简称《信约》）和《统一建国同志会简章》（以下简称《简章》）。《简章》共8条，申明“以巩固统一积极建国为帜志”。《信约》共12条，由章乃器、左舜生等起草，沈钧儒、左舜生、梁漱溟等共负审查责任。《信约》表示“以诚意接受三民主义为抗战建国最高原则”，“强调国家至上，民族至上”；认定“中国今后唯需以建设完成革命”，反对“暴力斗争及破坏行动”；主张“有方针有计划”地建设新政治、新经济、新文化；为对外抗战，对内建设，要求“更进一步之统一”；主张实施宪政，成立宪政政府，中止一切抵触宪法之设施、法令；遵守宪法之各党派，一律以平等地位公开存在；军队属于国家；不赞成以政权或武力推行党务，反对内战；要求吏治清明；尊重思想学术之自由等。

会议推选黄炎培、张澜、章伯钧、左舜生、梁漱溟为常务干事，黄炎培为主席。

为避免国民党误会，与会同人均主张将《信约》呈交蒋介石，推由黄炎培和梁漱溟作为代表面陈。黄炎培将《信约》交给国民党的王世杰、张群，请代约谒蒋日期，11月29日蒋介石约见时，黄炎培因事赴泸州，只梁漱溟一人前往。蒋介石审查了《信约》《简章》和会员名单，以不能成为正式政党为条件，允许统一建国同志会取得合法活动的权利。

统一建国同志会仅有几十名会员，多是国共两党之外的国民参政员。它虽然还不是一个政党，但其成立密切了国共之外主张抗日的各党派和无党派人士的联系，在组织上实现了各党派的初步联合，为后来中国民主政团同盟的成立，打下了政治上和组织上的基础。按照后来《中国民主政团同盟成立宣言》和《光明报》社论的说法，统一建国同志会是民盟的前身。

（二）第一次宪政运动

国民参政会一届四次会议根据通过的决议，会后成立了协助政府促成宪政的国民参政会宪政期成会，张澜、黄炎培、张君劢、史良、左舜生、李璜、罗隆基、章伯钧都是宪政期成会委员。各党派领导人一面筹建统一建国同志会，一面积极推进宪政运动。统一建国同志会成立后，初期活动也主要是推进宪政运动，通过宪政运动对广大人民进行民主宪政思想的宣传和观念普及，以促进国家的民主化进程，团结抗日、民主的力量。

1939 年 10 月 1 日，张澜、章伯钧、张君劢、胡石青、沈钧儒、李璜、左舜生、张申府、王造时、江恒源等 12 人，以参政员身份首先在重庆发起邀请各界知名人士举行宪政问题座谈会。参会者 100 余人，中共参政员吴玉章、董必武及新华日报社社长潘梓年被邀列席。会上全体一致拥护参政会实施宪政的决议，认为实施宪政为抗战建国的必要步骤；并决定将座谈会经常化。到国民参政会一届五次会议召开，宪政问题座谈会共举行 8 次，规模不断扩大，就推进宪政运动、宪政与抗战、宪法草案等问题进行广泛讨论，引起社会强烈反响。

11 月 19 日，第四次宪政座谈会决定成立宪政促进会。11 月 30 日，左舜生主持首次筹备会，到会者 50 余人，推张申府、董必武、秦邦宪、刘清扬、沈钧儒、左舜生、史良、黄炎培、章伯钧、沙千里等为常务委员会委员。宪政促进会 1940 年 1 月正式成立并向全国发展，一时各地宪政促进会纷纷举办演讲、出版刊物，使民主宪政的宣传深入人心。在各党派领导人和民主人士的推动下，一个颇具声势的要求国民党颁布宪法、实行民主政治的宪政运动迅速兴起。

中国共产党十分重视宪政运动。1939 年 10 月、12 月，中共中央两次向全党发出支持宪政运动的指示，毛泽东等中共领导人亲自发起成立“延安各界宪政促进会”，使延安、华北、华中等抗日根据地的宪政运动轰轰烈烈地开展起来。

1940 年 3 月，宪政期成会第三次全体会议通过了《国民参政会宪政期成会提出中华民国宪法草案（五五宪草）之修正草案》（即“期成宪草”）。“期成宪草”是在罗隆基等昆明九教授参政员草拟的“五五宪草修正案”基础上形成的，主要内容是设置一个名为“国民大会议政会”的常设机构，在国民大会闭会期间代表国民大会对政府行使职权进行监督，其职权大体相当于西方国家的议会。“期成宪草”若得到实施，势必削弱国民党的专制制度，影响到国民党的绝对统治地位，因此，在4月召开的国民参政会一届五次会议上，蒋介石的反对态度极为强硬。最终，“期成宪草”不了了之，民主人士挑战国民党一党专政的尝试失败，抗战时期的第一次宪政运动宣告完结。

1940年9月，国民党宣布国民大会因“交通不便”不能按期召开，同时采取种种办法限制宪政团体的活动。10月，国民党发动第二次反共高潮，不断制造摩擦，同时对主张抗日的各党派和无党派人士实行高压政策，肆意消灭异己，逮捕民主人士杜重远，拘留马寅初，封闭邹韬奋在各地开设的生活书店。12月，国民党又无理取消许多主张抗日的党派领导人和社会贤达的参政员资格。这一切使各党派领导人感到，必须进一步联合起来，才能对抗国民党的迫害，发展民主力量，建设民主国家。

（三）中国民主政团同盟秘密成立

对于中间力量的联合，国共两党持截然相反态度。国民党对中间力量非常警惕并加以限制，中共则认为这是进步力量，支持和帮助主张抗日的各党派联合起来。毛泽东1940年3月在延安高级干部会议上作《目前抗日统一战线中的策略问题》的报告，明确指出：“中间势力有很大的力量，往往可以成为我们同顽固派斗争时决定胜负的因素。”在国民党统治区工作的中共领导人周恩来、董必武、林伯渠、邓颖超等，在重庆经常同这些党派和人士接触，参加他们的活动，阐明中共的方针政策，对他们要求联合起来的愿望给予鼓励和支持。统一建国同志会的建立就有中共南方局的支持和推动。

1940年12月24日，重庆报纸公布了第二届国民参政会参政员名单，总名额由上届200人增加至240人，但统一建国同志会的沈钧儒、章伯钧等被排除在外。民主人士对国民党深感失望。当日，黄炎培、梁漱溟、左舜生“不期”至张君劢家会面，“彼此感慨同深，遂发同盟之议。四人自晨至暮，讨论整日，多所决定”，认定“非民主团结，大局无出路”，“非加强中间派的组织无由争取民主团结”（梁漱溟语），“调解国共，必须有第三者明确的立场和主张”（黄炎培语），而原有的统一建国同志会不足以适应形势要求，改组势在必行。25 日、27 日四人继续聚谈，黄炎培又约来冷遹、江恒源同谈，确认梁漱溟所作谈话记录，决定改组统一建国同志会，命名为“中国民主政团同盟”。25 日，黄炎培、张君劢、梁漱溟、左舜生还到章伯钧家，与沈钧儒、邹韬奋、张申府见面会商，酝酿联合。后梁漱溟又受委托邀请张澜加入，共同发起。根据统一建国同志会的经验，成立政团同盟在蒋管区内受钳制难有独立性，说话没有力量，所以决定成立时先保密，在海外建立言论机关再揭晓。救国会的沈钧儒、邹韬奋比较接近共产党，为减少国民党找麻烦，过一段时间再加入为好。大家约定来年二月再聚重庆参加参政会时，商定主张纲领、组织章程并推定负责人选。

1941 年 1 月，国民党制造了震惊中外的皖南事变，新四军军长叶挺被扣押，副军长项英遇害，新四军军部及所属皖南部队大部壮烈牺牲或被俘。事变发生后，国共两党关系十分紧张，重开内战的危机一触即发。中共中央军委发布重建新四军军部的命令，提出惩办祸首、释放叶挺、废止国民党一党专政等 12 条解决办法；《新华日报》刊出周恩来亲笔题词：“为江南死国难者志哀”，“千古奇冤，江南一叶；同室操戈，相煎何急?!”民主人士对国民党大为失望，对中共以抗日大局为重的立场深表同情。为力争团结抗日的局面不公开破裂，他们奔走于国共两党之间，“聚议频频，而同盟之会商进行，即秘密夹于其中”①。

2 月 10 日，周恩来与各党派领导人聚谈，阐述了中共对皖南事变采取的基本立场和方针，并表示新四军问题未合理解决之前，中共参政员拒绝出席国民参政会。各党派更“深感为民主与反内战而团结之必要”，加快联合和筹建中国民主政团同盟。黄炎培、张澜向周恩来、董必武转达了

① 梁漱溟《记中国民主政团同盟》，1942 年 5 月 4 日。

筹建民主政团同盟的意图和进展，得到二人支持后，于 2 月 25 日召开发起人会议，参加者有黄炎培、张君劢、左舜生、李璜、江恒源、罗隆基、罗文干、张澜、梁漱溟、冷遹。沈钧儒虽为政团同盟的倡议人之一，但因救国会与中共关系密切，大家达成默契，救国会暂不参加，以突出“第三者”中立形象。至 3 月 18 日，黄炎培、梁漱溟、左舜生、张君劢、章伯钧、张澜、罗隆基、李璜等多次秘密召开筹备会议，由梁漱溟、左舜生、罗隆基起草政治纲领和宣言，章伯钧、李璜、罗隆基起草组织规程，并酝酿领导人选，为民主政团同盟的建立作准备。

1941 年 3 月 19 日下午，中国民主政团同盟在重庆特园（民主人士鲜英私宅）秘密召开成立大会。出席大会共 13 人：中华职业教育社的黄炎培、江恒源、冷遹；乡村建设协会的梁漱溟；中国青年党的左舜生、李璜、林可玑、杨赓陶；国家社会党的张君劢、罗隆基（蒋匀田代）；中华民族解放行动委员会的章伯钧、丘哲；社会贤达张澜。

★ 重庆特园。

会议讨论了政治形势和组织机构等问题，通过了《中国民主政团同盟政纲》《敬告政府及国人》《中国民主政团同盟简章》。《中国民主政团同盟政纲》共 12 条，主要内容是：贯彻抗日主张，争取国家之独立自由，恢复领土主权之完整；实践民主精神，结束党治，厉行法治，迈进于宪政之途程；确立国权统一，反对地方分裂，但中央与地方权限须为适当之划分；军队属于国家，军人忠于国家，反对军队中之党团组织，并反对武力从事党争；反对一切暴力斗争与破坏行动；加紧经济建设，为有方针有计划之进行，渐进于社会主义，消除阶级斗争；尊重思想学术之自由，保障合法之言论出版集会结社；反对在学校中及其他文化机关推行党务；政府一切机关实行选贤与能之原则，反对一党垄断；厉行文官制度及考试制度，反对任何方面利用政权吸收党员；国家财政收入应归国用，反对以国库充担党费；在法治下，反对一切政治性的特务机关。

会议成立了中央领导机构，确认与会 13 人为中央执行委员，推选黄炎培、左舜生、张君劢、梁漱溟、章伯钧为中央常务委员，黄炎培为主席（同年 10 月，黄炎培辞去主席职务，由张澜接任），左舜生为总书记。

至此，包括中国青年党、国家社会党（1946 年与民主宪政党合并组成民主社会党）、中华民族解放行动委员会（1947 年改称中国农工民主党）、中华职业教育社（职教派）、乡村建设协会（乡建派）及社会贤达在内的中国民主政团同盟便在重庆秘密成立。直到 1942 年全国各界救国联合会（1945 年改称中国人民救国会）正式加入，中国民主政团同盟成为集合“三党三派”的政治党派。

民主政团同盟秘密成立之事很快被国民党当局发觉。3 月 21 日，蒋介石责问四川省政府主席张群，张群即电话询问张君劢，张君劢否认。后张君劢与黄炎培、梁漱溟商量对策，统一口径，答张群所问在特园“迭次聚议”是为商讨中共参政员拒绝出席参政会一事，“纲领十二条”是统一建国同志会《信约》。经此解释，国民党未再继续追问。

（四）中国民主政团同盟公开活动

中国民主政团同盟秘密成立后，因在国统区没有合法地位，不能公开活动，决定派梁漱溟去香港办报，在海外建立言论机关，宣传民主政团同盟的政治主张，争取社会舆论的同情与支持，然后公开民盟的组织。

1941 年 3 月 28 日，梁漱溟拜访周恩来，告知中国民主政团同盟去香港办报的计划。周恩来介绍梁漱溟去找八路军驻港办事处的廖承志，以提供资金和人员上的支持与帮助。5 月 20 日，梁漱溟到达香港。他拜访了救国会的邹韬奋和中共的范长江，与在港的政团同盟内外众人士商讨办报事宜。在八路军驻港办事处及救国会海外组织的具体帮助下，梁漱溟克服了经费等方面的困难，开始筹备出版报纸。9 月 18 日，中国民主政团同盟的机关报《光明报》在香港正式出版。梁漱溟为社长，萨空了为经理，俞颂华为总编辑。

《光明报》从筹备到出版，一直受到国民党或明或暗的阻挠破坏。香港当局新闻检查机构对《光明报》多方刁难，报纸经常被迫“开天窗”，文章也被删得千疮百孔。为保证民盟的成立宣言和政治纲领两个重要文件可以顺利通过检查，萨空了想出一个办法：将成立宣言和政治纲领放在无须送检的广告栏内刊出，避开送检一关。

10 月 10 日起连续六天，《光明报》发表《中国民主政团同盟启事》，宣告中国民主政团同盟已在重庆成立，将《中国民主政团同盟成立宣言》和《中国民主政团同盟对时局主张纲领》（简称十大纲领）“登报广告”，向国内外公开宣布中国民主政团同盟的政治主张。同时，由陈友仁、陈翰笙把政团同盟文件翻译成英文，介绍给在港的英美各国通讯社记者。各国在港记者予以报道，引起了国内外的注意，由此达到了在民盟筹建时计划的绕开蒋管区钳制、在海外建立言论机关，更好地在国内外发声的目的。

國民主政團同盟啓事

業經在重慶成立，茲將成立宣言及對時局主張綱領登報廣告，敬希 中外人士 惠予指教爲幸。

中國民主政團同盟成立宣言

二、中國民主政團同盟對時局主張綱領（簡稱十大綱領）

★ 1941 年 10 月 10 日，《光明报》刊登《中国民主政团同盟启事》。

中国民主政团同盟十大纲领由政纲十二条修改而成，内容是：

一、贯彻抗日主张，恢复领土主权之完整，反对中途妥协。

二、实践民主精神，结束党治，在宪政实施之前，设置各党派国事协议机关。

三、加强国内团结，所有党派间最近不协调之点，亟应根本调整，使进于正常关系。

四、督促并协助中国国民党切实执行抗战建国纲领。

五、确立国权统一，反对地方分裂，但中央与地方须为权限适当之划分。

六、军队属于国家，军人忠于国家，反对军队中之党团组织，并反对以武力从事党争。

七、厉行法治，保障人民生命财产及身体之自由，反对一切非法之特殊处置。

八、尊重思想学术之自由，保护合法之言论出版集会结社。

九、在党治结束下，应注意下列各点：（一）严行避免任何党派利用政权在学校中及其他文化机关推行党务。（二）政府一切机关，实行选贤与能之原则，严行避免为一党垄断及利用政权发展党员。（三）不得以国家收入或地方收入，支付党费。（四）取销县参议会及乡镇代表考试条例。

十、在当前政务上亟应注意下列各项：（一）厉行后方节约运动，切实改善前方待遇。（二）纠正各种行政上妨碍生产之措施，以纾民困，并力谋民生之改善。（三）健全监察机关，切实为各种行政上弊端之澄清。①

10月16日，《光明报》发表《中国民主政团同盟的成立》的社论，指出“本同盟为国内在政治上一向抱民主思想各党派一初步结合”，并认为同盟应“以言论以理性去活动，争取大众的同情拥护”，“启发出来，培养起来中国政治上的民主势力”，“奠定国内的永久和平”。

中国共产党方面一直对民主政团同盟的成立给予大量支持和帮助。民主政团同盟成立的消息见报后，中共中央机关报《解放日报》于10月28日发表了以《民主运动的生力军》为题的社论，称赞民主政团同盟宣布的政治纲领强调了“抗战到底，加强团结，保障人权，结束党治，革新内政的必要”，指出“这是抗战期间我国民主运动中的一个新的推动。民主运动得此推动，将有更大的发展，开辟更好的前途”。

① 《光明报》1941年10月10日第1版。

国民党却对中国民主政团同盟的成立十分恐慌，千方百计加以压制，动员旅港参政员、党内元老等出面，以各种理由劝诱、逼迫梁漱溟离开香港，放弃《光明报》，均被梁漱溟“辞谢”。[①] 国民党要员孙科等坚决否认中国民主政团同盟的存在。为此，民主政团同盟决定冒着被打击压迫的危险，在重庆公开组织。

1941 年 11 月 11 日，国民参政会驻会委员会举行谈话会，除驻渝委员外，从各地赴渝参加国民参政会的参政员，如张澜、张君劢、李璜、罗隆基等，亦到会。会中谈及《光明报》发表民主政团同盟宣言事时，张君劢起立作严正声明：民主政团同盟确于本年三月在渝正式成立，本人及在座张澜、左舜生、李璜、罗隆基等都是同盟负责人。左舜生亦发言称“同盟为中华民国之公开负责之政治团体”。11 月 16 日，即国民参政会二届二次会议在重庆召开的前一天，民主政团同盟在渝众负责人在临江路俄国餐厅举行茶会，邀请国共两党代表和部分国民参政员出席。国民党的王世杰、褚辅成、邵力子、张群，共产党的周恩来、董必武、邓颖超，救国会的沈钧儒、张申府、陶行知等出席茶会。《光明报》所刊宣言和社论被翻印分发给与会者。张君劢首先发言，说明中国民主政团同盟的宗旨是促进民主，实现宪政，以加强抗战力量，树立建国基础。左舜生报告了中国民主政团同盟的成立经过及政治主张，公开宣布了中国民主政团同盟的成立。

11 月 17 日至 27 日，国民参政会二届二次会议在重庆召开。会议期间，以张澜、张一麐、张君劢、左舜生、罗隆基、李璜、陈启天、常乃悳、余家菊、梁实秋、董必武、光升 12 人作为提案人，沈钧儒、王造时、史良、陶行知、冷遹、黄炎培、江恒源、刘王立明、谢冰心、晏阳初、邓颖超 11 人作为副署人，向参政会秘书处提交了《实现民主以加强抗战力量树立建国基础案》。提案要求政府立即结束训政，实施宪政；成立战时正式中央民意机关；国民党党费不得由国库开支；政府一切机关不得歧视无党、异党分子，不得强迫公务人员加入国民党；政府明令禁止任何党派

① 1941 年底太平洋战争爆发，日军占领香港，《光明报》被迫于当年 12 月 14 日停刊。

利用政权在学校及其他文化机关推行党务；保障人民各项自由；停止特务机关对内一切活动；取消县参议会及乡镇代表考试条例；确定人民最低生活保障，严禁官吏利用政治权力垄断投机；军队国家化等。这个提案的提出人与副署人大多是民主政团同盟盟员，依据十大纲领精神在国家建设问题上提出了进一步的明确要求，是中国民主政团同盟首次实践其政治主张的努力。

从此，中国民主政团同盟由秘密转为公开，以中间党派的身份出现在国统区的政治舞台上。

二、改组为中国民主同盟及初期的斗争与发展

中国民主政团同盟公开活动后，按照“贯彻抗日主张”“实践民主精神”“加强国内团结”等十大纲领精神，积极参加国统区的宪政运动。1944 年 9 月，改组为中国民主同盟。民盟响应中共建立联合政府的号召，提出“民主统一，和平建国”的口号，在力促国共和谈的过程中，与中共加深了了解与合作。

（一）第二次宪政运动

国民党扼杀第一次宪政运动，发动第二次反共高潮，全面加强独裁统治，其结果是加深了国统区的政治、军事、经济危机，引起了国内外强烈不满。为摆脱内外交困的局面，继续维持其统治，国民党在 1943 年 9 月举行的五届十一中全会上通过了“国民政府应于战争结束后一年内召集国民大会，制定宪法而颁布之，并由国民大会决定施行日期”的决议案，打出了“宪政”的旗号。国民党对于实施宪政的允诺，为大后方抗日民主宪政运动的高涨创造了条件。各党派利用这一有利时机，在国统区掀起了第二次宪政运动。

1943 年 9 月 16 日，在国民参政会三届二次会议开幕的前两天，张君

劢、左舜生向大会秘书长王世杰提议：由国民政府与参政会出面，组织一个宪政实施筹备机关，吸收国民党以外的人士参加，共商如何推进言论结社自由、改进民选机关等问题。

9 月 18 日，国民参政会三届二次会议开幕当天，也即九一八事变 12 周年纪念日，中国民主政团同盟主席张澜发表了《中国需要真正民主政治》一文。张澜在文中指出，真正的民主政治是“主权在民的政治”，至少应具备几个必要条件：“政治的主权，一定是要在全体国民的手里”；“众人的公事，应由全体民众来直接讨论处理”；“民众代表，应由民众的自由意志直接推选”；“地方人民及其代表之参与中央政事者，应能自由行使选举、罢免、创制、复决四权”；“一个国家，应有其根本大法……宪法之制成，应由国民代表推举若干人参加议订，再开国民大会决定而颁布之”。文章尖锐地抨击了国民党一党专政的独裁统治，提出“中国今天需要从速实行真正民主政治”，国民党应“即时放弃一党专政，结束党治”，从而团结人民争取抗战胜利，努力建成复兴大业。该文被印成小册子广为流传，产生了很大的影响。

9 月 25 日，蒋介石在国民参政会上宣布将组织“宪政实施筹备会”。次日，国民参政会主席团提出《设立宪政实施筹备会与经济建设期成会两机构案》，获大会通过。然而，10 月召开的国防最高委员会却将国民参政会原案“宪政实施筹备会”改为“宪政实施协进会”。11 月 12 日，宪政实施协进会正式成立，蒋介石自兼会长，国民参政会主席团成员为当然会员，其他会员由会长指定。蒋介石试图把宪政运动控制在他可以容忍的范围内，宪政实施协进会虽然有各党派代表人士参加，实权却完全操诸国民党之手，张澜、章伯钧都被排除于协进会之外。民主人士为争取获得若干具体的民主权力进行了努力，如保障人权、争取参政会预算初审权等，但国民党所作让步极为有限。尽管如此，开端于“中间党派”、最初由中国民主政团同盟发动的第二次宪政运动由此开始并走向高潮。

民主政团同盟领导人主办刊物，发起成立各种组织，召集集会与座谈，宣传民主宪政，促进宪政运动的开展。1944 年，宪政运动进入重要阶段。1月1日，在宪政实施协进会发表《为发动研讨宪草告全国人民书》的同日，黄炎培主办、张志让主编的《宪政》月刊在重庆创刊。1月3日，黄炎培、张君劢、左舜生、沈钧儒、章伯钧、王造时、张志让等14人联名发起“宪政座谈会”，此后接连召开座谈会，邓初民、史良、刘王立明、张申府、刘清扬、沈志远、何公敢等60余人相继出席并发言，中共方面董必武也时常到会。《宪政》月刊社举办的座谈会规模和影响也越来越大，并与《国讯》旬刊社（亦为黄炎培创办）和若干团体联合举办“宪政讲谈会”。此外，在昆明，1月，云南省政府主席龙云支持成立了“宪政讨论会”并亲任常务理事；2月，潘光旦、潘大逵、曾昭抡、周新民、李公朴等9人为理事成立了“昆明学术界宪政研究会”。在成都，2月，张澜、李璜等发起成立了旨在“研究宪草，促进宪政，创导民权，实现民主”的“蓉市民主宪政促进会”。6月20日，蓉市民主宪政促进会召开大会，张澜对国是提出十项主张，强调“非立即实行民主，不足以团结各方，争取胜利”，要求切实实行民主，“尊重人民言论之自由”“人身之自由”“思想信仰及一切集会结社之自由”；同时刷新政治，“给予各级民意机关以必要的权力”；切实改革征兵、征粮、征税之弊端，严惩贪污，杜绝中饱，革除苛扰，以减轻人民痛苦；并实施全国动员，“组织人民，武装人民”，加强抗战力量等。宪政运动在学术教育界、民族工商界、文化艺术界、新闻出版界迅速发展。

民主政团同盟领导人在后方几个大城市主办了许多进步报刊，发表呼吁实行民主和研究宪政问题的文章，在国统区形成了声势很大的社会舆论。除黄炎培创办的《宪政》月刊外，还有左舜生创办的《民宪》（后由民盟正式接办，张澜、张君劢、沈钧儒、李璜、罗隆基、章伯钧、张申府、梁漱溟、左舜生组成编委会）；章伯钧主编的《中华论坛》；昆明盟员参加编辑的《自由论坛》；成都盟员主持的《华西晚报》（后改组为民盟四川省支部机关报）等。民盟西北地方组织主办的《秦风日报·工商日报联合版》、民盟云南省支部创办的《民主周刊》，更直接成为民盟的重要喉舌。

中共中央1944年3月1日发出《关于宪政问题》的指示，指出国民党重提宪政的目的在于欺骗人民，借以拖延抗日，稳固其统治。国统区讨论宪政的热烈气氛和民主观念前所未有的大普及，让中共敏锐地意识到，只要允许人民讨论宪政，就有可能冲破国民党的限制，把民主运动推进一步。中共中央决定参加这次以促进宪政来启发人民觉悟、向蒋介石要民主自由的斗争，要求共产党员在宪政运动中团结一切民主分子。1944年3月12日，周恩来在延安各界纪念孙中山逝世19周年大会上，指出实施宪政“就是给人民以民主自由，有了民主自由，抗战的力量就会源源不绝地从人民中间涌现出来”，明确了宪政运动的目的，进一步推动了宪政运动的开展，支持了民主政团同盟的斗争。

1944年5月，中国民主政团同盟发表《对目前时局的看法与主张》，抨击国民政府各种反民主的作为，强调要使中国“成为一个十足道地的民主国家”，“民主体系的形成已刻不容缓，万万不可向战后推宕”，“假定在战时不能实现民主，我们在战后所得的将不是民主，而是国家的分裂与毁灭，其痛苦必且十倍百倍于今天”。并提出实现民主的起码条件是国民党放弃十余年来的特殊地位，结束训政，无保留无犹豫地给人民以各项基本自由。

抗日战争后期，中国民主政团同盟以主要力量从事宪政运动，团结抗日民主力量，争取抗战最后胜利，在群众中的政治影响也日益扩大。民主政团同盟也在活动中与中共取得了紧密的合作，推进了大后方的抗日民主运动。

（二）中国民主政团同盟全国代表会议

1942年年底，中国民主政团同盟中央常委会派罗隆基到昆明筹建地方组织。罗隆基和周新民将西南联大、云南大学中许多教授、高级知识分子吸收入盟，1943年5月成立了民主政团同盟第一个地方支部——昆明支部。当时加入的盟员有潘光旦、潘大逵、吴晗、楚图南、费孝通、李公朴、闻一多等名教授和知名民主人士。同时期，梁漱溟在桂林（1942年

9 月成立了桂林核心小组），李章达、李伯球在广东（1942 年 10 月成立了韶关核心小组），杜斌丞、王菊人在西安，张澜、李璜在成都，都发展了一大批盟员。民盟在各界、特别是在知识分子中声望提高，基础日益扩大，力量不断增强。

中国民主政团同盟在第二次宪政运动中空前活跃，大批无党派民主人士要求加入，但限于政团同盟主要吸收三党三派的成员为盟员，中央盟务又被青年党一些人所把持，阻碍了民盟的发展，因而引起盟内外的普遍不满。昆明支部早在 1943 年即向总部正式提出，改变政团联合体为广大民主分子个人的联合体，得到广大盟员的赞成（1944 年云南无党派盟员与党派盟员的比例已超过 20∶1）。经过一年多的酝酿，总部决定召开全国代表会议，对政团同盟进行改组。

1944 年 9 月 19 日，中国民主政团同盟全国代表会议在重庆特园召开。会议决定取消团体会员制，盟员一律以个人名义加入，民盟组织的名称由“中国民主政团同盟”改为“中国民主同盟”。

会议针对中共参政员林伯渠在 9 月 15 日国民参政会三届三次会议上提出的建立抗日民主联合政府的主张，讨论了形势，决定拥护中共的主张。会议拟定了《中国民主同盟纲领（草案）》。这个纲领草案已初具规模，从政治、经济、军事、外交、教育、社会 6 个方面制定了 46 条具体主张，表达了民盟对政治建设的基本设计，体现了民盟的阶段性使命。

会议还通过了《中国民主同盟组织规程》，分总则、盟员、总部机构、地方机构、会议、经费、退盟、附则共 8 章 24 条。总则一章明确规定：“本同盟定名为中国民主同盟”，“以团结国人实现民主政治为宗旨”，“总部暂设于重庆”。

全国代表会议选举产生中央执行委员 33 人：张澜、张君劢、章伯钧、左舜生、潘光旦、罗隆基、李璜、沈钧儒、张申府、梁漱溟、陈启天、张东荪、鲜英、杨永浚、黄艮庸、曾昭抡、朱蕴山、周鲸文、曾琦、丘哲、张云川、周新民、韩兆鹗、林可玑、郭则沉、刘东岩、黄炎培、冷遹、张志和、余家菊、郑振文、吴晗、潘大逵。选出中央常务委员 13 人：张澜、沈钧儒、黄炎培、章伯钧、左舜生、李璜、罗隆基、梁漱溟、张申府、曾琦、张君劢、张东荪、潘光旦。

中央常务委员会推选张澜为主席，左舜生为总秘书，章伯钧为组织委员会主任，罗隆基为宣传委员会主任，梁漱溟为国内关系委员会主任，张君劢为国际关系委员会主任，张澜兼财务委员会主任。《组织规程》规定“因工作需要经常委会决定得设各种专门委员会”，国内关系委员会、国际关系委员会正是为了适应现实政治生活而新设立的，表明民盟已将处理党派关系与国际关系列入重要位置。

这次会议是中国民主政团同盟成立以来第一次召开的全国性会议，也是民盟各地方支部代表第一次共同参加商讨政治路线、方针的会议。会议产生的中央执行委员会，除原有民盟发起人外，增加了相当比例的地方支部负责人，改变了过去民盟领导层只限于三党三派的结构，有利于组织的巩固和发展。

全国代表会议把三党三派的政治联盟，改为有党派与无党派的广大民主人士的联盟，扩大了民盟的组织范围和社会基础。此后，大批爱国进步知识分子加入民盟，壮大了民盟的力量。到 1945 年 10 月，全国约有盟员 3000 人，无党派盟员占 70% 以上。不少在学术界有地位、在社会上有威望、在斗争中有经验的无党派民主人士入盟后，被选入各级组织担任领导职务，改变了原来由青年党把持盟务的状况，极大地推动了民盟组织的发展与巩固。

会后，民盟总部组织委员会加强了对全盟组织工作的领导，有计划地在各地建立地方组织和基层组织。至 1945 年 9 月，云南省支部、四川省支部、重庆市支部、华北总支部等地方组织相继成立，开展了不少活动；各地都有一些共产党员加入民盟。民盟还注意争取国民党左派和地方实力派的同情和支持，如龙云、刘文辉、潘文华等云南、川康地方实力派被发展成为秘密盟员，他们为民盟的活动提供保护，并给予经济上的资助；国民政府军事委员会桂林办公厅主任李济深也被争取到支持和参加民盟活动。这些组织工作让民盟在四川、云南、广西等地的活动受到了保护，在成立初期的困难中逐步巩固和前进。民盟的战斗力日益加强，逐渐发展成为中国政治舞台上一支不可忽视的政治力量。

（三）响应中共建立民主联合政府的号召

1944年9月5日至18日，国民参政会三届三次会议在重庆举行。其时，国民党军队在豫湘桂战役的大溃退，充分暴露了国民政府的贪污腐败与国民党军队的作战无能，严峻的现实逼迫国统区的民主人士加深了对时局的思考，更强烈地要求废除国民党一党专政，实行民主政治，以增强团结抗战的力量。为争取抗日战争的最后胜利，同时把全国人民在宪政运动中提出的要求集中起来，使大家有一个更加明确的斗争目标，中共参政员林伯渠根据中共中央指示，在9月15日的参政会上提出结束国民党一党专政、立即召开紧急国是会议、建立各党派民主联合政府的主张。

民盟立即响应中共这一主张。9月24日，张澜主持各党派领导人和民主人士500余人在重庆迁川工厂联合会举行的集会，张澜、李璜、黄炎培、章伯钧、邓初民、沈钧儒等在会上慷慨陈词，抨击国民党的独裁统治，拥护中共建立联合政府的主张，“只有立即召集国民会议，实行联合政府，才能挽救危机”。10月7日，张澜、刘王立明、李璜等应邀参加在成都的四川、华西、金陵、燕京、齐鲁5所大学12个学会联合主办的国是座谈会。张澜在演说中强调：“为抗战救亡计，实行民主才能全国团结，人才才能集中，政治才能革新”，“国家的事要以真正大多数的民意为依归，民主政治的开步走就是联合政府”。

10月10日，中国民主同盟发表《对抗战最后阶段的政治主张》，从“贯彻抗战国策，切实整理军队”“结束一党专政，建立各党派之联合政权”“确立亲睦外交政策”“确立战时经济、财政之合理机构与政策”“彻底革新目前之教育文化政策”5个方面提出36条主张。要求：召集党派会议，产生战时举国一致之政府；筹备实施宪政，立即召开全国宪法会议，制颁宪法；保障人民言论、出版、集会、结社、职业、身体之自由，废除现行一切有碍上列自由权利之法令与条例；开放党禁，承认各党派公开合法地位，立即释放一切政治犯；废除特务及劳动营类组织；全国一切派系不同之军队，应本平等待遇之原则，统筹装备、给养、训练、补充之公平，以求得作战指挥之统一，并渐进于军队国家化之正轨；财政绝对公开；国家之预算、决算须交民意机关审核通过；改善官兵及公务员待遇；对于战时战后受灾人民，统筹切实救济；立即停止党化教育；保障讲学自由及从事教育职业自由；促进中苏邦交，以期实现英、美、苏、中四国之团结，等等。

同日，民盟云南省支部和西南联大、云南大学的进步社团等联合发起召开昆明各界双十节纪念大会，参会者5000余人。闻一多、李公朴、罗隆基、吴晗、楚图南等在会上呼吁全国一致要求国民党立即建立民主联合政府，保障人民民主权利；切实保障人民身体、言论、集会、结社等自由，立即释放除汉奸以外的一切政治犯；立即彻底改善财政及政治政策；停止通货膨胀，减轻平民的痛苦；彻底改善士兵的待遇，调整军队编制，普遍平均分配全国军队的装备与供应。闻一多最后宣读了由罗隆基起草、自己数次修改、多人参加意见的《昆明各界双十节纪念大会宣言》，严厉指责“国家所以造成今日局面……专权在位十余年的国民党尤当引咎自责”，要求国民党“立即宣布结束党治，还政于民”，必须“立即召集国是会议，组成全国政府”。

1945年元旦，蒋介石发表广播讲话，表示“一俟我们军事形势稳定，反攻基础确立，最后胜利有把握的时候”，就及时“召开国民大会”，“归政于全国的国民”，意图以“召开国民大会”取代建立联合政府。

1月15日，民盟针对蒋介石新年文告发表对时局宣言，表示“假定能召开一举国一致而又确能解决当前一切实际问题的国民大会，吾人在原则上自亦赞成之，但目前事实上乃绝少办到的希望”。声明民盟“一贯的职志，即在突破一切军事与政治之难关，为中国实现民主团结，一以收抗战之全功，二以确立建国的基础”，并把之前发表的《对抗战最后阶段的政治主张》要点归纳为“立即结束一党专政，建立联合政权”等十项主张，指出只有切实做到这些过渡办法，“中国始有实现民主宪政之可能，否则藉延宕以资敷衍，弄名词以饰观听，则不惟当前一切困难问题无从解决，整个国家民族且有陷于分裂破碎之虞”。这一声明影响很大，《新华日报》1月26日全文刊登了这一严正宣言。国民党当局当即下令禁止出售这天的《新华日报》，并派军警四处搜查，一经发现即没收或撕毁。新华日报社员工上街散发报纸，重庆街头出现了争相购买《新华日报》的一幕。2月12日，毛泽东就此事写信给解放日报社，指示《解放日报》发表并在延安电台广播民盟这一宣言。

中共领导人周恩来、王若飞在重庆数次邀集民盟在渝领导人黄炎培、沈钧儒、左舜生、张申府、章伯钧、李璜、邓初民等，就召集党派会议、改组国民政府、实现国共谈判、参加旧金山联合国会议等问题通报情况，交换意见。

3月1日，蒋介石在宪政实施协进会第五次全体会议上发表演说，公开反对召开党派会议、建立联合政府，并声称要在当年11月12日召开国民大会。3月10日，民盟发表对最近国内民主与团结问题的谈话，重申对召开国民大会的态度，指出，1935年、1936年选举国民大会代表时，“国内除国民党外，各党派固无一能享有参与选举之机会；即平日在社会雅负时望之各界人士，如非早已取得国民党党籍，亦绝少有被选为国大代表的可能；甚至即在国民党党内之若干贤达，对于当时选举之种种情况，亦有深致其不满者”，“今时移世易……仍举八九年前所产生之旧代表，以之应付当前千难万难之新局面，则所谓民主云云，团结云云，岂不将徒托空谈？”民盟不赞成国民大会的旧代表，主张以普选产生国民大会的代表，否定国民党包办的“国民大会”。3月18日，左舜生再次就此问题对记者发表谈话，称民盟不参加不民主的“国民大会”，民盟毫无保留地反对任何形式的独裁，相信全国团结是胜利的先决条件，亟盼国共两党恢复谈判。

1945年4月，毛泽东在中国共产党第七次全国代表大会上作《论联合政府》的政治报告，提出立即废止国民党一党专政，“成立一个由国民党、共产党、民主同盟和无党无派分子的代表人物联合组成的临时的中央政府”；并提出“为着讨论这些事情，召集一个各党派和无党派的代表人物的圆桌会议，成立协议，动手去做”。这一建议又遭国民党拒绝。为此，中共中央负责人于6月16日公开声明：中共参政员将不出席定于7月召开的第四届国民参政会。此时，国共两党的谈判也已中止。

★ 1945年7月1日，毛泽东与黄炎培在延安机场亲切交谈。

为调停国共关系，共同商量解决办法，民盟参政员黄炎培、章伯钧、左舜生、冷遹和国民党参政员褚辅成，无党派参政员傅斯年、王云五于6月2日致电延安毛泽东、周恩来，表达了对“团结问题之政治解决”的渴望。毛泽东复电，邀请七位参政员到延安商谈国是。在征得蒋介石的同意后，七位参政员决定访问延安。7月1日，黄炎培、章伯钧、左舜生、冷遹、褚辅成、傅斯年飞抵延安（王云五因病未能成行），中共中央领导人毛泽东、朱德、周恩来、林伯渠、吴玉章、邓颖超、张闻天、叶剑英、李富春、杨尚昆等到机场迎接。黄炎培等六位参政员与毛泽东、朱德、周恩来、刘少奇、林伯渠、张闻天、任弼时、王若飞举行正式会谈，共商国是，大家畅所欲言，气氛十分融洽。后将会谈整理成《会谈纪要》，提出：停止国民大会进行；从速召开有国民党、共产党、民盟及三方共同推荐的无党派代表人士组成的政治会议，讨论结束一党专政与建立民主联合政府，研究民主改革之紧急措施，制定民主的施政纲领和将来召集国民大会。会议应公开、平等、自由、一致、有权；会议召开前应释放政治犯。7 月 5 日，黄炎培等回到重庆，集体面见蒋介石，递交了《会谈纪要》。

延安的气象让黄炎培等人耳目一新。回到重庆后，黄炎培将延安之行的见闻写成《延安归来》一书，当年 10 月由国讯书店出版，其中记载了著名的关于历史周期率的“窑洞对”。黄炎培在同毛泽东谈话时讲到中国历朝历代都没有跳出“其兴也浡焉，其亡也忽焉”的周期率，以致“政怠宦成”“人亡政息”“求荣取辱”，并问共产党能否跳出这周期率。毛泽东的回答是：“我们已经找到了新路，我们能跳出这周期率。这条新路，就是民主。只有让人民起来监督政府，政府才不敢松懈。只有人人起来负责，才不会人亡政息。”

7 月 7 日，国民参政会四届一次会议开幕，中共八位参政员和民盟参政员、民盟主席张澜均未出席。张澜在致蒋介石的信中表明立场，强调“吾国不能离开中共以言统一”。蒋介石在开幕词中把中共和各党派对国民党坚持召开一手包办的国民大会的合理批评指为“肆意攻击”。7 月 14 日，国民参政会讨论召开国民大会的专题，民盟参政员黄炎培、冷遹、江恒源等发表书面声明：不参加国民大会问题的讨论，并表示召开国民大会在于“国民党结束训政，还政于民”，而今“遂欲仓卒召集，仓卒制宪，则其后患将不堪设想”。青年党参政员虽然参加了讨论，但提出《请先实现民主措施从缓召集国民大会以保团结统一而利抗战建国案》。民盟与各党派的坚决斗争加上中共会外攻势的配合，终于使国民党参政员未敢倚仗多数强行通过按期召开国民大会的决议，改为“本会同人意见未尽一致……由政府酌情决定”。

国民参政会刚一闭幕，国民党便调集了几个师的兵力，突然对陕甘宁边区发动大规模进攻。中共中央指示正在重庆的徐冰立即向大后方各党派、民主人士、新闻界和各国使节说明情况，呼吁共同制止内战。民盟即于 7 月 28 日发表《对时局宣言》，严厉谴责国民党发动内战的行为，重申必须召集各党派及无党派人士的政治性的会议，达成改组举国一致政府之目的，“俾在一定时限之内，扶持国家，步入民主常规”。8 月 3 日，张澜在招待外国记者时发表演说，声明民盟以民主、团结、抗战为中心主张，坚决反对国民政府于当年 11 月 12 日召集国民大会，主张“召集包括各党派代表以及无党派的有力人士的政治会议，协商国家大计，订定临时施政纲领”，“改组政府为举国一致的临时性质的民主联合政府，执行由政治会议拟定的施政纲领，筹备真正的国民大会的召集”。

民盟在抗战后期坚持团结抗战，在反内战、反独裁的斗争中有力地支持和配合了中国共产党；中共也支持了民盟的斗争，提高了民盟的政治地位。双方增进了了解，民盟成为与中国共产党相呼应的一支重要政治力量。

（四）力促重庆谈判成功

1945 年上半年，世界反法西斯战争进入最后胜利阶段。4 月，国民政府派出中国代表团，出席在美国旧金山举行的联合国制宪会议。此前，国民党想包办、垄断中国代表团。毛泽东明确提出，中共要参加旧金山会议，要与民主同盟联合提出要求；周恩来致电美国驻华大使赫尔利，指出出席旧金山会议的中国代表团应由国民党、共产党、民主同盟三方面组成。中共与国民党就此进行交涉，同民盟也多次磋商。民盟领导人在国民党力图拉拢时，坚守了与中共代表共进退的立场。经努力争取，最终 10 人组成的中国代表团中，有中共代表董必武和民盟的李璜、张君劢。6 月 26 日，中国代表团各代表分别在《联合国宪章》上签字。

7 月 26 日，中、美、英三国发表波茨坦公告，敦促日本投降。8 月 9 日，毛泽东发表《对日寇的最后一战》的声明。然而，国民党想独占抗战胜利的果实，把消灭中共及其领导的人民军队和解放区政权作为目标。国共两党再次尖锐对立，内战一触即发。在“日本接受波茨坦公告向盟邦投降”消息传来后，张澜发表谈话，为了“保持这经过数十年艰苦沉痛才换得的胜利的成果”，呼吁“国共两党军队赶快停止各地足以促成大规模内战的一切摩擦，并立刻召开党派会议，从事团结商谈”，寻求民主、统一、和平、建国的途径。

8 月 15 日，日本宣布无条件投降，中国抗日战争和世界反法西斯战争取得伟大胜利。次日，民盟发表《在抗战胜利声中的紧急呼吁》，提出“民主统一，和平建国”的口号，同时提出十条具体主张，要求国民党和共产党对这些主张“给以充分的考虑”：一是修改国民大会的组织法和选举法，实行普选，召开全国人民所一致需要的国民大会；二是政府以明令重申保障人民的一切基本自由，包括各党各派的公开活动；三是释放一切政治犯和思想犯；四是由政府召集各党派及无党派人士的政治会议，成立举国一致的民主政府；五是政府应逐渐做到使军人主军，文人主政的原则；六是自省一级开始，加强各级的自治，实现中央与地方的均权，以促进地方事业与文化的发展；七是切实注意经济的复原，废除战时的统制与专卖政策；八是对收复区人民的生活予以有效的救济，并扶助迁回收复区人民的复业；九是政府应予停止征集壮丁；十是对日的和平谈判应听取全国各方面的意见，并应邀请各抗日党派的领袖出席此次和平会议。

由于中共的坚决斗争，民盟的一再呼吁，加上国内外社会舆论的压力，蒋介石被迫作出和平姿态，于 8 月 14 日、20 日和 23 日连发三电，邀请毛泽东到重庆“共定大计”。24 日，毛泽东复电蒋介石，表示“亟愿与先生会见，共商和平建国之大计”。

8 月 28 日，毛泽东、周恩来、王若飞等在国民党张治中、美国驻华大使赫尔利的陪同下飞赴重庆，同蒋介石进行和平谈判。他们在机场受到民盟领导人张澜、沈钧儒、黄炎培、左舜生、章伯钧、冷遹等的热烈欢迎。蒋介石的代表周至柔，国民参政会秘书长邵力子、副秘书长雷震也到机场迎接。

重庆谈判过程中，毛泽东曾三访特园，与张澜就和平谈判等事宜进行商谈。两位领导人的会晤增进了双方的了解，加深了中共与民盟的合作，对重庆谈判也产生了积极的影响。

8 月 30 日下午，毛泽东在周恩来陪同下一访特园，会晤张澜。毛泽东向张澜说明了中共中央《对目前时局的宣言》及其中六项紧急措施，包

★ 1945 年 8 月 28 日，张澜到重庆机场欢迎毛泽东。

括承认解放区政权和抗日军队、划定中共军队接受日军投降的地区、承认各党派合法地位、召开各党派和无党派代表人士的会议商讨各项重大问题等；并介绍了解放区的政权建设、社会面貌、生产、教育及人民福利等情况。当晚，毛泽东在桂园举行宴会，招待民盟领导人和其他民主人士。张澜、沈钧儒、黄炎培、左舜生、章伯钧、张申府、冷遹、柳亚子等出席了宴会，中共王若飞、徐冰、王炳南等作陪，宾主进行了广泛的商谈。

9 月 2 日，民盟以中央常委会名义在特园举行午宴，欢迎毛泽东、周恩来、王若飞。张澜、沈钧儒、黄炎培、左舜生、冷遹、张申府、章伯钧、罗隆基、鲜英等出席。这是毛泽东二访特园。毛泽东在席间高兴地说，今天我们聚会于“民主之家”，今后我们共同努力，生活在民主之国。双方就时局问题进行了亲切交谈。中共方面详细阐明了关于实现和平、民主、团结的基本方针，介绍了国共两党谈判情况。中共对和谈的诚意，得到了民盟的同情和支持。

9 月 10 日，周恩来、王若飞再次向张澜、沈钧儒、黄炎培、左舜生、罗隆基、张申府等通报十余天来国共两党谈判情况。11 日，毛泽东、周恩来、王若飞在桂园与张治中、黄炎培、沈钧儒等就团结问题交换意见。13 日，章伯钧就国共谈判中国民党拒绝承认解放区政权和人民军队的合法地位向《新华日报》记者发表谈话，强调“此等军队与政权，系由当地人民取自敌人，有功抗战，不能视为化外，予以敌视的态度”，要求合理妥善地解决解放区的军队和政权问题。

9月14日、25日，国共双方谈判代表张群、张治中、邵力子、周恩来、王若飞等两次向民盟领导人通报谈判进展，并听取民盟领导人的意见。黄炎培建议国共两党应一面继续谈判，一面着手准备各党派及无党派代表参加的政治会议，这一意见被国共两党采纳。

9月15日，毛泽东三访特园，在张澜卧室密谈达3个小时，就国共谈判、民盟与中共配合等问题与张澜交换意见。毛泽东介绍了军队、政府、解放区等一系列重大问题的谈判结果，认为症结仍是解放区政权和人民军队问题。张澜对国民党同意召开政治协商会议的成果表示欣喜，对共产党同意让出南方8个解放区表示赞赏，并提出以个人名义给国共双方写一封公开信，将目前已有的谈判成果告知公众，以接受全国人民的监督推动。毛泽东赞张澜此举“老成谋国”。毛泽东还与张澜商讨了西南大后方建设、政治协商会议、联合政府等问题，并表示，内战危机严重，如果内战爆发，希望张澜通过其威望影响地方实力派与中共合作。最后毛泽东提出建议：中共与民盟今后在重大政治问题上事先交换意见，共同商讨后采取一致行动；张澜也认为，双方必须建立此种密切合作关系。

9月18日，张澜在重庆《新民报》《大公报》上发表致国共两党领袖的公开信（此信于9月10日草拟），对国共两党谈判表示关切，认为“目前为国家团结统一之绝好时机，国家一切问题应乘此时机求彻底之解决，更应求全盘之解决”，“今日商谈内容，似应随时公诸国人，既能收集思广益之效，更可得国人共商国事之实”，提出“政治必须彻底民主”、军队应“采用全盘统筹”之计划进行合理编遣等建议。

9月30日，国共双方谈判代表又在国民参政会宴请民盟领导人及有关人士，商讨政治协商会议组织等问题。民盟领导人张澜、沈钧儒、章伯钧、罗隆基、张申府、左舜生、曾琦等出席了会议。

国共双方经过43天谈判，于10月10日签署了《政府与中共代表会谈纪要》，即双十协定。国民党当局承认“和平建国的基本方针”，同意“长期合作，坚决避免内战，建立独立、自由和富强的新中国”；同意“迅速结束训政，实施宪政”，召开有各党派代表及社会贤达出席的政治协商会议，讨论和平建国方案；承认人民的某些民主权利；同意“积极推行地方自治，实行由下而上的普选”；等等。

10月11日，毛泽东在王若飞、张治中的陪同下飞返延安，民盟领导人张澜、章伯钧、陶行知等到机场送行。10月12日民盟临时全国代表大会闭幕，对国共和谈取得的成就“表示十分欣慰”，对形势持积极乐观态度。10月19日，民盟中央执行委员邓初民秘密与中共王若飞、徐冰会谈，就毛泽东与张澜有关加强合作的协定，商定交换情报及资料办法：民盟今后收得各地政治军事情报及有关文化、教育、农民、工运等资料，一律抄送一份至新华日报社资料室；新华日报社资料室每周亦抄送国际问题、国内问题等资料给民主星期刊社（《民主星期刊》为民盟重庆市支部机关刊物，后民盟总部机关报《民主报》出版后亦一直与新华日报社联系密切）；民盟之特殊文件及重要宣传品，由新华印刷所义务承印。张澜还及时把毛泽东的希望转达给秘密盟员潘文华，潘文华表示将加强地方实力派的团结，加强与中共的联系。后1949年年底刘文辉、邓锡侯、潘文华在四川彭县通电起义，就是中共争取和民盟及各方推动的结果。

（五）中国民主同盟临时全国代表大会

1945年10月1日至12日，中国民主同盟在重庆特园召开临时全国代表大会[①]。四川、西康、云南、广东、贵州、广西、重庆以及西北各地推选代表63人出席会议（开幕式实到48人），代表盟员约3000人。张澜、章伯钧、曾琦、罗隆基、沈钧儒、黄炎培、史良组成大会主席团。

大会的任务是“检讨过去，策划将来，求贯彻本同盟五年来始终不变的主张，使中国真能从和平、团结、统一的途径，走上民主的正轨，成

① 1956年2月8日，民盟八中全会追认临时全国代表大会为第一次全国代表大会。因此民盟二大之前召开的一中至八中全会现称一届一中至一届八中全会。

为真正的民主国家”。其中心议题是讨论建立一个什么样的国家的问题，认真研究了毛泽东在《论联合政府》中所提出的设想与中国现实之可能。张澜致开幕词，表示：当此抗战胜利结束的时候，如何整饬内部，使我们组织更健全更普遍，使我们一贯主张的“民主统一，和平建国”也就是我们所要求的真正民主政治，能促其实现，特别需要研讨。大会通过了《中国民主同盟纲领》《临时全国代表大会政治报告》《临时全国代表大会宣言》（《宣言》因大会期间起草未完，后于一中全会上通过）。

大会认为，“八年长期抗战已经得到了最后的胜利”，“这是中国建立民主国家千载一时的机会”。“在中国所要建立的民主制度，绝对不是，并且绝对不能，把英美或苏联式的民主全盘抄袭”，“要树立适合中国国情的民主制度”，“考验的唯一尺度是：人民是否有机会做人，人民是否自己的主人，人民是否国家的主人”。要“把中国造成一个十足道地的民主国家，一定要首先扫除民主的障碍”，即结束国民党一党专政的党治，彻底清除内战的危机，改进普遍贫穷匮乏并且已经陷于破产崩溃的社会经济。提出：一是召开政治会议。“召集全国各党派以及无党派的代表人士，共同举行圆桌会议，用和平协商的方法，对当前国家的一切问题逐步地积渐地求得全盘彻底的解决”。二是建立联合政府。“联合政府是中国和平、团结、统一的惟一途径”，“是实现军队国家化，彻底消弭内战，平息党争的惟一枢轴”。三是召集国民大会。“国民大会必须是代表真正民意的机关，而不是任何党派包办操纵的机关”，“必须用人民普选产生的代表以组织国民大会”，“国民大会的组织法、选举法和宪草必须经过审慎周详的修改”。

大会通过的《中国民主同盟纲领》，以 1944 年全国代表会议拟定的《中国民主同盟纲领（草案）》为基础进行了修改，由原来的政治、经济、军事、外交、教育、社会 6 个方面共 46 条，改为政治、经济、军事、外交、教育、社会、妇女 7 个方面共 49 条。政治上，主张“民主国家以人民为主人”，“其主权永远属于人民全体”；“国家应实行宪政，厉行法治，任何人或任何政党不得处于超法律之地位”。国家体制上主张议会制，

“国会为代表人民行使主权之最高机关，由参议院及众议院合组之”，“参议院由各省省议会及少数民族自治单位选举之代表组织之，众议院由全国人民直接选举之代表组织之”；责任内阁制，“国家最高行政机构采内阁制，对众议院负其责任”；司法独立，“不受行政及军事之干涉”；地方自治制，“地方自治为民主政治之基础”，“中央与省、省与县之权限应以宪法明定其采分权制度”。提出“国家保障人民身体、行动、居住、迁徙、思想、信仰、言论、出版、通讯、集会、结社之基本自由”，“国家应建立健全文官制度”和“国家实行普选制度”等。这个纲领提出的政治制度虽然还不是新民主主义性质，但却反映了战后广大人民要求民主、和平、统一的迫切愿望，是对国民党一党专政和个人独裁的有力否定。

大会总结了全国代表会议以来组织工作的经验，提出发展和巩固组织的意见：一是扩大中央组织委员会及各地方支部的组织委员会，健全县区分部的组织，提拔培养并训练组织工作的干部；二是吸收工商业家、文化工作者、中小学教师、乡村工作者等入盟，以扩大盟的组织基础；三是加强同人民团体的联系，同文化界、工商界、自由职业者团体、工会、农会和学生会建立经常联系，推动并参加各界组织的社交活动。

大会通过了《中国民主同盟组织规程》，分总则、盟员、总部机构、地方机构、会议、经费、退盟、附则共 8 章 27 条，规定“本同盟定名为中国民主同盟”，“以团结国人实现民主政治为宗旨”，“总部暂设首都所在地，遇必要时得由中执会决定迁移之”，对民盟的组织原则、总部和地方的组织机构、盟员入盟和退盟的具体办法等进行了规定。

大会推选张澜连任主席。增选中央执行委员 33 人：董时进、蒋匀田、叶笃义[①]、何公敢、陶行知、刘王立明、孙宝毅、闻一多、邓初民、杨子恒、刘清扬、辛志超、杜斌丞、范朴斋、柳亚子、史良、马哲民、李公朴、冯素陶、罗子为、楚图南、陈此生、李相符、沈志远、李章达、杨伯恺、李文宜、李伯球、罗涵先、曾庶凡、刘子周、罗忠信、刘泗英。连同

① 据叶笃义回忆，1944 年 9 月 19 日全国代表会议后，21 日民盟再次召开会议，增选董时进、蒋匀田、叶笃义为中央执行委员，待全国代表大会召开时追认。

全国代表会议选出的中央执行委员33人，共有中央执行委员66人。

大会批判了青年党把持盟务，排斥异己力量，拒绝吸收无党派民主人士入盟，企图把民盟变为青年党的工具或外围团体的错误，采取了有力措施限制青年党在盟内的派别活动。在新当选的33名中央执行委员中，青年党只有2名，连同原来的青年党中执委在内，仅占全体中执委的1/6。这次斗争削弱了青年党在盟内的权力，进一步巩固了盟的组织。

★ 临时全国代表大会期间民盟领导人与部分代表及工作人员合影。

根据大会通过的《组织规程》，中央常务委员会设秘书处、组织委员会、宣传委员会、文化委员会、财务委员会、青年委员会、妇女委员会、工商委员会、华侨工作委员会、民主教育运动委员会、国内关系委员会、国外关系委员会等专门委员会，仍旧规定“因工作需要经常委会决定得设各种专门委员会”，专门委员会成为民盟工作重要的组织形式。后在10月15日至16日召开的一中全会上，选出中央常务委员18人：张澜、沈钧儒、章伯钧、黄炎培、史良、张君劢、左舜生、罗隆基、梁漱溟、张东荪、张申府、杜斌丞、陶行知、朱蕴山、潘光旦、马哲民、周鲸文、蒋匀田。同时正式成立各处会并推选了主任、副主任，左舜生任秘书处主任，章伯钧任组织委员会主任，罗隆基任宣传委员会主任，张申府任文化委员会主任，梁漱溟任国内关系委员会主任，张君劢任国外关系委员会主任，沈钧儒任青年委员会主任，陶行知任民主教育运动委员会主任，黄炎培任工商委员会主任，刘清扬任妇女委员会主任。

民盟一大提出的政治纲领和主张，反映了战后渴望和平民主的广大人民的要求，与中共七大的政治路线和政策相呼应，得到了中国共产党和各界群众的积极支持。大会通过的组织问题的决议，对于巩固和发展民盟的组织起了很大的作用。正如张澜在大会闭幕词中所说：民盟中不论有党籍的盟员与无党籍的盟员之间，以及民盟与各民主党派之间，必须互信互谅，精诚团结，才能完成重大使命。

（六）民盟一大后地方组织的发展

民盟总部组织委员会在全国代表会议后就加强了对全盟组织工作的领导，在各地建立地方组织，到一大召开前，已建立云南省支部（1944 年 10 月昆明支部改组成立）、四川省支部（1944 年 11 月在成都成立）、重庆市支部（1945 年 9 月成立）和东南总支部筹备委员会（1945 年春在广西贺县成立）、东南干部会议（1945 年 2 月在广东梅县成立）、西北总支部筹备委员会（1945 年春在西安成立）、华北总支部（1945 年春在北平成立）等地方组织，开展了不少活动。

一大以后，民盟的地方组织由西南、西北继续向全国乃至海外发展。1945 年 10 月，民盟一中全会决定建立西南、西北、东南、南方、东北、华北及海外七区总支部，以加强对各省市民盟工作的领导。1946 年 2 月，民盟西北总支部在西安正式成立，杜斌丞任主任委员。各省市支部陆续成立，发展盟员，开展工作。如广西省支部于 1945 年 11 月在桂林成立，广东省支部于 1946 年 3 月在广州成立，北平市临时工作委员会于 1946 年 1 月成立，南京市支部临时筹备委员会于1946 年 5 月成立，上海市支部于

1946 年 8 月成立。

为便于领导广东、广西、福建及香港、澳门和海外的民盟工作，1945 年 12 月 29 日，民盟南方总支部在香港成立，李章达任主任委员，并于 1946 年 1 月 1 日发表成立大会宣言，明确提出“我们的任务就是在巩固国内的民主团结，发展南方民众及侨胞的民主运动，而争取民主政治的快速实现”。1946 年 2 月，港九支部成立（1948 年春成立澳门分部）。1946 年春，南方总支部在东南亚开展活动，4 月在新加坡（当时称星洲）设立办事处，由胡愈之、胡守愚、李铁民等负责，发展马来亚盟务，并着手在马来亚及南洋各属建立支部，推进民主运动。此后，民盟在暹罗（1946 年 5 月暹罗支部在曼谷成立，1949 年暹罗改泰国后支部名称随之改为泰国支部）、美国（1946 年 5 月美国支部在纽约成立）、印尼（1946 年 9 月苏门答腊支部在棉兰成立）、越南（1946 年 7 月河内支部筹备委员会成立，12 月西贡支部成立）、马来亚（1947 年 9 月马来亚支部在新加坡成立）、英国（1947 年 10 月英国支部在伦敦成立）和缅甸（1948 年 1 月缅甸支部在仰光成立）建立海外组织。民盟南方总支部除领导广东、广西、福建、香港、澳门等地和海外盟的组织外，也曾指导台湾盟员开展活动。

1946 年 4 月 28 日，民盟中央常委会第七次会议通过了《中国民主同盟国内总支部组织规程》《中国民主同盟省、市（特别市）支部组织规程》《中国民主同盟县、市（普通市）分部组织规程》《中国民主同盟调整盟内党派问题试行办法》《中国民主同盟盟员规约》《中国民主同盟盟员入盟办法》等文件，规定了民盟的组织原则、组织机构、盟内党派关系、入盟和退盟的办法等。《调整盟内党派问题试行办法》规定：加盟党派应“接受本盟之政治主张，并遵守组织规章，服从决议”；“对政治上之重大意见，需向政府提出者，应建议本盟提出之”；“不得以其党派之名义，自行向政府交涉政治权益”；“所主持之言论机关，对于本盟或盟内党派不得有所诋毁或攻击”；“不得在盟内收揽盟员参加其组织”；“加盟之党派中央主要负责人及地方主要负责人，均须入盟为盟员，并使其所属之分子尽量入盟”，并决定在中常会下设置党派关系委员会，解决有关党派问题。《中国民主同盟盟员规约》规定了盟员应遵守的组织纪律，包括必须接受民盟的政治纲领、组织规程和决议案；不得对外擅自发表或签署与民盟政治主张相抵触的言论或宣言；参加或发起其他政治性团体组织须事先征得盟组织同意；必须经常出席所属区分部、小组及有关会议；按期缴纳盟费等。这些原则的规定及执行，调整了盟内各党派之间的关系，促进了盟内各党派之间的团结，加强了盟员的组织观念，有力地推动了民盟组织的巩固和发展。到二中全会时，民盟已建立西北总支部、华北总支部、东北总支部、南方总支部；华东地区组织发展迅速，成为民盟活动的中心。

全国各地都有共产党员加入民盟，有些地方盟组织，如云南省支部、西北总支部、南方总支部与中共组织关系密切。民盟南方总支部和港九支部还配合中共创办达德学院。达德学院是中共为传播马列主义、培养人才和干部，在周恩来、董必武的关怀下，由中共广东区委与民主党派、爱国人士合作在香港创办的一所高等学府（后由中共中央香港分局领导）。这所学府按照民盟中央执行委员、南方总支部副主任委员丘哲的建议定名为达德学院，学院董事会 24 名董事中，丘哲、彭泽民、陈汝棠、冯裕芳、陈其瑗、李章达、张文、李伯球、黄药眠、丘克辉、杨逸棠、张殊明是民盟盟员。1946 年 10 月，达德学院正式开学，陈其瑗任院长，陈此生任教务主任，杨逸棠任总务主任；设法律政治系、商业经济系、文学哲学系和新闻专修班，邓初民任法律政治系主任，沈志远任商业经济系主任，黄药眠任文学哲学系主任，陆诒任新闻专修班主任。除上述盟员外，民盟还有许多著名学者、新闻工作者如千家驹、曾昭抡、陶大镛、萨空了、高天等参加了教学工作。至 1949 年 2 月被港英当局取消注册资格而关闭，达德学院培养了 700 多名学生，他们投身人民解放事业，为祖国的解放和新中国的建设作出了贡献。

三、参加政治协商会议，为维护政协协议而斗争

民盟与中共密切配合、共同斗争，推动《停战协定》的签订和政治协商会议的召开，并在政治协商会议上与中共加强合作，为政协五项协议的通过作出了重大贡献。民盟坚决反对内战、争取和平，反对独裁、争取民主，为坚持政协路线、维护政协协议进行了不屈的斗争。

（一）发动反内战运动

国民党当局虽然同共产党进行和平谈判，但其主要打算仍是通过战争来消灭人民革命力量。还在重庆谈判期间，国民党就重新秘密印发1933年蒋介石在"围剿"红军时编的《剿匪手本》。1945年10月13日，双十协定公开发表的第三天，蒋介石发布"剿匪"密令，国民党军随即沿平汉、津浦、平绥铁路向解放区发动进攻。至1945年12月初，国民党用来进攻解放区的总兵力已达190万人以上。这不能不激起要求和平民主的中国人民的强烈愤怒。

为制止内战，民盟发动各界人民掀起大规模的反内战运动，要求迅速召开政治协商会议，解决国家各项重大问题。10月26日，民盟在特园举行茶会，向新闻界报告临全会的成果，张澜在会上强调：民盟不愿中国再见内战，军事冲突应立即停止，希望舆论界一致主张，一致努力。10月30日，黄炎培致函国共双方会谈代表，呼吁"立即停止冲突"，提议"组织调查团，包括代表中共方面人员及第三方面人员，前往发生冲突地点，会同调查真相"，商谈解决。11月2日，民盟发言人针对国民党挑起内战的事实发表反内战的谈话，指出国共谈判本已取得积极成果，两党代表共同签字发表正式公告，声明"共同努力以和平、民主、团结、统一为基础，长期合作，坚决避免内战"，然而"大规模的内战，已经在各地爆发起来了"。政治协商会议以"拟定一个和平建国方案为它的最高职责"，

第一课题便是“如何制止妨碍和平的内战”。主张政府在十天以内正式召集政治协商会议；在政治协商会议开幕以前国共双方停止冲突；由政治协商会议组织视察团，由各党派代表及公正人士参加，立即分赴各可能冲突地点调解纠纷。

11月11日，国共双方代表张群、王世杰、邵力子、周恩来、王若飞邀请张澜、沈钧儒、黄炎培、左舜生、罗隆基、章伯钧、张申府、鲜英、周鲸文等，在特园商谈政治协商会议和国民大会召开时间及停止军事冲突问题。

11月19日，张澜、沈钧儒、黄炎培等在重庆发起的陪都各界反内战联合会举行500余人的成立大会，发表宣言，号召各界人民用罢工、罢课、罢市等行动呼吁和平、反对内战，反对美国干涉中国内政，并倡议在全国各地分别成立该地方的各界人士反内战联合会，“制止内战而奠定国内的永久和平”。

民盟总部和各地方组织积极支持各地反内战的学生运动。1945年11月25日晚，昆明学生6000余人在西南联大举行反内战时事讨论会，邀请钱端升、费孝通、潘大逵、伍启元等教授到会讲演，国民党军警特务密布在会场四周，并开枪恐吓和破坏。次日，全市3万学生罢课，发表告全国同胞书，向国民政府提出立即停止内战，要求和平；反对外国助长中国内战，要求撤退驻华美军；组织民主联合政府；切实保障人民结社、集会、言论、游行及人身自由等8项要求。民盟云南省支部声援学生的正义斗争，抗议非法武装干涉集会自由。12月1日，国民党军警和特务暴徒数百人围攻云南大学、西南联大等校，毒打学生和教师，并投掷手榴弹，致死4人，伤60余人，制造了震惊中外的一二·一惨案。民盟云南省支部严正抗议国民党的暴行，提出满足学生合理合法要求、惩办相关负责人、赔偿损失，呼吁社会人士声援昆明学生的斗争。12月6日，民盟总部发言人发表谈话，严厉谴责国民党残酷镇压手无寸铁的青年学生，要求：政府查明事实，追究责任，严惩肇事军政长官；抚恤受害青年，赔偿损失，并保证以后不再有类似事件发生；撤销特务，保障人民言论、集会、结社之民主自由；政府当局勿再听任军警干涉青年爱国运动，致生不幸事件。成都、重庆等地的民盟组织也纷纷声援，要求立即停止内战，实现和平。

12 月 16 日，以周恩来为首的中共政协代表团到达重庆，提出“在政协开幕之前，国民党必须停止军事进攻，实行无条件停战”；次日即专程拜访张澜，交换意见。12 月 24 日，梁漱溟、张东荪、罗隆基、张申府、沈钧儒、章伯钧、刘清扬、史良、李公朴、蒋匀田、周鲸文、陶行知、刘王立明、何公敢等以陪都各界反内战联合会名义致函蒋介石，要求国民政府明令“停止武装冲突，使和平建国大业，早日顺畅推行”；并致函毛泽东，表示希望“停止武装冲突，促进政治协商，以贯彻和平建国之大义”。周恩来、王若飞等将函件转毛泽东前“先此肃复”，表示“此次来渝出席政治协商会议，已先向政府提出双方立即无条件停止内战”，称赞“反对内战联合会主持正义，促进政治协商，实现和平建国，必能有成”。12 月 30 日，张澜致函国民党和共产党政协代表，要求国共双方于 1946 年元旦“发令所属一切军队即日停止武力冲突，所有问题均得提交政治协商会议解决”。周恩来、王若飞、叶剑英复函，告知已于 27 日与国民党重开谈判，提出停止军事冲突，和平协商与内战有关之一切问题，正催促政府当局给予答复。

1946 年 1 月 2 日，民盟发言人发表对时局意见，要求在政治协商会议召开之前，“停止军事冲突，同时恢复交通，但一切军队，应各驻原地，不能利用铁道调动军队”；“军事考察团除由国共两党代表参加外”，“由政治协商会议公推社会公证人士组织之”。并对蒋介石刚于元旦发表的广播演说提出四项不同意见，主张“重订国民大会之组织法与选举法，成立真能代表民意的国民大会”；“开放政权，改组政府，应由协商会议共同商定，不能由一党以延揽方式提出之”；“军队统一于国家”，“必须与政治民主化并行之”；改组地方政权，“及早实施地方自治”。

在全国人民的压力下，国民党被迫接受中共和民盟及其他民主人士的要求，于 1946 年 1 月 10 日签订《停战协定》，1 月 13 日午夜起停战命令生效，在北平设立军事调处执行部，监督停战协定的实施。并于《停战协定》签订的同日，在重庆召开各党派和无党派代表人士参加的政治协商会议。《停战协定》的签订和政治协商会议的召开，是民盟配合中共共同斗争取得的具有重大意义的胜利。

（二）在旧政协会上与中共共进退

1945 年 10 月，国共双方签订的双十协定，明确了国民政府承认各党派的平等合法地位，决定“召开政治协商会议，邀请各党派代表及社会贤达协商国是”，并由国共双方商定出席单位及名额。在政治协商会议召开之前，周恩来与张澜晤面，再次确认了此前毛泽东与张澜有关加强合作的协定，就催促国民党召开政治协商会议、共同争取出席会议名额等进行了多次磋商，充分交流意见，形成联合行动。

政治协商会议出席单位及名额，最初商定的是：国民党 9 人，共产党 9 人，民盟 9 人，社会贤达 9 人，共 36 人。党派代表由各党派自行推选，社会贤达代表由国共双方协商推定。国民党为了掌握政协会议中的多数，孤立共产党，使出种种手段对民盟进行分化瓦解。他们拉拢青年党，让青年党强硬要求在民盟的 9 个名额中独占 5 个。对民盟来说，这不仅是名额多少的问题，“三党三派”和无党派盟员内部也会产生纠纷，因此断然拒绝了青年党的无理要求。但青年党坚持“一定要五席”，否则“作为独立的单位参加政协会议”。中共方面坚决支持民盟的 9 个代表名额不能减少，后由周恩来代表中国共产党向国民党提议：青年党单独参加政协会议，不占民盟名额，由共产党让出 2 名，国民党让出 1 名，总名额增加到 38 名，维持民盟 9 个名额不变。共产党以国事为重、顾全大局、主动让步的做法，让国民党不得不接受。最后商定的名额是：国民党 8 名，共产党 7 名，民盟 9 名，青年党 5 名，社会贤达 9 名。这样，民盟的名额问题得到解决，粉碎了国民党妄图通过分化和削弱民盟、操纵“多数”以控制政协的阴谋。民盟的代表名额最后分配为：无党派 2 人，张澜、罗隆基；救国会 2 人，沈钧儒、张申府；国社党 2 人，张君劢、张东荪；第三党 1

人，章伯钧；职教派 1 人，黄炎培；乡建派 1 人，梁漱溟。

自此，青年党从民盟组织中分裂出去，在政治上倒向国民党，和中共、民盟对立起来。后左舜生秘书处主任一职被解除，由张东荪代理，张东荪去北平后，由梁漱溟代理。

1946 年 1 月 10 日，政治协商会议（史称“旧政协”）在重庆国民政府礼堂开幕。以孙科为首的国民党代表 8 人，以周恩来为首的共产党代表 7 人，以张澜为首的民盟代表 9 人，以曾琦为首的青年党代表 5 人，邵从恩、莫德惠等社会贤达代表 9 人出席了会议。蒋介石、周恩来、张澜、曾琦、邵从恩在开幕式上致词。张澜在致词中表示（由沈钧儒代读）：“永久的和平是中国建国的先决条件”，民盟要和各方代表共同努力，“奠定国家永久和平，建立国家真实民主的基础”。

★ 政治协商会议期间周恩来、罗隆基步出会场时接受记者采访。

会议期间，民盟代表团和中共代表团默契配合，互相支持，结成亲密同盟。民盟代表和中共代表白天开会，晚上碰头（时民盟代表已入驻民盟总部国府路 300 号），互相交换情况和意见，无论大会还是小组会，一方要提新的方案，一定先和另一方打招呼，采取一致步调。民盟还邀请了 34 位国内有声望的学者名流，组成政协代表顾问团，为民盟和中共政协代表提供咨询。这 34 位顾问包括：

政治方面：邓初民、彭一湖、杜斌丞、周士观、王葆真、张奚若、孙廉良、马哲民、曾昭抡、潘大逵；经济方面：马寅初、章乃器、周谷城、杨开道、施复亮、周炳琳；宪法方面：钱端升、张志让；法律方面：史良、吕复；军事方面：鲜英、张志和；教育文化方面：潘光旦、陶行知、侯外庐、董渭川、杨卫玉、闻一多；农业方面：乔启民、董时进；地方自治方面：何公敢；东北问题方面：周鲸文；华侨问题方面：彭泽民；合作问题方面：章元善。

政治协商会议设政府组织组、军事问题组、施政纲领组、国民大会组和宪法草案组。民盟代表分组情况为：罗隆基、沈钧儒在政府组织组，罗隆基为小组召集人①；张申府、黄炎培在施政纲领组；张东荪、梁漱溟在军事问题组，张东荪为小组召集人；章伯钧、梁漱溟在国民大会组；罗隆基、章伯钧在宪法草案组。

关于政府组织的问题，国民党代表团提出《扩大政府组织方案》，提议扩大国民政府委员会，“得由主席提请选任党外人士充任之”；“行政院设置政务委员若干人，政务委员得兼任各部会长官”，企图以“扩大”代替“改组”，保持国民党的一党独裁实质。罗隆基针锋相对地强调要改组政府，并申述了改组政府的理由：一是大家既期望宪政实施，在这过渡时期总希望由一人集权制过渡到民主集权制；二是为了结束训政完成宪政，希望各党派能参加政府；三是目前政府行政效率低，应该提高和现代化。同时提出改组政府的三项原则：一是必须有共同纲领为施政共同准绳；二是共同决策机关，要真能决策；三是各方面参加执行机关办法，要真能执行。后王若飞和罗隆基商量：从策略上考虑，要打破国民党提案的骗局，避免讨论陷入僵局，决定接受扩大国民政府委员会的提议，但由民盟代表援引英美政治制度的民主原则对它进行修正，中共予以支持。因此，罗隆基又发言提出：国民政府委员会必须是拥有实际政治权力的最高国务机关，得任免行政官员，同意立法委员、监察委员人选，通过国家预算决

① 各小组参加人10人（施政纲领组为11人），国民党、共产党、民盟、青年党、社会贤达各2人；设召集人2人。

算，决定立法原则、施政方案和军政大计，这其实是用委员制的集体政府来代替总统制。经过激烈争论，国民党不得不接受这些最起码的民主原则，同意修正，将“国民政府委员会为政府之最高国务机关”一条写入决议草案中，并规定“国民政府委员会所讨论之议案，所有涉及施政纲领之变更者，须有出席委员三分之二之赞成始得议决”。之后，在国民政府委员会的名额和分配问题上又发生激烈争执。最后总名额定为 40 人，国民党占 20 人。中共和民盟决定两党联合争取在 40 名委员中占 14 名，以保证占 1/3 强的否决权，但终因国民党方面的阻挠未获成功。

关于国民大会的问题，其争论的焦点是旧国大代表的资格问题。国民党代表坚持 1936 年由国民党一手包办“选出”的国大代表仍然有效，另外“合理增加”名额，召开国民大会，通过宪法。中共和民盟都坚持旧国大代表无效，要求重新选举。罗隆基说：“以十年前选出的代表来开议会，制定宪法，为世界史例所无。”章伯钧要求“依新的组织法选举法重新选举”代表，并重申了 1945 年 3 月 10 日民盟关于国民大会的五项主张。国民党代表不肯让步，会上形成僵局。周恩来、王若飞与民盟代表商量，为了政协会议的继续进行，作出适当让步。最后商定，承认国民党原来的代表 1200 名，另增加各在野党派和社会贤达代表 700 名，台湾和东北代表 150 名。中共和民盟的代表占总数的 1/4 强，按国大表决法规定必须有出席代表 3/4 的同意才能形成决议，中共和民盟就掌握了国民大会的否决权。这种共同拥有名额的方式，体现了中共与民盟在政治上的高度互信。

关于施政纲领的问题，国民党和青年党的代表主张以《抗战建国纲领》为蓝本，以国民党第六次全国代表大会的政治纲领为依据；中共代表团则根据双十协定精神，提出《和平建国纲领草案》。章伯钧发言支持中共方案，指出“纲领应定名为‘和平建国纲领’”，内容应包括民主改革及实施步骤和一般施政纲要，应把《国民党第一次全国代表大会宣言》和《中华民国临时约法》作为根据，“把中共及其他政党的政纲及各地各界人士的意见都拿来参考”。黄炎培、罗隆基等均明确赞成使用“和平建国纲领”作为共同施政纲领的名称，建议以中共提出的纲领草案为基础，参考民盟的主张，并广泛征求人民的意见。最后，会议基本根据中共起草的方案，通过了《和平建国纲领》。

关于宪法草案的问题，国民党代表孙科提出以国民党 1936 年拟定的《中华民国宪法草案》（五五宪草）为蓝本，称五五宪草是根据孙中山提倡的“五权宪法”精神而制定，是“人民有权，政府有能”，认为该宪草虽有“许多疑问和缺点”，但“三民主义的最高原则”和“五权制度”不能变更。民盟和中共都坚决反对，民盟代表更认为该宪草实质上是“人民无权，总统万能”。黄炎培发言提出设置副总统、省长民选等意见。沈钧儒认为依该宪草规定总统权力过大，主张地方分权，并从法律上承认中共领导的解放区。后张君劢提出一套方案，保留五五宪草形式不变，但根据孙中山的直接民权思想，批评五五宪草的国民代表大会制度是间接民权而非直接民权，对国民大会、立法院、行政院等国家机构的职能和权力做大的修改。这套方案得到了中共和各党派的赞成和支持。中共和民盟代表反复讨论，配合斗争，宪法草案组最终决定政协会下设各方面代表组成的宪草审议委员会，并通过宪草修改原则 12 条，规定：“全国选民行使四权”（选举、罢免、创制、复决）就是国民大会；立法院为国家最高立法机关，由选民直接选举；行政院为国家最高行政机关，对立法院负责，立法院对行政院有同意权和不信任权；监察院为国家最高监察机关，行使同意、弹劾和监察权；司法独立，“超出于党派之外”；“省为地方自治之最高单位”，“省得制订省宪”，“省长民选”等。这样就把五五宪草规定的总统独裁制，改换成了议会制和责任内阁制，以限制国民党和蒋介石的权力，增强中共和民盟在国家机构中的权力和地位，一些条款也保障了解放区的地位，增加了各党派和人民的权利。

政治协商会议讨论最激烈的是“军队国家化”问题。国民党坚持首先军队国家化，然后才能政治民主化，想中共先交出军队；共产党一直以来的态度是先政治民主化，再军队国家化，但在坚持原则的前提下作出一定让步，提出军队国家化与政治民主化平行前进、以达统一，就军事改革提出 12 项建议。民盟支持中共的立场，同时提出《实现军队国家化并大量裁兵案》，主张“为奠定国家统一，并树立现代国防起见”，全国所有军队应即归属于国家，达到军令政令之完全统一；大量裁减常备军额，积极从事科学研究、工业建设，普及国民军训；为裁军成立整军计划委员会。梁漱溟对民盟提案作出说明，裁军计划应提交政治协商会议审核通过后，交改组后的政府执行，也就是说，先改组政府，后整编军队，先政治民主化，后军队国家化。经激烈争论，勉强达成《关于军事问题的协议》，通过了“军队属于国家”“军党分立”“军民分治”“以政治军”等原则规定。

政治协商会议历时 22 天，通过了《关于政府组织问题的协议》《关于国民大会问题的协议》《和平建国纲领》《关于宪法草案问题的协议》《关于军事问题的协议》五项协议，于 1 月 31 日闭幕。蒋介石、周恩来、张君劢、曾琦、莫德惠在闭幕式上致词。

政协协议规定，改组国民党一党政府，成立政府委员会为最高国务机关，委员的一半由国民党以外的人士充任。改组后的政府为结束国民党的“训政”到实施宪政的过渡时期的政府，负有召集国民大会以制定宪法的任务。由立法院、行政院、监察院组成的中央政权体制相当于英国或法国的议会制和内阁制，是对蒋介石独裁政体的一种限制。协议规定的中央同地方分权、省为地方自治最高单位、省长民选、省可以制定省宪等，为解放区民主政权的存在提供了一种可能的保障。政协五项协议实质上否定了国民党的训政法统，否定了国民党的内战政策和专制独裁，虽然与“新民主主义还有很长的距离，但如照政协做下去，则是向新民主主义的方向发展”（周恩来语），其种种规定有利于实行民主政治，有利于和平建国，激起了中国人民对于实现和平、民主、团结、统一的热烈期望。在很长一段时间内，政协协议成为国统区很多人衡量是非的重要尺度：谁能坚持政协路线，谁就得人心；谁要破坏政协路线，就是把自己置于同广大人民对立的地位。

民盟作为国共两党之间第三方面的主要政治代表，作为一个重要的政治团体参加了政治协商会议，和中共密切配合、共同斗争，为五项协议的通过与国家的和平、民主作出了重大贡献，在全国人民中也有了越来越高的声望和政治影响。

（三）抗议国民党反民主暴行

政协会议的成功是民主力量的重大胜利，全国人民认为从此在中国实现民主政治有了保证。中共准备严格履行政协协议，政协会议闭幕次日即发出党内指示，指出“从此中国即走上了和平民主建设的新阶段”，全党要“准备为坚决实现这些决议而奋斗”。但国民党容忍不了民主改革，哪怕是西方式的资产阶级民主主义也无法接受。还在政协会议进行期间，1 月 16 日至 19 日连续 4 晚，张东荪、梁漱溟等政协代表在沧白纪念堂举行讲演，国民党大批特务捣乱会场，制造“沧白堂事件”；1 月 26 日，国民党军警特务又非法闯入黄炎培的住宅进行搜查。黄炎培和其他民盟政协代表要求坚决彻查，未得政府 36 小时内解决的保证以前，拒绝出席会议，迫使国民党不得不“查办”有关人等，并由孙科、张群、孔祥熙向黄炎培登门道歉。

2 月 1 日，即政协会议闭幕次日，民盟总部机关报《民主报》在重庆创刊。张澜为发行人，罗隆基为社长，马哲民为总编辑。此报于民盟一中全会后即积极筹备，原计划名为“民主日报”，临时更名为“民主报”是因为出刊前夕，国民党为阻挠民盟办报，以孔庚为发行人抢先出版了同名报纸，民盟当即决定报纸改名如期创刊。《民主报》在《发刊词》中公开表明其性质是“中国民主同盟的言论机关之一”，但并不是“只限于代表民主同盟这个政治团体以内的意见”，而是“一切民主信徒共同的工具”。

2 月 10 日，重庆 23 个民主团体在较场口举行陪都各界庆祝政治协商会议成功大会，到会群众万余人，民盟政协代表沈钧儒、梁漱溟、罗隆基、张君劢等应邀莅会。国民党大批特务到场捣乱破坏，当场打伤李公朴、郭沫若、施复亮等 60 余人，制造了震惊中外的较场口血案。民盟中央常委、著名律师史良当天即陪同李公朴等验明伤情，往重庆地方法院对国民党特务的暴行提出起诉。《民主报》报道了事件真相，并接连发表社论和评论，严词谴责反动暴行。大会筹备委员会发表了向全国同胞控诉书；重庆、成都、昆明、上海、武汉、广州、西安、北平、香港等大中城市和解放区也纷纷举行游行或集会表达抗议。

国民党企图压制人民的呼声，于2月22日煽动重庆一部分学生举行反苏游行，特务暴徒乘机捣毁《新华日报》和《民主报》营业部，打伤工作人员多人。2月23日，张澜致函蒋介石，严正指出国民党“制造不幸事件，一次扩大一次，横行无忌，愈演愈烈，显为有计划、有组织破坏民主团结，反对政治协商之成功”，并提出严惩较场口血案及捣毁《民主报》《新华日报》的主使人、解散特务组织、保障人权等要求。

国民党特务又制造了西安惨案。3月1日，大批特务捣毁了民盟西北总支部机关报《秦风日报·工商日报联合版》营业部；3月19日，该报记者杨宾青被暴徒殴至重伤；该报法律顾问、民盟盟员王任律师4月9日被诬为“烟犯”逮捕，4月23日被非法枪杀；5月1日，民盟西北总支部青年部长李敷仁被国民党特务绑架枪杀（幸而重伤未亡，经群众抢救、掩护，得中共地下党辗转送至延安）；5月3日，大批武装特务严密封锁报社，撕毁报纸，殴打报童，报纸被迫停刊。5月29日，民盟向国民政府提出抗议，要求彻底追究责任，惩办祸首。

1946年3月1日至17日，国民党在重庆召开六届二中全会，通过修改宪草的五项决定：制定宪法应以《建国大纲》为最基本之依据；国民大会应为有形之组织，用集中开会之方法行使《建国大纲》所规定之职权；立法院对行政院不应有同意权及不信任权，行政院亦不应有提请解散立法院之权；监察院不应有同意权；省无须制定省宪。这就完全推翻了政协会议所确定的民主宪政原则。中共和民盟立即对此进行了斗争。3月18日，周恩来招待中外记者，揭露国民党二中全会破坏政协决议的实质，号召全国人民为坚决实现政协全部协议而斗争。3月21日，张澜对新华社记者发表谈话，指出国民党二中全会决议“无非在维持其国民党一党专政的实质与形式，把各党派参加政府变成请客”，并表示民盟为了对全国人民负责，“不愿贸然参加政府”。

3 月 20 日至 4 月 2 日，国民党在重庆召开国民参政会四届二次会议，企图利用这次会议，把国民党二中全会推翻政协决议的阴谋合法化。中共参政员拒绝出席这次会议。3 月 31 日，罗隆基发表声明，表示民盟在参加政府问题上与中共取同一态度。4 月召开的政协宪草审议委员会会议上，民盟代表又与中共代表一致反对国民党对政协宪草原则的篡改。之后，民盟在上海发表谈话，声明“政协五项决议，是全国各党派代表及社会贤达共同一致商定的方案，这是全国人民所接受所拥护的方案”，“绝对不容许任何党派单独否认或撕毁”。

1946 年 5 月，国民政府还都南京，中共在国统区的代表机关和民盟总部也由重庆迁到南京（民盟总部设在蓝家庄 15 号和高门楼）。从此，政治斗争的中心由西南地区转移到华东地区，南京和上海代替重庆，成为全国人民维护政协决议、开展和平民主运动、反对国民党内战独裁政策的斗争中心。

（四）调解东北内战

1945 年 11 月之前，东北地区无国民党一兵一卒，只有苏联红军和中共领导的东北抗日联军（抗战胜利后扩建为东北人民自卫军，1946 年 1 月改称东北民主联军）。11 月间，美国帮助国民党运兵到东北，先后攻占东北人民自卫军驻守的山海关和锦州等地，挑起内战。1946 年 3 月，国民党又在破坏政协决议的同时加紧破坏《停战协定》，进驻沈阳，扩大东北内战。

民盟极为关心东北局势，早在政治协商会议期间，就多次提出应订立东北停战协议。1946 年 2 月 23 日，民盟发言人发表谈话，认为东北问题为“全国民主和平统一问题之一部分，曾主张以政治协商方式解决，不可与外交混为一谈。现既纠纷扩大，成为国共两党之争端，亟当遵循政治解决之途径，由政府召集政治协商会议之综合小组，协商具体解决办法”。民盟在代表团办事处招待新闻记者，罗隆基主持并说明，“东北问题倘不能得到合理圆满的解决，一隅的军事冲突很可以影响中国全局，很可以使政协会议全功尽弃”；并提出军事调处执行部执行小组“应立即赴东北开始工作以停止军事冲突”，“东北的政府应立即用协商方式改组为民主的地方联合政府”。张澜在 24 日的记者招待会上表明了对东北问题的态度：民盟反对阻止政协决定实现的任何企图；中国的自由、独立与安全必须建立在国家统一团结的基础上；坚决维护中国领土及主权完整；东北问题必须在最短时间内解决，政府必须公开关于东北的谈判。

在民盟的调解和一再敦促下，国共两党代表经过谈判，于 1946 年 3 月 27 日签订《东北停战协议》，规定军调部执行小组“应前往冲突地点或政府军与中共军密集地点，使其停止冲突，并作必要及公开调处”。

4 月 1 日，蒋介石在国民参政会上发表演说，表示“东北三省在主权的接收没有完成以前，没有什么内政问题可言”，“军事冲突的调处，只在不影响政府接收主权，行使国家行政权力的前提之下进行”，公开撕毁协议，并在美国的援助下，派遣大批国民党军队大举进攻东北解放区。军调部执行小组到沈阳后，国民党声称“只有接收，没有调处”，扣留了执行小组中的中共代表。

4 月 10 日，张澜、沈钧儒、章伯钧、罗隆基等在重庆特园邀请国共两党政协代表，交换对东北问题的意见。民盟提出折中调解方案：一是“中共军队先退出沈阳至长春沿铁路线各地，使中央军可以顺利到长春”；二是“中央军暂行停止前进五天，俾中共军队有时间退出铁路沿线，以避免冲突”；三是“在中央军接收长春以后，双方再进行政治谈判，将东北军事政治问题，依据整军方案及政协会决议，谋求全盘解决”。国民党不同意民盟的方案，坚持继续进兵“接收”。

4 月 22 日，美驻华特使马歇尔邀请民盟协助调停东北内战的工作。4 月 29 日，民盟向马歇尔提出实现东北和平的建议：“（一）中共军队撤出长春；（二）中央军不再进兵长春；（三）东北政务委员会驻长春主持政务，就地组织警察行使职权，所有委员人选由各方协商而中央简命之。”马歇尔却答复“政府即将还都，蒋主席即将离渝，一切到南京再谈”，默许蒋介石用武力解决长春问题，不愿将此建议转交国民党。

5月间，国民党军队继续扩大东北内战，先后侵占了四平、长春，控制了松花江以南的大部分地区，并将战火蔓延到关内。5月15日，民盟政协代表在上海举行记者招待会，提出对时局的四项主张，号召全国同胞一致起来，制止内战，挽救危局；双方当局应尊重军调部停战令之性质，全国各地一律奉行停战令；重开政治协商会议，并督促各项协议之实施。5月22日，张君劢、黄炎培、沈钧儒、章伯钧、梁漱溟致函蒋介石、毛泽东，“吁请即刻停战”，重申4月29日在重庆向马歇尔提出的建议，表示“其余一切问题概俟停战后协商解决”。毛泽东5月23日复函，对民盟的建议“原则上极表赞同”，对此建议被对方拒绝表示惋惜。蒋介石置之不理，继续大举向东北民主联军进攻。

为了制止这场大规模内战，1946年5月5日，中国民主同盟、中国民主促进会、中国民主建国会等22个组织组成上海人民团体联合会，发表宣言，吁请“立即停止内战，实行政协决议”。6月5日，周恩来同蒋介石、马歇尔达成东北停战15天的协议，从6月7日中午起实行。民盟积极呼吁从短期休战做到永久和平，同时建议军事问题与政治问题一起进行商谈，以求得彻底解决。

6月6日，在上海的各民主党派和各界知名人士164人联名致函蒋介石、马歇尔、周恩来、董必武等，呼吁“抗战已终，一切皆属内战问题，自宜偃息干戈”。中共代表于6月11日复函，表示“敝党决愿本一向和平民主团结统一之职志，进行谈判，并盼望从此长期停战，永不戎争”。6月9日，章伯钧、罗隆基在沪发表谈话，表示“人民要求永久停止内战，一切问题谈判解决”。6月16日，罗隆基、史良、鲜英、邓初民、周新民、吴晗等89人发表告国人书，谴责政府负责人“一意孤行扩大延长内战”，为进行内战“断人民之生路，陷国家于绝境，我全国人民实一致坚决反对”。6月19日，民盟政协代表从上海赶到南京，力图就国共和战问题进行调解，20日邀请孙科、吴铁城、邵力子等商谈，21日又与中共代表团交换意见。但国民党对民主党派的呼声不予理睬，加紧策划发动全面内战。

6月23日，在各民主党派和中共地下组织的发动下，上海人民团体联合会在上海北火车站召开了有10万人参加的上海各界人民反内战大会和游行。大会由陶行知、王绍鏊、林汉达主持，推举马叙伦等10人为代表赴南京请愿。代表们到达南京下关车站时，遭到伪装成“难民团”的国民党特务暴徒围殴达5个小时，马叙伦等多人受伤。民盟总部派赴下关车站欢迎代表、民盟中央执行委员叶笃义和《新民报》记者、盟员浦熙修亦横遭凶殴，身受重伤。这就是震惊中外的下关惨案。当晚，周恩来到医院慰问受伤人员，并与国民政府交涉，要求追究责任。6月25日，民盟政协代表致函国民党政协代表，要求国民政府对所有与下关惨案有关人员“查明其应付之责任，迅予以应得之处分”，对受害者赔偿医药费及财务损失，并“取消特务机关”，“切实保证人民之各项自由”。7月5日，毛泽东、朱德致电马叙伦等表示慰问，并表示“中共一贯坚持和平民主方针，誓与全国人民一致为阻止内战，争取和平奋斗”。

6月26日，国民党军队22万人围攻鄂豫边境的中原解放区。7月12日，国民党又出动50万人进攻苏皖解放区，接着大举进攻晋冀鲁豫、晋绥、东北及海南岛等解放区，全面内战由此爆发。和平谈判破裂，民盟调解东北内战的工作宣告失败。8月25日，沈钧儒、罗隆基、章伯钧、梁漱溟、张君劢、张东荪在上海举行记者招待会，谴责国民党破坏政协决议和停战协定发动内战，表示：“凡是依据政协决议而进行的事，他可以促进中国的和平团结，我们民盟必竭诚参加，全力拥护。倘假执行政协决议之名，而行破坏政协决议之实，这类行为，适足以扩大中国的内战，造成中国分裂，影响世界和平，我们民盟必坚决反对。”

（五）李公朴、闻一多血案

国民党在发动全面内战的同时，继续加强对国统区的独裁专制统治，血腥镇压民主运动。1946年6月间，国民党政府在全国各地逮捕了13000余名反内战的工人、学生和市民；7月，取缔了反内战、呼吁民主的文化团体、言论机关100余处，又先后暗杀了民盟中央执行委员兼民主教育运动委员会副主任、云南省支部委员李公朴，民盟中央执行委员、云南省支部宣传委员兼民主周刊社社长闻一多，制造了骇人听闻的李公朴、闻一多血案。

1946年5月间，云南省警备总司令霍揆彰召集人员拟定了一个包括李公朴、闻一多、张奚若、潘光旦、罗隆基、楚图南、费孝通等数十人的暗杀名单。他们在昆明散布谣言，说民盟企图勾结地方势力在云南组织暴动、夺取政权，李公朴“奉中共之命，携巨款来昆明密谋暴动”，闻一多“组织暗杀团”等。6月初，云南省警备司令部派兵查抄了几家进步书店与进步人士住宅，整个昆明风声鹤唳。民盟云南省支部不顾形势险恶，于6月26日、28日、29日连续举行三次对外招待会，由潘光旦、闻一多、楚图南、李公朴、冯素陶、费孝通、潘大逵出面，向社会各界公开阐明民盟的政治主张和对时局的态度：民盟“只以和平方式争取民主，并非暴力革命的团体，暗杀、暴动不是我们所做的事，而是我们反对的事”。李公朴在会上大声疾呼：“内战万万打不得，大家反内战的声音应该喊得更大些。”闻一多说，我们过去那种严守中立的超然态度是自欺欺人，再不能做袖手旁观或装聋作哑的消极中立者，要站出来“明是非，辨真伪，要以民主为准绳”，要和平，要民主，反对内战；还表示，真正的力量是人民，民盟永远深信人民的力量，把希望寄托在人民身上。会后，民盟在昆明开展了呼吁和平的“万人签名运动”。一时昆明全城群情激昂，形成了一股声势浩大的争取和平民主的群众运动。

从6月下旬起，云南特务机关已开始对李公朴、闻一多等首批暗杀对象实施监视盯梢。7月11日晚，李公朴和夫人张曼筠回家行至昆明青云街口至学院坡的岔路上，李公朴被国民党特务用无声手枪暗杀，送至云南大学医院抢救无效，于12日凌晨逝世。7月12日，民盟发表声明，向政府提出严重抗议。闻一多主张毫不含糊地在声明中指出这是国民党所为，并冒着生命危险组织李公朴治丧委员会。有人劝闻一多暂避，他大义凛然地说：“决不能向敌人示弱，如果李先生一死，我们的工作就停顿了，将何以对死者，何以对人民！”7 月 15 日，李公朴治丧委员会在云南大学召开追悼会，为了安全，没有安排闻一多发言。当特务在会上捣乱时，闻一多忍无可忍，拍案而起，即席作了著名的“最后一次讲演”。他愤怒谴责国民党特务杀害李公朴是“历史上最卑劣，最无耻的事情”，“你们杀死一个李公朴，会有千万个李公朴站起来！你们将失去千万的人民！告诉你们，我们力量大得很！多得很！”他毅然决然地申明：“正义是杀不完的，真理永远存在！”“争取民主和平是要代价的，我们决不怕牺牲，我们每个人都要像李先生一样，跨出了门，就不准备再跨回来！”追悼会后，闻一多出席了民盟在民主周刊社为李公朴被暗杀事件举行的记者招待会。招待会后，闻一多与长子闻立鹤回家，行至西仓坡家门口时，被暗藏的数名国民党特务开枪射击，闻一多当场牺牲，闻立鹤重伤。

李、闻被害的消息传出后，立即激起国内外的强烈反应，声援民主战士的唁电纷至沓来，对国民党的声讨席卷全国。

7 月 18 日，张澜致电蒋介石，严厉谴责蒋介石政府违反“保障人权之四项诺言”，“先李敷仁、王任之被诬杀不及百日，昆明李闻两君又被暗害”，这是“反民主、反和平、有计划之阴谋”，“凶手特务，敢于横行无忌，如此放纵指使，必有背景”，并提出三项要求：一是立即彻底废除全国特务机关及制度；二是严令负责机关查获李闻案主凶，依法惩治；三是全国和地方治安机关保证今后不再有类此之事发生。民盟总部发表书面谈话，严厉谴责国民党一系列暴行，表示“我们民盟对争取中国的和平民主，绝不因这类暴行事件而有所恐怖与退缩，我们只有更积极更勇敢地向前猛进，争取中国的和平民主，亦只有如此始足以慰李、闻两先生地下之灵”。7 月 22 日，民盟政协代表抗议国民政府“以暴力残杀无武力之在野党派”，并要求政府立即选派公正人员，与民盟所推派之人员同赴昆明调查惨案真相，这一要求遭到拒绝。

7 月 25 日，民盟中央常务委员兼民主教育运动委员会主任陶行知因李、闻被害，愤激过度加上日夜辛劳，突发脑溢血逝世。他在 7 月 16 日写给育才学校师生的信成为他的遗书，信中号召：“为民主死了一个就要

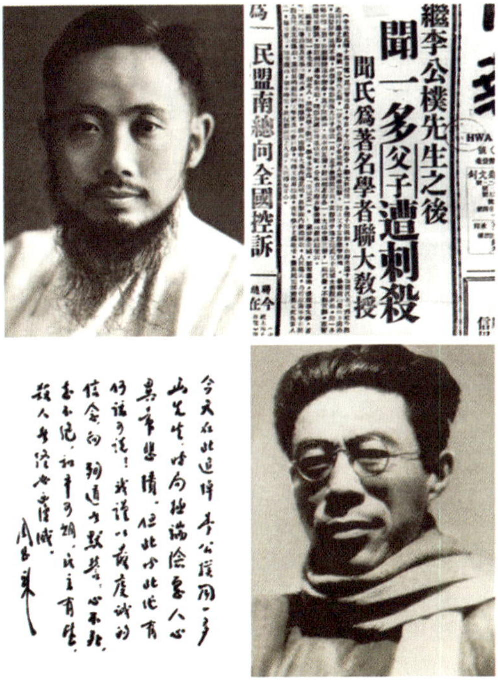

★ 李公朴（左上）、闻一多（右下）、《华商报》报道（右上）、周恩来悼词（左下）。

加紧感召一万个人来顶补！”毛泽东撰挽词：“痛悼伟大的人民教育家陶行知先生千古！”

8 月 3 日，梁漱溟、周新民受民盟总部委托赴昆明调查李闻案。8 月 6 日至 22 日，梁漱溟、周新民在昆明克服了国民党特务给调查工作造成的极大困难，进行了深入的调查。8 月 25 日，民盟在上海举办的新闻发布会上，梁漱溟报告了调查经过与结果，用“吞吞吐吐”形容政府对待李闻案的态度，主张把案件移至南京特别法庭审理。9 月 30 日，《李闻案调查报告书》发表，指出凶手和主使就是云南省警备司令部，“我们今天所要作的，绝不在枪毙几个大小特务，为李闻二先生抵命；乃在证实国民党特务机关在政治上的罪恶，而取消特务机关”。

中国共产党给予了民盟最大的支持。毛泽东、朱德于 7 月 13 日自延安联名向李公朴夫人张曼筠发去唁电，表达悲愤，“先生尽瘁救国事业与进步文化事业，威武不屈，富贵不淫，今为和平民主而遭反动派毒手，是为全国人民之损失，抑亦为先生不朽之光荣”；7 月 17 日又联名致电西南联大转闻一多家属，深表哀悼，“先生为民主而奋斗，不屈不挠，可敬可佩，今遭奸人毒手，全国志士必将继先生遗志，再接再厉，务使民主事业克底于成”。参加国共和谈的中共代表团周恩来、董必武、邓颖超、李维汉、廖承志等也联名向两位先生的夫人发去唁电，表示代表团“誓为后援”，坚信“中国人民将踏着李公朴、闻一多诸烈士的血迹前进”。中共政协代表向国民政府递交抗议书，要求限拿凶手，保护各民主党派和民主人士的安全；安葬死者，通令全国追悼、抚恤死者家属。周恩来在上海的记者招待会上发表声明，严正指出李闻血案“完全是有计划的，而且是肆无忌惮的政治暗杀……这完全赤裸裸地暴露了国民党特务残暴的法西斯本质，采用了最卑鄙的手段来镇压和平民主运动及其代表人物”，正告国民政府，如果“对此仍不采取紧急处置，改弦更张，取消特务，则一切政治协商都将徒然无望”。

全国各地及海外侨胞隆重集会悼念李、闻两位烈士。7 月 26 日，延安和苏皖解放区举行声势浩大的追悼李、闻等烈士与反内战、反特务大会。7 月 28 日，重庆 6000 余人举行追悼会，各界人士送来唁电、挽联、花圈共计 1200 余件。8 月 10 日，史良、鲜英等在重庆发起组织“李闻案件后援会”，各界人士及 50 余社团参加。8 月 18 日，成都各界人士举行追悼会，张澜在会上痛悼李、闻之死是“民主运动的最大损失”，怒斥国民党特务暴行，散会后被国民党特务围攻殴伤，当日民盟四川省支部委员张松涛亦被特务围殴受重伤。10 月 4 日，上海各界 5000 余人举行李、闻两先生追悼大会，邓颖超在会上宣读了周恩来亲笔撰写的挽词：“今天在此追悼李公朴、闻一多两先生，时局极端险恶，人心异常悲愤。但此时此地，有何话可说？我谨以最虔诚的信念向殉道者默誓：心不死，志不绝，和平可期，民主有望，杀人者终必覆灭！”10 月 6 日，周恩来参加了上海各界举行的群众公祭。民盟南方总支部和港九、暹罗、马来亚等海外支部也纷纷举行追悼会。9 月 16 日，民盟新加坡办事处举行追悼李、闻大会，参加者达 100 余华侨团体。这些追悼活动形成了一个控诉国民党内战、独裁和卖国罪行的群众运动。暴行更激发了国统区的反蒋民主斗争，血的事实使广大人民和民主人士进一步认清了现实，更勇敢地投入到反内战、反独裁的斗争中去。

（六）拒绝参加“国大”和政府

1946年10月11日，国民党军队不顾中共方面一再发出的警告，强行侵占晋察冀解放区重镇张家口。当天下午，蒋介石宣布于11月12日召开“国民大会”。按照政协协议规定，民主建国步骤是召开政治协商会议、建立民主联合政府、召开国民大会。国民党在政府未改组的情况下召开国民大会，是公然违背政协协议的程序。正在国共之间奔走斡旋的梁漱溟知此消息，脱口向记者说了一句此后流传甚广的话：“一觉醒来，和平已经死了！”

国民党假意敦促民盟、民社党、青年党和社会贤达等国共之外的第三方面出来调解国共关系。10月15日，国民党派代表雷震赴沪请民盟等第三方面代表劝说中共代表返宁和谈，民盟出于争取和平的最后希望，陪同雷震会见了中共代表，商定由政府派遣比较负责的代表抵沪进一步商谈。16日，蒋介石发表声明，提出停止军事冲突的“八项办法”。19日，国民党再次派代表吴铁城、邵力子赴沪，通过第三方面和中共代表会见。21日，中共代表周恩来、李维汉和留沪第三方面人士黄炎培、沈钧儒、罗隆基、章伯钧、梁漱溟、张君劢、蒋匀田、左舜生、李璜、曾琦、陈启天、郭沫若等21人从上海到南京，协商和交换对时局的意见。中共发言人表示：各党派及无党派代表抱着“死马当活马医”的精神为民主和平呼号奔走，悲天悯人，可感可泣。23日至28日，第三方面代表在南京交通银行连续集会，多次商议，听取了国民党、共产党及马歇尔三方面的意见，煞费苦心地寻求国共双方都能接受的方案。但是，第三方面的和平调停终告失败。后梁漱溟辞去民盟总部秘书处主任之职，由副主任周新民实际负责。

调停失败后，国民党主要当权者亲自出马，威逼利诱、分化瓦解第三方面代表，拉他们参加“国民大会”，以孤立共产党。蒋介石表示，只要第三方面交出国大代表名单，即使中共不交，他也下停战令。孙科、雷震多次敦请张君劢率民主社会党出席“国大”，并通过其弟张嘉璈以家庭关系向其施压。表面上，青年党发言人称“青年党是否参加国大，以民主同盟的态度为转移”，实际打算尽可能使“国大”延期，拉民盟参加；民社党发言人也称“民社党参加国大将与民主同盟取一致行动”。是否参加“国大”，是对每个民主党派和民主人士的严峻考验。民盟在第三方面代表中占多数，中共十分重视民盟的态度。周恩来对民盟强调：参加“国大”就一定破坏政协，成为蒋介石的帮凶，希望民盟拒绝参加“国大”。

11 月 11 日晚，蒋介石宣布“国民大会”延期三天召开，等民盟等第三方面提交代表名单。民盟举行留京中执委谈话会议，在关键时刻作出决议：“民盟历次宣言拥护政协决议，一切行动以此为唯一依据。同人当竭尽最后一切努力，以求政协决议于国大开会以前各项手续之完成。完成以后，即一致参加国大。未完成前，暂不参加。”张澜自重庆数次挂长途电话到民盟总部，再三叮嘱：“我们同盟必须在政协决议程序全部完成后，才能参加国大，否则，就失去了同盟的政治立场。希望大家要万分慎重，绝不可稍有变动。”14 日，总部秘书处向各区总支部和各省市分部发出《紧急通告》，要求广泛宣传民盟留京中执委的决议和张澜主席的指示，坚决反对国民党召开分裂的“国民大会”；并将决议送登各报发表，严正声明民盟不参加“国大”的决定。

国民党一意孤行，在延期三天后，以审议和通过《中华民国宪法》为任务的“国民大会”于 11 月 15 日在南京开幕。青年党和民社党提交了代表名单，参加了此次“制宪国大”。中共和民盟拒绝参加，许多无党派民主人士与国民党的进步分子代表也拒绝参加。11 月 24 日，民盟在南京举行记者招待会，发表声明：民盟始终坚守两个原则，第一拥护政协决议，第二反对内战。指出“这次召集的国大违背了政协决议的整个精神，破坏了政协决议的程序，并且这次国大不是全国团结统一的制宪会议”。“今天中国现实政治”，“必先有了和平，而后才能有宪政与民主”。

12 月 23 日至 24 日，民盟召开中央常委会第十一次会议，决定将民社党开除出盟。24 日，民盟总部秘书处致信民社党，告知中常会的决议："民主社会党违反政协，参加'国大'，与本盟的政治主张显有出入。兹经本盟决议，认为民主社会党已碍难在本盟内继续合作，但对于不主张参加'国大'之民主社会党党员深表同情。至有民主社会党党籍之盟员，而参加'国大'者，应予退盟。"

12 月 25 日，"制宪国大"通过了维护蒋介石独裁统治的《中华民国宪法》。中共和民盟均声明不承认这部宪法。罗隆基在 12 月 23 日发表谈话："美丽的条文并不能掩饰制宪的不合法"，"全部宪草并没有政协的五项原则有价值"。12 月 31 日，民盟总部发表声明，指出此次"国民大会是违背了政治协商会议的决议程序与精神而召集的一种制宪会议"，"宪政的基础是法治，而法治最重要的条件是守法"；谴责国民党"用破坏政协的行动而制成片面的宪法，则所谓宪法已失了法律根据，而违法造法者必不能示人以守法之保证"；"更就所谓宪法之内容来说，许多重要条文，既为政协争议未决之问题，且与真正民主的原则相距甚远"。

"制宪国大"后，国民党为了使独裁政府合法化，又于 1947 年 4 月宣布"改组"政府，拉民社党、青年党头目和某些无党派的政客参加政府，让他们担任部长、国府委员，并宣称改组后的政府是"自由主义"和"多党"的政府，已经"还政于民"，开始"三党宪政"。民盟坚决拒绝参加这样的政府，发表声明揭露"三党政府"的实质。4 月 19 日，民盟总部召开联席会议，一致认为改组后之政府"对于全面和平并无补益"。4 月 25 日，民盟对时局宣言指出："民主、和平、团结、统一为挽救中国当前危局的唯一途径"，改组的政府"不是依据政协程序及精神产生的政府"，"不是促进和平的政府"，"不是实现民主的政府"，而是"国民党领导而民、青两党参加的政府，乃共同负责与共产党作战之政府"。5 月，民盟又发表声明，要求停止内战，反对美国援华，并指出改组后的政府仍在继续着各种暴政。

（七）民盟一届二中全会

国民党发动全面内战，召开"国大"，通过"宪法"，彻底破坏政协决议，国共两党和谈陷于破裂，国内形势发生极大变化。在民盟二中全会将要召开之前，已受到社会广泛关注。1946 年 12 月 28 日《民主报》有报道说：关注民盟二中全会的人们，有人希望民盟二中全会表现得软弱些，更富于对政府及个别党派与领袖表示妥协，这样就可以有利于“国大”的片面制宪，接着组织片面的“民主联合”政府，但更多的人希望民盟二中全会表现得更加坚强些，“以便有利于时局真正的打开，向真正的和平民主的前途打开”。

在此形势下，民盟于 1947 年 1 月 6 日至 10 日在上海召开了二中全会。会议在张澜和中央常务委员会的主持下召开。此前，张澜已于 1946 年 12 月离开重庆，到上海主持盟务。出席会议的有张澜、黄炎培、沈钧儒、章伯钧、罗隆基、史良、张申府、张东荪、邓初民、鲜英、周新民、李文宜、罗涵先等 36 人。会议由张澜致开幕词，听取了中央执行委员会政治报告和中央各部门的工作汇报，以及华北、东北、西北、南方等总支部，四川、云南、重庆、上海、南京、港九等支部的盟务报告。

会议通过了《二中全会政治报告》，通过了《关于目前应采取的政治主张及行动的决议案》《关于现况下的组织原则的决议案》《关于废除〈调整盟内党派问题试行办法〉决议案》等决议案；决定设立政治计划委员会，通过了《政治计划委员会组织规程》。

会议着重分析了国民党发动全面内战后国内的军事、政治、经济、外交斗争形势，谴责“国民党方面的好战分子迷信武力万能的错误政策，坚持武力接收政权，因此造成去年一年的战祸”。会议指出，“政协决议的最后撕毁”是 11 月 15 日召开的“国民大会”，“民盟坚持国大开会前必须完成政协程序”；重申民盟作为“一个独立自主的政团”，依据自己的政纲政策“政治民主化，军队国家化”，“以争取国家及人民的福利”，其目的是“中国的真民主”。民盟坚持“反对内战，恢复和平”的一贯主张，求在和平团结的基础上，实现国家的民主化。会议提出解决国是的四项建议：一是努力促成国共和谈；二是重新召开政治协商会议；三是实行以往的政协决议；四是成立联合政府。会议“确定和平、统一、民主为目前基本口号”，“确认国家独立为一切号召的基础”，“确立造成现代化的进步国家为一切号召的最后目标”。

会议认真讨论了加强民盟组织建设，确认“民盟组织性质为团结社会各阶层民主分子，努力实现民主之非武装政治集团，一切活动争取公开之原则进行”，“本同盟盟员均以个人身份参加，有绝对遵守本同盟纲领及决议之义务”。决定废止1946年4月28日通过并实施的《调整盟内党派问题试行办法》，表明“今后既以个人为参加单位，关于盟内党派问题已不存在”，彻底消除了因历史上“三党三派”构成而导致的组织纪律松懈问题。为进一步调整盟内党派关系，对有党派的盟员和无党派的盟员各自提出了政治上和组织上的要求，规定：一是有党派盟员的权利与义务与无党派盟员一律平等；二是有党派盟员应有“民盟第一”的组织观念；三是有党派盟员，如果原有党派之政治路线与民盟政治路线相违背时，应表明态度，脱离其组织。同时，为适应客观形势发展的需要，会议规定了民盟组织进行活动的方针和策略原则：一是上层争取公开合法，下层采取秘密活动；二是宣传争取合法公开，组织保持秘密方式；三是简化总部，侧重地方；四是提高盟员的素质，扩大盟员的群众性活动。此外，为发展组织，扩大与加强民主运动，今后组织活动应深入各职业、各阶层，吸收其优秀分子，培养中坚干部，就其职业阶层所属发展组织，以建立广大群众基础，并同时注意主动争取国内各界及海外侨胞的开明民主领袖人士参加民盟，借以加强号召，扩大影响。

二中全会决定建立民盟西南总支部和湖北、湖南、江西、江苏、安徽、浙江、福建等省支部。并决定由总部派盟务特派员分驻东北及华北解放区，开展解放区的盟务。据不完全统计，到三中全会时，民盟在国内外有总支部5个，地方一级的支部和分部46个。

二中全会对民盟总部的领导机构和人员作了调整和充实，增设基金筹募保管委员会。推选张东荪为秘书处主任，沈钧儒为财务委员会主任，邓初民为民主教育运动委员会主任，罗隆基兼国外关系委员会主任，黄炎培为基金筹募保管委员会主任，并聘彭泽民为华侨委员会主任。“为求民主运动之开展及政治之革新”，决定设立政治计划委员会，由中央常务委员会选聘 15 至 29 人组成，计划开展改进政治、法律、外交，革新财政、经济，改革土地制度，推进文化、教育，促进妇女工作等事宜。

二中全会为推动民盟的反蒋斗争，应对即将到来的困难局面，在组织上作了必要的准备。

2 月 4 日，张澜出席并主持民盟招待工商、教育、文化、新闻各界人士的茶会，宣布了二中全会的政治纲领。董必武受邀发言，对民盟二中全会作了充分肯定：“对于民盟的政治报告，已用极诚恳极慎重的心情读完，并且用极迅速的方法送到延安以作研究”，“中共对于民盟从来就很尊重，有人说民盟是中共的尾巴，这是恶意的诬蔑”，“政治报告中极为重视政协这一点，非常正确”，并称政协决议已被蒋介石撕毁，“幸有民盟还在坚持”。其他民主党派和各界进步人士也对民盟二中全会的政治主张和纲领表示拥护和支持。

（八）支持反内战反迫害斗争

抗日战争胜利后，美国的对华政策经历了“扶蒋溶共”到“援蒋反共”的转变。在“调停”国共关系失败后，美国政府大规模援助国民党发动内战。国民党为了源源不断地从美国获取军事和经济援助，不惜出卖国家主权，与美国政府签订了一系列丧权辱国的条约和密约，使美国在中国获得了政治、军事、经济、文化种种特权。

为了维护中华民族的独立和国家主权的完整，民盟对美国的殖民主义行为和国民党的卖国政策进行了一系列斗争。早在 1945 年 12 月，张澜、沈钧儒、章伯钧、罗隆基、梁漱溟等在重庆召开的一次外国记者招待会上明确指出“中国事情由中国人自己解决”，要求撤退驻华美军。1946 年 8 月，沈钧儒对记者发表谈话，谴责美国以剩余物资帮助蒋介石政府打内战。9 月 23 日，沈钧儒、罗隆基、章伯钧等 13 个民主党派、民主团体代表发起“美军退出中国运动周”。10 月 4 日，民盟政协代表发表谈话，要求“美军退出中国”，表示中国人民“绝对不愿外国军队驻在中国”。10 月

8日，民盟总部代表又在上海举行记者招待会，表示："民盟坚决反对美军驻华，因为世界上没有任何一个独立自主的国家驻有外国军队"，"美军如不撤退，民盟敢于对美国说：中国的内战，美国要负责任"。

1946年12月，驻北平美军强奸中国女学生，激起了全国人民的极大愤慨，一场大规模抗议美军暴行的群众斗争从北平掀起，席卷全国。国统区数十个大中城市50万以上学生分别成立"抗议美军暴行联合会"，相继举行示威游行。学生群众的正义斗争得到社会各界的响应，民盟赞扬如火如荼的学生运动"是中国人民反对内战，争取和平的群众大运动"，"是中国和平民主的真基础"，"是中国和平与民主前途的曙光"，控诉美军暴行"决不是普通的强奸事件和绝非单纯的法律问题，而是帝国主义者蹂躏殖民地人民之行为，除非我们甘愿做亡国奴，决不能忍受此种侮辱国格之行为"。12月底，民盟总部妇女委员会发表《抗议美军暴行》的声明，民盟北平市临时工作委员会就此发表《告全国同胞书》，民盟重庆市支部与重庆的16个民主团体强烈要求"美军应立即退出中国"。民盟港九支部发动学生出版《学生界》，对美军暴行发起抗议。

1947年年初，上海百货业发起"爱用国货，抵制美货"运动，并于2月9日在南京路劝工大楼举行讲演会，邓初民等出席讲演。国民党特务到会场捣乱，打死永安公司职工梁仁达，打伤十余人，制造了二九惨案。2月10日，民盟发表声明，要求"政府一方面制止全国之恐怖压迫，一方面严饬出事地点之负责当局，对血案彻底办到惩凶、抚恤等事"。沈钧儒、邓初民等参加了上海各界人民团体组织的"二九惨案后援会"，发表宣言，招待各界人士及新闻记者，表示要联合日益壮大的民主力量，用行动来抵抗暴行，制裁反动。民盟华北总支部和北平市临时工作委员会抗议政府蓄意制造二九惨案，要求严惩肇事暴徒，追究指使者责任，赔偿受害者一切损失，保证今后无此类事件的发生。

国民党的内战、独裁、卖国政策引起了全国人民极大不满，加上国统区工商业破产，物价飞涨，人民生活难以为继，1947年5月，在中共地下组织领导下，上海、南京、北平、天津等许多大中城市爆发了大规模的

“反饥饿、反内战、反迫害”学生运动。面对学生、群众的不满和反抗，国民政府于5月18日颁布了《维持社会秩序临时办法》，严禁10人以上的请愿和一切罢工、罢课、游行示威。5月20日，宁、沪、苏、杭地区16个专科以上学校6000余学生不顾国民党的禁令，在南京举行联合示威大游行，向国民参政会和国民政府请愿，提出挽救教育危机等5项要求，遭到国民党军警宪特镇压，伤100余人，被捕20余人，造成了震惊全国的五二〇血案。

民盟总部及地方组织立即声援学生的爱国正义斗争。民盟总部以慰问金名义筹款支持南京中央大学的学生罢课。黄炎培、章伯钧等轮流到中央大学等校演讲，赞扬学生运动“显然是为人民争取民主、自由和生存”的斗争，“在这广大内战之中，一切都被窒息，只有学生勇敢地为人民呼喊出‘反对内战’的口号”。罗隆基发表谈话，指责蒋介石政府压制学生运动是犯了严重错误，预言了国民党政府的垮台。沈钧儒向国民党上海市政府提出抗议，要求释放全体被捕学生；受伤学生免费诊治；严惩凶手；军警进入学校应先通知学校当局；学生在校开会，军警不得干涉。民盟上海市支部接连召开会议，发动盟员参加和支援学生斗争，强烈要求国民政府撤销一切蹂躏民权的法令；立即释放各地被捕学生，赔偿学生损失，接受学生合理要求；立即恢复忠实报道学生运动的《文汇报》《联合晚报》《新民报》，切实保障人民言论出版自由；立即停止内战。重庆、成都、西安、广州、武汉、北平等地民盟组织和广大盟员也纷纷声援。民盟南方总支部通电抗议国民政府唆使军警屠杀青年、逮捕绑架学生、封闭报馆、蹂躏人权的暴行，领导海外民盟组织积极行动。民盟港九支部发起成立港九各界反内战大同盟，召开大会发表宣言，呼吁全国同胞用行动来彻底制止内战，并要求驻华美军退出中国。民盟马来亚支部发动全马华侨声援学生的斗争，于5月30日在新加坡召开侨团代表大会，发表宣言，痛斥蒋介石集团的卖国罪行，并致电美国总统杜鲁门，要求“撤退驻华美国军队”。

（九）民盟总部被迫解散

1947年2月，国民党当局彻底关闭和谈大门，限令中共驻南京、上海、重庆三地代表和有关工作人员3月5日前全部撤离。中共代表在撤离前，将南京、上海、重庆、成都、昆明等地的房屋、财产全部交由民盟代管。3月6日，中共代表王炳南为委托民盟保管遗留财产登报声明："本党在上开各地代表及工作人员，因政府限令撤退，所余联络机关报馆及分销处之房屋物资器材及交通工具，悉数委托中国民主同盟全权保管，业于三月五日签订契约，先将南京各种财产造册点交，并请林秉奇律师作证"；罗隆基代表民盟同日登报作出相应内容的紧急声明。3月7日，中共代表团董必武等从南京飞返延安，罗隆基、叶笃义代表民盟前往机场送行。后民盟总部从南京蓝家庄15号迁到梅园新村30号中共办事处，民盟部分领导人也进入上海马斯南路107号中共办事处（周公馆）工作。

3月8日，民盟为和谈正式破裂发表宣言，指出"民盟同人在此一年间为奔走和平，不遗余力"，"曾遭遇不能忍受之毁谤，与无法抵抗之高压，至于殴辱，至于残杀，而不惧，而不悔"，只为救国救民，实现和平、民主、统一；如今和平破裂，中共人员限期撤退，"从此国内战祸势必扩大"；并"坦白以告天下"，民盟"固与共产党为友，然亦同为国民党之友"，"为倍守政协精神"，不参加"国大"与政府。3月17日，民盟举行记者招待会，郑重说明对时局的看法，表示民盟"绝对坚守在野的和平的公开的民主政团的立场"，"绝对不参加政府"，"绝对不用军队做政治斗争的工具"，"绝对遵守民主的方式，保持民主的作用，以在野政团的身份，对当权党做负责任的监督与批评"。

国民党却不能容忍民盟的公开、合法斗争。4月22日，国民党机关报《中央日报》发表社论，公开对民盟加以诬蔑，提出否认民盟的合法平等地位。5月3日，中央社发表了捏造的《中共地下斗争路线纲领》和所谓某政治观察家的谈话，诬蔑"素以'独立''和平''合法'自诩之民主同盟"及民主促进会、民主建国会、三民主义同志联合会、农工民主党等团体，其组织“已为中共所实际控制，行动亦均系循中共意旨”；“民盟及各民主政团目前倡组中之民主统一战线，亦为受中共之命，而准备甘为中共之新的暴乱工具”。5 月 14 日，国民政府新闻局局长董显光在记者招待会上发表谈话称：“民盟与中共曾公开否认宪法及国民大会之合法性，该盟与反叛政府之中共既有密切关系，虽仍称系一和平之政党，然政府对该盟之态度将视其政策及行动如何而定。”

民盟仍坚持以和平、合法的方式解决国内政治问题，并发起和平运动。5 月 14 日，民盟中央常委会决议：民盟参政员全体参加国民参政会；各地组织应就近与民主团体联合，策动争取力量，配合推进和平运动。

5 月 20 日，国民参政会四届三次会议在南京开幕。当日，沈钧儒、章伯钧在上海招待文化界人士，说明民盟参政员参加国民参政会问题及对这次和平运动的态度：民盟一直努力争取和平，但认为今日局面下和平决不能单靠呼吁达到，为了不使国民党好战派以“和平”攻势欺骗人民及国际人士并将罪责嫁祸于民主党派，所以在参政会提出真正的民主的和平的号召，揭穿国民党虚伪的反民主的“和平”阴谋，以团结真正的和平人士的力量；我们不是要求恢复和谈，而是要使广大人民起来反内战、反独裁、反卖国；我们不是以民盟代表参加参政会，而是以民盟的参政员参加参政会，对于参政会由政府授意而可能通过的如关于“行宪”等议案决不参加讨论、决不负责，更与民盟无涉。23 日，民盟参政员张澜、黄炎培、梁漱溟、章伯钧、韩兆鹗向大会提出《停止内战恢复和平案》，建议：“确定政治解决党争的大原则，依据政治协商会议的精神及路线，重新举行和平会议，以达到全国统一的最高目的”；在恢复和谈之前停止征兵与征粮征实；切实尊重人权，保障自由，释放政治犯，取消封禁刊物的禁令，停止一切特务非法恐怖行为。这一建议得到了许多民主党派、民主团体和民主人士的支持，果然遭到了国民党的反对。

1947 年的国统区物价飞涨，经济濒临破产，罢工罢课此起彼伏。国民党变本加厉地摧残迫害民主力量。6 月 1 日，国民党动用大批军警宪特，在上海、北平、天津、武汉、重庆、成都、桂林、南宁、广州、杭州、福州、西安、太原等各大城市，对民盟等民主党派、民主人士和进步师生进行大逮捕。民盟盟员被捕100余人，仅重庆、成都两地就有30余人。《民主报》编辑、记者等工作人员大部分被抓，报纸也被查封。此后，国民党又进行了两次大逮捕，不少盟员被捕后关押在重庆渣滓洞、白公馆监狱和成都将军衙门监狱。后在成渝解放前夕，有28位盟员在重庆一一·二七惨案中被国民党集体屠杀，有14位盟员被集体杀害于成都十二桥。

7月4日，国民政府悍然颁布了《戡平共匪叛乱总动员令》，7日，蒋介石发表“戡乱建国”演说，18日，国民政府又公布了《动员戡乱完成宪政实施纲要》。在一系列反动法令下，国民党出动宪兵、警察、军队，全副武装镇压民主和平运动，任意逮捕、监禁、屠杀工人、学生和民主人士。接着，国民党又训令各级组织，对民盟、民进、民联三个党派的上层分子“暂时容忍敷衍”，对其余中下层分子则“不必客气”，只要发现，不问其情由如何，“一律格杀勿论”。

在此形势下，民盟南方总支部8月18日向民盟总部建议采取新的斗争策略：民盟上层领袖尽可能争取公开留在京、沪，与各方保持联系；及早在海外建立一言论机构；除上层领袖外，所有盟员应即转入地下工作；应尽量争取公开合法之地位，但工作不能限于公开、合法；加强上层与下层、公开与秘密的工作配合；着重组织群众作和平民主斗争。9月20日，民盟总部复函南方总支部，表示有些措施已在实行，强调“争取和平合法公开之地位”，“虽明知其为无效，我们也不能放松的”。

10月1日，国民政府新闻局局长董显光招待记者，宣布民盟是“中共之附庸”，“民盟分子破坏总动员，参加叛乱，反对政府”。

10月7日，国民党西安警备司令部以“现充共匪关中地委会负责人勾结匪军密谋暴动”的罪名，公然枪杀了民盟中央常务委员、西北总支部主任委员杜斌丞。杜斌丞是当年3月20日被诬陷以“贩卖毒品”罪逮捕。杜斌丞遇难后，中共中央发言人发表严正声明，揭露蒋介石的反动屠杀政策。毛泽东亲撰挽词：“为人民而死，虽死犹生。”张澜发表谈话，指出“地方军政机关可以这样任意违法杀人，国家还有什么法治与民主的前途可言”，向国民政府提出严重抗议，并“将案情诉诸全国和全世界之公道与正义”。

民盟派沈钧儒、章伯钧、罗隆基、叶笃义去南京，请美国驻华大使司徒雷登出面调解民盟与国民政府的关系，被司徒雷登以“不便干涉内政”为由拒绝。

10 月 13 日，国民党的御用团体“中国文化界戡乱救国总动员会”诬蔑民盟参加“叛乱”，“应与共匪同在讨伐明令之列”，并提出“政府不宜再承认民盟为合法之政党，而应以乱党视之，明令解散”。10 月 23 日起，民盟在南京、上海的办事处及张澜在上海的寓所被国民党军警特务包围，人员活动受到监视。10 月 27 日，国民政府内政部发言人宣布民盟为“非法团体”。10 月 28 日，国民党中央社发表《政府宣布民盟非法》的声明，声称：“民主同盟勾结共匪，参加叛乱”，“煽动五月学潮及上海工潮”，“作叛乱宣传掩护共匪之间谍活动”，并“企图颠覆政府”，着令“各地治安机关对于该盟及其分子一切活动，自应依据《妨害国家总动员惩罚暂行条例》及《后方共产党处置办法》，严加取缔，以遏乱萌”。

在这样的高压下，张澜、沈钧儒、黄炎培、章伯钧、史良、叶笃义等 10 月 27 日在沪举行紧急会议，派黄炎培、叶笃义赴南京，会同在南京的罗隆基与国民政府交涉。黄炎培等 28 日到南京后，连日与国民政府行政院院长张群谈判，会晤了邵力子、吴铁成、雷震等，并吁请司徒雷登出面斡旋。邵力子表示一切都无能为力了，“民盟不成仁，便成义”；司徒雷登劝民盟“光荣解散”。黄炎培等坚持民盟的政治立场，拒绝了承认“宪法”、同意“戡乱”措施的要求，认为结束民盟须由政府下解散令。国民党方面则坚持由民盟自行宣布解散。张群最后告知此事蒋介石已委托给陈立夫。陈立夫指令民盟单方面发表经国民党当局最后审定的解散公告，并说公告上的文字一个字也不许改动，否则即全部作废，将逮捕民盟全体中央委员，并勒令全国盟员登记自首。

11 月 4 日夜，黄炎培、罗隆基、叶笃义由南京回到上海。11 月 5 日，张澜、沈钧儒、黄炎培、罗隆基、史良、张云川、叶笃义等举行在沪民盟中常委扩大会议，由黄炎培报告与政府谈判的经过和结果。会上虽有各种不同意见，经过讨论“最后大家勉强同意”（叶笃义语），“大局被迫至此，已无否认之余地，乃决照原稿付公表”（黄炎培语），为保护盟员，决定民盟宣布自动解散，解散文件以主席张澜名义发布。

11 月 6 日，张澜以民盟主席名义发表的《中国民主同盟总部解散公告》在全国见报，称“中国民主同盟向以民主和平团结统一为一贯之主张……最近政府宣布民盟为非法团体，禁止活动……公推黄常委炎培代表同人自沪赴京，与政府洽商善后事宜”，“阖将洽商经过情形公布周知，并通告盟员自即日起一律停止政治活动，本盟总部同人即日起总辞职，总部亦即日解散”。

11 月 7 日，张澜以个人名义在《时代日报》发表声明：“余迫不得已，忍痛于十一月六日通告全体民主同盟盟员，停止政治活动，并宣布民盟总部解散，但我个人对国家之和平民主统一团结之信念，及为此而努力之决心，绝不变更”，呼吁全体盟员“继续为国家之和平民主统一团结而努力”。

国民党强迫民盟解散，引起国内外舆论的强烈谴责。新华社 11 月 6 日发表时评《蒋介石解散民盟》，严厉谴责蒋介石迫害民盟的独裁专制暴行，对民盟给予高度的赞赏和鼓励，指出：“蒋介石在十月二十七日宣布民主同盟为非法团体并对该盟人员实行进一步的迫害……只是使人民更加确切地认识民主同盟在若干历史关节中，实行了与中共在部分民主纲领上的政治合作，从而推进中国民主事业，乃是民主同盟的光荣”，“民主同盟只是一个赤手空拳的组织，他们‘连一枝手枪也没有’，并且不打算有，他们的凭借就是言论出版，而这样的武器也早已被蒋介石没收了”，“蒋介石解散民盟和在各大城市中大肆迫害民主分子，其实际意义只是暴露和加重南京统治的异常紧迫的危机”。九三学社、民主促进会领导人许德珩、雷洁琼、严景耀等，联合北京大学、清华大学、燕京大学等各校教授47 人在11 月 4 日的北平《新民报》联名发表《我们对于政府压迫民盟的看法》，一针见血地指出：“政府此举，旨在消灭民盟”，“一不合作，遂谓之‘叛’，稍有批评，遂谓之‘乱’，又且从而‘戡’之，试问人民的权利何在？人民的自由何在？”中国国民党民主促进会李济深、民主建国会孙起孟等在香港报纸上发表文章，谴责政府强迫民盟解散“违法悖理”。国际舆论反应也十分强烈。美联社10月28日电讯说：美政府官员对于中国政府取缔民盟的行动表示不悦。合众社10月30日电讯说：“国外人士无疑地认为，民盟之被封闭，是使中国更远离民主之路。”司徒雷登也表示，蒋介石解散民盟的举动是“使人民失去其对政府的信心，并因而使民主同盟赢得主张实行开明的宪政程序者的同情，而且将驱使民主同盟盟员更趋左倾与转入地下活动”。

民盟总部宣布解散后不久，组织委员会就重新开始工作。各地组织和广大盟员在总部组织委员会的指导下先后转入地下，坚持斗争。早在1947年10月下旬，总部组织委员会为了保护地方组织的安全，即将少数重要文件转移保存，大部分盟员名单焚毁。10月27日，民盟被宣布为“非法团体”时，张澜、章伯钧等作出两项重要决定：第一，在任何险恶的形势下，组织委员会必须有负责人留在国内继续领导工作，组委会转入地下；第二，无论总部是否遭到迫害，地方组织的工作一定要继续进行。11月中旬，民盟总部组织委员会决定：一是原有的地方组织立即停止活动，主要负责人和一向为南京政府所注目的干部迅速转移隐蔽，新的地方组织领导机构必须由政治认识清楚、立场坚定、自愿在任何情况下坚持工作，并尽可能是向来不被敌人注意的干部组成；二是重新组织盟员，凡是在此次迫害中表现动摇怯弱和社会关系复杂的盟员，都分别予以隔离或采取单线联系，其他盟员在自愿的原则下重新编组，一切横的联系完全切断，领导机构对外绝不公开，并编制了联系密码与代号。11月下旬，根据以上决定，总部组织委员会开始与各地方组织联系，将地方组织的负责干部和一向为国民党所注目的干部采取有效措施转移或就地隐蔽。总部领导人沈钧儒、章伯钧、周新民等先后秘密离沪赴香港。

12月2日，在总部组织委员会主持下，民盟第一个地下支部上海市支部秘密成立并开始活动。上海市支部经过整顿逐步健全，先后建立了组织委员会、宣传委员会、民运委员会和财务委员会，542名盟员被编入12

个区分部和嘉定、崇明等三个直属小组。上海市支部还恢复了《沪盟通讯》，秘密发行，以指导上海民盟的工作和斗争。

四、与中共携手合作，参加筹建新中国

民盟总部被迫解散后，转入地下斗争。在香港召开的民盟一届三中全会，公开宣布同中国共产党携手合作，为彻底摧毁国民党反动政府，实现民主、和平、独立、统一的新中国而奋斗。1948 年 5 月，民盟与各民主党派一起通电响应中共中央“五一口号”，开始共同筹备新政协会议和筹建新中国。

（一）民盟一届三中全会

民盟总部被迫解散后，张澜、罗隆基等被国民党特务监视，失去行动自由。1947 年 11 月，沈钧儒和张澜密商后，决定潜赴香港继续开展活动。沈钧儒、章伯钧、周新民等秘密离开上海到达香港，与原来在香港的中执委会合，酝酿恢复民盟总部。

从 1947 年 11 月到 1948 年 1 月，民盟在港举行了多次中央执行委员谈话会，参加谈话的有沈钧儒、章伯钧、周新民、柳亚子、朱蕴山、邓初民、刘王立明、沈志远、李伯球、罗子为、周鲸文、王绍鏊等。谈话中，与会者一致拒绝接受国民党政府宣布民盟为非法团体，支持广大盟员要求恢复组织活动的愿望和要求，决定以在港中央执行委员会的名义开展组织活动，并推选沈钧儒、章伯钧为召集人，罗子为、李伯球、沈志远、周鲸文、朱蕴山、刘王立明分别负责秘书、组织、宣传、对外关系、对内关系、财务工作，着手筹备召开三中全会。同时成立筹备组，下设 3 个小组，沈钧儒负责盟务组，章伯钧负责政策组，周新民负责总务组。筹备小组的任务是组织在港中执委讨论民盟的路线和政策，起草三中全会政治报告，筹集经费，召集会议。

1948 年 1 月 5 日至 19 日，民盟一届三中全会在香港召开。会场设在民盟南方总支部办公地点——告罗士打道 50 号和成银行办事处 3 楼（后成为民盟香港总部地址）。会场上悬挂着李公朴、闻一多、杜斌丞和陶行知遗像。参加会议的有沈钧儒、章伯钧、史良（沙千里代）、朱蕴山、周鲸文、周新民、柳亚子、邓初民、何公敢、刘王立明、李文宜、杨子恒、李伯球、沈志远、李相符、冯素陶、罗子为、陈此生、罗涵先、吴晗（千家驹代）、楚图南（周新民代）、李章达（萨空了代）、郭则沉（杨逸棠代）、丘哲（云应霖代）、韩兆鹗（郭翘然代）、黄艮庸（罗子为代）、范朴斋（周鲸文代）、张云川（王深林代）、辛志超（王绍鏊代）29 人，南方总支部、西北总支部、上海市支部、重庆市支部、云南省支部、福建省支部、港九支部和马来亚支部的代表 12 人列席。

三中全会“对当前的政治形势重新估计，而后确定当前应走的政治路线和新的工作方针，来加强本身力量，完成政治任务”。沈钧儒和章伯钧主持会议。沈钧儒在开幕词中说：“民主同盟之值得重视，是站在人民的立场团结各民主党派合作，与中共在和平民主事业上密切合作”；国民党“以武力对付中共，对民盟也加以残酷的迫害”，“我们更应该加紧努力争取真正的民主与永久的和平早日实现，这才对得起死难和被捕的同志”。章伯钧在会上作了政治报告。会议通过了《三中全会紧急声明》《三中全会政治报告》《三中全会宣言》《今后组织工作计划》等决议案，决定恢复民盟总部，制定了与中共携手合作，联合各民主党派和无党派民主人士，为彻底摧毁南京国民党反动政府，实现民主、和平、独立、统一的新中国而奋斗的政治路线。

《三中全会紧急声明》郑重宣布：国民党政府取消民盟合法地位“是根本违法的”，“不能接受本盟总部于去年十一月五日在南京反动独裁政府的劫持与威胁之下，未经合法会议而发表的‘辞职’‘解散总部’及‘停止盟员活动’之声明”。宣告恢复民盟领导机构，民盟今后将“为彻底摧毁南京反动政府，为彻底实现民主、和平、独立、统一的新中国而奋斗到底”。

《三中全会政治报告》分析了二中全会以来国际国内政治形势的重大变化，指出今天的中国人民必须彻底推翻国民党反动集团的统治、彻底驱逐美帝国主义出中国、彻底铲除国民党反动统治的经济基础，才能有正当的出路。确立了民盟今后的立场、态度、方针和任务，强调民盟的立场“就是人民的立场，民主的立场，因而也必然是革命的立场”，反对“所谓中立的态度”。报告重申了二中全会宣言中的明确声明：“民盟对国事，自然应该明是非，辨曲直；是非曲直之间，就绝对没有中立的余地”，“在民主与反民主之间，在真民主与假民主之间，就绝对没有中立的余地”。认为“自从本盟被南京反动独裁政府勒令解散以来，一切所谓‘中立’‘中间’的说法和幻想，实早已被彻底粉碎了”，以和平、公开、合法的方式去争取民主已不可能，“今后自应积极的支持以人民的武装去反抗反人民的反动的武装”。

《三中全会宣言》提出民盟对时局的态度与主张并“昭告国人”：一是“本盟为求中国民主和平独立统一的实现而奋斗，此一目标，始终不变”，“南京国民党反动集团既已关闭和平之门，且不复容许任何不同意一党专政的反对党存在，则欲实现中国的和平民主，已不可能由谈判妥协中求之。我们必须粉碎一个独裁反动贪污腐化的政权，才能建立一个和平民主廉洁有效能的新政权”。二是“我们要反对的不只是独裁者个人，而是那代表地主豪绅买办封建的整个集团。为了彻底消灭整个反动集团的统治，中国人民就得彻底消除这一反动统治所寄托的经济基础，那就是彻底消灭封建剥削的土地关系，实行耕者有其田，彻底实行土地改革”。三是“坚决地反对美国目前的对华政策，反对美国把中国当成远东反苏反共的基地，反对美国反动派一切直接间接危害中国主权的行动”，“决不承认美国政府与南京政府所签订的一切损害中国人民利益的条约，并认为美国政府给予南京政府的所有援助，都是与中国人民为敌”。四是“本盟愿伸出手来，欢迎一切民主党派的合作，而且要与一切民主党派结成坚强的民主统一战线”，“中国共产党为民主事业而奋斗的历史，日寇投降以来为实现国内和平的努力，是值得每个爱国的中国人赞佩，本盟今后要与他们携手合作”。

《今后组织工作计划》分析了当前的组织环境，决定民盟要以“群众性的革命性的组织路线”替代过去的“争取合法公开”的组织路线。规定民盟的组织方针是实行民主集中制，“少数服从多数，全体服从组织，对内必须尊重集体意见，对外必须服从组织，不容有个人自由主义之言行”，“凡盟员均需编入小组，参加小组活动”，“严密各级地方组织，建立高度的组织纪律”，“严格吸收盟员，每一盟员必须具备有坚定性与战斗性，切实严防特务分子混入，清洗动摇投机分子及复杂背景的分子”。同时决定在各解放区设特派员，必要时设工作指导委员会，与中共合作，开展解放区的民盟活动。海外组织应利用其公开存在的有利条件，积极吸收华侨爱国分子入盟；扩大组织范围，成立盟外的华侨民主组织；深入各种华侨团体，扩大民盟的政治影响，孤立和打击国民党在海外的活动。

三中全会决定复刊《光明报》作为民盟总部机关刊物，并加强对国外的宣传活动。《光明报》半月刊于 3 月 1 日在香港出版，陆诒任主编。

三中全会确定香港为民盟总部临时所在地，对民盟总部的领导机构作了调整和充实，由沈钧儒、章伯钧以中常委名义领导全盟工作。民盟各处会负责人尚未来港者，由大会选人暂代。周新民代理秘书处主任，章伯钧兼组织委员会主任，沈志远代理宣传委员会主任，冯裕芳代理国内关系委员会主任，萨空了代理国外关系委员会主任。

会议期间，香港和留在上海的张澜、罗隆基等始终保持着密切联系。沈钧儒在闭幕词中宣布：“我们接到了上海同志们的来信，他们和我们完全采取了共同一致的意见，这是开会中值得我们骄傲的。”三中全会也于 1 月 23 日给张澜发去了致敬代电，给罗隆基发去了慰问代电。民盟各地组织和广大盟员拥护三中全会的决议，三中全会的精神鼓舞了广大盟员斗争的信心和决心。

在民盟被迫解散停止活动的危急关头，三中全会恢复民盟总部，公开宣布与中国共产党携手合作，“鲜明而坚决地确定了一条人民的、民主的、革命的总政治路线”（《光明报》1948 年 3 月 1 日），接受新民主主义革命纲领，同国民党政府彻底决裂，反对“中间路线”，是民盟的重要历史转折点。对此，周恩来后来在《对出席民盟四中全会扩大会议人员的讲话》中曾评价说：“民盟三中全会在香港召开，成立总部……这个时期用一句话说，就是‘一面倒’，倒在新民主主义方面。”三中全会还确立了民盟在新时期革命性、群众性的组织路线与组织原则，民盟的地方组织得到整顿、恢复和发展，战斗力得到增强，为民盟参加新政协、参与新政权奠定了思想和组织基础。

三中全会以后，民盟总部采取切实有效的措施整顿、恢复和发展地方组织。1948 年 2 月 24 日，总部组织委员会根据三中全会的精神，发出整顿民盟组织的指示，决定对于“公开发表文字或言论，声明脱离本盟或解散组织者，应先断绝其组织关系，并请中央开除其盟籍”。6 月 18 日，为适应半年来国内外局势的发展，民盟第二十一次中常委暨各处会联席会议通过《现阶段工作纲领》，规定了总的工作方针以及在蒋管区、解放区、海外和对外工作的方针，就解放区工作具体提出派正式代表赴解放区设立机构，“协助解放区政治、经济及文化教育等方面建设工作”，动员人力物力支援人民解放战争；就海外工作提出团结华侨各阶层“建立华侨民主统一战线”，“支持祖国民主运动，反对国民党特务活动”等。

在民盟总部的有力领导下，民盟地方组织的整顿与恢复工作很快取得了显著的成绩。经过近一年的工作，民盟在国统区先后恢复并新建了华东区、华南区、华中区、西南区、华北区、西北区等地方组织。1948 年 3 月，民盟建立上海执行部，领导山东、河南、安徽、江苏、浙江、江西六省和上海、南京、青岛三市盟务工作，辛志超任主任委员（同年 7 月，辛志超赴华北联系工作，史良代理主任委员）。1949 年 6 月，上海执行部改华东区执行部，领导江苏、浙江、安徽三省和上海、南京两市，史良任主任委员。史良在白色恐怖下从事民盟地下工作，宣传民主，保护民盟组织，并给予经济上的资助。民盟南方总支部领导下的各地方支部和海外支部得到广大爱国华侨的支持，广为发展，做了大量工作。民盟也开始在解放区建立和发展组织。1948 年 10 月，民盟华北解放区联络处在河北石家庄成立。11 月，胡愈之、韩兆鹗、吴晗、严信民、力扬、沈兹九在河北李家庄成立了民盟华北解放区第一小组；后河北正定县成立了民盟华北解放区第二小组。1949 年 5 月，原民盟西北总支部委员杨明轩、李敷仁等在延安成立了民盟西北区临时工作委员会。1949 年年初，针对国民党统治摇摇欲坠的新形势与民盟的组织发展现状，民盟总部组织委员会于 1 月 10 日发出《对当前发展组织的决议》，要求放手吸收民族工商业者、学生、教师、自由职业者、中小公务员中的进步分子入盟，严防官僚、政客、买办、地主、军官、党团特务分子改头换面混入组织，保持民盟组织的纯洁性。

（二）在国内外开展反美反蒋斗争

三中全会闭幕后，民盟总部号召全体盟员以实际行动来实现三中全会提出的政治任务。1948 年 2 月 2 日，民盟在香港的总部首次招待中外记者，公开三中全会的紧急声明、宣言和政治报告。沈钧儒代表民盟致词，特别指出“只有消灭反民主反和平的独裁政权，才能建立一个真民主真和平的新中国”，“民主与民主之间是没有‘超然的’或者‘中间路线’的存在可能”，“民盟绝对反对任何一个国家干涉中国的内政……对美国杜鲁门政府援蒋侵华的政策坚决的反对”。2 月 14 日，民盟总部宴请民主人士，沈钧儒声明民盟将依照三中全会宣言，与各民主党派密切携手，为中国革命而奋斗，并再次强调“中间路线”走不通。章伯钧也说，民盟今后的努力方向是“把革命的人民团结在民主的旗帜下”，“坚决站在革命立场上”。

依据三中全会精神，民盟密切配合中国共产党的武装斗争，开展反美反蒋活动。2 月 16 日，民盟总部秘书处发出通告，要求各级组织“必须坚决地反对南京独裁政府，反对美国援蒋侵华政策，反对封建剥削制度”，“并与一切民主党派尤其中共及国民党民主派携手合作，以加强民主统一战线”；只有“走上反蒋反封建及反对美国侵华政策的革命道路，方可使我们争取民主、和平、独立、统一的一贯主张有其实现的一日”，“如果仍沿袭旧的政治斗争方式，不仅对外无以恢复以往的威信和推动今后的局面，即对内亦难满足各地盟员的要求，其前途甚为可虑”。3 月，总部宣传委员会制定了《第一号宣传大纲》和《时事宣传大纲第二号》，规定目前的宣传方针是“指出美国奴役中国人民的阴谋”，“揭发南京国民党政府出卖国家主权、阴谋挑拨国际战争的阴谋和罪行”。

1948 年3 月29 日至5 月1 日，国民党召开“行宪国大”，会上通过了“予政府以临时应变之权力”的《动员戡乱时期临时条款》，选举蒋介石、李宗仁为中华民国总统、副总统。4 月 20 日，民盟总部秘书处通告各支部，对“行宪国大”通过《动员戡乱时期临时条款》及选举蒋介石为总统表示根本否认态度，发动“一致声讨国民党反动派”。5 月 3 日，民盟发表《关于否认伪国大伪宪法伪总统的紧急声明》，严正指出：由国民党“所豢养的党棍、特务、贪官、土劣之流”任所谓“国大代表”的“行宪国大”及其选举的总统是完全非法的，“是假借民意，伪装民主的行动”，民盟“予以坚决的否认”；国民党统治集团盗用民主、民意是为了“肆行其法西斯独裁的暴政”和“延长中国内战的战祸”，决不会给人民带来真正的民主。号召海内外同胞一致奋起反对“伪国大，伪宪法及其所产生的‘蒋政府’”，建立包括一切民主党派及人民团体在内的民主联合政府。

1948 年三四月间，国统区的学生和教职工反饥饿、反迫害斗争出现新的高潮。民盟总部发言人声援北平、天津、南京、上海、杭州、成都各地学生运动，发表谈话，抗议国民党政府“派遣军警包围学府，唆使大批特务捣毁校舍，焚毁学校设备，殴捕大批学生，制造种种血案”，严正指出“现在全中国人民和独裁政府已经处于不两立的地位，要获得生存，要获得自由和幸福，就惟有靠自己的力量奋斗到底”，“学术必须自由，人权必须保障”。民盟与在港各民主党派一起，组织民主运动小组，募集经费，支援上海、南京、北平、重庆等地遭受国民党迫害的民主战士，鼓励学生斗争。

五六月间，国统区爆发了声势浩大的反对美国扶植日本军国主义势力的爱国运动。针对司徒雷登的有关发言，民盟与在港的其他民主党派于6月6日联名发表《反美扶日宣言》，严厉驳斥司徒雷登的声明是“强为扶日措施作辩护，并以狂妄言辞恫胁我爱国学生”；并表示“誓愿与全国同胞再接再厉，以自卫答复侵略”。沈钧儒、胡愈之、周新民等与港九各界爱国人士215人签名发表《反美扶日痛斥司徒雷登宣言》。千家驹等发起“香港各侨团反对美国扶植日本工业复兴大会”，号召国内外同胞一致反对美国扶日，提倡国货，制止日货倾销。民盟上海市支部在上海市及沪宁、沪杭、浙赣铁路沿线城镇散发反美扶日传单。史良在上海市学联召开的几千人群众大会上发表反美扶日演讲。史良、顾执中等100余盟员与上海文化界397人签名发表维护祖国安全和独立的声明。

在推动国统区民主运动的同时，民盟地方组织与中共各级地方组织取得密切联系，在国统区积极学习和宣传中国共产党的政策，支援人民解放战争，为迎接解放做了许多工作。国统区广大盟员在极端困难的情况下，宣传革命主张，组织护厂护校，成立秘密反蒋社团，策动国民党军政人员起义，参加游击战争，进行了英勇不屈的斗争。1949年5月上海解放前夕，民盟总部组织委员会委员、上海市支部执行委员黄竞武发动银行职工罢工，拒运金银去台湾，不幸被捕，在狱中备受酷刑，后遭活埋杀害；民盟总部组织委员会委员、南方总支部执行委员曾伟，由港赴沪策反国民党军政人员起义，被捕后在上海宋公园（今闸北公园）刑场就义。包括后来在成渝解放前夕牺牲的重庆一一·二七烈士、成都十二桥烈士，许多民盟盟员与共产党人并肩战斗，与共产党人血流在一起，为中国人民的解放事业献出了宝贵生命。据目前可及资料，在抗日战争、解放战争及新中国成立初期，为争取国家和平民主、为新中国的成立和巩固而牺牲的民盟英烈有约130人。

港九与缅甸、印尼、马来亚、英国、美国等海外民盟组织也积极声援国内的反蒋斗争。港九支部为三中全会的召开做了大量工作。港九支部、暹罗支部、缅甸支部、越南河内和西贡支部、印尼苏岛支部均发表声明，抗议国民党政府镇压反饥饿、反迫害的学生运动，反对“行宪国大”，不承认非法选举的总统。马来亚《南侨日报》《风下》《新妇女》、缅甸《人民日报》、暹罗《曼谷商报》《民主新闻》、英国《民讯》、印尼《民主日报》、越南《中华日报》等报刊由当地民盟组织支持或主办，大力宣传反美反蒋，声援祖国人民的解放战争。广大盟员经营侨汇、旅馆、印刷、书店等企业，在经济上支援受国民党迫害的民主人士。胡愈之领导的马来亚支部与祖国人民的斗争密切配合，大力支持人民解放战争，在斗争中发展盟员3000余人。1948年6月，英殖民政府在马来亚宣布紧急法令，民盟组织普遍遭到严重破坏，百余盟员被捕入狱或被驱逐出境；1949年5月，民盟被英政府宣布为非法组织，被迫转入地下斗争。后马来亚支部负责人薛永黍被英国当局无理逮捕，惨死狱中。民盟各地组织通过不屈不挠的斗争和英勇无畏的牺牲，为中国革命的胜利贡献了应有的力量。

（三）响应中共中央“五一口号”

1948年上半年，人民解放军战略进攻的辉煌胜利，解放区土地改革的深入进行，国统区爱国民主运动的蓬勃发展，标志着全国范围新的革命高潮已经到来。为了向全国人民指出新的斗争目标，迎接全国胜利，1948年4月30日，中共中央发布纪念“五一”劳动节口号，其中第五项号召“各民主党派、各人民团体、各社会贤达，迅速召开政治协商会议，讨论并实现召集人民代表大会，成立民主联合政府”。5月1日，毛泽东致函在香港主持民盟盟务的沈钧儒和中国国民党革命委员会中央主席李济深，对拟议召开的政治协商会议的名称、参加范围、地点、时间等提出建议，指出“此项会议的决定，必须求得到会各主要民主党派及各人民团体的共同一致”，并提议由中共、民革、民盟在当月“发表三党联合声明，以为号召”。

中共中央这一号召立即得到各民主党派及无党派民主人士的热烈拥护和响应。5月2日，民盟和各民主党派在香港集会讨论，一致认为召开新政治协商会议，建立民主联合政府是我国“政治上的必经的途径”，“民主人士自应起来响应”。5 月 5 日，李济深、何香凝（中国国民党革命委员会），沈钧儒、章伯钧（中国民主同盟），马叙伦、王绍鏊（中国民主促进会），陈其尤（中国致公党），彭泽民（中国农工民主党），李章达（中国人民救国会），蔡廷锴（中国国民党民主促进会），谭平山（三民主义同志联合会）和郭沫若（无党派民主人士），联合致电国内外各报馆各团体并转全国同胞，赞同和响应中共“五一口号”的号召。通电指出：召开政治协商会议，成立民主联合政府，“密合人民时势之要求，尤符同人等之本旨”，“事关国家民族前途，至关重要”，号召全国人民“自宜迅速集中意志，研讨办法，以期根绝反动，实现民主”。同时致电毛泽东并转解放区全体同胞：“当此解放军队所至，浆食传于道途，武装人民纷起，胜利已可期待”，“大计亟宜早定”。

民盟在香港召开数次会议，讨论新政协的性质、意义，民盟对新政协的态度及响应召开新政协的步骤和方法等问题。5 月 16 日，《光明报》发表社论《新的政治协商与我们的工作》，指出：“我们同意毛泽东在‘五一’文告上所提议的再来一次各党派各人民团体社会贤达的政治协商会议，我们认为这是对美国侵略主义者的无情的打击，这是对反动派统治下的人民的一种希望，这是对广大的中间层的一种鼓励，这是全世界和平民主人士取得联系的最初的步骤，这是揭穿国民党伪装民主的有力的武器。”

6 月 14 日，民盟发表《致全国各民主党派各人民团体各报馆暨全国同胞书》，指出：中共“五一口号”关于召开政治协商会议、实现民主联合政府的主张，“是一切民主党派和民主团体乃至全国人民的共同要求”，“是今日救国建国的惟一正确途径”，也与民盟一贯的政治主张相符合。提出：只有彻底摧毁反动独裁的统治集团，坚决彻底铲除内战的根源、扫除和平的障碍，脱离任何帝国主义的侵略与奴役之后，通过新政治协商和组织民主联合政府，才能真正建立一个民主、和平、独立、统一的新中国。“时至今日，独裁统治的行将倾覆，中国人民的民主胜利，已经成了定局。”“在这种形势之下，结束独裁混乱的旧中国，创建民主和平的新中国，其惟一途径，我们认为仍旧只有走本盟一向所主张的政治协商会议的路线，以实现真正民主的联合政府。所不同者，未来的政治协商会议，将必然是反独裁统治的各党派和人民团体等的代表为实现真正的民主和平而举行的会议，而决不是跟独裁统治体系中的任何反动集团谋妥协的会议”，表示民盟愿“号召全国人民，吁请各民主友党民主团体，共同为迅速实现新政协而努力”。

留沪民盟主席张澜等致函沈钧儒、章伯钧，对民盟总部通电响应中共中央“五一口号”的号召表示“极感欣慰”，认为这是“国家当前自救惟一途径”，并“盼中共及民主党派今后更能以简单明了之方式加强此种号召”。

8 月 1 日，毛泽东复电各民主党派和民主人士代表李济深、沈钧儒等，对他们赞同召开新政治协商会议、建立民主联合政府的主张表示“极为钦佩”，并建议“关于召集此项会议的时机、地点、何人召集、参加会议者的范围以及会议应讨论的问题等项，希望诸先生及全国各界民主人士共同研讨，并以卓见见示，曷胜感荷”。当月，沈钧儒、章伯钧接受国新社记者采访，表达民盟对新政协的看法。沈钧儒表示，中共愿意各民主党派、各人民团体及全国人民共同来负责解决中国内部的问题，“这也是各民主党派多年来所渴望实现之共同鹄的”；章伯钧表示，“民盟及其他民主党派对解决中国问题的办法，是与中共的见解相符合的”。

中共香港分局联络各民主党派，开展了一场以筹备新政协为核心的新政协运动。民盟总部积极参加并推动新政协运动的开展，发动盟员和群众展开讨论，并联合各民主党派、各人民团体、社会贤达共同研究民主统一战线纲领、共同施政纲领及新中国的工商业建设政策、文化建设政策等，作为新政治协商会议参考。6 月 16 日，《光明报》在刊发《本盟致全国各民主党派各人民团体各报馆暨全国同胞书》的同期，刊发了章伯钧的代社论《我们赞同迅速召开新政协》，并刊发了沈志远的《展开新政协运动》一文，说明了召开新政协的客观根据、为什么要开展新政协运动、怎样开展新政协运动，认为“以促成独裁政权覆灭为基本方针的新政协运动”，“必须是全国人民的一种战斗性的运动”。7 月 16 日《光明报》刊发的邓初民《新政协与领导权及统一战线问题》一文，明确提出了中共的革命领导权问题：“新政协的召开可以说是一件刻不容缓的事，而且在可能的条件下，应该就由中共来召集。”“毛泽东先生说：‘没有中国共产党的坚强的领导，任何革命的统一战线也是不能胜利的。’这正是作为一个无产阶级及其政党领袖的人最负责任的表示。”《光明报》连续数期刊发沈志远、邓初民及各方面代表人物的专文，并设《新政协问题笔谈》专题，成为开展新政协运动的讨论与宣传阵地，向广大群众宣传新政协与旧政协的不同：新政协代表人民意志；新政协要建立一个新民主主义的政权；新政协应由中共来召集。

为加速新政治协商会议的召开，中共中央邀请各民主党派和无党派民主人士进入解放区，共同筹备新政治协商会议。为保证民主人士安全，中共中央直接部署，由周恩来亲自指挥，派高级干部钱之光专程到港，会同在港的中共南方局负责人潘汉年、章汉夫等，组织和接送各民主党派领导人由海路进入解放区。9 月 12 日晚，第一批前往东北解放区的沈钧儒、章伯钧等由香港秘密启程。9 月 29 日，沈钧儒、章伯钧到达哈尔滨，受到中共东北局负责人高岗、陈云等的热烈欢迎。10 月 2 日，沈钧儒、章伯钧致电毛泽东、周恩来、朱德，表示“愿竭所能，借效绵薄；今后一切，伫待明教”。11 月 16 日，沈钧儒、章伯钧代表民盟发表对时局声明，重申三中全会以来的政治立场，并表示坚决“跟人民公敌反动集团斗争到底，决不动摇，决不妥协，决不对反动集团存有丝毫的幻想，而对美帝国主义所企图导演以‘反蒋’‘民主’为旗帜的‘调解’‘和平’‘政府改组’，尤须提高警惕与及早揭穿其阴谋诡计”。

★ 沈钧儒（前排左三）、章伯钧（后排左三）等民主人士到达哈尔滨，与中共代表李立三（前排左一）等合影。

继沈钧儒、章伯钧之后，1948 年至 1949 年之交，到达东北解放区哈尔滨和沈阳的民盟盟员有高崇民、彭泽民、沙千里、朱蕴山、邓初民、丘哲、沈志远等；到达华北解放区河北平山县西柏坡、李家庄的有吴晗、刘清扬、韩兆鹗、楚图南、胡愈之、费孝通、张东荪、沈兹九、严信民等。沈钧儒在东北解放区参观了工厂、农村及各种建设设施，解放区人民当家作主的景象让他写下“光明自有擎天炬，照澈千秋与五洲”的诗句。楚图南一到中共中央统战部所在地李家庄，“立即感到这里的热烈紧张充满了希望的气氛”，“中央统战部的负责同志召集我们就新政协的召开时间、地点、参加单位等问题交换意见”。胡愈之说：“我到解放区以后所得到的最强烈的印象……是中国人民力量的强大……人民很快就要得到最后胜利。”费孝通看到公路两旁行进的解放军队伍和群众的送粮车队，感慨：“中国千千万万的老百姓，在共产党的领导下，自愿地、自发地在做一件事，这是一股铁流，一股无比的力量！……我被这股‘人民的力量’所折服。”

★ 楚图南（左）到达河北平山县李家庄后，与中共中央统战部部长李维汉（右）合影。

到达解放区的各民主党派及无党派民主人士代表就新政协的各项筹备工作提出建议。章伯钧等提出，政治协商会议即等于临时人民代表会议，即可产生临时中央政府，这个意见为中共中央所接受。民盟代表还提出，新政协制定共同施政纲领，应遵循“三个前提”和“五项原则”：代表各革命阶级利益的前提，彻底消灭共同的敌人——官僚买办资产阶级、封建地主阶级、帝国主义的前提，实行新民主主义政治制度的前提；确认新民主主义为各革命阶级统一战线的临时联合政府的最高施政原则，新民主主义经济政策为经济纲领的最高原则，人民解放军是民主联合政府军队的原则，民族的、科学的、大众的文化为文化教育的原则，互相尊重国家的独立与平等地位的原则。

受中共中央委托，高岗、李富春等在哈尔滨与沈钧儒、章伯钧、谭平山等民主党派人士就《关于召开新的政治协商会议诸问题》反复协商，于 1948 年 11 月 25 日达成共同协议：新政协筹备会由中共及赞成中共“五一口号”号召的各主要民主党派、人民团体及无党派民主人士等共计 23 个单位的代表组成；筹备会负责邀请参加新政协会议各方面代表人士，负责起草新政协文件和召集新政协的正式会议；筹备会组织条例由中共起草，经各方审阅同意后由筹备会正式通过。新政协会议参加范围由反对美帝国主义侵略，反对国民党反动统治，反对封建主义和官僚资本主义压迫的各民主党派、各人民团体及无党派人士的代表人物组成；参加新政协的单位拟由中共及各民主党派、各解放区人民政府、人民解放军各单位、人民团体、无党派民主人士等共计 38 个单位组成；新政协召开时间拟为 1949 年，其两项重要议题是制定共同纲领和建立中华人民民主共和国临时中央政府。

（四）揭露国民党和谈阴谋

1948 年 9 月至 1949 年 1 月，中国人民解放军同国民党军队进行了战略决战，辽沈、平津、淮海三大战役取得决定性胜利，国民党军队主力被消灭，东北全境解放，华北和长江下游以北除几个孤立的据点外也全部解放。1949 年元旦，毛泽东发表新年献词《将革命进行到底》，明确提出要在全国范围内推翻国民党政府的独裁统治，建立无产阶级领导的、以工农联盟为主体的人民民主专政的政权的纲领性口号。同日，蒋介石发表“求和”的《新年文告》，提出坚持中华民国的国体，承认国民党的“宪法”和“法统”，保存国民党军队等和平谈判的条件。为揭穿蒋介石的和谈骗局，毛泽东发表《评战犯求和》和《关于时局的声明》，指出蒋介石的求和条件实际是继续战争的条件，而不是和平的条件；提出惩办战争罪犯、废除其“宪法”和“法统”、依据民主原则改编其军队、没收官僚资本、改革土地制度、废除卖国条约、召开政治协商会议和成立联合政府等八项条件作为谈判的基础，以迅速结束战争，实现真正的和平。

1 月 10 日，民盟发言人对蒋介石玩弄和平的阴谋发表声明，指出蒋介石发表元旦文告，“是美帝国主义和中国封建买办官僚集团的一种阴谋”，“企图利用这个和平的攻势来和缓人民武装的进攻，和缓蒋管区人民的怨愤，借以争取喘息时间，重新组织反动的武装力量，以延长战争的祸害”。民盟所需要的是永久真正的和平，“根本就不承认国民党反动派一手制造的伪宪，更不承认其依此伪宪而产生的伪总统”。1 月 20 日，民盟发言人发表谈话，赞同毛泽东所提八项主张，敦促“南京蒋政府中央及地方文武人员应迅速觉悟，向中国人民解放军交出政权，交出军队，交出一切物资，以缩短战争时间，减轻战争灾祸，俾全中国人民得以迅速解放”。1 月 21 日，民盟再次发表对和平的态度，强调毛泽东所提八项条件决不能讨价还价，指出“蒋介石元旦文告中所说的‘和平’却是十足的假和平，是战犯们所要求的‘和平’”，“是危险毒辣的反动阴谋”。1 月 22 日，沈钧儒与李济深、马叙伦等民主人士 55 人联名发表《我们对于时局的意见》，指出“革命必须贯彻到底，革命与反革命之间绝无妥协与调和之可能”，“帝国主义、封建主义和官僚资本主义，是中国人民革命之对象，是障碍中国实现独立、民主、自由、幸福之最大敌人，倘若不加以彻底肃清，则名实相符的真正和平，绝不能实现”；表示对于召开新政治协商会议、实现人民民主联合政府，“愿在中共领导下，献其绵薄，共策进行，以期中国人民民主革命之迅速成功，独立、自由、和平、幸福的新中国之早日实现”。

1 月 21 日，蒋介石通电下野宣布“引退”，由副总统李宗仁代行总统职权，出面与中共进行和谈。1 月 22 日，李宗仁致函沈钧儒、章伯钧、张东荪并转民盟诸先生，表示要以“最大之努力谋求和平之实现”，“对于过去有碍人民自由之法令与行动，政府决予撤销与停止”，请民盟出来“调解”。其时已在东北解放区的沈钧儒代表民盟在一次讲话中说：“假如即将被人民摧毁的反动政权想借和平谈判来缓和革命进攻，分散革命阵营的团结，以图保存其残余的反动力量，我们全国人民必以加倍力量粉碎这种阴谋诡计。”1 月 24 日、25 日，李宗仁派甘介侯、邵力子、张治中到上海，劝张澜、黄炎培、罗隆基等出来“调解”国共关系。张澜、黄炎培等坚决表示：“从前国共两党之争，我们是第三者，但现在局势已经完全改变，现在是革命与反革命之争，而我们站在革命的一边，所以不能充当调解人。至少也得先与我们已在解放区及香港的代表洽商后，方可发表意见。”断然拒绝“调解”，并维护了香港民盟总部的权威。2 月 3 日，张澜、罗隆基、黄炎培致函李宗仁，再次明确拒绝充当调解人。

4 月 1 日，南京政府代表团和中共代表团在北平举行谈判，拟定《国内和平协定》。双方在《国内和平协定（草案）》基础上多次反复磋商，于4月15日形成了《国内和平协定（最后修正案）》。4月20日，国民党代表团拒绝在国内和平协定上签字，和平谈判破裂。4月21日，毛泽东、朱德向人民解放军发出《向全国进军的命令》。4月23日，沈钧儒、章伯钧代表民盟和各民主党派发表《联合声明》，坚决拥护中国人民革命军事委员会进军命令，并郑重宣告："在一切解放区，全体人民必须加紧生产，服从法令，动员支前；在解放军作战之界域，及将进攻之区域，所有各民主党派及各界人民必须努力动员，迎接解放大军，协助杀敌，并保护一切重要物资免受破坏。"4月23日，人民解放军解放南京，宣告了国民党统治的覆灭。4月24日，沈钧儒、章伯钧代表民盟和各民主党派致电祝贺，称赞人民解放军所向无敌，"投鞭断流，何有天堑？未及三朝，伪都即破，征诸自古，无此丰功"。民盟各级组织积极动员广大盟员，配合人民解放军解放城市和乡村，协助人民解放军接管城市，建立人民政权，并协助人民政府恢复和发展生产，安定社会秩序。

在上海的张澜、罗隆基被国民党软禁于虹桥疗养院，有传国民党特务秘密策划谋害他们。5月，上海警察局将虹桥疗养院划为禁区，派荷枪实弹的士兵昼夜轮班警戒盘查。情况危急，周恩来亲自安排营救行动，由决意投诚的上海警备司令杨虎派亲信阎锦文于5月26日将二人救出，当日上海警察局长毛森本要将二人劫往台湾。5月27日，上海解放。5月28日，张澜、罗隆基、史良等发表联合声明："中国历史上最伟大、最光荣的人民革命已经取得全国范围的彻底胜利……这是中国共产党所领导而中国各民主党派所共同参加的人民革命，这是中国全体人民整个民族彻底翻身、彻底解放的革命。"

8月15日，美国国务院发表了题为《美国与中国的关系》白皮书，国务卿艾奇逊为发表白皮书写给总统杜鲁门的信一同发表。白皮书隐瞒和捏造事实，对中国人民进行恶毒诬蔑，并阴谋继续利用所谓中国的民主个人主义者来破坏中国的革命。民盟总部于8月16日在北平举行批判白皮书的座谈会，8月23日发表《对美国白皮书的斥责》，呼吁美国的进步力量与中国人民建立真正的友谊，联合起来打击并粉碎杜鲁门、艾奇逊的侵略阴谋。各地方组织也纷纷举行座谈会，批判白皮书，揭露南京政府玩弄和平的阴谋，拥护人民解放军向全国进军，表示要坚决跟着中国共产党将革命进行到底，迎接新中国的诞生。

（五）参加新政协和开国大典

1949 年 1 月 31 日，北平和平解放。沈钧儒、章伯钧、邓初民和胡愈之、楚图南、吴晗等分别由东北解放区和华北解放区到达北平。3 月 5 日，民盟总部临时工作委员会在北平成立，推选沈钧儒、章伯钧、朱蕴山、胡愈之、邓初民、楚图南、吴晗、潘光旦、李文宜等 22 人为委员，沈钧儒、章伯钧主持总部盟务，同时宣布民盟香港总部结束。3 月 7 日，民盟总部临时工作委员会将成立事函告毛泽东，并表示“愿以至诚接受贵党之领导，在新民主主义革命建设之伟大事业中并愿与贵党密切配合，尽其应尽之责”。

6 月 16 日，民盟机关报《光明日报》在北平出版。这份报纸是在中共帮助下，接收前《世界日报》的产业和人员而创办的。章伯钧任社长，胡愈之任总编辑，萨空了任秘书长，林仲易任总经理。毛泽东、朱德、周恩来分别为《光明日报》创刊题词祝贺。《光明日报》创刊号发表发刊词《团结一致建设民主新中国》，声明：“民主、和平、独立、统一是中国民主同盟奋斗的目标，也就是《光明日报》的奋斗目标。但是要达到民主、和平、独立、统一的目标，并且建设自由幸福富强的新中国，首先要倚靠工农大众的力量和中国共产党的领导，同时也必须团结全国各革命阶级、各民主党派和各界爱国人士，共同来努力。”

1949 年 4 月起，中国共产党和各民主党派在北平开始进行新政协的筹备工作。6 月 15 日至 19 日，新政治协商会议筹备会第一次全体会议在北平召开。参加会议的有中国共产党、各民主党派、各人民团体、各界民主人士、国内少数民族和华侨代表等 23 个单位和方面共 134 人。民盟代表张澜（刘王立明代）、沈钧儒、章伯钧、张东荪、周新民、罗隆基（辛志超代）、楚图南 7 人参加（张澜、罗隆基、史良 6 月 24 日才抵达北平）。

沈钧儒在会上发言说，新政协是“一种人民的大协商会议”，表示将与全体同人一致努力，“制定出一个能反映全国人民要求的施政纲领草案，拟订出一套完全合于革命的新民主主义政治原则的联合政府组织大纲的草案来，以便顺利地进行新民主主义的国家建设，迅速实现独立、民主、和平与富强的中华人民统一民主共和国”。会议选出毛泽东等 21 人组成新政治协商会议筹备会常务委员会，通过了《关于参加新政治协商会议的单位及其代表名额的规定》。在 6 月 16 日召开的新政治协商会议筹备会常务委员会第一次会议上，沈钧儒被选为常务委员会副主任。

新政协筹备会指拨北平东厂胡同内太平胡同 1 号公产作为民盟总部地址[①]（即今天民盟中央所在地北京东厂北巷 1 号）。8 月，民盟总部迁入此址办公。

9 月 17 日，新政协筹备会第二次全体会议召开，决定将即将召开的新政治协商会议改称“中国人民政治协商会议”，通过了《中国人民政治协商会议共同纲领（草案）》《中华人民共和国中央人民政府组织法（草案）》《中国人民政治协商会议组织法（草案）》。

1949 年 9 月，中国人民解放军向南部沿海和西南、西北边疆地区进军，大陆全部解放指日可待。9 月 21 日至 30 日，肩负着宣告新中国诞生的伟大历史重任的盛会——中国人民政治协商会议第一届全体会议在北平隆重召开。出席会议的正式代表 585 人，候补代表 77 人，共 662 人，代表中国共产党、各民主党派、各人民团体、人民解放军、各地区、各民族、国外华侨和其他爱国民主分子。中国民主同盟正式代表张澜、沈钧儒、章伯钧、张东荪、罗隆基、史良、周新民、楚图南、丘哲、周鲸文、费孝通、李相符、李文宜、胡愈之、辛志超、刘王立明 16 人，候补代表叶笃义、罗子为 2 人，共 18 人组成代表团出席大会。此外，在中国民主同盟代表团之外，其他各代表团还有黄炎培、冷遹、杨明轩、高崇民、吴晗、刘清扬等约 70 位民盟盟员（其中部分跨党派）出席大会。

---

① 《人民日报》1949 年 8 月 20 日第 1 版。

★ 中国人民政治协商会议第一届全体会议民盟代表团合影。前排左起：李相符、费孝通、刘王立明、张澜、沈钧儒、丘哲、史良；后排左起：胡愈之、罗子为、辛志超、叶笃义、章伯钧、周新民、张东荪、楚图南、李文宜、周鲸文、罗隆基。

9 月 21 日，毛泽东在开幕词中申明了会议的历史任务：由于当时“人民解放战争和人民革命运动还在向前发展”，用普选的方式产生全国人民代表大会的条件还不具备，“因此，中国人民政治协商会议宣布自己执行全国人民代表大会的职权”。张澜在开幕式上发言说，中国新民主主义革命的胜利“是中国共产党和毛泽东主席英明领导的结果”，“是中国人民解放军英勇战斗和全国各民主党派、各民主阶级的民主分子奋斗牺牲的结果”；“用政治协商的方式，建立人民自己的政权，组织人民自己的政府，这不只是中国历史上的一件光荣的大事，这也是世界人类史上值得永久纪念的一个光荣的日期”；号召“全体盟员一致团结起来，拥护将来的新政府”，“建设我们的新国家”，“创造世界人类的新社会”。9 月 24 日，沈钧儒在会上发言，总结了民盟的斗争经验，指出：旧民主主义道路走不通，必须走新民主主义道路；必须建立人民民主专政的国家机构；各级政权机构要采取民主集中制；各民主阶级、民主党派要团结一致，保证长期合作。

9 月 27 日，大会通过了《中国人民政治协商会议组织法》和《中华人民共和国中央人民政府组织法》。《中国人民政治协商会议组织法》标志着以中国共产党为领导的、以多党合作为主体的人民民主统一战线在组织上的形成，明确规定：中国人民政治协商会议为全中国人民民主统一战线的组织，旨在经过各民主党派及人民团体的团结，去团结全中国各民主阶级、各民族，共同努力，实行《共同纲领》规定的各项任务。大会还通过了中华人民共和国首都为北平，将北平改名为北京；采用公元纪年；以《义勇军进行曲》为代国歌；国旗为五星红旗，象征全国人民在共产党领导下的大团结。

9 月 29 日，大会通过了《中国人民政治协商会议共同纲领》。《共同纲领》序言中说："由中国共产党、各民主党派、各人民团体、各地区、人民解放军、各少数民族、国外华侨及其他爱国民主分子的代表们所组成的中国人民政治协商会议，就是人民民主统一战线的组织形式。中国人民政治协商会议代表全国人民的意志，宣告中华人民共和国的成立，组织人民自己的中央政府"，并"一致同意以新民主主义即人民民主主义为中华人民共和国的政治基础"；国家政权是"中国工人阶级、农民阶级、小资产阶级、民族资产阶级及其他爱国民主分子的人民民主统一战线的政权"。《共同纲领》确立了中华人民共和国的国体和政体，决定了国家当时各方面的重大方针政策，在中华人民共和国成立初期具有临时宪法的作用，也成为中共与各民主党派团结合作的政治基础。

9 月 30 日，大会根据《中华人民共和国中央人民政府组织法》，选举了以毛泽东为主席，朱德、刘少奇、宋庆龄、李济深、张澜、高岗为副主席的中央人民政府委员会。在 56 名中央人民政府委员中，有民盟盟员高崇民、沈钧儒、黄炎培、马叙伦、彭泽民、李章达、章伯钧、柳亚子、张东荪、龙云（其中部分跨党派）。大会选举了政协全国委员会委员 180 人，其中有民盟盟员 28 人（部分跨党派，1951 年增补 1 人，共 29 人）。当晚，大会在通过的《中国人民政治协商会议第一届全体会议宣言》中宣告："这次会议……代表了全国人民的意志，表现了全国人民的空前大团结。……中国的历史，从此开辟了一个新时代"。

★ 1949 年 9 月，毛泽东与张澜在政协会上亲切交谈。

中国人民政治协商会议的召开，标志着中国的新型政党制度——中国共产党领导的多党合作和政治协商制度的确立。中国新民主主义革命赢得了基本的胜利，中国民主同盟在中国共产党的领导下，即将迈入社会主义革命与建设新的征程。

10 月 1 日下午 2 时，中央人民政府委员会举行第一次会议。主席毛泽东，副主席朱德、刘少奇、宋庆龄、李济深、张澜、高岗和 56 名委员宣布就职，中华人民共和国中央人民政府宣告成立。会议一致决定接受《中国人民政治协商会议共同纲领》为政府施政方针，通过了《中华人民共和国中央人民政府公告》，宣布该政府为中国人民的唯一合法政府。沈钧儒在会上被任命为最高人民法院院长。

10 月 1 日下午 3 时，中华人民共和国中央人民政府成立典礼在北京天安门广场举行。毛泽东在天安门城楼上庄严宣读了《中华人民共和国中央人民政府公告》。民盟领导人参加了开国大典，与中国共产党和全国人民共同见证了这一历史时刻。民盟致电祝贺：中华人民共和国和中央人民政府正式宣告成立，“表示旧中国已经结束，新中国已经诞生，封建买办法西斯的政权已经完全消灭，人民民主专政的政权已经建立起来。从今天起，中国人民做了新中国的主人”；中国民主同盟“当竭诚地以全力拥护政府，坚决执行中国人民政治协商会议共同纲领，以完成新民主主义新中国的建设！”

第二章

建设新中国，为实现《共同纲领》而奋斗

中华人民共和国的成立标志着中国从半殖民地半封建社会进入新民主主义社会。民盟也随之成为在人民民主专政条件下参政的新型政党。为适应新形势，民盟以《共同纲领》为政治纲领，整顿发展组织，加强自身建设，积极进行自我改造；同时，在中国共产党的领导下踊跃参加抗美援朝、土地改革、镇压反革命、“三反”“五反”等运动，为新中国各项政治社会改革和经济恢复工作作出贡献。

1953 年，中共提出过渡时期的总路线，民盟积极拥护，根据形势及时调整工作重心，以参加国家文化教育建设为中心，为贯彻实现《共同纲领》，建设国家使之逐步过渡到社会主义社会而奋斗。

一、制定新的政治纲领和路线

中华人民共和国的成立，从根本上结束了 100 多年来中华民族遭受帝国主义侵略压迫的历史，根本改变了旧中国军阀割据、战乱频仍的局面，形成了国家基本统一。至此，民盟完成了配合中共的武装斗争、推翻反动统治、建立人民民主新国家的历史任务。为适应新形势，民盟面临着制定新的政治纲领、路线和方针，整顿发展组织，加强自身建设的使命。

（一）民盟一届四中全会扩大会议

1949 年 11 月 15 日至 12 月 20 日，民盟一届四中全会扩大会议在北京召开，92 人出席会议。

会议历时 35 天，讨论通过了《政治报告》《地方盟务总结》《盟务研讨总结报告》，并通过了修改后的《中国民主同盟盟章》和《关于接受共同纲领及停止民盟纲领的决议》《四中全会扩大会议宣言》等重要决议和文件，增选了中央委员 47 名①，候补中央委员 33 名。

★ 民盟一届四中全会扩大会议开幕典礼合影。

《政治报告》指出："过去本盟的总的立场和方针是在于和中共一起彻底推翻蒋介石的反动统治，成立新的人民民主政府"，而"在这一个人民民主专政的时代，本盟乃是参与政权的一分子，因此，本盟的方针应该是在中共领导之下，实现共同纲领，巩固人民民主专政的政权，以从事于新民主主义的建设而为人民服务"。

基于这一认识，会议修改了盟章，对民盟的性质、纲领、方针和任务作了新的阐释："中国民主同盟是人民民主统一战线的一个组成部分，是一个以知识分子，特别是小资产阶级知识分子为中心的政治联盟。本盟以

① 原有中央委员 66 人，因殉难、病故、退盟等原因减少 23 人，尚有 43 人，新增 47 人后，共 90 人。

中国人民政治协商会议纲领作为自己的纲领，以团结广大的知识分子和开明的工商业者，走向进步，扩大并巩固人民民主统一战线，彻底实现共同纲领，积极参加新中国的各项建设，完成新民主主义的革命为基本方针和任务。”

会议强调了接受中国共产党的领导，明确指出：“我们越靠近共产党，越能虚心接受共产党的领导，我们的组织就越能健全，我们的工作就越能开展，我们的影响就越能扩大，我们就越能担负起来我们的责任，完成我们的使命。”盟章总纲规定：“本盟接受中国共产党的领导，与之密切配合工作，以期在革命建国的伟大事业中尽其最大的努力。”

会议还就民盟历史上的一些问题总结了经验教训，统一了认识，加强了盟内团结。从此，民盟作为中国共产党领导的人民民主专政政治制度下参政的新型政党，活跃在中国的政治舞台上。

会议期间，中共中央领导接见了参会人员，对民盟工作给予了指导。12 月 5 日傍晚，毛泽东在中南海接见参会人员时指出：一个政党是不能不犯错误的，总是要有错误的。克服的方法就是要多加分析。一个党内有许多山头，但是要克服山头主义。没有不团结的理由，都是民主人士、革命同志，只要运用批评和自我批评的武器，就会无往而不胜。12 月 6 日，周恩来招待参会人员并发表讲话，分析了民盟历史上三个时期的表现，指出：“整个说来，民盟所经历的三个历史时期是向前进方面发展的，它团结了知识分子走向进步。”从前途看，民盟“是大有希望，大有前途的”。这对民盟总结过去，继往开来，起到了重要的作用。

紧接着民盟于 1949 年 12 月 27 日举行了一届五中全会。会议选举张澜为中央委员会主席，沈钧儒为副主席。设立中央政治局，推选张澜、沈钧儒、章伯钧、张东荪、黄炎培、马叙伦、罗隆基、史良、彭泽民、周新民 10 人为政治局委员；章伯钧为政治局秘书长。选举张澜、沈钧儒、章伯钧、张东荪、黄炎培、罗隆基、马叙伦、彭泽民、史良、周新民、潘光旦、周鲸文、李章达、丘哲、胡愈之、沈志远、杨明轩、高崇民、许广平、郭则沉、李相符、楚图南、李文宜、吴晗、曾昭抡、邓初民、杨伯恺

27 人为中央常务委员。并在中央常务委员会下，设秘书处和组织、宣传、财务、妇女、文教、工商、海外工作、联络委员会进行工作。民盟总部临时工作委员会宣告结束。

（二）整理、发展和巩固民盟组织

1949 年 11 月民盟四中全会扩大会议召开时，民盟有 32 个地方组织，约 15100 名海内外盟员①。根据四中全会扩大会议"首先整理组织，同时发展组织"的会议精神，中华人民共和国成立初期民盟的组织工作以整理为主，实行"巩固为主，稳步发展"的方针。

1950 年，民盟总部根据盟章规定，制定了《中国民主同盟各处会组织大纲》，明确各机构的职责；建立合理的财务制度；颁布了关于地方组织的各项规章、法规，如《中国民主同盟各地方组织选举办法》《中国民主同盟区总支部组织规程》《地方盟务通讯办法》等，初步建立了请示报告制度，加强了总部的指导和上下级的联系，工作逐渐走向正规。

各地方有计划、有步骤地进行了整理、恢复和建立组织的工作，并对所有盟员进行了登记和审查。早在 1949 年 5 月，民盟总部临时工作委员会就曾制订《民盟组织工作初步整理计划》，着手整理民盟被迫解散转入地下斗争后，上下组织失去正常联系的混乱情况。四中全会扩大会议后，各地方组织对盟员进行逐个登记与审查，纯洁了组织。完成盟员登记工作的地方组织又按《区总支部组织规程》《各地方组织选举办法》，举行了地方盟员代表大会，选举产生了地方组织领导机构。

发展新盟员是在整理工作完成之后的第二步工作。各地按照"以大中城市为重点，以知识分子为中心（包括文教工作者、技术人员、自由职业者、机关企业职员、开明的工商业者、华侨中的爱国民主人士以及其他要求进步的知识分子）发展新盟员"的要求，有步骤、有计划地发展

① 这一统计数系按临工会组织委员会根据《民盟组织工作初步整理计划》进行盟员登记审查所得到的数字。由于当时解放战争尚在进行，信息阻隔，因此待解放区与一些海外盟员未统计在内，如统计在内，概数为 26000 人。

新盟员。1950年7月19日，按照中共中央《有关各民主党派组织活动的决议》，民盟决定“不在人民解放军包括公安部队在内的部队中及其军事机关、学校及军事企业中”发展盟员和进行组织活动，同时还和其他民主党派一致，“自动地决定在情报机关、革命大学、旧人员训练班、使领馆等，亦不进行组织活动”。各民主党派就发展范围进行了协商分工，民盟发展盟员的范围限于文教界知识分子。全盟清理旧盟籍的工作到1950年年底基本结束。彼时，建立起民盟地方机构77个，共有盟员9000余人[①]，其中新盟员占29.4%。

中华人民共和国成立后的一年多时间里，民盟的组织发展十分有限，为此，1950年11月26日至12月10日召开的民盟六中全会将过去“巩固为主，稳步发展”的组织方针调整为“以发展为主，继续巩固”。会议通过了《关于发展组织的决定》，确定了“质与量并重”“发展对象以文教界为主”“有重点地在大中城市发展”“在各种政治社会活动中，在群众运动中发展”“以进步分子为骨干”的组织工作方针，在文教界中下层知识分子中放手发展新盟员。同时，针对干部缺乏问题，会议通过了《关于干部问题的决定》，健全干部政策，明确干部选拔、培养及任用标准等。针对盟员中妇女、青年比例较少的问题（六中全会召开时，盟员中妇女只占10.1%，20岁以下盟员占0.3%，21岁到30岁盟员占28.5%），明确在今后的发展中要多吸收妇女和青年盟员。

在整理和巩固组织的同时，民盟注重加强盟员的学习，以提高盟员的思想、政治水平和组织观念。1950年，民盟总部先后制定了关于盟务、土改及其他问题的学习提纲，通告各地组织参照学习。解放初期个别盟员中存在的“取消主义思想”“作客思想”等错误思想被逐渐克服，盟员在思想上、作风上、工作上有了相当的进步，对中共的领导有了更深刻的认识。六中全会对盟务工作进行总结时，指出，从中央到地方，“党盟关系已经达到了或几乎达到了水乳交融的程度”。1951年7月2日，民盟十六

① 不含海外盟员。中华人民共和国成立后不久，按照中共中央统一部署，各民主党派停止海外组织活动。

次中常会决定成立民盟总部临时学习委员会，张澜任主任，沈钧儒任副主任。7 月 9 日，民盟与各民主党派发布《关于临时学习委员会（审干学习）工作的联合指示》，要求各级地方组织相应成立临时学习委员会。

（三）思想改造运动与民盟全国组织宣传工作会议

新中国成立后，中共十分重视对知识分子的团结、教育和改造工作。绝大多数知识分子可以发挥其所长，继续从事科学教育文化工作。他们拥护人民政权，希望可以重新学习，以适应形势的发展变化。1951 年 10 月，全国政协一届三次会议提出广泛开展思想改造运动，并把它作为今后一个时期内，全国各民主党派、各人民团体及各界爱国人士应团结全国人民着重进行的三项中心工作之一。毛泽东在会上指出："思想改造，首先是各种知识分子的思想改造，是我国在各方面彻底实现民主改革和逐步实现工业化的重要条件之一。"从此，历时一年的知识分子思想改造运动在全国范围内逐步展开。

为推动盟内思想改造运动的开展，以及加强民盟自身建设的需要，1951 年 11 月 13 日至 11 月 27 日，民盟在北京召开全国组织宣传工作会议。

中共中央宣传部副部长胡乔木应邀到会并作了关于思想改造问题的讲话，就"统一战线中为什么有思想改造问题""知识分子的思想改造有什么特殊意义""知识分子怎样改造自己的思想""民主党派在领导知识分子的思想改造当中的作用，以及它所负担的任务"作了阐述，着重分析了中国知识分子的革命性和动摇性，以及他们在社会主义革命和社会主义建设中的地位；解释了中共历来采取的"团结、教育、改造"的知识分子政策；说明了知识分子自觉摆脱资产阶级世界观的束缚，树立全心全意为人民服务的无产阶级世界观的重要性；提出了以《共同纲领》为准则，进行爱国主义、集体主义教育，学习马克思列宁主义、毛泽东思想，开展批评与自我批评，自觉改造世界观的任务。

根据胡乔木讲话精神，会议分析了盟内思想状况，对民盟的性质和任务进行了重新认识。会议认为，民盟的性质应是“以小资产阶级知识分子为主要成分的阶级联盟性质的新民主主义政党”，民盟的任务有一般任务和特殊任务之分。一般任务就是作为人民民主统一战线的一个组成部分所肩负的任务，即反对帝国主义、封建主义和官僚资本主义，建设工业化的新中国，完成新民主主义革命，为社会主义的新社会准备条件；特殊任务就是作为以小资产阶级知识分子为主要成分的新民主主义政党，负有团结教育广大知识分子共同前进的任务。会议明确指出：“开展知识分子的思想改造运动”是民盟最重要的中心工作；知识分子思想改造的目的是使其“转变为工人阶级的知识分子”，标准“只能是马克思、列宁主义与中国革命的实践相结合的毛泽东思想”，方法是系统地学习马克思、列宁主义和毛泽东思想，正确运用批评与自我批评的武器在思想领域展开思想斗争，并在革命实践和革命斗争中改造思想。

会后，民盟按照中共中央 1951 年 11 月 30 日发出的《关于在学校中进行思想改造和组织清理工作的指示》精神，发动在校工作盟员积极参加思想改造运动。

虽然全国知识分子思想改造运动到 1952 年年底就基本结束，但民盟全国组织宣传工作会议将思想改造问题作为民盟的组织建设和完成民盟特殊任务的课题提到重要议事日程上来，使之成为民盟长期的、经常性的政治任务。这对之后民盟工作的开展产生了长时期的重要影响，并为民盟七中全会所确认。

全国组织宣传工作会议还对中华人民共和国成立以来民盟的组织工作进行了全面检查，确定继续坚持“以发展为主，继续巩固”以及“以中下层为主要发展对象”的方针，但也提出了“必须适当地发展上层”。

12 月 19 日，民盟总部颁布《关于发展组织的指示》《关于盟员组织生活的指示》，对民盟的发展对象、方式及入盟手续，组织生活的内容、程序及注意事项等进行了规定。《关于发展组织的指示》明确规定，发展盟员应“走群众路线”“与宣传相结合”“在党的领导下进行”。

1952 年，随着抗美援朝、土地改革、镇压反革命三大运动的开展，特别是“三反”“五反”运动的开展，国内形势和社会关系起了显著变化。为配合正在大规模进行的高等教育改革运动、知识分子思想改造运动以及国家建设的需要，民盟中央常委会及时调整了组织路线，于7月12日颁布了《关于发展组织工作的指示》，决定从1952年下半年开始，组织路线“以发展中上层为主”，“特别应吸收有代表性的，有群众影响的，有学术地位的大学教授、讲师、专家、学者入盟。可继续吸收大学生、小学教师和机关低级干部入盟，但不作为重点发展”。至此，民盟逐步确立了“三个为主”（大中城市为主、中上层知识分子为主、文教界为主）的组织路线，组织工作逐步走上了正轨。在文教界知识分子中上层发展这一组织路线后来也为民盟七中全会所确认。

在这一组织路线的指导下，20世纪50年代，一大批当时或者后来被称为“大师”“大家”的高级知识分子加入了民盟。仅科技领域，在后来当选中国科学院院士（含学部委员）和中国工程院院士的科学家中，就有百余位在这一时期加入了民盟，如著名数学家苏步青、华罗庚，生物学家童第周，遗传学家谈家桢，力学家钱伟长，建筑学家梁思成，后来的国家最高科学技术奖获得者化学家徐光宪、数学家谷超豪、建筑学家和城乡规划学家吴良镛、力学家郑哲敏、物理化学家张存浩等。此外，在文化艺术领域，哲学家冯友兰、金岳霖、贺麟、任继愈，东方学家和文学翻译家季羡林，美学家朱光潜，诗人臧克家，语言学家周有光，法学家钱端升，美术家刘海粟、潘天寿、蒋兆和、吴作人、吴冠中，书法家沙孟海，雕塑家刘开渠，舞蹈艺术家戴爱莲等，也是在这一时期加入民盟。他们除了在各自专业领域不懈钻研、卓有成就外，大多还是相关领域的优秀教育家，为新中国培养了大批人才。

（四）《光明日报》《盟讯》创刊

《光明日报》创刊于1949年6月16日，是新中国第一张国内外公开发行的民主党派机关报。它接受民盟总部和中央人民政府新闻总署双重领导，一方面担负着作为公营报纸的一般宣传任务，即针对当前国家的中心工作，向人民群众进行宣传教育；另一方面，作为民盟的机关报，结合民盟的政治任务，着重联系、团结和改造广大小资产阶级知识分子。

1952 年 4 月，全国新闻工作会议决定：按照民盟的政治任务，《光明日报》以文教工作的宣传报道作为报纸的中心内容。《光明日报》逐渐办出了特色。1953 年，报纸发行量达万余份，成为国内有影响力的大报，深受广大群众特别是文教工作者的喜爱与欢迎。在国外，特别是在苏联和东欧社会主义国家，《光明日报》也影响广泛。

中华人民共和国成立初期，《光明日报》除了对抗美援朝、土地改革、镇压反革命和“三反”“五反”运动进行报道外，还大量报道了民盟及其他民主党派的工作，对于加强党派间的团结、巩固人民民主统一战线发挥了积极作用。尤其是对文教工作的宣传报道，每期几乎占 1/4 的版面，如关于高等学校改革、新的教学方法、新学制的讨论等专题，在文教界具有很大的影响。报纸还经常刊登知识分子在各项中心工作中改造思想的体会，在知识分子心目中，《光明日报》是他们的园地。

最初，《光明日报》的工作由报社社务委员会具体负责，由民盟总部指导。民盟五中全会后，确定报纸直属民盟中央政治局，由宣传委员会指导。1952 年 11 月 26 日，民盟三十四次中常会作出决议，建议各民主党派共同负责领导《光明日报》，以扩大报纸的政治影响。在中共中央宣传部和中央统战部的指导下，《光明日报》领导机构进行了调整，成立了由各民主党派宣传部长和全国工商联秘书长等参加的新社务委员会。民盟方面由章伯钧、罗隆基、邵宗汉、萨空了 4 人参加。改组后的《光明日报》，加强了各民主党派的工作报道，同时负担起国家文教建设和人民文化生活的全面宣传。

《盟讯》创刊于 1950 年 7 月 25 日，是民盟内部发行的月刊，由民盟总部编印。《盟讯》起初未成立正式机构，由组织委员会主持，宣传委员会及秘书处协助。1951 年 3 月 17 日，民盟中央政治局第三十四次会议决议设盟讯委员会，由中央政治局直接领导，推定章伯钧、罗隆基、周新民、胡愈之、叶笃义、邵宗汉为盟讯委员会委员。5 月 26 日，民盟十五次中常会决定设立编辑部，孙承佩为总编辑（1952 年 6 月孙承佩辞职后，由千家驹继任）。

《盟讯》在盟内起着中央与各地方组织及盟员之间上传下达的联络作用，结合民盟的中心工作及时传达民盟总部的文件、决议、指示，反映交流各地的工作情况和盟员自我思想改造的心得体会。

除《光明日报》和《盟讯》外，结合党和国家以及民盟的中心工作，民盟在中华人民共和国成立后的两年多时间里编印了 42 种宣传材料，其中不少通过新华书店公开出版发行，如《在爱国主义旗帜下团结前进》《朝鲜归来》《镇压反革命》《抗美援朝保家卫国》等。地方组织也编印了不少宣传手册，及时配合党和国家的中心工作，宣传和教育广大群众，对于促进知识分子的团结、教育和改造起到积极的作用。

二、参与中华人民共和国成立初期各项改革与建设

1949 年到 1952 年，中国共产党领导全国各族人民为巩固人民民主政权而斗争，基本上完成了土地制度改革和其他民主改革任务，遭到严重破坏的国民经济迅速恢复，为向社会主义转变进而实现工业化准备了条件。民盟在中国共产党的领导下，为新中国各项政治社会改革和经济恢复工作，为巩固人民民主政权作出了新的贡献，也受到了锻炼和考验。

（一）待解放区的英勇斗争

中华人民共和国成立初期，人民解放战争尚未完全结束，国民党残余势力在西南、华南和沿海岛屿负隅顽抗。在待解放区，民盟地方组织在中共地下党的领导下，积极参加策应人民解放军南下，迎接解放，策反反动武装和地方政权的斗争。其中影响较大的如秘密盟员刘文辉、潘文华率领川康国民党军政人员起义，秘密盟员龙云策反云南军政人员起义，以及关押在重庆、成都的盟员在狱中的英勇斗争等。

刘文辉、潘文华是民盟早期秘密发展的盟员。他们在国民党军政界任要职，是川康两省的地方实力派。当时，刘文辉任西康省政府主席、国民党西康省党部主任、川康绥靖公署副主任、川康边防总指挥；潘文华任西南公署副长官。刘文辉早在1942年就与中共有联系，1944年加入民盟，1946年加入民革。他通过其部下、民盟盟员张志和与中共地下党及民盟组织保持联系，资助出版进步报刊，庇护和营救中共党员与民盟盟员，在其所辖部队发展进步力量。

1949年12月9日，刘文辉、邓锡侯、潘文华通电川康军政人员起义，成立西康临时军政会议主持军政，堵击胡宗南残部10万余人，直至12月27日人民解放军解放成都。这是在中共地下党领导下，民盟、民革等民主党派共同配合，通过长期策反工作取得的胜利。与刘文辉、邓锡侯、潘文华起义的同时，民盟西康省支部筹委会组织策反了荥经、大全、芦山、宝兴等地地方武装，在保卫雅安的武装斗争中，起到了从后方保证刘、邓、潘起义军击退并阻击蒋军进攻和逃窜的重要作用，从1949年12月9日到1950年2月2日解放军进驻雅安，坚持了两个多月的对敌斗争。

龙云自1928年任云南省政府主席，执掌云南军政大权18年。抗日战争爆发后，他深为中共抗日决心所感动，与中共取得联系，并与川军将领刘文辉、邓锡侯、潘文华秘约抗日、防蒋、联共，互相支援，一致行动。龙云主政云南期间，实行开明政策，反对独裁，主张民主，支持并保护了一大批反对内战要求民主的教授学者和进步学生。后龙云由张澜秘密吸收入盟。龙云多次向民盟提供经费资助，并支持云南地区的民主运动，当时的昆明被称为抗战后期的“民主堡垒”。

龙云的进步举动招致蒋介石的猜忌，抗战胜利后龙云先后被软禁于重庆、南京两地，他的老部下卢汉接任云南省主席一职。软禁期间，有旧部来探视，龙云均告诫他们不要做内战的炮灰。1948年12月，国民党败局已定，听闻蒋介石要把自己挟持到台湾的消息，龙云立即潜赴香港，并在香港召开记者会，公开支持解放战争。同时，他利用旧部往返香港和云南的机会，策动云南起义，并派夫人亲自出面到云南找旧部做起义的工作。

1949年12月9日，刘文辉、邓锡侯、潘文华通电川康军政人员起义，同日晚10时，卢汉在昆明宣布起义。龙云的支持和推动功不可没。民盟云南省支部由杨维骏、杨明、汪大受3人组成的策反小组，配合中共与民革的策反工作，为策反卢汉的起义亦作出了贡献。

重庆、成都解放前夕，国民党制造了震惊中外的重庆一一·二七大屠杀和成都十二桥惨案，屠杀了包括杨虎城将军在内的数百名革命志士，其中不少是民盟盟员。他们和中共党员及其他民主党派人士一起，在狱中进行了英勇斗争，在就义时表现出无畏的革命气节。据统计，在重庆渣滓洞、白公馆监狱牺牲的民盟烈士有28人①；在成都十二桥被屠杀的民盟烈士有14人②。他们当中有《华西日报》《民众时报》主笔，民盟中央常委、民盟四川省支部宣传部长杨伯恺；有1926年万县九五惨案中英勇抗击英舰的英雄，民盟中央委员、民盟四川省支部执行委员于渊；有1928年领导绵竹暴动，打响川西红色风暴第一枪的王干青；有小说《红岩》中成岗的人物原型，中共重庆地下党市委机关报《挺进报》负责人陈然；有小说《红岩》中"双枪老太婆"的人物原型之一，华蓥山游击队的指挥员邓惠中；有杰出的"黑牢诗人"，在渣滓洞监狱写下著名的《黑牢诗篇》的蔡梦慰；等等。他们用鲜血谱写了民盟与中国共产党血肉相连、生死与共的光辉篇章，为多党合作事业树立了永远的丰碑。他们的英勇事迹成为鼓舞人民把革命进行到底的巨大精神力量。

（二）参加新政权民主建设

1949年3月中共七届二中全会上确定了"同党外民主人士长期合作的政策"。中华人民共和国成立后，在新政权的民主建设中，中共要求进一步加强人民民主统一战线工作。当时，许多民盟盟员在政协、政府和国

① 28位盟员是：何雪松、蔡梦慰、邓惠中、程谦谋、陈然、刘国鋕、周从化、李惠明、黎又霖、张国维、成善谋、张孟晋、潘鸿志、黄细亚、孙一心、沈迪群、李子伯、胡作霖、章培毅、唐征久、陈鼎华、张泽浩、张国雄、丁鹏武、胥良、粟立森、张守正、杨泉新。

② 14位盟员是：杨伯恺、于渊、王干青、黄子万、王伯高、毛英才、张大成、徐海东、余天觉、王侠夫、谷时逊、方智炯、杨辅宸、张维丰。

家其他机构中担任要职。

民盟盟员在全国政协任职情况：在 1949 年 10 月 9 日举行的全国政协一届一次会议上，沈钧儒当选为副主席；张澜、沈钧儒、章伯钧、黄炎培、马叙伦、吴鸿宾（其中部分跨党派）为常务委员。1953 年 2 月全国政协一届四次会议又增选罗隆基、许广平、黄琪翔、史良（部分跨党派）为常务委员。

民盟盟员在中央人民政府委员会的任职情况：张澜任中央人民政府副主席，马叙伦、高崇民、沈钧儒、黄炎培、彭泽民、李章达、章伯钧、柳亚子、张东荪、龙云（部分跨党派）任中央人民政府委员会委员。

民盟盟员在中央人民政府政务院及其所属部门的任职情况：黄炎培任政务院副总理，章伯钧、马叙伦、罗隆基任政务委员，许广平、辛志超任政务院副秘书长。在政务院所辖 34 个部、委、院、署、行中，担任正职的民盟盟员有：黄炎培为轻工业部部长，章伯钧为交通部部长，马叙伦为教育部部长，史良为司法部部长，胡愈之为出版总署署长；1952 年扫除文盲工作委员会成立，楚图南为主任。担任副职的民盟盟员有：彭泽民为政治法律委员会副主任，马叙伦为文化教育委员会副主任，陈其瑗为内务部副部长，沙千里为贸易部副部长，季方为交通部副部长，李相符为林垦部副部长，曾昭抡为教育部副部长，李铁民、庄希泉为华侨事务委员会副主任，萨空了为新闻总署副署长，周建人为出版总署副署长，辛志超为政务院机关事务管理局副局长（部分跨党派）。

此外，沈钧儒任最高人民法院院长。还有不少盟员担任司、局和地方政府要职。

这些担任要职的盟员通过政治协商会议、中央人民政府委员会、政务院和各级地方政府，参与国家重大政策措施、法规条令的讨论、决策和执行，为新政权的民主建设做了许多有益的工作。

如为贯彻落实《共同纲领》中规定的各民族一律平等的民族政策，1950 年至 1952 年，中央人民政府先后组织 4 个中央民族访问团，分赴西南、西北、中南、东北内蒙古等少数民族聚居地区访问。沈钧儒担任西北访问团团长，萨空了任副团长；彭泽民任东北内蒙古访问团团长，萨空了任副团长；费孝通先后担任西南、中南访问团副团长。访问团足迹遍及十几个省、自治区，影响大半个中国，传达了中国共产党和国家对少数民族同胞的深切关怀，宣传了民族平等的基本政策，了解了少数民族群众的基本情况、文化特点、疾苦需求等。

沈钧儒率领西北访问团，克服了洪水暴发、土匪特务破坏等各种困难，对陕西、新疆、甘肃、宁夏、青海各少数民族地区进行访问及慰问。所到之处，他都广泛地宣传《共同纲领》中民族政策的规定。在宁夏群众大会上，他指出，中央人民政府"绝不允许再有大汉族主义的残余存留在任何干部的身上，同时也盼望我们西北同胞今后再也不要听信特务的造谣挑拨，受他们的欺骗，不自觉地走上狭隘民族主义的错误"。历时两个多月的时间里，访问团个别访问 300 多人；举行座谈会 66 次，出席座谈会的各民族各界代表 4000 多人；召开群众大会 45 次，参加大会人数 28 万余人，在各民族人民中产生了相当广泛的影响。

费孝通随西南访问团访问期间，时任中共中央西南局第一书记的邓小平曾邀请他到办公室叙谈，费孝通毫无保留地讲了自己对少数民族工作的一些看法和建议，提出当前在民族问题上主要应抓少数民族和汉族的关系问题。费孝通把访问期间的经历视为"进行民族研究真正的开始"，这对他随后参与的民族识别、民族学院组建及相关教学活动，以及后来提出"中华民族多元一体格局"等重大观点都产生了重要影响。

又如改革封建婚姻制度是中华人民共和国成立之初中共推进民主改革和社会改造的一个重要方面。1950 年 5 月 1 日颁行的《中华人民共和国婚姻法》（以下简称《婚姻法》）是新中国制定的第一部法律，作为司法部部长以及新中国妇女界的代表人物，史良主持了《婚姻法》的立法和贯彻实施工作。在讨论《婚姻法》时，史良提出了妇女也应享有提请离婚的权利等重要意见和建议，均被吸收采纳。

由于旧婚姻制度影响很深，包办婚姻、童养媳、虐待妇女等违反《婚姻法》的事件时有发生，妇女权益依然得不到保障。为此，1952 年 11 月和

1953年2月，中共中央、中央人民政府政务院先后发出指示，要求各地开展一次贯彻《婚姻法》的大运动。1953年2月27日，民盟总部下发《关于开展贯彻婚姻法运动的通知》，民盟各级组织积极投入到了宣传《婚姻法》与检查执行情况的群众性运动中。史良也不遗余力地督促各级人民政府、人民法院等贯彻执行，并多次到基层检查执行情况。

为宣传《婚姻法》，史良采取了“分片包干制”，力求做到家喻户晓，并执笔发表了《认真贯彻执行婚姻法》一文，大力宣传婚姻政策，要求严惩侵害妇女人权者，同时改进审判制度与工作作风，对于执行不力和纵容、袒护干涉婚姻自由的非法行为坚决查处。经史良提议，一些地方法院设立了婚姻庭，专门承办妇女婚姻案件，并由女性担任庭长。

经过贯彻《婚姻法》运动，全国大部分地区的封建婚姻制度被摧毁，占全国半数人口的广大妇女从封建婚姻的束缚中挣脱出来，得到了解放，社会地位有了很大提高。广大群众普遍树立起婚姻自由、男女平等的思想，开始形成新的社会风气。

（三）参加抗美援朝运动

中华人民共和国成立初期，以美国为首的帝国主义国家对新中国实行政治孤立和经济封锁。1950年6月，朝鲜半岛爆发大规模战争后，美国立即进行武装干涉，同时命令其第七舰队侵入台湾海峡，公然干涉中国内政。美军无视中国政府的一再警告，悍然越过三八线，把战火烧到中朝边境的鸭绿江和图们江，直接威胁新中国国家安全。1950年10月18日晚，毛泽东向中国人民志愿军下达入朝作战命令。

民盟和各民主党派随即于11月4日联名发表《各民主党派联合宣言》，指出：“朝鲜的存亡与中国的安危是密切关联的。唇亡则齿寒，户破而堂危”，并庄严宣告：“中国各民主党派誓以全力拥护全国人民的正义要求，拥护全国人民在志愿基础上为着抗美援朝保家卫国的神圣任务而斗争。”接着，民盟各地方组织纷纷发表宣言，拥护《各民主党派联合宣言》。

1950年11月26日至12月10日，民盟召开一届六中全会，会议围绕坚持贯彻扩大抗美援朝保家卫国运动这一中心问题进行了深入的讨论，分析了美国侵略中国的史实，纠正了亲美崇美恐美的错误思想，坚定了信心。会议明确决定：“今后盟的基本政治任务，就是用一切力量去支持并参加抗美援朝保家卫国的正义行动。”

民盟主要领导人多次发表声明、谈话，谴责美国在朝鲜的种种暴行。全体盟员以极大的爱国热忱投入到对广大群众的宣传动员，对前方的慰劳、后方的优抚，爱国增产节约运动，支援前线的捐赠飞机大炮运动，反细菌战的爱国卫生运动等工作中，有力支援了志愿军的英勇作战。

一是宣传动员。民盟先后编印发行了《抗美援朝保家卫国》《在爱国主义旗帜下团结前进》《朝鲜归来》等时事宣传小册子，内部印发《抗美援朝宣传提纲》《时事资料摘要》等宣传材料，在盟内外展开声势浩大的宣传教育活动，多次组织盟内外群众座谈，举办讲座、报告会，动员盟员参加和平签名、订立爱国公约等活动，帮助盟内外群众破除亲美、崇美、恐美的思想，树立正义战争必胜的信心，积极投入抗美援朝运动。

★ 1951 年，杨明轩在西安市人民声援朝鲜人民抗美斗争大会上讲话。

二是捐款捐物。仅在六中全会召开期间，与会人员就捐献了人民币897.5万元（人民币旧币）、东北币95万元以及金戒指一枚等。民盟总部组织了“抗美援朝书画义卖”等活动，又于1951年6月16日成立了“中国民主同盟抗美援朝爱国武器捐献委员会”，扩大和推动民盟捐献运动，预定目标认捐15亿元（人民币旧币），购献“民盟号”飞机一架。到1952年底，仅国内盟员捐献总额就达到34亿元（人民币旧币），许多盟员捐献了金银首饰、房产等实物，如盟员高桂滋、李祖重各认捐飞机一架，盟员崔岱东捐赠价值约3亿元（人民币旧币）的房产等。

三是参军参干。一些盟员带头或鼓励子女参军参干，奔赴前线。如民盟芜湖市分部邀同民革安庆省分部筹委会和农工党芜湖市整委会举行民主党派联合小组会议，号召成员动员青年子弟参加军事干校。仅1951年2月统计，湖北省支部盟员动员子女参加军事干校者有43人，北京市支部也有18名盟员参军参干。1952年春，美国发动细菌战后，各民主党派与中共联合发表了《对于美国帝国主义进行细菌战的抗议》，盟员吴执中、邓叔群、秦耀亭三位教授参加了“美帝国主义细菌战罪行调查委员会”，赴我国东北地区和朝鲜前线进行实地调查，因贡献突出，荣获全国卫生会议授予的奖章。

四是以敬电、信件等多种方式开展对前线志愿官兵的慰问工作。如民盟全国组织宣传工作会议全体代表于1951年11月27日向中国人民志愿军致敬电，向志愿军致最崇高的敬礼；甘肃省支部于1950年12月13日发起千封慰问信运动，一周之内就征集到慰问信1092封，写信人数在1200人以上；贵州省支部有60位盟员联名写信慰问志愿军部队；平壤解放时，北京市支部第12区分部（教授区分部）全体盟员联名发出贺电。史良、吴晗、高崇民、关梦觉等参加了对志愿军伤病员和指战员的慰问工作。

（四）参加土地改革和镇压反革命运动

1950年冬到1952年年底，占全国人口一多半的新解放区进行了废除封建土地制度的改革。1950年6月，中共中央向全国政协一届二次会议提出《中华人民共和国土地改革法（草案）》。会上，张澜代表民盟表示完全拥护土地改革法草案；沈钧儒、黄炎培等联名提出《请先就各大行政区，各择若干县或乡实行土地改革》，建议土地改革应先于少数地区实行，然后逐步推广，此议案被大会所重视；章伯钧等联合提出《各民主党派参加土地改革工作案》，被会议采纳。

1950年6月30日，《中华人民共和国土地改革法》（以下简称《土地改革法》）颁布。7月1日，民盟七次中常会作出决议："在本年实行土改各地区，凡有本盟组织者，应即发动盟员踊跃参加。"

8月4日，民盟总部发布《关于发动盟员参加土地改革的通知》，指出："关于这桩划时代的空前大事，凡属新中国人民，都应该过这一道关，一致奋起，为完成这一伟大历史任务而斗争。"9月13日，民盟总部宣传委员会又发布了《关于动员盟员在土地改革中加强宣传工作通知》，希望各地组织"动员盟员实际参加土改外，尤应针对土改问题，利用各种机会和方式，经常广泛展开学习与宣传工作"。

民盟各级组织即组织盟员学习《土地改革法》，举行了一系列报告会、动员会，编印小册子宣传土改政策，交流学习心得和参加、参观土改的体会。对于地主、富农家庭出身或有亲友是地主、富农的盟员，一些支部还做了细致深入的思想工作，帮助他们站稳立场，过好土改关，同时，也对丧失立场、破坏土改的盟员进行了组织处分。

据1951年不完全统计，民盟至少有978人直接参加了土改工作，民盟总部干部分四批共44人参加了华东、中南、西南地区的土改工作，并组织参观了华北、西北地区的土改工作。参加和参观土改归来的同志多次在盟内外介绍情况，使广大盟员普遍受到教育。

为保证土地改革和经济恢复的顺利进行，特别是为抗美援朝战争建立稳固的后方基地，1950年7月23日，政务院总理周恩来和最高人民法院院长沈钧儒联合签署了《关于镇压反革命活动的指示》，要求各级人民政府对一切反革命活动必须及时地采取严厉的镇压。

1951年2月，中央人民政府公布《中华人民共和国惩治反革命条例》，为镇反斗争提供法律武器和量刑标准。史良、沈钧儒先后在《人民日报》发表《坚决正确镇压一切反革命》《坚决镇压反革命，巩固人民民主专政》等文章，拥护镇反运动。3 月 6 日，民盟发言人发表谈话，拥护《惩治反革命条例》，号召盟员协助政府坚决镇压反革命分子，以巩固人民民主专政。3 月 31 日，民盟总部发布《为提高政治警觉严防反动及不良分子混入组织的指示》及《〈惩治反革命条例〉学习提纲》，指出反革命分子“甚至于伪装进步混入我们民主党派，利用我们组织来掩护”，“我们必须担负起民主党派在与反革命斗争中的重大责任”，各级组织要组织盟员认真学习《惩治反革命条例》，提高政治警觉，揭发反革命分子；要健全组织，严格入盟手续，确保民盟组织的健康、纯洁。

中华人民共和国成立初期，民盟除了积极参加前述三大运动外，在恢复国民经济方面也积极贡献力量。中华人民共和国成立后设立的政务院财政经济委员会中，黄炎培、章伯钧、千家驹等都是委员。他们均为新中国初期抑制恶性通货膨胀、统一财政管理、调整工商业作出了贡献。1949 年 12 月 7 日，民盟四中全会扩大会议通过《中国民主同盟关于拥护中央人民政府一九五〇年度财政收支概算案及发行人民胜利折实公债案决议》，号召全体盟员为保证两大法案的实现而奋斗。1950 年 1 月 10 日，民盟总部通告各级地方组织，号召盟员及所联系群众踊跃认购人民胜利折实公债。1950 年 6 月，毛泽东在中共七届三中全会上提出“为争取国家财政经济状况的基本好转而斗争”的号召。民盟积极响应，从中央到地方组织，多次举行座谈会，围绕调整工商业和增产节约问题，提出了很多好的意见和建议。

1951 年 12 月，在全国开展增产节约运动期间，针对党政机关内部存在的贪污、浪费和官僚主义问题，中共中央决定开展反对贪污、反对浪费和反对官僚主义的“三反”运动。1952 年 1 月，针对少数资本家利用非法手段牟取超额利润的问题，决定在私营工商界开展一场反对行贿、反对偷税漏税、反对盗骗国家财产、反对偷工减料和反对盗窃国家经济情报的“五反”运动。民盟各级组织及广大盟员积极响应中共中央决策，广泛参加了“三反”“五反”运动。1951年12月7日，中央人民政府增产节约检查委员会成立，沈钧儒任副主任。

12月19日，民盟二十三次中常会通过《关于开展增产节约反贪污反浪费反官僚主义运动的指示》，指出“本盟盟员应在人民政府领导下，在各种不同的工作岗位上，为开展增产节约运动，为进行反贪污、反浪费、反官僚主义而斗争”；明确要求各级组织成立增产节约运动委员会，广泛宣传发动盟员参加运动；在机关中的区分部或小组要发动盟员积极参加检查工作，盟员要首先带头进行自我检查；盟员要推动所能联系的群众参加增产节约计划等。民盟总部随即成立“节约检查委员会”，开展机关的“三反”运动。

1952年4月21日，民盟总部发布《在三反五反运动中对盟员的盟内处理办法》和《关于各级地方组织在三反运动中进行民主改革并总结工作的指示》，把“三反”“五反”运动和民盟组织的建设及盟员的思想改造结合起来。10月，“三反”“五反”运动结束，全盟90%以上的同志投入到了运动中，民盟的干部受到了教育和考验。

三、以参加文教建设为中心的工作重心转移

中华人民共和国成立后短短三年时间，国内就根本扭转了国民党统治留下的混乱局面，实现了政治、经济、社会的稳定。于是，中共中央决定从1953年起执行我国发展国民经济的第一个五年计划，并提出向社会主义过渡的总路线。民盟根据形势的发展，开始以参加文教建设为中心的工作重心转移。

（一）民盟一届七中全会扩大会议

1953年3月1日至14日，民盟地方组织文教工作汇报会议在北京举行。西南、西北、南方、东北总支部和四川、重庆、松哈、旅大、广州、

上海、南京、武汉、青岛、北京支部共29人出席。

会议除各地方组织汇报交流参加文教工作的情况和经验外，着重就“民盟参加国家文教建设工作的认识”“政治与业务结合的问题”“关于学习苏联的问题”“关于盟参加文教建设工作的领导问题和组织问题”进行了讨论。

会议认为，民盟盟员大多数是文教界的知识分子，以参加国家文教建设作为民盟的重点工作，既是国家建设发展的需要，又符合民盟的自身条件，有利于发挥民盟的作用和影响；根据前一阶段在文教界开展思想改造运动和高等院校进行院系调整、教学改革的实践来看，民盟要做好文教工作，必须克服“空谈政治”和“单纯业务观点”两种偏向，把政治和业务结合起来；必须批判“资产阶级学术思想和教学方法”；民盟在文教工作中不是和共产党搞“分工包干”，而是要依靠共产党的领导，改进民盟的领导工作作风。

文教工作汇报会议为民盟的工作重点转移提供了比较完整的理论分析和实践经验，为民盟七中全会扩大会议制定正确的政治路线和方针、政策提供了可靠的依据。

1953年5月27日至6月8日，民盟一届七中全会扩大会议在北京举行。中央委员76人、候补中央委员22人、地方组织代表82人、特邀代表52人参加了会议。这次会议的任务是制定民盟在新形势下工作重心转移的任务和方针。罗隆基在会上作《政治报告》，章伯钧作《盟务报告》。

根据文教工作汇报会议提供的情况、经验和建议，会议讨论了当前国家的形势和任务，认为国家进入实行第一个五年建设计划的新时期，国家经济建设需要大批的知识分子干部，需要培养大批合格的建设人才。因此，会议决定“以参加国家文化教育建设作为盟的中心工作”，通过文教建设来为经济建设服务，实行民盟的工作重心在新形势下的转移。这一决策无疑是符合民盟的性质、特点和所具备的条件的。当时，民盟盟员有61%从事文教工作，其中在高等学校的有19.3%，在中等学校的有26.7%，在小学的有12.7%，在其他文教部门的有2.3%，此外还有许多在政府文教机关里工作。

会议明确了民盟参加国家文教建设的基本方针："在共产党组织和行政的统一领导之下，通过盟的思想教育工作，帮助盟员及盟所联系的群众，遵守国家纪律，搞好各自的岗位工作，并从实际工作中进行自我教育与自我改造。"会议认为政治与业务相结合是参加国家文教建设工作中的基本问题。要督促文教界盟员并带动盟所联系的群众，把政治和业务结合起来，学习用马克思列宁主义的立场、观点和方法去指导业务、指导教学；同时，通过业务、教学来完成为国家培养建设人才和教育后一代的政治任务。

会议认为，中上层知识分子在文教建设中占比较重要的地位，因此确定了"以中上层为主，巩固与发展相结合"的组织工作方针，加强了民盟在文教界的代表性，为民盟参加文教建设工作创造了有利的条件。会议同时也指出，民盟组织"领导显得不够强，缺乏骨干"，因而今后一个时期内，不再以发展为主，而是在"巩固与发展相结合"的方针下，从实际工作中着重教育，以求巩固。发展对象仍以文教为主，"根据盟在统一战线中所担负的任务，没有必要再吸收工商界人士入盟，大学生一般亦不必再吸收入盟"。

会议接受全国组织宣传工作会议的提议，修改了盟章，明确了民盟"是以小资产阶级知识分子为主要成分的阶级联盟性质的新民主主义政党"。并结合新的形势对民盟的任务作出了更明确更具体的规定，即"在中国共产党的领导之下，团结和教育知识分子，主要是小资产阶级知识分子，巩固和扩大人民民主统一战线，积极参加人民政治活动和新民主主义的国家建设工作，彻底实现共同纲领，向着社会主义前进"，第一次明确了贯彻实现《共同纲领》，建设国家以逐步过渡到社会主义社会的奋斗目标。根据这一性质和目标、任务，盟章规定"本盟必须在民主集中制的基础上，实行集体领导、分工负责，发扬协商精神，充实组织生活，加强组织纪律，以保证本盟任务的完成"。

会议还确定了"以接受工人阶级及其先锋队中国共产党为领导"的思想为民盟的领导思想，并在修改后的盟章中予以确定。

会议根据新的工作需要，决定调整总部机构，撤销中央政治局，增选章伯钧、罗隆基、马叙伦、史良、高崇民为副主席，加强中央常务委员会的工作；中央委员会设秘书长；撤销财务、海外、联络、工商4个委员会，增设学习、监察2个委员会。6月21日，民盟四十二次中常会推选胡愈之为秘书长。

★ 民盟一届七中全会扩大会议上主席、副主席合影（沈钧儒因病未出席）。左起：高崇民、章伯钧、张澜、罗隆基、马叙伦、史良。

会后不久，政协全国委员会和中央人民政府委员会正式通过了总路线，并于9月25日在《人民日报》上公布，全国掀起了宣传、学习和贯彻总路线的热潮。民盟中央领导同志纷纷发表谈话和文章，号召民盟以做好文教建设工作的实际行动来实现总路线的贯彻。

（二）在国家文教建设中发挥作用

民盟在国家文教建设中发挥作用，是因其组织成员中文教界知识分子占优势的特点而在实践中自然形成的。中华人民共和国成立后，马叙伦、曾昭抡分别担任中央人民政府教育部部长和副部长，1952 年改任高等教育部部长和副部长；盟员中一些著名学者、教授担任了各级教育部门和高等院校的行政领导或教学领导职务；更有为数不少的盟员在各地中小学校中担负行政、教育领导工作。他们直接或间接地参与了政府文教事业的管理、教育计划与教育方针政策的制定，担负着整顿、改造旧教育事业与开拓、发展新教育事业的任务。

1952 年，全国有 3/4 的高等学校进行了院系调整，对各级各类学校的教学方法和课程内容进行了初步改革，在校学生达 20.3 万人，比 1950 年增加了 42%。中等学校学生达 328 万余人，比 1950 年增加 108%；小学生达 5500 余万人，比 1950 年增加 93%。

按照七中全会扩大会议以“参加国家文教建设为中心工作”的决定，总部文教委员会根据实际情况作出工作计划，提出“结合盟的具体情况，着重宣传国家文教政策，推动和协助盟员及其所联系的群众，贯彻执行国家文教政策”的工作方针和以“交流盟（包括组织和个别盟员）的文教工作经验，反映盟员及其所联系群众的思想情况，进而解决或帮助解决有关问题”为经常性的工作任务。

民盟在参加国家文教建设工作中，以高等教育为重点，协助中国共产党和政府做了三方面的工作：一是教师队伍的思想改造；二是高等院校的院系调整；三是教学改革。总的目标是执行国家文教工作计划，实行文化教育的改革，贯彻实施教育建设“整顿巩固、重点发展、提高质量、稳步前进”的总方针，使文教工作更有效地为国家建设的总路线服务。

1. 教师队伍的思想改造

1951 年 9 月 29 日，周恩来在京津高校教师学习会上作了《关于知识分子的改造问题》的报告。11 月 30 日，中共中央发出《关于在学校中进行思想改造和组织清理工作的指示》。民盟组织发动盟员积极参加思想改造运动，先后组织盟员学习《论人民民主专政》《矛盾论》《实践论》等经典著作，运用批评和自我批评的方法，批判了知识分子中存在的资产阶级思想，清除了帝国主义、封建主义和官僚资本主义的政治思想影响，在知识分子中形成了关心政治、关心集体的风气，提高了马列主义和毛泽东思想理论水平，树立起为人民服务的立场、观点和方法。运动中虽然出现了一些偏差，但从总体上来说，这次思想改造运动还是必要和及时的，为知识分子团结一心参加国家文教建设工作打下了良好的思想基础。

2. 高等学校院系调整

针对高等教育院系不能适应国民经济迅速发展的情况，1951 年年底到 1953 年，教育部参照苏联经验，对全国高等学校进行院系调整。总方针是：以培养工业建设人才和师资为重点，发展专门院校与专科学校，整顿和加强综合性大学，逐步创办函授学校和夜大学，并在结构上为大量吸收工农成分学生入高等学校准备条件。主要是将综合大学所属工科各院系合并为多科性工学院，新成立航空、钢铁、矿业、地质、石油、化工、林业等专门学院。这是中央人民政府执行高等教育改革以配合我国经济建设发展的一个重要步骤。教育部副部长曾昭抡主持了这一工作。在他的建议下，教育部在长春新建了东北人民大学（今吉林大学），作为教育部直属 13 所重点综合性大学之一，并从北大、清华抽调一批优秀教师前往支援。他还积极支持从上海交大抽调部分力量筹建西安交大，加强了西北地区的高等工业教育。

民盟积极拥护高等教育院系调整工作，并发动各大学盟员发挥带头作用。1952 年 5 月 31 日，民盟二十七次中常会决议成立临时文教工作组，胡愈之、费孝通、闻家驷为召集人，华罗庚为办公室主任，关世雄、汪金丁为办公室副主任，曾昭抡、黄药眠、周建人、吴晗、闵刚侯、叶笃庄等为组员，协助推动北京大学、清华大学、北京师范大学、燕京大学、辅仁大学北京 5 所大学的院系调整及课改工作。

在 5 个月时间里，临时文教工作组以 5 所大学内的盟的区分部组织为基础，自上而下，开展宣传和动员工作，逐级号召盟员认识高等教育改革的意义和院系调整的重要性；通过召开调查研究会、座谈会等，掌握盟员及盟所联系群众的思想动态和生活情况，向有关部门反映和协助解决个别教师因院系调整所引起的思想障碍和具体困难；动员盟员接受组织分配，

“祖国需要我到哪里去就到哪里去”，并组织眷属联欢会、欢送会等，鼓舞外调盟员情绪。

当时，全国55个城市共有210所高等学校，其中38个城市的106所高等学校中，有1226位盟员担任教职，约占全国高等学校教师总数的6%。而北京这5所大学教师中盟员占10.5%，有153人。五校盟员同志在院校调整中100%服从分配，并在群众中起到了带头作用，其中有24位被调往东北、西北及天津担任教职，4位离校转业，还有许多没有离京的教师职员也都接受了岗位调动。如著名化学家唐敖庆于1952年从北京大学调往东北，参与了东北人民大学化学系的筹建工作；北京大学法学院院长钱端升1952年参与了北京政法学院（今中国政法大学）的筹建工作并担任首任院长等。这5所大学的试点经验具有指导意义，总部及时通过《盟讯》向各地支部进行介绍，推动全国高等学校的院系调整工作。

1952年9月20日，总部组织委员会发出《关于全国高等学校院系调整对各地方组织的通知》，强调“我盟以团结教育知识分子为主要任务，对大学改革负有重要责任”，要求各地民盟组织对调配转赴新的工作岗位的盟员教师和所联系的其他教师，“要做好动员说服工作”，“协助政府解决其因调动工作所发生的重要困难”，并做好迎送、安置等工作。

至1953年下半年，高等学校院系调整工作基本结束。我国初步形成学科、专业设置较为齐全的高等院校体系，原来高等学校布局不合理的状况有所改变。

3. 教学改革

高等学校院系调整后，更艰巨的任务是教学改革。为贯彻稳步进行教学改革的方针，高等教育部、教育部于1953年下半年至1954年上半年，召开了一系列专业、专题会议进行研究，先后发出《关于改进和发展高等师范教育的指示》《关于高等学校应重视对工农学生教育的指示》《对高中毕业生进行关于升学的思想教育的通知》《关于整顿和改进小学教育的指示》，明确规定了各类高等学校的培养目标，提出了更加合理地调整科系和设置专业；制订与修改教学计划、教学大纲、编译教材；开展科学研究与学术批评，提高教育质量；团结现有教师，大力培养新师资；加强政治思想教育，培养忠实于社会主义事业又有一定科学技术知识的专门人才；发展高等中学和工农速成中学，整顿和提高中等师范教学、小学教学和幼儿教育等一系列任务。

民盟及时传达、宣传和贯彻各项会议与指示精神，通过《光明日报》《盟讯》《文教工作参考资料》，编印《学习苏联小丛书》等，组织经验交流。各地民盟组织也适应形势，改变了工作方法。如西北总支部及甘肃省支部、西安市支部、宁夏省支部等派出工作组到西北工学院、西北农学院、兰州大学、西北大学、西安高中、宝鸡中学等重点学校协助工作，甚至派出干部长驻，进行调查研究；结合学校教改工作开展教学经验座谈会和学术报告会；协助学校党政领导做一些老教员的思想工作，克服旧的教学思想和对学习苏联经验的抵触情绪，和新教员搞好团结，一起制订教改计划，做好教改工作。北京、安徽、辽宁、重庆、厦门等地都加强了所在地大学的分部、小组工作，或通过举行专题座谈会、工作检查会等方法开展工作。

1954 年 7 月，总部文教委员会制订了《试点工作计划要求》，下发北京、上海、湖南、辽宁、松哈、广州、广东、黑龙江、甘肃、常州、青岛、西安、太原、重庆、云南、天水、大理、湖北等地方支、分部进行教改工作试点，有计划地培养典型，创造经验，以供系统研究，进一步推动工作。试点内容包括：如何健全学校基层民盟组织；怎样发挥民盟在学校中的党和行政的助手作用；怎样在党的领导下，帮助思想障碍较大或工作困难较多的盟员或群众提高思想、改进工作三方面。计划要求“选择较突出而又较有代表性的个别对象进行工作，目的在于进一步掌握一定类型的知识分子，特别是大知识分子在现阶段的思想发展规律及团结和帮助大家在党的领导下共同进步的适当方式方法”。

经过半年多的工作，这些地方支、分部分别以北京大学、山东大学、中山大学、华南工学院等学校及天津的中学为试点单位进行了调查研究，选择一两个专题展开具体工作，取得了一定的经验。为推广这些经验，民盟总部于1954年8月在天津召开中等学校盟务工作会议，邀请济南、青岛、太原、徐州、常州等地组织参加，总结了9份经验报告，印发全国。1955年2月，民盟总部又召开天津大学基层组织工作总结座谈会，津、京、冀10所大学民盟的基层负责人38人参加，讨论了民盟在高等学校的工作问题。福建、苏州等地组织虽然不是试点单位，也自报计划开展了试点工作。

四、参加宪法的制定和第一届全国人民代表大会

1952年9月，此前执行全国人民代表大会职权的中国人民政治协商会议第一届全体会议已经届满。12月，政协第一届全国委员会常务委员会举行第43次会议，就中共提议由中国人民政治协商会议向中央人民政府委员会提出定期召开全国人民代表大会和地方各级人民代表大会的建议进行协商。会议认为，在三年来所取得的伟大胜利基础上，在开始大规模建设的同时，召开全国人民代表大会和地方各级人民代表大会，是完全正确的、适时的，是符合全国人民要求的。

（一）参与宪法起草

1953年1月13日，中央人民政府委员会通过了《关于召开全国人民代表大会及地方各级人民代表大会的决议》。会议决定，全国人民代表大会将制定宪法、批准国家五年计划纲要和选举新的中央人民政府。会议同时成立了以毛泽东为主席的宪法起草委员会。宪法起草委员会由中国共产党、各民主党派及其他各方面人士组成，具有广泛的代表性。张澜、沈钧儒、黄炎培、马叙伦等均为宪法起草委员会委员。1954年3月，宪法起草委员会成立了专门的宪法研究小组，并聘请钱端升为法律顾问。钱端升就宪法草案的结构、原则、条款及其关于政府机构的组织、职权方面提出了许多具有重要价值的意见，为中华人民共和国第一部宪法的出台作出了

重要贡献。

1954 年 3 月 23 日，宪法起草委员会举行第一次会议，毛泽东代表中国共产党向会议提出了宪法草案初稿。会议决定在两个月内完成对宪法草案初稿的讨论和修改工作。3 月 24 日至 6 月 11 日，各民主党派、各人民团体和社会各方面的代表人物共 8000 多人进行了讨论，共提出 5900 多条意见，许多意见被起草委员会采纳，写进宪法草案的条文中。

6 月 14 日，中央人民政府委员会第三十次会议通过《关于公布〈中华人民共和国宪法草案〉的决议》，张澜、黄炎培、章伯钧等纷纷发言拥护宪法草案。张澜说："中国人民要求行宪已经有五六十年了，但是从来不曾有过真正民主的宪法。从清末到民国，所谓宪法，都是由少数人钦定的，只是为了巩固反动政府，维护少数人利益，和大多数人民毫不相干。只有现在的宪法草案，才是真正按照国家的需要，保证人民应享受的权利来制定，是符合中国当前实际情况和全国人民共同愿望的。"

民盟中央常委会于 6 月 22 日向全盟发出《关于学习讨论和宣传中华人民共和国宪法草案的指示》，要求"全体盟员应积极参加其本单位所组织的关于宪法草案的讨论，努力钻研，提出建设性的意见，并向其所联系的群众积极宣传，推动他们热烈地参加讨论"；并"应通过举行座谈会、笔谈或其他学习方式，使讨论更能深入、宣传更能广泛"。各级民盟组织和盟员按指示要求，投入到声势浩大的宪法草案学习、宣传活动中。

在全国人民热烈讨论宪法草案的同时，各地开展了我国历史上空前规模的选举工作，民盟各级组织积极投入。经过中国共产党和各民主党派协商联合提名，民盟的许多代表人物被选为全国人民代表大会或地方各级人民代表大会的代表。131 位盟员当选为第一届全国人民代表大会代表，占代表总数的 10.7%（后补选 3 人，新入盟 1 人，共 135 人）。另有 545 位盟员当选为省市两级人民代表大会代表。

（二）参加一届全国人大一次会议

1954 年 9 月 15 日至 28 日，第一届全国人民代表大会第一次会议在北京召开。9月15日，毛泽东主持会议并致开幕词，刘少奇作了关于宪法草案的报告。从9月16日至18日，代表们就宪法草案和刘少奇的报告进行了大会发言。张澜说："这个宪法是用民主的方式产生，从中央人民政府委员会到全国每个角落，经过许多次的讨论，吸收了一切好的意见，真正做到了字斟句酌，尽善尽美。"黄炎培说："全部宪法多少字呢？8954个字，而中间'人民'一个词有多少呢？有268个……我万分恳切要求各方面对于宪法予以高度的重视起来正确执行。"

9月20日，大会通过了我国第一部社会主义类型的《中华人民共和国宪法》。宪法序言中明确指出："我国人民在建立中华人民共和国的伟大斗争中已经结成以中国共产党为领导的各民主阶级、各民主党派、各人民团体的广泛的人民民主统一战线，今后在动员和团结全国人民完成国家过渡时期总任务和反对国内外敌人的斗争中，我国人民民主统一战线将继续发挥它的作用。"正式从法律上确立了中国共产党领导的人民民主统一战线和多党合作制度在国家政治生活中的地位和作用。

大会选举毛泽东为中华人民共和国主席，朱德为副主席；刘少奇为全国人大常委会委员长。大会选举全国人大常委会副委员长13人，委员65人。张澜、沈钧儒、黄炎培当选全国人大常委会副委员长，马叙伦、龙云、许广平、杨明轩、周建人、罗隆基、柳亚子、胡愈之、高崇民、彭泽民（其中部分跨党派）当选全国人大常委会委员（1955年至1957年，又先后补选陈其瑗、邓初民、华罗庚、季方为全国人大常委会委员）。

大会任命周恩来为国务院总理。根据周恩来提名，任命章伯钧为交通部部长，史良为司法部部长，沙千里为地方工业部部长（后又任命罗隆基为森林工业部部长，调任沙千里为轻工业部部长、粮食部部长）。

这次大会通过的宪法和其他法律，为发扬社会主义民主和建立社会主义法制奠定了初步基础。民盟和其他民主党派成员按照法律规定的程序，进入国务院担任要职，直接参加国家事务管理；并有许多人民代表通过人民代表大会这一国家最高权力机关的新形式履行职责。

一届全国人大一次会议召开后，中国人民政治协商会议第一届全体会议执行全国人民代表大会职权的任务宣告结束。人民政协的《共同纲领》需要进行相应的修改。1954 年 11 月 13 日，政协第一届全国委员会推定 13 人组成政协章程起草小组，章伯钧、罗隆基、周建人等参加了起草小组。

1954 年 12 月 21 日至 25 日，全国政协二届一次会议在北京举行。政协第二届全国委员会的委员是第一届的三倍，有 559 人，其中民盟盟员有 90 人（后增补 10 人，新入盟 1 人，共 101 人）。章伯钧在会上作《关于〈中国人民政治协商会议章程（草案）〉的说明》的报告。史良、马叙伦、刘文辉等在会上发言，赞扬了中国共产党和人民政府的正确领导，特别是对共产党员和各级干部艰苦奋斗、吃苦在前、公而忘私、全心全意为人民服务的作风和精神，表示由衷敬佩，对中共表示由衷的拥护。

会议推举毛泽东为全国政协名誉主席，选举周恩来为主席，选举了 16 位副主席、65 位常务委员。张澜、沈钧儒、黄炎培、章伯钧当选全国政协副主席；史良、朱蕴山、吴晗、吴鸿宾、车向忱、周建人、马叙伦、高崇民、许广平、彭泽民、黄琪翔、楚图南、刘文辉、邓初民、钱端升、龙云、罗隆基（部分跨党派）当选常务委员（1957 年 3 月，增选刘王立明为常务委员）。

会议制定并通过了《中国人民政治协商会议章程》，规定了参加政协的各单位和个人共同遵守的 7 项准则；通过了中国人民政治协商会议宣言。会议解决了全国人民代表大会召开后人民政协性质、地位、作用和任务的问题，解决了政协与人大、政府之间的关系和相互配合的问题，为我国长期坚持中国共产党领导的多党合作和政治协商的社会主义基本政治制度奠定了基础。根据章程规定，人民政协的性质既不同于国家的权力机关和管理机关，也不同于一般的人民团体，而是具有党派性质的中国人民民主统一战线的组织，是重要的政治协商机构。政协的性质改变后，民盟和其他民主党派仍然可以通过政协协商国际问题，进行国际活动；协商全国人民代表大会或地方同级人民代表大会的代表候选人名单；协助国家机关推动社会力量，解决社会生活中相互关系问题，并联系群众，向有关国家机关反映群众意见和提出建议；协商和处理政协内部和党派团体之间的合作问题。

按照宪法规定，中华人民共和国主席在必要时召开最高国务会议，协商和研究国家重大问题。1956 年 1 月至 1964 年 12 月，这样的国务会议举行过 12 次，民盟中央有关领导同志受邀参加。至 1957 年，民盟曾就全国农业发展纲要的制定、培养高级知识分子的规划、私营工商业的社会主义改造、第一个五年计划的完成情况和今后的远景规划、“百花齐放、百家争鸣”方针的制定、关于正确处理人民内部矛盾等重大国事与方针政策的制定参加了讨论。

民盟和其他民主党派作为与执政的中国共产党亲密合作的政党，通过参加人民代表大会、人民政协和政府工作，参与国家事务管理与政治协商监督。这种参政形式确立了民主党派在国家政权和国事活动中的地位，为中共制定“长期共存、互相监督”的方针打下了基础。

第三章

团结教育知识分子，走社会主义道路

1956 年，社会主义制度基本建立，以毛泽东《论十大关系》和中共八大为标志，中国社会主义建设道路的探索有了良好的开端。民盟也提出了“一切为了社会主义”的总方针、总任务，并积极贯彻中共“长期共存、互相监督”的方针，帮助中国共产党整风。

1957 年下半年，随着中共“左”倾错误思想在经济、政治、文化领域的发展，我国的社会主义建设事业在曲折中发展。直至“文化大革命”的十年，林彪、江青反革命集团把“左”的错误推向极端，社会主义建设事业遭受重大挫折。这一时期，民盟和中国共产党风雨同舟，经受了严峻的考验。

一、“一切为了社会主义”总方针的提出

1955 年夏季以后，农业合作化运动形成猛烈发展的群众性浪潮，手工业、资本主义工商业的社会主义改造也大大加快步伐。社会主义改造促进了生产力的提高和整个国民经济的发展，一个新的社会主义建设高潮即将到来，加快发展科学技术、充分发挥知识分子作用的问题日益突出。

（一）知识分子问题的调查研究和建议

中华人民共和国成立以后的六年中，全国知识分子队伍扩大到 384 万，是中华人民共和国成立初的 3 倍多；其中高级知识分子 10 万左右，比中华人民共和国成立初增加了 35%。一方面，知识分子队伍的发展远远跟不上形势发展的人才需要；另一方面，许多知识分子没有充分发挥作

用。如何充分发挥知识分子的积极性和创造性，更好地为社会主义建设服务，成为新形势下迫切需要解决的问题。

1955 年 11 月，胡愈之、费孝通在筹备民盟第二次全国代表大会，负责起草盟务报告时，向主席、副主席办公会议提出了关于知识分子的一些问题，诸如知识分子的思想包袱很重，产生一种“黄昏感”，不利于进步和发挥作用；造成这种情况的原因，既有知识分子主观上的原因，也有安排、使用上的许多客观原因。因此，11 月 22 日举行的主席、副主席集体办公会议决定对知识分子状况进行一次调查，通过串联、访问、开座谈会等方式，了解知识分子特别是高级知识分子的情况，进行分析研究，以向中共中央和政协提出建议。

12 月 2 日，民盟总部向各级地方组织发出通知，要求“立即向各地高级知识分子，进行访问或组织座谈，了解知识分子在生活、工作、学习等方面的情况、存在的问题和征询具体的解决办法”，通知所列调查提纲包括对于知识分子的估计；知识分子的团结问题；关于学术研究工作上的问题；知识分子的信任、安排、使用和生活待遇问题以及“其他当地知识分子中的突出问题”。了解的对象“主要是高级知识分子（大专学校的教授、讲师、科学工作者、中西医师、有一定声望的作家和艺术家、工程师、在机关企业中的专家和高级技术人员等），不限于盟员”。民盟总部领导同志和正在各地视察的担任全国人大代表、政协委员的盟内同志都参加了串联、访问和调查。从 1955 年 12 月到 1956 年 1 月，仅在北京就召开了高级知识分子座谈会 8 次；调查范围遍及 28 个省市的民盟组织，取得了近 2000 位高级知识分子的情况调查资料。

根据调查情况，民盟总部于 1956 年 1 月向政协全国委员会和中共中央统战部送交了《关于政协全国委员会设立高级知识分子问题委员会的建议》《关于高级知识分子问题主要情况的分析和建议》两个文件。

《关于高级知识分子问题主要情况的分析和建议》从生活、工作、学习、关系四个方面反映了相关问题：在生活上，大多数高级知识分子工资待遇偏低，住房狭窄，福利较少，休息时间没有保障。在工作上，会议和社会活动占用时间太多，有的用非所学、缺乏必要的助手和工作条件，同时，还存在着失业的情况。在学习上，学习项目繁多、重复，内容冗长，流于形式，造成了负担。在关系上，既有新老之间，又有党与非党之间的团结问题。文件建议：在生活上，适当提高高级知识分子工资，有特殊贡献者给予物质奖励；提高居住面积定额，照顾人口多的家庭；保障假期休息的机会；照顾生活福利。在工作上，精简会议，减少兼职，统一教材，配备助手；调查专长，尊重志愿，全面规划专门人才的使用；畅开言路，避免以行政命令解决学术问题；成立机构安排失业的高级知识分子。在学习上，按照实际需要安排政治学习；创办马列主义研究院组织脱产学习；组织下厂下乡调查参观；创造定期进修的条件与出国考察的机会。在关系上，加强党的领导，党政领导发扬民主，多听意见；要建立共同遵守的制度；应有计划地展开学术思想讨论；知识分子应争取党的领导，加强思想改造；学校、机关中的民主党派和知识分子中的积极分子要发挥桥梁和助手作用，帮助党和行政推行政策，协助解决问题。文件专门指出："解放后六年来，高级知识分子在学校、机关、团体、企业各种不同岗位上，对于培养新生力量，进行科学研究，参加国家建设，以至于科学技术上的创造发明，都有显著的成绩，对于社会主义建设和改造有着一定贡献。除了少数顽固分子以外，极大部分高级知识分子的政治态度，是拥护人民政府的，是靠拢共产党的。"

《关于政协全国委员会设立高级知识分子问题委员会的建议》建议设立高级知识分子问题委员会，直属政协全国委员会常务委员会。此委员会作为一个临时性的机构，主要任务是登记社会上没有职业的高级知识分子，包括年高的旧学者及过去从事自由职业的工程师、医师、律师、作家、艺术家、教师等，调查其专长、思想情况、历史背景以及工作志愿；调查用非所学的高级知识分子的情况和他们的志愿、请求和意见，并就此拟订团结、教育和任用这些高级知识分子的计划，向有关部门提出建议。

这两份建议受到了中共中央和政协全国委员会的重视，为中共中央制定正确的知识分子政策提供了有力的依据。

1956年1月30日至2月7日召开的全国政协二届二次会议，就着重讨论了知识分子问题。周恩来在这次会议的政治报告中指出："为了提早完成社会主义改造，提早和超额完成第一个五年计划"，"不仅要依靠工人阶级和广大农民的创造性的劳动，而且要充分动员和发挥我国知识分子的力量"，而现在"无论在数量方面、在业务水平方面、在政治觉悟方面，都还不能适应社会主义事业急速发展的需要；而若干政府部门对于知识分子的使用和待遇还有某些不合理现象，又在不同程度上妨碍了知识分子力量的充分发挥"，提出"第一，应该改善对知识分子的使用和安排，使他们能够发挥对于国家有益的专长；第二，应该对知识分子给以应有的信任和支持，使他们能够积极地放手地工作；第三，应该给知识分子以必要的工作条件和适当的待遇，使他们能够集中主要精力于自己的业务"。这充分表明了党和国家对知识分子问题的重视与关怀。民盟提出的有关知识分子的一些建议，都在党和国家有关知识分子问题的方针、政策和具体措施中得到了体现。

★ 毛泽东与童第周、胡愈之、华罗庚、费孝通（从右至左）在全国政协二届二次会议期间亲切交谈。

（二）民盟二大

1956 年 1 月 14 日至 20 日，中共中央召开关于知识分子问题的会议，第一次把全面解决知识分子问题提到社会主义建设的重要日程上。会议期间，周恩来作了《关于知识分子问题的报告》，充分肯定了知识分子在社会主义建设中的地位和作用，宣布他们中的绝大部分“已经成为国家工作人员，已经为社会主义服务，已经是工人阶级的一部分”。报告对我国知识分子的状况、如何充分发挥知识分子的作用、继续帮助知识分子进行自我改造、迅速扩大知识分子的队伍和提高我国科学文化水平、加强党对科学文化事业的领导等问题，进行了精辟论述。会上，周恩来还代表中共中央郑重发出了“向现代科学进军”的动员令。毛泽东号召全党努力学习科学知识，同党外知识分子团结一致，为迅速赶上世界科学先进水平而奋斗。

在此背景下，1956 年 2 月 9 日至 20 日，中国民主同盟第二次全国代表大会在北京举行。本次大会共有代表 348 人。大会着重讨论了知识分子问题。代表们认真学习并讨论了《关于知识分子问题的报告》，表示拥护中共实行知识分子的新政策，认同民盟作为知识分子政党肩负着的历史重任。

沈钧儒在大会开幕词中号召全盟同志“发挥潜力、提高觉悟、加强团结、联系群众”，在社会主义改造和社会主义建设的伟大事业中起更大的作用。章伯钧作《全盟更紧密地团结起来，充分发挥知识分子的积极性和创造性，努力改造自己，为完成伟大的社会主义革命事业而奋斗》的盟务报告。史良致闭幕词。

大会报告肯定了民盟在过去几年中的进步，总结了工作经验和教训，提出“一切为了社会主义”是盟的总方针、总任务，强调“领导我们事业的核心力量是中国共产党”，民盟的作用就是“协助党、贯彻党对知识分子团结、教育、改造的政策”。中心任务有四项：督促和帮助盟员及所联系的群众发挥潜力，搞好岗位工作；提高觉悟，进行自我教育和自我改造；加强团结，协助党政，改进各方面关系；联系群众，加强人民民主统一战线，为社会主义建设和社会主义改造服务。报告还就如何“推动和帮助盟员进行思想改造”“改进关系、加强团结”“加强联系群众”“适当发展组织和加强基层组织”“更好地接受党的领导”五个方面提出了问题和意见。116位代表作发言，交流思想改造的过程和体会及开展盟务工作和参加国家文教建设工作的经验。

大会通过了修改盟章的决议。盟章修正草案在大会前就发给各地方组织进行广泛的民主讨论，这在民盟历史上还是第一次。修改后的盟章，规定民盟的性质为“中国人民民主统一战线中的一个民主党派”，明确了民盟的性质由过去的“新民主主义政党”转变为“为社会主义服务”的政党。关于“盟的政治纲领”，因全国政协二届一次会议根据宪法精神制定了新的中国人民政治协商会议章程，民盟再以《共同纲领》为“纲领”已不合适，新盟章改为“以中国人民政治协商会议章程的总纲为政治纲领”。盟章还规定：“本盟接受中国共产党的领导，拥护中华人民共和国宪法，全力贯彻宪法的实施，忠于以工人阶级为领导、工农联盟为基础的人民民主制度”；成员“主要是从事文化教育工作的中上层知识分子”。此外，关于各级组织名称问题，因总支部已经撤销，为划一起见，各级组织名称一律改称中央、地方各级委员会，区分部改称支部。

大会选举产生中央委员144名，候补中央委员41名。此前，民盟中央主席张澜于1955年2月9日逝世，2月10日民盟中常会临时扩大会议推举沈钧儒为代理主席。在1956年2月21日举行的民盟二届一中全会上，沈钧儒正式当选为民盟中央主席；章伯钧、罗隆基、马叙伦、史良、高崇民当选为副主席。会议还选出了常务委员会委员33人：马哲民、邓初民、叶笃义、丘哲、华罗庚、刘清扬、许杰、许广平、李文宜、李相符、杨明轩、吴晗、辛志超、闵刚侯、沈志远、陈望道、周新民、周鲸文、胡愈之、费孝通、钱端升、徐寿轩、郭则沉、郭翘然、黄炎培、黄药眠、萨空了、彭泽民、韩兆鹗、曾昭抡、楚图南、潘大逵、潘光旦。

1956年5月16日，民盟二届二次中常会讨论通过《中央常务委员会组织大纲》，决定中央常委会下设组织、宣传、文教、学习、妇女、联络、监察委员会和办公厅。选任胡愈之为秘书长。

二、帮助中共整风、反右派斗争和民盟内部整风

1956年，社会主义改造取得决定性胜利，中国共产党和国家的工作逐步推进到以发展社会主义建设为中心上来。为此，中共中央和毛泽东于1956年提出了调动一切积极因素的基本方针。

（一）贯彻“长期共存、互相监督”的方针和帮助中共整风

随着资本主义工商业的社会主义改造的基本完成，资产阶级正被逐步消灭，民族资产阶级和小资产阶级的成员逐步转变为社会主义劳动者。在社会主义条件下，要不要实行多党合作，作为一个重大问题提了出来。1956年4月，毛泽东在中共中央政治局扩大会议上作了《论十大关系》的报告，提出在中共和其他民主党派的关系上实行“长期共存、互相监督”的方针。不久，中共中央又确定“百花齐放、百家争鸣”作为发展科学文化事业的指导方针。9月15日至29日，中国共产党第八次全国代表大会召开，大会重申了这两个方针。

1956年7月5日至30日，民盟中央接连举行了6次座谈会，讨论“长期共存、互相监督”和“百花齐放、百家争鸣”方针，联系民盟工作和统战工作中的问题，提出了100多条意见。各地民盟组织也进行了讨论，方针极大鼓舞了广大盟员，盟员参政议政的热情被激发，畅开了言路。费孝通于1957年3月24日在《人民日报》上发表《知识分子的早春天气》一文，由衷感慨：“百家争鸣实实在在地打中了许多知识分子的心。”

为更好地贯彻“长期共存、互相监督”和“百花齐放、百家争鸣”方针，民盟中央常务委员会于1956年10月9日决定出版《争鸣》月刊，

代替《盟讯》，改内部印发为国内公开发行。《争鸣》编委会由千家驹等19人组成。民盟中央与《争鸣》月刊编辑部就国家各项重大方针政策问题召开了几次专门性的座谈会，并将座谈会记录整理成文，从1956年11月到1957年7月在《争鸣》月刊上陆续发表，许多发言体现出较高的学术水平，提出了很有价值的建设性意见。

1957年3月27日至4月5日，民盟中央在北京举行全国工作会议。197位中央和地方负责同志出席会议。会议围绕盟的中心工作问题、组织工作问题、宣传工作问题、知识分子工作问题四项中心议题进行了深入的讨论。会议指出，民盟长期的、根本性的任务是对盟员及所联系的知识分子进行政治思想工作，推动和协助知识分子的自我教育和自我改造。民盟当前的中心工作，是贯彻“长期共存、互相监督”和“百花齐放、百家争鸣”方针，充分发挥盟员和所联系的知识分子的积极性、创造性，向科学文化进军。

会议认为，为贯彻“长期共存、互相监督”和“百花齐放、百家争鸣”方针，必须掌握以下几个环节：“动员盟员积极参加人民民主政治活动”“协助盟员提高业务水平，搞好岗位工作”“加强马列主义的学习，提高盟员的政治思想水平”“协助党搞好各方面的关系，做好知识分子的团结工作”；并指出今后一段时间内，民盟的宣传工作方针是加强经常性的、细致的思想教育工作，贯彻“长期共存、互相监督”和“百花齐放、百家争鸣”的方针，建议将中央宣传委员会与学习委员会合并成立宣传部，从组织上保证宣传工作的质量。

1956年夏秋，国际共产主义运动出现大的波折，发生了波匈事件。国内也出现了一些不稳定情况。面对这些复杂的新情况，中共中央和毛泽东深入思考社会主义社会的矛盾，提出了关于正确处理人民内部矛盾的理论。1957年2月，毛泽东在最高国务会议第十一次扩大会议上作《如何处理人民内部的矛盾》的讲话，讲话稿经补充修改后以《关于正确处理人民内部矛盾的问题》为题于6月19日在《人民日报》公开发表。4月27日，中共中央正式发出《关于整风运动的指示》，要求在全党开展一次以正确处理人民内部矛盾为主题，以反对官僚主义、宗派主义和主观主义为内容的整风运动，要求着重检查“百花齐放、百家争鸣”“长期共存、互相监督”方针和“勤俭建国”方针的执行情况等，并号召广大群众和爱国人士帮助中共整风。

为了推动整风，1957 年 4 月 30 日，毛泽东、刘少奇、周恩来、朱德等中共中央领导人在天安门城楼约集各民主党派中央负责人和无党派民主人士座谈，请他们帮助中共整风。会上，毛泽东表示真诚欢迎民主党派和无党派民主人士对中共提意见、作批评，号召大家对高等教育、普通教育、文学艺术、科学技术、卫生等部门的官僚主义切实攻一下。沈钧儒、黄炎培、罗隆基、史良、高崇民、马叙伦、龙云、许广平、黄琪翔等参加了座谈会。

★ 1957 年 4 月 30 日，毛泽东在天安门会见各民主党派负责人动员帮助中共整风时与沈钧儒握手。

5 月 1 日，《人民日报》公布中共中央的整风指示。各级党政领导机关和高等学校、科学研究机构、文化艺术单位的党组织纷纷召开各种形式的座谈会，听取党内外群众意见，欢迎大家“鸣”“放”（这是讨论和实行“双百”方针中形成的简化词语）。根据中共中央部署，中央统战部于 5 月 8 日到 6 月 3 日先后召开各民主党派负责人和无党派民主人士座谈会 13 次，广泛征求意见与批评。民盟中央也于 5 月 18 日向各省市委员会发出《关于参加中国共产党整风运动的通知》，号召各级组织积极响应，“以认真严肃的态度实事求是地对党提出意见和建议”，民盟参加中共整风运动的目的是“帮助党把这一个伟大运动进行完满”，“只是为了改进机关工作，加强同党员的团结，共同进步”，并指出民盟内部暂不布置整风，只要对“双百”方针的贯彻作出有力的贡献，也就直接有助于党的整风运动的顺利完成。

1957 年 5 月 4 日，《光明日报》编辑部在上海等九大城市邀集部分民主党派人士和高级知识分子提意见。

1957 年 5 月 13 日，章伯钧、罗隆基召集民盟中央有关负责同志召开座谈会，会上作出决议：成立 4 个工作组，分别对“高等院校党委负责制”“科学规划”“有职有权”及“长期共存、互相监督”“百花齐放、百家争鸣”4 个专题进行研究，通过调查情况，分析问题，提出建议，切实帮助中共搞好整风，推动文教建设工作的发展。

各专业组成立后，分别邀请了有关人士座谈讨论。如千家驹主持了“如何展开学术界的‘百家争鸣’问题”座谈会，曾昭抡主持了“关于科学体制问题”座谈会和“关于当前学制问题的讨论”座谈会，黄药眠主持了“高等学校中的党委负责制问题”座谈会。参加座谈会的同志按照中共的“双百”方针，满怀对中国共产党真诚拥护的感情，以认真负责的积极态度，对党和国家的大政方针提出了许多建设性的意见和建议。这些意见和建议整理成为《对于有关我国科学体制问题的几点意见》和《我们对于高等学校领导制度的建议（草案初稿）》。前者 6 月 9 日在《光明日报》发表，并配发《为互相监督开拓了新路》的短评。后者于 6 月 17 日分送有关方面征求意见。

（二）反右派斗争和民盟内部整风

1957 年 5 月中旬，中共的整风运动进行半个月后，极少数人乘机向党和新生的社会主义制度发动进攻。毛泽东写出《事情正在起变化》一文，措辞严厉地分析了整风鸣放的形势和党内外的思想状况，第一次提出

“右派猖狂进攻”问题：“最近这个时期，在民主党派中和高等学校中，右派表现得最坚决最猖狂。”这篇文章标志着中共整风运动的重点开始由党内整风转向反击右派。

6 月 8 日，中共中央发出组织力量反击右派分子进攻的党内指示。同日，《人民日报》发表社论《这是为什么?》，公开批评整风鸣放以来的错误言论。一场全国规模的群众性的反右派斗争由此展开。

6 月 18 日，民盟中央常务委员会召开第十三次紧急扩大会议，通过了《为号召全盟展开反右派斗争并开始盟内整风的决定》。6 月 25 日，民盟二届十五次中常会又通过了《关于盟内整风运动的补充指示》，并自即日起成立由沈钧儒等 31 人组成的民盟中央整风领导小组和由胡愈之为主任的民盟中央整风办公室。整风领导小组成立后，各地方组织也相继成立相应的整风领导机构。

随着反右派斗争的推进和形势的发展，反右派斗争开始出现扩大化的错误。7 月 1 日，《人民日报》发表毛泽东亲自撰写的社论《〈文汇报〉的资产阶级方向应当批判》，点名批评了“章（伯钧）罗（隆基）同盟”。

7 月 21 日，民盟中央整风领导小组发布《关于进一步展开反右派斗争和盟内整风的指示》，对进一步展开反右派斗争和盟内整风的目标、方针和步骤作出了规定。《指示》指出，整风运动的目标是使民盟及盟员真正接受中共的领导和监督，走社会主义道路。反右派斗争是整风的主要部分，首先要取得反右派斗争的彻底胜利，然后进行一般的整风。

从 6 月到 8 月，民盟中央机关先后召开了揭发、批判“章罗联盟”的大小会议 9 次。9 月 13 日至 21 日，民盟又在北京召开了以反右派斗争为中心议题的全国整风工作会议。

由于反右派斗争的严重扩大化，至 1958 年夏季反右派斗争基本结束时，全国一共约有 55 万人被划为“右派分子”，许多有才干的知识分子无法在社会主义建设中发挥应有的作用，不仅是对个人，更是对党和国家的事业造成了巨大损失。据 1958 年 1 月的统计，民盟有 3378 人被划为“右派分子”。[①]

1958 年 1 月 26 日，民盟二届十七次中常会扩大会议通过《关于在全盟开展一般整风运动的规定》，宣布以反右派斗争为中心的整风运动基本取得了胜利，并决定开展以社会主义改造为主要内容的一般整风运动。7 月，一般整风运动基本结束。

三、以“服务和改造”为中心

反右派斗争结束后，中共认为斗争大大提高了人民群众建设社会主义的积极性，为尽快改变中国贫穷落后的面貌，经济建设应该搞得再快些。于是，1958 年，中共中央正式制定了社会主义建设总路线，并发动了“大跃进”和人民公社化运动。在“左”的错误路线主宰政治和经济领域的形势下，民盟也相应确定了以“服务和改造”为中心的工作方针。

（一）民盟三大

1958 年 11 月 12 日至 12 月 4 日，中国民主同盟第三次全国代表大会在北京举行。这次大会共有代表 339 人，候补代表 33 人。沈钧儒致开幕词并代表民盟二届中央委员会作工作报告。史良致闭幕词。

大会宣布了反右派斗争和一般整风运动的“胜利”，围绕如何适应形势需要，推进民盟组织和盟员个人的改造这一中心议题进行了讨论，并决定民盟的工作重点转移到为社会主义服务和民盟组织及盟员个人的根本改

---

① 1980 年 6 月，中共中央统战部在《关于爱国人士中的右派复查问题的请示报告》中，证实通过复查并不存在“章罗同盟”这个组织或组织系统。所谓“章罗同盟”的“反动纲领”，即民盟起草的《对于有关我国科学体制问题的几点意见》和《我们对于高等学校领导制度的建议》也得到平反。迄今，除章伯钧、罗隆基、储安平、彭文应、陈仁炳外，民盟盟员中被中共中央划定的“右派分子”均得到改正。

造方面来，确定了以“服务和改造”为中心工作。

工作报告回顾了民盟在中华人民共和国成立九年来，特别是三大改造后到反右派斗争、民盟内部整风以来的所谓“经验教训”。报告错误地估计了1956年以来民盟组织和成员的政治状况，认为“盟员的多数还没有完全抛弃资产阶级立场，还具有两面性，右派在盟内的残余影响也还仍然存在”，作出盟内长期存在并仍存在着“社会主义和资本主义两条道路的斗争”的错误结论。由此，认为“民盟目前的政治面貌和组织面貌与当前的形势是不适应的，因此必须进行组织的根本改造，清除右派路线的残余影响，树立正确的政治路线和组织路线，建立接受共产党领导、坚决走社会主义的领导核心，把民盟从资产阶级的政党改造成为接受共产党领导的、为社会主义服务的政党”。

报告提出了民盟今后的三项政治任务，即积极参加反对帝国主义、保卫和平和解放台湾的斗争；积极参加社会主义建设和社会主义革命，特别是技术革命和文化革命；加速进行盟的组织和盟员的社会主义改造。三项任务中的关键在于组织和盟员的社会主义改造。报告认为，盟的组织改造和成员的个人改造是统一不可分的，组织改造能够推动盟员的个人改造，而只有大多数盟员得到了根本的改造，才能使盟的性质发生变化。盟员的个人改造，首先要改造政治立场，即“破资本主义立场，立社会主义立场，解决是否坚决接受共产党领导、走社会主义道路的问题”。主要方法和途径是，“在共产党的领导下，以政治思想为统帅，以工作岗位为基地，以参加劳动和实践为基础，认真地学习马克思列宁主义，学习毛主席的著作，经常开展批评与自我批评”，“重视参加体力劳动”，“走到工农群众中去，同工人农民同吃、同住、同劳动，向工人农民学习”。

大会“政治挂帅，以虚带实”，采用“大鸣、大放、大字报、大辩论”的方式，制造了一种政治上的高压气氛。在这种背景下，与会代表“一致通过”了这个工作报告及相似内容的《中国民主同盟关于社会主义改造规划》。会后，根据规划要求，由民盟中央主办，宣传部负责编辑、发行的内部刊物《中央盟讯》于1959年1月创刊，旨在对全体盟员进行政治思想教育，推动全盟的社会主义改造。

大会还通过了《中国民主同盟同各兄弟民主党派开展社会主义自我改造竞赛的倡议书》，建议采取召开经验交流会议、现场会议，以及组织相互检查、相互观摩等方式进行社会主义自我改造竞赛。

大会选举产生中央委员152人，候补中央委员37人，排斥了原来中央委员中的所谓“右派分子”。而沈志远、罗隆基、章伯钧、曾昭抡、费孝通、黄药眠、潘光旦7人作为“反面教员”保留为中央委员；叶笃义、刘王立明、浦熙修、张广标、费振东5人以同样理由保留为候补中央委员。

在12月6日举行的民盟三届一中全会上，沈钧儒当选为民盟中央主席，杨明轩、马叙伦、史良、高崇民、胡愈之、邓初民、陈望道、吴晗、楚图南当选为副主席。会议选举中央常务委员会委员25人：千家驹、王德滋、田一平、刘清扬、华罗庚、吴鸿宾、李文宜、李相符、汪世铭、沈兹九、辛志超、周建人、周新民、金岳霖、徐寿轩、张国藩、梁思成、许杰、许崇清、童第周、闵刚侯、黄炎培、闻家驷、萨空了、章伯钧。同日举行的民盟三届一次中常会决定闵刚侯任秘书长。

尽管民盟三大作出了一些错误的判断，但会议也正确地批评了盟内出现的“盟的工作可有可无”“民盟今后已经没有什么作用了，民盟已经不需要存在了”等错误思想，提出盟组织要推动和帮助盟员积极为社会主义服务的工作方向。大会报告认为“中国共产党提出‘长期共存、互相监督’的方针，表明党对民主党派是重视的，也表明党对我们的期许是殷切的”，“作为党的助手，盟的任务是艰巨的，也是光荣的”，因而，要求各级盟组织和全体盟员鼓足干劲，力争上游，“努力做好盟的工作，也就是为社会主义服务”。这也指导着广大盟员即使在困境中，依然能与中国共产党和全国人民同甘共苦、和衷共济，为社会主义建设作出积极贡献。

1963年6月11日，民盟中央主席沈钧儒逝世。6月12日，民盟三届中常会举行临时紧急扩大会议，决定杨明轩为代理主席。12月11日，民盟三届四中全会选举杨明轩为民盟中央主席。同日，民盟三届四十三次中常会扩大会议同意闵刚侯因病辞去秘书长职务，推选胡愈之兼任秘书长。

(二)“服务和改造”工作

1958年秋冬，中共中央和毛泽东觉察到“大跃进”和人民公社化运动中出现的严重后果，先后召开了一系列会议积极纠“左”，同时在与民主党派关系上，提出“一张一弛”的方针，积极缓和紧张关系；在对知识分子工作上，则争取一切可能争取的知识分子为无产阶级教育事业和文化科学事业服务。民盟也开始用积极的姿态协助中共改善反右派斗争后知识分子中遗留的思想问题和实际问题。

1959年5月5日至14日，民盟中央在北京召开全国工作会议，交流各地“服务和改造”工作的经验。民盟中央各部门负责人和各省市民盟组织负责人共89人参加了会议。会议总结了民盟进行政治思想工作的基本经验，进一步明确了紧密依靠中共党委、结合中心工作和加强联系群众的工作路线，继续贯彻服务与改造的方针，提出了“和风细雨，自我教育”的工作方法。

会议根据周恩来在二届人大一次会议上所作的《政府工作报告》的精神，讨论了知识分子和继续贯彻“双百”方针等问题。尽管当时还是用“左”的阶级斗争观点来估计知识分子状况和解释“双百”方针，但会议仍肯定了知识分子“积极的一面在不断增长，消极的一面在不断缩小。很清楚地看出了我们多数盟员在不同程度上更加向左靠拢”。“民盟作为一个以知识分子为主要对象的政治党派，今后继续贯彻‘双百’方针应该是我们一项重要的政治任务。”会议还针对反右派斗争后知识分子“不讲话，工作上怕负责任，干劲不足，改造有厌倦情绪”等实际情况，提出了“和风细雨，深入细致”地做工作的问题，并交流了这方面的经验，要求各级民盟组织“从思想、工作、生活各方面关心知识分子”，“帮助他们改进人与人的关系”，明确了“提高服务的积极性也就是提高了改造的积极性。二者互相结合，互相作用”。

会后，5 月 30 日，民盟三届五次中常会批准了《关于成立文教科技委员会的报告》和《中国民主同盟文教科技委员会简则》。文教科技委员会直属中常会，用以“密切联系文化教育科学技术界人士，在贯彻党的文教科技方针政策和有关知识分子的问题上交换意见，交流经验，使本盟成员和所联系的群众，在为社会主义服务中，更充分地发挥积极作用”。文教科技委员会的主要工作是“在中国共产党领导下，贯彻执行教育为工人阶级的政治服务，教育和生产劳动相结合的方针；在文艺和学术工作中，贯彻执行‘百花齐放，百家争鸣’的方针；推动文教界、科技界盟员及所联系的群众，加强团结，密切协作，通过工作实践和努力学习逐步实现自我改造”。

1959 年 8 月至 1960 年 6 月，在民盟中央指导下，为“推动服务，加强改造”，一系列工作经验交流会分区域召开。例如：1958 年 8 月，浙江、福建二省在福州；1960 年 2 月，广东、广西、湖南三省区在广州；1960 年 3 月，江苏、安徽、江西、湖北、上海、北京四省二市在上海；四川、云南、贵州三省在成都；辽宁、吉林、黑龙江三省在长春；5 月，山东、山西、河南、河北四省在天津；6 月，陕西、甘肃、青海、宁夏四省区在西安，分别举行了经验交流会或盟务协作会议，就加强知识分子政治思想工作、调动知识分子为社会主义服务的积极性，交流了经验。

由于 1959 年中共党内的“反右倾”斗争和 1960 年“继续大跃进”的影响，民盟这些会议交流的经验，不可避免地蒙上了一层“左”的色彩，使盟员盲从当时开展的诸如“大办城市人民公社”“大办食堂”等中心工作。尽管如此，广大盟员还是尽其所能地为国家为人民作出了贡献。1960 年 6 月召开的“全国教育和文化、卫生、体育、新闻方面社会主义建设先进单位和先进工作者代表大会”上，有 104 位盟员作为代表出席，受到表彰，其中包括著名语言学家、教育家陈望道，著名科学家唐敖庆、谷超豪，著名中医王任之，著名作家秦牧，著名画家潘天寿、王个簃、陈之佛、雷圭元，著名新闻记者赵超构，著名演员童芷苓、筱爱琴、刘天韵等。据不完全统计，从1958年至1960年7月民盟三届二中全会，民盟盟员被评为各级先进工作者的有2700余人。即使曾在反右派斗争中受到冲击的盟员，也依然忠于国家、忠于人民、忠于事业，与中共风雨同舟，克服困难，于逆境中在教学、科研、人才培养等方面，作出了比较突出的贡献。如著名社会学家潘光旦，被错划为“右派分子”，仍坚持少数民族历史的研究，发表了《湘西北“土家”与古代的巴人》，还翻译了恩格斯的《玛尔克》和达尔文的《人种由来》。著名政治经济学家沈志远关注国家经济困难的现状，坚持用马列主义观点来研究中国的现实经济问题，于1962年8月在《文汇报》上发表《关于按劳分配的几个问题》一文，严正批判当时经济战线上“左”倾错误思潮，主张在社会主义阶段必须坚持按劳分配原则。著名化学家曾昭抡，在武汉大学建立起元素有机化学教研室，编写了200多万字的讲义，开创了我国的元素有机化学学科，即使罹患癌症，依然在治疗、休养期间撰写了100多万字的著作。著名化学家邢其毅作为学术领导之一于1959年参加了牛胰岛素全合成工作，经多方数年努力，于1965年使我国在国际上首次人工合成牛胰岛素结晶，在世界处于领先地位。

（三）民盟三届二中全会扩大会议和“神仙会”

自从1957年反右派斗争以来，紧接着民盟内部整风，党盟关系、盟组织与盟员的关系、人与人的关系都很紧张。很多知识分子和盟员，对形势、政策、工作等方面的看法、想法，采取“不讲、不写、不想”的态度。从1959年到1961年，国民经济连续三年发生严重困难。为克服困难，中共积极纠“左”，调整政策。1959年国庆前夕，根据毛泽东的建议，中共中央决定分批为“右派分子”摘帽，在一定程度上改善知识分子的政治处境和工作、生活安排。1959年12月11日，民盟三届十一次中常会扩大会议讨论关于“右派分子”摘帽问题，决议摘掉一部分中委及候补中委的“右派分子”帽子。

1960年7月25日至9月5日，民盟三届二中全会扩大会议在北京召开。此次会议历时43天，中央委员117人出席，候补中央委员及各地“服务与改造”工作有成绩的先进分子315人列席。

沈钧儒在大会开幕词中指出，这次会议的任务是进行形势教育，交流工作经验，以推动全体盟员积极服务，加强改造；并提出“认清形势，鼓舞斗志，肯定成绩，分析问题，积极服务，加强改造，兴无灭资，自觉革命”作为大会的方针。杨明轩代表中央常务委员会向大会作工作报告，总结了民盟三大以来，执行民盟社会主义改造规划的情况。

会议期间，代表们听取了国务院总理周恩来所作的《关于当前国内外形势》的报告，国务院副总理李富春所作的《关于国家经济建设问题》的报告，中共中央统战部部长李维汉所作的《学习毛主席著作，逐步改造世界观》的报告。在中共中央和国家领导人的讲话中，以各民主党派“只有进行根本改造”，“适应社会主义需要”为前提，重新提出“长期共存、互相监督”是中共“既定不移的方针”；肯定了各民主党派和知识分子的改造“大有进步”，但是“还有问题”。

这次会议改变了“反右”以来开会搞“四大”（大鸣、大放、大字报、大辩论）的简单化方法，改用“三不”“三自”（“不抓辫子、不戴帽子、不打棍子”；“自己提出问题，自己分析问题，自己解决问题”）的“和风细雨”的方式，使问题的讨论比较深入，与会者心情比较舒畅，因此被称为“神仙会”。

大会围绕国际形势、知识分子的估计、如何更积极地为社会主义建设服务、世界观改造、民盟的作用和任务以及“和风细雨，自我教育”的工作方法等问题进行了热烈的讨论，并和各兄弟党派联合举行了经验交流大会。会议鼓励与会同志敞开思想，自由辩论。这对打破当时的沉闷局面，活跃政治空气，发扬民主作风，调动知识分子的积极性起了较好的作用。

会议期间，毛泽东、刘少奇、朱德、周恩来等党和国家领导人接见了与会人员。中共中央对大会的关怀和指导使与会代表备受鼓舞。

从民盟三届二中全会到1962年中共八届十中全会召开之前，民盟各地组织都召开了“神仙会”，采取“三不”“三自”的方式开展政治思想工作，推动“服务与改造”。在当时国际形势比较紧张、国内国民经济处于困难时期的情况下，“神仙会”的召开稳定了知识分子及其所联系的群众，改进了合作共事关系，特别是与中共的关系，加强了团结，联系了群众，调动了广大知识分子的积极性，对于安定局势、较快地克服暂时的困难发挥了有益的作用。

1962 年 3 月，在广州召开的科学工作者会议和全国话剧、歌剧、儿童剧创作座谈会上，周恩来作了《论知识分子问题》的报告，肯定我国知识分子的绝大多数已经是属于劳动人民的知识分子，强调在社会主义建设中要发挥科学和科学家的作用；国务院副总理陈毅宣布给广大知识分子“脱帽”（脱资产阶级知识分子之帽）、“加冕”（加劳动人民知识分子之冕）。同月召开的二届全国人大三次会议上又重申了中共八大对知识分子的评价，再次肯定了知识分子是劳动人民的一部分和坚持贯彻“双百”方针。广大知识分子受到很大的鼓舞，各地的“神仙会”开得更加生动活泼，也促进了民盟的工作。

4 月 19 日至 24 日，民盟三届二十六次中常会扩大会议在北京举行，讨论我国人民民主统一战线的新形势和民盟在当前的工作任务。与会的 90 多位同志本着“知无不言，言无不尽”的精神，对民盟中央的工作提出了批评与改进意见。会议讨论通过了《中国民主同盟关于加强基层组织工作的几点意见（草案）》《关于调整巩固组织和发展盟员的意见》等文件。文件指出：“基层组织应当尊重盟员在国家政治生活中的畅所欲言的民主权利”，“思想政治工作必须明确是非界限，严格区分敌我矛盾和人民内部矛盾”，“基层组织要经常地、细水长流地进行思想政治工作”，“‘神仙会’是一种群众性地自我教育和自我改造的有效方法”。

6 月 10 日，民盟三届二十七次中常会又通过了《关于进行改进中央机关工作的计划》，使民盟自“反右”以来几乎停滞的组织活动开始有了转机。

按照民盟中央部署，各地民盟组织在 1962 年的工作中，都强调了要在共产党领导下，进一步贯彻“长期共存、互相监督”的方针，全面发挥民盟参（参加社会主义建设和各种政治活动）、代（代表盟员的合法利益和合理要求）、监（互相监督）、改（自我教育和自我改造）的作用，团结一切可以团结的人，调动一切可以调动的积极因素，完成建设社会主义的任务。民盟各级组织都开展了对知识分子状况的调查工作，改进了政治思想工作方法。

由于中共知识分子政策和有关文化教育各项具体政策的改进，民盟也在组织上予以配合，广大盟员增强了责任感，工作的积极性与主动性也有了提高。不少盟员在提高教学质量、进行科学研究、培养人才等方面取得了成绩，有的作出了比较突出的贡献，不少盟员被评为各级先进工作者和优秀教师。各级民盟组织也开始敢于代表盟员和知识分子维护合法权利和合理权益，向中共党组织和行政部门提出合理要求，在一定程度上帮助知识分子解决了工作时间、设备、助手和生活困难等问题，党盟关系渐趋正常。在这样的形势下，有些大专院校、科研机关的知识分子又开始提出入盟要求，民盟组织也开始打破“反右”以来一直停止发展的沉寂局面，发展了一些新盟员。

此外，为了贯彻执行1961年1月中共八届九中全会确定的“调整、巩固、充实、提高”的八字方针，民盟还积极参加文教界的调整工作。1962年8月8日，民盟中央印发《中国民主同盟中央常务委员会关于积极参加文教界方面精简工作的通知》，指出这是“本盟的光荣的政治责任，也是贯彻‘长期共存、互相监督’方针的具体体现”。胡愈之代表民盟中央机关参加了由中央文教部门、中央统战部会同民盟、民进、九三学社中央机关组成的文教方面精简小组。民盟中央和部分地方组织，分别参加了各级政府的文教事业调整工作，对调整工作中有关文教方面的政策执行情况进行调查了解，反映问题，提出意见和建议；同时宣传精简工作的政策，协助解决盟员及所联系群众在调整工作中存在的思想障碍和实际问题。

（四）民盟三届三中全会和“三个主义”教育

1962 年，随着中共调整工作的深入，国民经济的严重困难得到逐步克服，但中共中央领导层对形势估量和工作指导上的分歧却逐渐扩大。在 1962 年 9 月召开的中共八届十中全会上，毛泽东“重提阶级斗争”，会后，中共中央又决定在城乡发动一次普遍的社会主义教育运动，开展大规模的阶级斗争。

1963 年 1 月，民盟三届三中全会在北京召开。会议全盘接受了中共八届十中全会决议和毛泽东“以阶级斗争为纲”的理论，通过了《中国民主同盟关于当前形势和 1963 年任务的决议》，号召全盟深入学习中共八届十中全会公报，在盟内认真进行一次爱国主义、国际主义和社会主义的思想教育，并强调“这是本盟今后一个时期内的中心任务”。

从 1963 年到 1965 年，各地民盟组织大体上都是围绕“三个主义”教育这项中心任务开展活动，通过学习，“提高认识，增强信心，巩固团结，加强改造”。虽然 1963 年年初通过的决议仍然要求运用“神仙会”的方式开展这项学习运动，但在“以阶级斗争为纲”的思想指导下，“神仙会”的方式已失去了原有的精神。

1963 年 12 月 6 日至 11 日，民盟三届四中全会在京召开。全会工作报告指出：“在国际国内阶级斗争的风浪里，有些同志政治思想上仍然存在着问题，甚至有些问题是很严重的”，“还有不少同志在这一两年来由于放松改造，资产阶级个人主义、名利思想又有新滋长”，要“继续深入开展爱国主义、国际主义、社会主义思想教育运动”，在运动中“推动盟员继续深入学习马克思列宁主义、毛主席著作”，“把学习和反对修正主义斗争密切结合起来”，“加强阶级观点，提高阶级觉悟，自觉改造立场和世界观”。因此，后来的“三个主义”教育都增加了“阶级斗争教育”的内容和方法，要求盟员“查思想，找差距”，自觉改造思想。会议还要求推动盟员积极参加“阶级斗争、生产斗争和科学实验”。1964 年 1 月 31 日，民盟三届四十五次中常会召开。会议一致认为，进一步开展“三个主义”思想教育运动是民盟今后一个时期内的中心任务，为了加强这一工作的指导，决定设立三个主义教育学习委员会，胡愈之任主任委员，萨空了、千家驹为副主任委员。

为配合农村社会主义教育运动的开展，1964 年 3 月 4 日，全国政协、中共中央统战部与各民主党派中央机关组团赴河北霸县参加农村社会主义教育运动，民盟部分中央委员和民盟中央机关干部参加。1965 年4 月 11 日，民盟三届五十一次中常会决定把推动盟员积极投入社会主义教育运动作为工作中心。各省市民盟的专职干部轮流参加了当地中共党委组织的社会主义教育工作队。相当一部分盟员由所在单位安排参加了社会主义教育工作队，前往农村工作。

四、“文化大革命”期间被迫停止活动

1966 年至 1976 年的“文化大革命”是一场由领导者错误发动，被反革命集团利用，给中国共产党、国家和人民造成严重灾难的内乱。由于江青、张春桥等以批判民盟中央副主席吴晗创作的新编历史剧《海瑞罢官》作为揭开“文化大革命”的序幕，因此，民盟在“文化大革命”中受到的冲击更先于其他民主党派。

（一）批判《海瑞罢官》和民盟被迫停止活动

吴晗时任北京市副市长，是明史专家，他为响应毛泽东 1959 年 4 月提出的“学习海瑞精神”的号召，于 1960 年创作了《海瑞罢官》。1965 年年初，江青与张春桥共同策划，由姚文元执笔写了《评新编历史剧〈海瑞罢官〉》，并于 11 月 10 日在上海《文汇报》发表。

此后，对《海瑞罢官》的批判迅速升级，涉及范围急剧扩大。

1966 年 5 月 16 日，中共中央政治局扩大会议通过了《中国共产党中

央委员会通知》（简称“五一六通知”），标志着“文化大革命”正式开始。5 月 30 日，民盟三届五十六次中常会决定停止吴晗在民盟中央和民盟北京市委会所担任的一切职务，号召各级民盟组织积极参加“社会主义文化大革命”。

7 月 25 日，民盟三届六十一次中常会决定在中常会领导下成立民盟中央机关“文革办公室”，胡愈之任主任，李文宜任副主任，负责领导民盟中央机关的“文化大革命”。

1966 年 8 月 24 日凌晨 2 时，民盟中央机关接到北京市中学红卫兵的“通牒”，勒令限期 72 小时内自动解散民盟组织。次日，民盟中央以办公厅名义，在机关大门上贴出《中国民主同盟公告》。全文是：“本盟完全接受红卫兵的意见，自即日起停止办公，报请中共中央处理。特此公告。”

8 月 26 日，北京市中学红卫兵到民盟中央机关进行查封，迫使胡愈之代表民盟中央交出中国民主同盟中央委员会及民盟中央办公厅公章。至此，民盟中央工作全部陷于停顿。民盟各地组织也相继被当地红卫兵或造反派迫令停止活动，办公用房被强占，文书档案和办公设备遭洗劫。

1969 年 4 月 1 日，解放军派军代表进驻民盟中央机关。是年，林彪借口“加紧战备”，进行“战备疏散”，各民主党派的干部连同家属被迫疏散下放。民盟部分中央委员和民盟中央机关全体干部先后下放到湖北沙洋五七干校劳动。

（二）中共领导人对民盟盟员的保护

“文化大革命”期间，毛泽东在全局上一直坚持“文化大革命”的错误，但并没有放弃在中国革命和建设实践中所形成的民主党派与中共合作的观点，他制止和纠正过一些具体的错误，保护了一些中共的领导干部和党外著名人士，这其中也有民盟盟员。

如 1967 年，民盟中央委员、民盟湖南省委会主委、湖南省副省长周世钊被红卫兵抄家后，在北京面见毛泽东。在得知周世钊好多书被红卫兵弄得残缺不全后，毛泽东说：“这对你不起，由我负责赔偿，你那些旧书，我这里都应该有，任你挑选拿去作赔。”

又如 1968 年 10 月，毛泽东在中共八届十二中全会上再次提出，政协、民主党派还是要，还专门提到“谈家桢还可以搞他的遗传学嘛”。不久，正在农村劳动改造的谈家桢回到了复旦大学。1974 年，病重在身的毛泽东还特意嘱托王震路过上海时给谈家桢捎去口信：“这几年为什么没见到你发表文章？你过去写的文章，有些观点是正确的嘛！”鼓励谈家桢用马列主义观点指导遗传学的研究工作。

周恩来在“文化大革命”期间，克服重重阻力，尽一切可能维护民主党派与中共的长期合作共事关系，保护民主党派和无党派人士。他曾亲自列出一份应予保护的干部名单及范围，其中就有一些民盟盟员。围绕对这些人士的保护工作，周恩来同林彪、江青反革命集团开展了艰苦的斗争。

与此同时，周恩来还关注着更大范围内民主党派和无党派民主人士的境遇。例如，1970 年 3 月 4 日，周恩来就华罗庚来信要求追查研究手稿被盗一事专门指示，除了要求有关部门力求破案外，专门强调：“应给华罗庚以保护，防止坏人害他”，“华不适合再随科大去‘五七’干校或迁外地，最好以人大常委身份留他在京，试验他所主张的数学统筹方法”。

1970 年 10 月，在周恩来的亲自过问下，各民主党派中央机关开始迁入全国工商联大楼合署办公，成立联合办事组，并组织在京部分领导人和中央委员进行学习。之后，被下放的人员和家属也陆续调回。

1972 年 10 月，各民主党派中央成立 7 人组成的临时领导小组，负责领导联合办事机构的日常工作，组长由李文宜担任。各民主党派以全国政协名义成立学习领导小组，正式恢复学习活动。

1973 年 10 月，叶剑英、邓颖超受中共中央委托，邀集民主党派和无党派民主人士，协商第四届全国人民代表大会的代表候选人名单。在周恩来等中共领导人的力争下，民盟一些领导同志和著名学者受到了保护，并争取到了恢复部分活动的权利。邓初民、史良、白寿彝、华罗庚、陈望道、胡愈之、童第周等 60 余位盟员参加了第四届全国人民代表大会。

（三）在“文化大革命”中经受考验

“文化大革命”期间，民盟与中国共产党的合作关系遭到破坏，民盟各级组织受到冲击，民盟中央和地方组织的不少领导人和干部以及在各地区各部门工作的民盟盟员惨遭迫害，含冤受屈，身处困境。

然而，即使在极端困难的情况下，广大盟员也没有动摇坚持中国共产党的领导和走社会主义道路的信念，他们坚信中共定能领导全国各族人民尽快从乱局中走出，始终坚定地与中共风雨同舟、患难与共。他们或秉承爱国爱民的赤子之心，以中国共产党最真诚的朋友自居，在当时的政治环境下，依然大胆地向中共领导人痛切进言；或坚定信念，面对林彪、江青反革命集团的迫害，虽受尽折磨，却始终实事求是，保持了可贵的政治气节；或忠于职守，纵然被下放、被剥夺工作权利，依然尽己所能，克服困难，积极开展科研、文教和生产，继续为社会主义事业作贡献。

周世钊 1967 年进京面见毛泽东时，直陈林彪、江青等人怂恿造反派胡作非为的言行，劝谏毛泽东采取措施制止。1972 年 8 月，又上书毛泽东痛陈“林陈黑帮”的反动行为，直言“文化大革命”造成的弊端。

民盟中央副主席高崇民，在东北解放初期的 1945 年曾由周恩来派往安东担任省主席，后任东北大区副主席。“四人帮”凭空捏造所谓“东北叛党集团”大假案，污蔑他是国民党军统特务，对他使用酷刑逼供。高崇民至死不吐不实之词，保护了原来“东北救亡总会”的 100 多位成员。

著名生物学家童第周，在被关“牛棚”天天挨批斗的情况下，依然坚持学习，后在周恩来的过问下，改善了研究条件，于 1973 年和美籍生物学家牛满江教授合作完成了著名的“童鱼”试验。著名数学家苏步青，遭批斗后被勒令到江南造船厂接受再教育。他了解到工人的艰辛后，决心用现代科学技术进行船体放样改革，获得成功，还在此基础上把工作扩大到“计算机辅助船体建造系统”，为计算机辅助几何设计在我国的发展作出了贡献。著名数学家华罗庚，“文化大革命”期间先后到 20 余个省、

★ 1973 年，苏步青（右二）在上海工具厂授课。

自治区、直辖市传授推广“统筹法”和“优选法”，推动合理组织工业生产，提高劳动生产率。著名数学家江泽涵“文化大革命”后期已年逾古稀，在极其困难的情况下，一边坚持教学工作，一边抽空写作，经过数年努力，终于在 1979 年正式出版《不动点类理论》一书，推动了我国不动点类理论的研究。著名职业病防治专家吴执中，身受迫害，又因癌症左臂残废，依然坚持深入钨矿，研究了上万张 X 光片，写出了重要论文，为防治职业病作出了贡献。著名语言学家周有光被下放到宁夏劳动改造时，不忘随身携带二三十本各国文字的《毛主席语录》，空闲时用它们做比较文字的研究，还利用《新华字典》做字形分析，多年后利用当时的研究结果写成《汉字声旁读音便查》一书。著名桥梁专家李国豪，在没有纸张演算、没有资料查询、没有实验室做模型的情况下，继续从事钢桥振动研究并取得了成果。著名声学专家马大猷，在困境中编写了《声学工程手册》一书，进行气流噪声研究，提出了新的理论。著名东方学家季羡林在经历了关“牛棚”、挨批斗后，又被安排当北大宿舍的门房，他利用看门的间隙，悄悄翻译印度史诗《罗摩衍那》，至“文化大革命”结束时，汉译本已初具雏形。著名农业经济学家叶笃庄在反右派斗争中被错划为“极右分子”，后被逮捕入狱十年，刑满时又遇“文化大革命”，只好“留场就业”，面对农场油菜连续两年发生“花而不实”病，凭着一把尺子、一架天平、一些化学试剂及简陋的仪器，对病因连续进行多年的调查研究，并发表论文《油菜“花而不实”病因与防治措施的探讨》。著名微波通信与光纤通信专家叶培大“文化大革命”期间被迫中断研究工作，后于1972年开始参加邮电部微波中继通信960路机的研究，在国内最先研制出微波波导校相器、直接藕合滤波器和微波分并路器。著名经济学家陶大镛在“牛棚”里不厌其烦地收集资料，默默无闻地从事对庸俗经济学的研究，于“文化大革命”期间偷偷写下了上百万字的书稿。著名植物学家吴征镒在“劳动改造”时，边烧锅炉边坚持查看各地中草药手册，订正中草药植物名称，做了四大本笔记，后来成为《新华本草纲要》的底本。著名物理化学家和无机化学家徐光宪下放后调回北大化学系，接受紧急军工任务——分离稀土元素中性质最为相近的镨和钕，52岁转变研究方向，由核燃料萃取化学转入稀土研究领域，为改变我国稀土生产技术的落后面貌作出巨大贡献。著名数学家谷超豪“文化大革命”期间被迫“靠边站”，无法正常开展数学研究，仍寻找机会加入了一个卫星研究小组，将自己的理论应用于实际中；1974年又接受诺贝尔物理学奖得主杨振宁邀请共同开展数学物理方面研究，二人的合作研究很快获得多项有意义的成果。著名物理化学家和激光化学家张存浩率领团队研制出我国第一台连续波超音速化学激光器，“文化大革命”期间成功进行了验证试验，激光器整体性能指标达到当时世界先进水平，为我国化学激光的后续发展奠定了基础。

民盟的绝大多数盟员都没有动摇过热爱祖国和拥护中国共产党、拥护社会主义的立场，他们的抵制和斗争，为一定程度上限制“文化大革命”的破坏、为社会主义建设在一些重要领域仍能取得一定的进展作出了积极贡献。

民盟之所以能在“文化大革命”中经受住严峻的考验，是因为民盟在中国革命和建设的过程中，在同中国共产党的长期合作中，树立起了坚

★ 1974 年，华罗庚（左一）在农村推广传授“统筹法”和“优选法”。

持中国共产党领导和为社会主义服务的牢固信念，这是民盟经得住“文化大革命”的磨难而不动摇其意志和初衷的政治基础和思想基础。作为中国共产党的亲密友党，民盟能够理解共产党在其发展中出现的历史曲折，能同共产党休戚相关、荣辱与共、战胜困难。周恩来等老一辈无产阶级革命家在极端困难的复杂情况下给予民盟盟员的关心和保护，在一定程度上阻挡或减轻了“文化大革命”带给民盟的灾难，使盟员看到了前途和希望，满怀信心期待着历史的转机。

第四章

以经济建设为中心，助力改革开放大局

粉碎“四人帮”后，因“文化大革命”停止活动十年的民盟重新恢复组织、开展活动，并积极拨乱反正，落实政策。中共十一届三中全会后，中国进入了改革开放和社会主义现代化建设新的历史时期。民盟在邓小平理论指导下，与中国共产党亲密合作，认真履职尽责，把工作重点转移到为社会主义现代化建设服务上来，为实现新时期的总任务努力奋斗。民盟发挥自身优势，以经济建设为中心，助力改革开放大局，探索开展教育体制改革、区域经济发展规划、智力支边扶贫等工作。在各项工作的恢复和发展中，民盟实现了领导机构的新老合作与交替，为更好履行参政党职能，推进多党合作事业持续发展打下坚实基础。

一、拨乱反正，在恢复中发展

1976 年 10 月 6 日，中共中央政治局采取果断措施彻底粉碎了“四人帮”，“文化大革命”结束，中国开始进入以社会主义现代化建设为中心任务的新的历史时期。民盟在中国共产党帮助下，逐步恢复组织和开展活动。

（一）恢复组织，开展活动

从 1976 年 10 月起近一年时间里，民盟盟员积极参加揭发批判林彪、江青反革命集团的群众运动，批判其践踏统战政策、摧残民主党派的罪行。这一时期，民盟和各民主党派的组织虽然尚未恢复，但中共领导人叶剑英、乌兰夫等多次通过春节联欢会、政协联组学习会等场合，直接与民主党派负责人见面，及时传达党内会议和文件精神，恢复了中国共产党和民主党派的合作关系。包括民盟在内的各民主党派负责人，也通过这些场合多次提出恢复组织活动的建议。

1977 年 8 月 12 日至 18 日，中国共产党第十一次全国代表大会召开，重申了把中国建设成为社会主义现代化强国的任务，并提出在次年春天提前召开五届全国人大一次会议和全国政协五届一次会议的建议。恢复民主党派的活动、巩固和发展中国共产党领导的多党合作制度提上了日程。9 月 27 日，中共中央召开全国各省、自治区、直辖市党委组织部长、统战部长会议，集中讨论支持各民主党派恢复活动的问题。

10 月 28 日，中共中央统战部召开会议，传达了中共中央关于各民主党派、工商联恢复活动的通知。民盟即酝酿成立民盟中央临时领导小组，召集人为史良、胡愈之；成员有邓初民、楚图南、萨空了、李文宜。原民主党派中央机关临时领导小组于 1978 年 2 月 5 日撤销。从此，民盟重新参加国家政治活动，开展各项工作。民盟中央机关也于 1979 年 2 月搬回原址东厂北巷 1 号办公。

民盟中央临时领导小组最初两年的工作，主要是恢复健全各个工作部门，配备干部；对“文化大革命”期间盟员和所联系的人士变化情况进行调查；组织成员学习；着重整顿和重建基层组织；就开展新时期民盟工作的问题进行研究。

1978 年 5 月 23 日，民盟举行三届六十三次中常会扩大会议，决定在民盟中央临时领导小组下设立工作委员会，负责组织、宣传及日常工作。8 月 1 日，民盟中央临时领导小组第一次会议召开，确定工作委员会成员为：萨空了、李文宜、费孝通、沈兹九、高天、张毕来、罗涵先、林亨元、关世雄、王健，并作了具体分工；决定编印内部刊物《盟务简讯》，高天任主编；通过了《关于开展调查研究，召开区域性盟务座谈会的计划》。

按照民盟中央临时领导小组第一次会议部署，从 1978 年 10 月到 1979 年 3 月，临时领导小组先后在上海、广州、天津召开了华东 6 省 1 市，中南和西南 5 省区，华北、东北、西北 11 省区市盟务座谈会，研究民盟基层工作的恢复及如何在新形势下把民盟工作的着重点转移到四个现代化建设上来。由于当时许多地方民盟组织尚未恢复，一些地方民盟组织领导同志的冤假错案尚未彻底平反，特别是“左”的思想束缚尚未解除，关于统战政策和民主党派地位的大是大非问题尚未廓清，许多盟员包括民盟的基层干部还顾虑重重，一些人对民盟恢复组织和活动态度消极。面对这种困难局面，民盟中央临时领导小组做了很多准备工作。这3次分片召开的座谈会，会议时间长（分别召开了13天、15天、14天），讨论充分，交流深入，总结了民盟过去工作的经验教训，深入探讨了民盟新时期工作任务，为推动民盟各地方组织恢复活动发挥了重要作用，也为民盟第四次全国代表大会的召开做了思想和组织上的准备。

1978年11月，中共中央组织部发出《关于落实党的知识分子政策的几点意见》。《意见》认为知识分子队伍的状况已经发生深刻变化，解放初期提出的对知识分子“团结、教育、改造”的方针已经不适用于目前的情况，当前要做好复查与平反昭雪知识分子中的冤假错案工作，对知识分子要充分信任，放手使用，做到有职有权有责；调整用非所学，做到人尽其才，才尽其用；努力改善他们的工作条件和生活条件。

为此，民盟中央于12月28日成立落实政策小组，李文宜担任组长，下设办公室，罗涵先、林亨元负责具体工作。在此之前，民盟中央曾于8月间邀请北京大学、清华大学部分盟员和文教科技界的盟员举行多次座谈，对知识分子落实政策存在的问题进行调查，并向中共中央反映情况。

1979年2月，中共中央组织部、宣传部、统战部和公安部、民政部联合召开全国右派复查改正工作经验交流会，会后，改正错划右派工作立即在全国铺开。民盟落实政策小组大胆开展工作，帮助中共和政府落实有关政策，使民盟盟员的冤假错案大部分得到平反，为他们恢复了政治名誉。如1979年4月、8月、9月，高崇民、刘清扬、吴晗的平反昭雪大会或追悼会分别举行，他们的冤假错案得到平反。

但是，民盟恢复活动的最初两年里，由于新时期民主党派的性质、任务和作用不明确，在对待民主党派问题上“左”的余毒尚未肃清，民盟的工作困难很多，落实知识分子政策等遇到不少阻力。这种局面直到中共十一届三中全会的路线方针政策逐步落实后才开始有了根本的转变。

（二）民盟四大

1978 年 12 月，中共十一届三中全会胜利召开。全会全面系统地纠正了“文化大革命”的“左”的错误，重新确立了马克思主义的思想路线、政治路线和组织路线，作出了把党和国家的工作重点转移到社会主义现代化建设上来和实行改革开放的战略决策，开创了社会主义事业新局面，开启了改革开放历史新时期。

全会确定的路线方针政策，得到民盟衷心拥护。为跟上这一大好形势，更好地开展工作，1979 年 10 月 11 日至 22 日，中国民主同盟第四次全国代表大会在北京举行。大会共有代表 474 人。史良致开幕词，胡愈之代表第三届中央委员会作工作报告并致闭幕词。李文宜作《关于修改盟章的说明》。大会审议通过了工作报告和修改后的《中国民主同盟章程》，选举产生了新一届中央委员会。

胡愈之在工作报告中回顾了民盟的历史，总结了“文化大革命”前 17 年的工作和经验教训，指出：“在新的历史时期，民盟的任务是广泛地团结所能联系的文教科技界的中上层知识分子，其中包括社会主义劳动者、拥护社会主义的爱国者和拥护祖国统一的爱国者，在他们中间发挥带头作用、骨干作用和桥梁作用，为在本世纪内把我国建设成为社会主义的现代化强国，为实现祖国统一大业而奋斗”；并提出，“实现四个现代化是当前最大的政治，是我们国家现阶段的中心任务，也是我们民盟的中心任务”。为切实地把民盟的工作重点转移到为四个现代化服务上来，要实现几项任务：第一，积极推动盟员和民盟所联系的知识分子为四个现代化贡献力量；第二，贯彻“长期共存、互相监督”的方针，积极参加政治生活，为发扬社会主义民主作出新贡献；第三，推动成员学习马列主义和毛泽东思想，在改造客观世界的同时不断地改造主观世界；第四，扩大联系，广泛团结爱国知识分子，特别是要开展同台湾同胞、港澳同胞、海外侨胞中的知识分子的联系工作；第五，继续整顿组织，适当发展组织，充实干部队伍。

在报告的最后，胡愈之以个人名义承担了他自1953年以来，特别是民盟三大以来，长期担任民盟中央秘书长职务期间所执行的“左”的错误的责任，诚恳地向因此受到政治牵连和不公正待遇的盟内同志道歉。与会同志对此极为赞赏和感动。

修改后的《中国民主同盟章程》规定了新时期民盟的性质、任务、组织制度等，特别增加一章“民盟的工作”，明确了民盟工作的主要内容和方针。《中国民主同盟章程》总纲中规定了民盟的性质：“民盟是中国共产党领导下的革命的爱国的统一战线的组成部分；是以社会主义知识分子，特别是文教科技界中上层知识分子为主的社会主义劳动者和拥护社会主义的爱国者的政治联盟；是在党的领导下进一步为社会主义服务的政治力量。”“民盟……坚决贯彻党的‘长期共存、互相监督’‘百花齐放、百家争鸣’方针和知识分子政策。”

大会选举产生中央委员188人，候补中央委员44人。10月23日，民盟四届一中全会选举中央常务委员会委员41人，选举史良为主席，胡愈之、邓初民、楚图南、苏步青、华罗庚、彭迪先、萨空了、李文宜、费孝通为副主席，高天为秘书长。10月24日，民盟举行四届一次中常会，决定民盟中央机关下设办公厅、组织部、宣传部、文史资料委员会、文教科技委员会、联络委员会。

民盟四大像史良在开幕词中预期的那样，开成了“一个解放思想、发扬民主的大会”“一个团结的大会”“一个动员全盟同志为四个现代化多做贡献的誓师大会”。大会确立了民盟的政治纲领、奋斗目标、工作任务，选举产生了新的领导机构，为民盟加强自身建设奠定了思想基础和组织基础，也为民盟在新时期发挥参政议政、民主监督作用打下了坚实根基，标志着民盟进入一个新的发展阶段。大会之后，各省、自治区、直辖市的民盟组织经过筹备，陆续召开了代表大会，传达贯彻了全国代表大会的精神，确定了今后的工作任务，选举了新的领导班子。

1981 年 12 月 20 日，民盟四届二中全会增补闻家驷为副主席。

（三）拨乱反正，落实政策

四大后，民盟各项工作出现明显转机，打开了新的局面。民盟各级组织加快落实统一战线政策和知识分子政策的步伐，组织力量，调查研究，实事求是地向当地中共党委反映情况，提出切实可行的意见和建议，为盟员争取合法权利和正当利益。

民盟积极配合中共开展对“右派分子”复查改正和冤假错案平反工作。1980 年 4 月 2 日，民盟四届二次中常会通过《中国民主同盟关于撤销原错划为“右派分子”，现已改正的本盟第二届中央委员和候补中央委员的盟纪处分的决定》，对原划为“右派分子”的民盟第二届中委、候补中委，经过复查属于错划，已经改正，其所受盟纪处分，均予以撤销；对尚在复查或审批中的民盟第二届中委、候补中委，如获改正，即相应撤销其所受盟纪处分。

6 月 11 日，中共中央批转统战部《关于爱国人士中的右派复查问题的请示报告》。6 月 27 日，民盟举行在京中常委扩大座谈会，传达了中共中央的通知，宣布 1957 年被错划为右派的曾昭抡、费孝通、黄药眠、陶大镛、钱伟长、吴景超 6 位教授以及刘王立明、浦熙修等同志的右派问题均予改正，恢复名誉；所谓“章罗同盟”在组织上并不存在；《对于有关我国科学体制问题的几点意见》和《我们对于高等学校领导制度的建议》的出发点和内容是可取的，不是所谓“章罗同盟”的“反动纲领”。在此之前，民盟中央于 6 月 10 日为潘光旦举行了平反昭雪追悼会；1981 年 3 月 3 日、18 日、19 日，又相继为曾昭抡、刘王立明、浦熙修举行平反昭雪追悼会；他们都曾被错划为右派，“文化大革命”期间被迫害致死。到 1981 年 12 月，根据有关政策，共有 5583 位被错划为右派的盟员经过复查后获得改正。

1982 年 11 月 15 日，民盟中央为章伯钧举行骨灰移存八宝山革命公墓仪式；1985 年 11 月 11 日，民盟中央和农工党中央联合举行纪念章伯钧同志诞辰 90 周年座谈会，肯定了章伯钧的一生是爱国的、进步的，做了有益于人民、有益于国家的好事，对民主革命、新中国的建立和社会主义事业作出过力所能及的贡献。1986 年 10 月 24 日，民盟中央举行纪念罗隆基同志诞辰 90 周年座谈会，肯定罗隆基的一生是爱国的、进步的，为人民、为国家做了好事，对民主革命、新中国的建立、社会主义事业和世界和平事业作出了应有的贡献。

民盟中央和各地民盟组织还受理了大量的盟员、群众来信来访，协助中共和政府平反了一批冤假错案，解决了一部分盟员和群众申诉的问题。其中比较突出的如：1949 年前后，四川、江西部分盟员配合解放战争策反了一批地方武装，后被当作土匪、反革命错误处理。民盟四川省委会和江西省委会协助当地中共党委和政府予以纠正，使百余位同志得到平反。

“右派分子”复查改正和冤假错案的平反，实事求是地澄清了历史是非，解决了历史遗留问题，卸掉了压在一些盟员及家属身上多年的沉重包袱，调动了盟员投身“四化”建设的积极性，在全盟产生了良好而广泛的影响。

随着“四化”建设的发展，知识分子工作的问题日益突出，做好知识分子工作更显重要。中共中央于 1982 年 1 月 30 日发出《关于检查一次知识分子工作的通知》，并邀请民主党派协助检查。1982 年 2 月 17 日，民盟四届八次中常会决定把协助中共和政府做好贯彻落实知识分子政策的工作列为民盟的工作重点，要求各地组织调查了解情况，反映意见，提出建议。会议决定成立以楚图南为组长、由 40 人组成的知识分子工作研究小组，负责综合情况，分析研究，为中共解决知识分子问题的决策提供意见。

经过四个多月的工作，各地民盟组织调查教育界、科技界、文化界等方面的知识分子近两万人，收集了大量情况和问题，提出了许多意见和建议。7 月 6 日至 13 日，民盟中央在北京召开知识分子工作研究小组会议，邀请中共中央和政府人事部门派员列席，会后整理形成《关于进一步落实知识分子政策的若干建议》交中共中央和国务院。建议涉及知识分子地位和作用、中年知识分子问题、健全领导管理体制、合理使用人才、妥善处理平反改正后的遗留问题等，第一次突出地提出了中年知识分子问题，引起了中共中央的重视，中共中央办公厅专门复函民盟表示感谢。7 月 17 日，民盟四届九次中常会通过《关于继续做好知识分子政策落实情况调查研究工作的通知》，把协助中共落实知识分子政策作为长期的工作任务。民盟中央还编印了《关于落实知识分子政策情况调查材料摘要》，将各地的问题和典型事例反映给中共中央和有关部门。

1982 年 12 月 20 日至 28 日，民盟中央在北京召开落实知识分子政策调查工作汇报会，对落实知识分子政策工作进行总结交流，提出要进一步协助中共把落实政策的工作抓出实效，充分发挥知识分子作用，团结他们为开创社会主义现代化建设新局面作出更多的贡献。

落实政策极大地调动了广大盟员建设社会主义的积极性，他们在各自的专业领域和工作岗位上，作出了优异的成绩。从 1977 年到 1982 年，民盟有 10631 位盟员被授予劳动模范、先进工作者、模范教师、三八红旗手等称号，王金陵等 8 人获得全国劳动模范称号。1982 年有 40 多位盟员获得国家自然科学奖和国家技术发明奖。其中，邢其毅、唐敖庆、张文佑获得国家自然科学奖一等奖，盛家廉获得国家技术发明奖一等奖。华罗庚等 40 多位盟员在国际上被授予各种学位、荣誉职称，荣获勋章或奖章。66 位盟员当选中国科学院学部委员，105 位盟员担任国务院学位委员会学科评议组成员。

在建设社会主义精神文明、争取社会风气的根本好转、保护国家财产和人民生命安全的斗争中，很多盟员表现出高度的爱国热忱，有的还献出了宝贵的生命。如河南开封师范学校校医周承玺同歹徒英勇搏斗光荣牺牲，黑龙江齐齐哈尔市昂昂溪区水师中学副校长林文炳为救两名游泳遇险学生英勇献身。

（四）重新在国家政治生活中发挥作用

中共十一届三中全会后，林彪、江青反革命集团强加给统战部门的所谓“取消阶级斗争”“修正主义路线”等帽子被摘去，统一战线工作重新焕发活力，中国共产党和民主党派的合作不仅得以恢复，并且顺应新的形势发展需要，得到了进一步加强。

中共中央和国家领导人重申了1956年提出的民主党派“政治自由，组织独立，法律平等”的原则；1979年8月召开的全国统战会议进一步强调了尊重民主党派独立性，发挥民主党派作用，加强中共与民主党派合作。

1979年10月，邓小平在接见各民主党派和工商联全国代表大会代表时指出：“各民主党派和工商联已经成为各自联系的一部分社会主义劳动者和拥护社会主义的爱国者的政治联盟和人民团体，成为进一步为社会主义服务的政治力量”，“在新的历史时期中，各民主党派和工商联仍然具有重要的地位和不容忽视的作用”，强调中国共产党同各民主党派“长期共存、互相监督”是一项长期不变的方针。

1980年2月12日，在民盟中央、民盟北京市委会联合举行的迎春茶话会上，中共中央政治局委员、宣传部部长胡耀邦肯定了民盟的光荣革命传统、知识优势和作风正直、诚实，鼓励民盟同志“敢字当头，敢于反映情况，敢于提意见，敢于抓工作，敢于帮助我们共产党纠正缺点”，鼓励民盟积极参政议政，和中国共产党合作，一起把国家的事办好。胡耀邦的讲话使全盟受到极大的鼓舞，调动起参政议政的积极性。

1982年1月，中共中央总书记胡耀邦在全国统战工作会议上指出：在新的历史时期，中共一定要同党外朋友真正建立起肝胆相照、荣辱与共的关系。同年9月，中共十二大明确提出：要继续坚持“长期共存、互相监督、肝胆相照、荣辱与共”的方针，加强同各民主党派、无党派民主人士、少数民族人士和宗教界爱国人士的合作。这标志着中国共产党与民主党派关系的“十六字”方针正式确立，中国共产党领导的多党合作不仅得到恢复，而且进入了一个崭新的时期。

★ 1980 年 1 月 1 日，邓小平与史良在全国政协新年茶话会上亲切交谈。

民盟重新在人大、政协发挥作用。1978 年 2 月，在五届全国人大一次会议上，15 位盟员（部分跨党派）当选为全国人大常委会委员；在全国政协五届一次会议上，史良、庄希泉、童第周当选为全国政协副主席，20 位盟员（部分跨党派）当选为全国政协常委（后增选 4 人，共 24 人）。1979 年 7 月，五届全国人大二次会议增选史良为全国人大常委会副委员长，全国政协五届二次会议增选胡愈之为全国政协副主席。五届人大、政协期间，民盟共有 1970 人当选各级人大代表，其中 95 人当选全国人大代表，134 人当选各级人大常委会副主任；4326 人担任各级政协委员，其中 211 人担任全国政协委员，273 人当选各级政协主席、副主席。还有 42 人担任地方各级人民政府的领导职务。

1979 年 9 月，全国政协召开了民主党派和无党派人士座谈会，就加速农业发展和提高部分职工工资等问题征求意见，民盟中央领导参加会议。此后，中共中央逐渐恢复了邀请党外人士协商党和国家大事、广泛听取意见的做法。民盟中央领导多次应邀出席有关会议，就人大、政协、国家领导人的人选，中共中央《关于建国以来党的若干历史问题的决议》、整党、《关于价格、工资改革初步方案》等重大问题和国家事务交换意见，共商国是。

1982 年 9 月 1 日至 11 日，中国共产党第十二次全国代表大会召开，邀请各民主党派负责人列席大会并参与有关方针任务的讨论，民盟中央主席史良，副主席胡愈之、楚图南、苏步青、华罗庚、萨空了、李文宜、费孝通等应邀列席。这是改革开放后，民盟第一次应邀列席中共全国代表大会。从此以后，中国共产党每次召开全国代表大会都邀请各民主党派负责人列席。

1980 年 9 月，五届全国人大三次会议决定全面修改宪法，成立了宪法修改委员会。史良、胡愈之、华罗庚、彭迪先、费孝通等任宪法修改委员会委员，叶笃义任宪法修改委员会秘书处副秘书长。他们不仅参加修改宪法的实际工作，而且依靠民盟组织发动全盟对宪法草案进行讨论，通过多种形式反映意见，专门就知识分子的地位和作用向宪法修改委员会提出建议并被采纳，最终使宪法序言中体现出知识分子和工人、农民一样是社会主义建设的依靠力量这一重要内容。1982 年 12 月新宪法正式公布后，民盟四届十次中常会扩大会议通过了《民盟中央关于全盟学习、宣传、贯彻执行〈中华人民共和国宪法〉的决议》，并于 1983 年 1 月组织叶笃义、钱伟长、费孝通、千家驹、林亨元、刘思慕、陶大镛、龚祥瑞、芮沐、王铁崖、潘大逵、侯学煜分选 12 个题目举办新宪法讲座，听讲者达 10000 余人，后讲稿编成《新宪法十二讲》并出版发行。

1980 年 9 月，全国政协五届三次会议作出关于修改政协章程的决议，成立了政协章程修改委员会。史良任政协章程修改委员会副主任委员，胡愈之、萨空了、钱端升、钱伟长任委员，高天任章程修改委员会秘书处副秘书长。《中国人民政治协商会议章程》颁布后，民盟中央作出了《关于学习、宣传、贯彻执行〈中国人民政治协商会议章程〉的决议》。

1980 年 11 月，最高人民检察院特别检察厅对林彪、江青为首的反革命集团提起公诉，最高人民法院特别法庭依法进行审判。史良就此发表谈话表示拥护，认为审判“体现了全国人民的意志，严肃了国家法制，具有重大历史意义”。费孝通受聘担任特别法庭审判员，民盟盟员、上海市律师协会副主席韩学章，盟员周奎正被指聘为辩护律师。

为实现祖国统一大业贡献力量，是民盟四大提出的新时期任务之一。1981 年 9 月 30 日，叶剑英发表谈话，进一步阐明关于台湾回归祖国、实现和平统一的九条方针政策。次日，史良发表谈话表示坚决拥护，号召全体盟员为实现祖国统一大业竭尽全力，作出应有的贡献。1983 年 9 月 22 日，史良就中国政府将于 1997 年收回香港主权问题发表谈话，表示民盟坚决拥护我国政府的这一重大决策，相信香港的主权必将如期收回，实现由香港的中国人自己治理香港事务的构想。

民盟中央从实际出发，通过调查研究，就智力开发、经济建设等重大问题，向中共党委和政府反映情况，提出意见和建议，尤其是关于教育问题的一系列建议，为中共党委和政府的决策提供了有力的支持。

1980 年 4 月 2 日，民盟中央成立“教育计划和教育体制研究小组”，并向全盟发出通知，动员全盟就此问题大力开展调查研究，收集意见。3 个月内，各省级民盟组织共整理报送了 400 余份材料。7 月 21 日至 8 月 6 日，民盟中央在青岛举行教育问题座谈会，在研究分析各地上报的大量材料基础上，就高等院校的领导体制和管理体制、高等教育结构、高等院校的教师队伍、教学水平以及中小学教育的一些问题，向中共中央提出《关于我国教育工作的几点建议》，为中共十一届五中全会讨论制定适合国民经济发展的教育计划和教育体制提供了重要参考。

1982 年春，民盟又发动地方组织对城市中学教育进行一系列调查研究，历时一年。1983 年 1 月 29 日至 2 月 4 日，民盟中央在北京召开“城市中学调查研究工作汇报会”，会后向中共中央和教育部门提出《关于改革城市中等教育的几点建议》，建议设立由计委、财政、劳动人事和教育等有关部门参加的领导机构，通力合作，加速改革步伐；落实职业学校毕业生择优录用的政策，制定职业教育长远规划；学校领导党政分工要明确；加强教育在“四化”建设中的地位和作用的宣传；教育立法，增加教育经费，提高中小学教师社会地位和福利待遇，整顿师资队伍等。大部分意见得到采纳。

不少省、自治区、直辖市民盟组织紧密联系当地实际，配合中共党委和有关部门，发动盟员为各项建设事业献计献策。如民盟北京市委会根据中共中央书记处对首都建设方案的建议，组织盟内有关专家就城市规划、建筑建设、园林绿化、防止污染等方面工作提出建议。民盟上海市委会组织从事经济研究和经济工作的盟员，就保证上海经济的增长速度、发挥对外贸易的优势、轻纺工业的技术改造等问题提出建设性的意见。

（五）民盟四大以后的组织发展

1957 年，反右派斗争之后，民盟组织基本停止发展，“文化大革命”期间，民盟各级组织又遭到严重破坏而陷入瘫痪，盟员人数由 1957 年 12 月的 33188 人降至 1979 年 9 月的 23921 人。民盟面临盟员年龄结构老化、人才断层、后继无人的局面。在改革开放新时期，民盟迫切需要大量新鲜血液加入进来。民盟四大顺应时代和工作要求，提出继续整顿组织、适当发展盟员、充实干部队伍的任务。

按照民盟四大关于组织发展的精神，1980 年 2 月和 4 月，民盟中央相继出台《关于发展组织工作的意见》《关于当前组织工作几个问题的意见》，提出：继续贯彻执行“以文教为主、中上为主、大中城市为主”的方针和巩固与发展相结合的原则，着重在文教科技界吸收中老年知识分子入盟；发展新盟员要作为一项经常性的工作；进一步整顿健全组织，发挥基层组织的作用；充实和培养专职干部等。两个《意见》的出台，为民盟组织工作明确了方向和任务，民盟的组织发展逐步走上正常有序的轨道。

1981 年 1 月，民盟在北京召开全国工作会议。会上重点讨论了加强思想政治工作和组织发展问题。提出要继续解放思想、实事求是，加强理论学习和形势教育，把盟员的思想实际和业务实践结合起来，提高为“四化”服务的自觉性。强调要简化入盟审批手续，积极发展新盟员，补充骨干力量。呼吁开展基层工作要积极主动争取基层党委的领导和支持。特别指出做好专职干部队伍的建设，是做好民盟各项工作的关键，民盟各级组织要尽快按核定的编制，配足干部。这次会议对于民盟地方组织发展以及民盟专职干部队伍壮大起到了很大推动作用，也有力促进了民盟思想政治工作的开展。

民盟各级组织认真贯彻全国工作会议精神。1981 年 7 月，民盟四届五次中常会扩大会议通过《关于全盟学习〈关于建国以来党的若干历史问题的决议〉的通知》，进一步加强思想政治工作。民盟中央举行了中国共产党成立 60 周年、民盟成立 40 周年、陶行知诞辰 90 周年、张澜诞辰 110 周年、杜斌丞牺牲 35 周年、杨明轩逝世 15 周年等纪念活动，回顾民盟和中共亲密合作历史，缅怀民盟先辈事迹，开展优良传统教育。

民盟恢复活动初期，组织发展工作困难重重，面临着专职干部人力严重不足，“左”的思想仍然存在的局面。许多盟员克服困难，以老骥伏枥的精神，承担起繁重的工作任务，为民盟组织的恢复和发展作出了不可磨灭的贡献。在他们的努力下，在中共党委的支持下，各地方民盟组织加大了组织发展的力度，改选新的领导机构，充实干部队伍，地方组织不断恢复，盟员人数不断增加，组织发展进入快车道。到 1983 年年底，除西藏、台湾外，民盟在 28 个省、自治区、直辖市都恢复了组织，市县级组织由四大召开前的 97 个发展到 147 个，基层组织由四大召开前的 609 个发展到 2580 个。1979 年 9 月至 1983 年年底，民盟新发展盟员 19160 人，盟员总数达 43081 人，新盟员平均年龄 50 岁，绝大多数都是思想进步、有一定代表性的业务骨干，半数以上是年富力强的中年，盟员结构老龄化的状况有了初步改善。

二、为全面开创社会主义现代化建设新局面服务

1982 年 9 月召开的中共十二大，提出全面开创社会主义现代化建设新局面的奋斗纲领。面对新形势新任务，民盟发挥自身优势，聚焦区域经济，建言教育改革，致力“四化”建设，促进祖国统一，努力为全面开

创社会主义现代化建设新局面服务。

（一）民盟五大

1983年12月14日至25日，中国民主同盟第五次全国代表大会在北京举行。大会共有代表686人。史良致开幕词。中共中央政治局委员、书记处书记习仲勋宣读了中共中央贺词。费孝通代表第四届中央委员会作《团结起来，为建设社会主义物质文明和精神文明贡献一切力量》的工作报告。李文宜作《关于修改盟章的报告》。大会审议通过了工作报告和修改后的《中国民主同盟章程》，选举产生了新一届中央委员会。胡愈之致闭幕词。

这次大会的任务是：总结全盟实践经验，贯彻中共十二大精神，健全领导，明确任务，开创民盟工作新局面，为建设社会主义物质文明和精神文明作出新的贡献。

中共中央贺词指出："中国民主同盟长期同我们党风雨同舟、并肩战斗，是我们党的亲密战友，具有爱国的革命的光荣历史。"贺词肯定了民盟在新的历史时期的工作："民盟积极参加国家政治生活、经济建设和统一战线中重大问题的协商讨论，努力参加发展文化教育事业等工作，在开展科学技术咨询服务、智力支援边疆和少数民族地区的建设等方面，取得了可喜的成绩和经验"，提出"希望民盟组织和盟员同志们坚持四项基本原则，发扬光荣传统和自身优势，积极参加社会主义物质文明和精神文明建设，出成果，出人才，作出新的贡献"。

费孝通在工作报告中概括了四年来民盟工作的变化：第一，组织和推动盟员学习马列主义、毛泽东思想；认真协助中国共产党贯彻落实统一战线政策和知识分子政策；广大盟员积极为社会主义现代化建设贡献力量；第二，积极参加国家大政方针的协商、讨论，对智力开发、教育改革等方面的问题，开展调查研究，提出意见和建议，在国家政治生活中发挥了积极的作用；第三，从民盟具有多学科智力集团的特点出发，不断开拓新的工作领域，在面向社会为"四化"服务的各项服务中，取得了显著成绩；

第四，经过整顿，民盟的组织不仅恢复，并且有了较大的发展，干部队伍得到了充实。报告指出：我们国家已经进入全面开创社会主义现代化建设新局面的一个历史新阶段。我们要和全国人民一起，坚持四项基本原则，高举爱国主义旗帜，在中国共产党的领导下，为实现社会主义现代化建设，完成祖国统一大业，维护世界和平，作出新的更大的贡献。

大会认为，民盟今后的主要任务是：在总结全盟实践经验的基础上，进一步贯彻中共十二大精神，开创民盟工作的新局面，为实现以经济建设为中心的20世纪80年代三大任务，作出新的更大的贡献。民盟各级组织必须坚持四项基本原则，遵循“长期共存、互相监督、肝胆相照、荣辱与共”的方针，充分发挥民盟作为一个为社会主义服务的政党的作用，积极参加国家政治生活、建设事业和统一战线中重大问题的协商讨论，帮助党和政府宣传和贯彻各项方针政策，特别是统一战线和知识分子政策，以调动盟员和所联系的知识分子献身“四化”的积极性和主动性。要进一步推动盟员不断提高业务水平，积极参与智力开发，立志改革，勇于创新，出人才，出成果，并从实际出发，重视调查研究，继续探索面向社会、为“四化”服务的多种形式和途径，为社会主义物质文明和精神文明的建设作出更大的成绩。

大会强调，民盟各级组织要把思想建设摆在重要位置。推动盟员认真学习马克思列宁主义、毛泽东思想，学习《邓小平文选》，帮助广大盟员提高政治思想水平，自觉把所从事的工作同民族的命运、国家的前途联系起来，同社会主义、共产主义事业联系起来。大会要求全盟加强组织建设，健全民主生活，改进领导作风和工作作风，并逐步实现各级领导班子的年轻化。

大会通过的《中国民主同盟章程》和原章程相比，增加了序言，回顾了民盟与中共的亲密关系和各个革命历史阶段的主要经历。在总纲中对民盟职责作出了规定：“本盟坚持贯彻执行中国共产党同各民主党派‘长期共存、互相监督、肝胆相照、荣辱与共’的方针。积极参加国家政治生活，参与国家大政方针和社会主义现代化建设中重要问题的讨论，提出建议和批评，发挥政治协商和民主监督作用；在宪法赋予的权利和义务范围内，独立自主地开展工作，努力建设社会主义物质文明和精神文明。”关于中央组织，针对民盟中央主席、副主席和常务委员年龄结构老化的实际情况，设立中央执行局，“中央执行局在中央常务委员会领导下主持中央日常工作，并向主席、副主席汇报请示”；设立中央委员会顾问，由中央委员会决定顾问人选。

大会选举产生中央委员 261 人，候补中央委员 37 人。12 月 27 日，民盟五届一中全会选举中央常务委员会委员 67 人，选举史良为主席，胡愈之、楚图南、苏步青、华罗庚、彭迪先、萨空了、李文宜、费孝通、闻家驷、钱伟长、高天、叶笃义、谈家桢、陶大镛为副主席，叶笃义为秘书长；选举高天为中央执行局主任，罗涵先、吴汉家为副主任，王健、叶笃义、冯亦代、杨明、吴汉家、张毕来、林亨元、罗涵先、高天为委员；表决通过了中央委员会顾问 28 人名单。

民盟五大的召开，标志着民盟经过几年努力，完成了拨乱反正的任务，实现了以经济建设为中心的工作重心转移。这次大会对民盟中央领导机构进行了重要改革，设立了主持日常工作的中央执行局，并在新一届中央委员会中引进了一批新人，为逐步实现领导班子的新老合作和交替创造了良好的开端。大会之后，民盟积极为全面开创社会主义现代化建设新局面服务，团结带领广大盟员致力“四化”建设、投身改革开放，探索新的工作领域，各项工作都取得了新的成绩。

（二）与中国共产党齐心协力搞好改革开放

自中共十一届三中全会确定把全党工作重点转移到社会主义现代化建设上来后，民盟全心全意地和中国共产党一起搞好改革开放。中共中央对民盟和其他民主党派就搞好改革开放、推动“四化”建设提出的建议十分重视。民盟除了通过人大、政协会议，积极参与国家政治生活与重大方针、政策、法令的协商建言外，还多次应邀参加党外人士座谈会，就中共中央《关于整党的决定》《关于教育体制改革的决定》《关于科技体制改革的决定》《关于社会主义精神文明建设指导方针的决议》《关于价格、工资改革的初步方案》等重大决策提出意见和建议。中国共产党领导的多党合作，呈现空前的大好局面。

在1983年6月举行的六届全国人大一次会议上，史良、胡愈之当选为全国人大常委会副委员长（1986年4月，六届全国人大四次会议补选楚图南为全国人大常委会副委员长），13位盟员（部分跨党派）当选为全国人大常委会委员（后增选3人，共16人）。同期举行的全国政协六届一次会议上，费孝通、庄希泉当选为全国政协副主席（1985年4月，全国政协六届三次会议增选华罗庚为全国政协副主席；1987年4月，全国政协六届五次会议增选钱伟长为全国政协副主席），36位盟员（部分跨党派）当选为全国政协常委（后增选7人，共43人）。128位盟员（部分跨党派）当选全国人大代表，占代表总数的4.3%（后补选3人，新入盟1人，共132人）；236位盟员（部分跨党派）担任全国政协委员，占委员总数的11.6%（后增补20人，新入盟4人，共260人）。担任各级人大代表和政协委员的盟员，就贯彻改革开放和建设“四化”的大政方针，以及经济发展计划的审议，各项法律、法令的制订和政府工作各个方面提出意见建议，参加协商和讨论。

1984年10月，中共十二届三中全会通过《关于经济体制改革的决定》，以城市为重点的经济体制改革全面展开。民盟对《决定》表示坚决拥护，号召全体盟员认真学习贯彻《决定》，把民盟工作纳入为经济体制改革服务的轨道，做改革的参与者、促进派，积极投身于各项改革的实践。

1986年1月，民盟中央向全盟发出《关于积极参加社会主义精神文明建设的通知》，响应中共提出的“两个文明一起抓”的战略方针。10月，中共十二届六中全会通过了《关于社会主义精神文明建设指导方针的决议》，民盟及时组织全盟学习和贯彻《决议》，号召盟员从自身做起，做到有理想、有道德、有文化、有纪律，反对和抵制不正之风，树立艰苦奋斗、勤俭建国的好作风，把建设精神文明与本职工作联系起来，立足岗位，钻研业务，为促进精神文明建设作贡献。1987 年年初开展反对资产阶级自由化运动时，许多高校学生上街游行，形成学潮，盟员教师、教授纷纷来到学生中间，通过谈心、座谈会等形式做学生思想工作，为维护社会安定团结局面发挥了应有作用。

1987 年 10 月，中共十三大确立了社会主义初级阶段的理论和建设有中国特色社会主义的基本路线，提出经济建设、经济体制改革、政治体制改革和党的建设的基本方针。大会工作报告在会前送交民盟和其他民主党派、有关人民团体负责人和部分无党派爱国民主人士、党外知识分子、民族宗教界人士征求意见，并由中共中央主要领导人主持召开为期一周的座谈会听取意见，作了多次修改，充分尊重民主党派和民主人士的意见。民盟有楚图南、费孝通、钱伟长等 27 位同志参加了座谈会，对报告提出了不少修改意见，大多被吸收采纳。

1987 年 11 月 15 日，民盟五届十七次中常会通过《关于认真学习和贯彻中国共产党第十三次全国代表大会精神的决议》，拥护中共十三大通过的建设具有中国特色的社会主义的路线、方针、政策和各项决议，号召全盟以中共十三大精神为指导，在加强自身建设的基础上，做好各项工作，发挥政治协商、民主监督的作用，推动全体盟员在各自岗位上积极参加改革开放的实践，努力作出贡献。同年 12 月，民盟五届五中全会作出决议，要求全盟把学习贯彻中共十三大精神作为一项长期的重要任务，发扬与中共风雨同舟、并肩战斗的光荣传统，与中共同心同德实现十三大提出的奋斗目标。

1988 年 3 月至 4 月，七届全国人大一次会议和全国政协七届一次会议在北京举行。会前，中共中央邀请各民主党派及党外人士协商全国人大、政协和国家领导人人选。在七届全国人大一次会议上，费孝通当选全国人大常委会副委员长，9 位盟员（部分跨党派）当选为全国人大常委会委员；在全国政协七届一次会议上，钱伟长、苏步青当选为全国政协副主席，43 位盟员（部分跨党派）当选为全国政协常委（后增选 1 人，共 44 人）。共有 116 位盟员（部分跨党派）当选七届全国人大代表，219 位盟员（部分跨党派）担任七届全国政协委员。此外，还有8500余位盟员担任地方各级人大代表、政协委员。担任人大代表、政协委员的盟员，敢于直言，勇于监督。全国政协七届一次会议上千家驹就物价、教育、不正之风问题的发言，坦率真诚、切中时弊，在大会上赢得多次掌声，收到良好反响。

1988年全国两会期间，民盟和其他民主党派于4月8日在人民大会堂联袂举行中外记者招待会，这在中华人民共和国成立后的民主党派史上是第一次。费孝通、钱伟长出席了记者招待会，就多党合作，民主党派的地位、作用等问题作了精辟的回答，提高了民盟和民主党派在国内外的声望。

1989年，在全国政协七届二次会议上，钱伟长作了题为《振兴教育，刻不容缓》的大会发言，这是第一次以民盟中央的名义作大会发言。马大猷代表政协民盟组作了《对三峡工程论证的意见》的发言。此外，罗涵先、李文宜分别作了《关于农业问题的意见和建议》《维护法律尊严坚决打击拐卖妇女的人贩子》的发言。在各级人大、政协会议上，民盟的代表和委员就经济发展计划的审议、财政、预算、支出以及文化、教育、科技事业等重大问题提出了许多意见和建议，民盟作为参政党的地位和作用日益凸显。

（三）开展区域发展规划工作

在改革开放和社会主义现代化建设的新的历史时期，民盟一直在探索如何更好地与中国共产党合作，更好地发挥民主党派的作用。经过几年开展社会主义咨询服务工作的实践，民盟逐渐摸索出一条适合自身特点、通过参与国家与地方区域发展规划工作参政议政的新途径。

1983年，中共中央领导人号召西北干旱地区种草、种树，从改善自然环境做起，改变西北地区经济发展落后的面貌。这一号召立即得到民盟的响应。1984年，费孝通带领农业专家叶笃庄等，前后40余人次到甘肃省的干旱地区进行考察，为当地出谋献策，制定种草种树、发展农业和多种经济的规划，并决定在定西地区会宁县设点，长期派驻专家进行科学考察与实验推广工作。经过几年努力，定西地区开始了草多、畜多、肥多、粮多的良性循环，农民收入逐年增加，经济面貌向好发展，走出了一条脱贫致富的道路，为大西北综合治理积累了经验。

与开发定西地区同时，民盟和闽南三角地区、海南黎族苗族自治州、长江荆江段和洞庭湖地区等地的中共党委、政府合作，组织专家前往考察，帮助当地制定近期与长期的区域经济发展和综合治理规划，取得了一定的成效。

1986 年 10 月，费孝通、钱伟长率民盟专家组考察了洞庭湖地区，其后，民盟多次组织专家学者调研长江荆江段和洞庭湖地区综合治理工作，并于 1987 年 11 月召开学术研讨会，会后提出建立荆江和洞庭湖地区开发治理领导小组、加修加固河堤、建设分蓄洪区等一系列建议，为长江的综合治理提供了有益参考。

1986 年 12 月，民盟参与举办“海南黎族苗族自治州经济社会发展研讨会”，会后形成了《海南黎族苗族自治州经济社会发展战略的建议》，从“以开放促进改革，以开发促进开放”的宏观角度，提出该州的经济社会发展计划和对策，包括土地、水资源的利用与开发，能源、交通建设，振兴教育、培养人才，利用外资等内容。

民盟四川省委会也于 1986 年开始与中共遂宁市委、市政府合作，助力开发遂宁地区，并于 1987 年正式签署《协议书》，双方长期合作共谋川中丘陵地区经济振兴之路，“盟遂合作”由此拉开序幕。至 1989 年，民盟就川中丘陵地区经济发展问题提出 100 多项建议，以遂宁为试点地区合作开发项目 41 项，建立了 3 个科技试验和示范基地，提供良种 3000 余公斤，引进技术 20 多项，培训人员 1000 余人，取得了良好的经济效益和社会效益。

民盟在这些地区的经济发展规划实践，获得了当地中共党委和政府的高度评价，党盟合作关系得到深入发展。民盟也认识到，区域发展规划是民盟与中共加强合作，增强参政议政力度的一个新的领域和方式；拥有丰富智力资源的民盟，在这方面是大有可为的。

1988 年 4 月，民盟中央成立区域发展研究委员会，费孝通担任召集人，以加强对这一工作的领导。其后，民盟将这一工作从一个省市区域规划扩展到跨省市的大区域规划。

为逐步消除我国东西部经济发展不平衡，达到共同富裕，民盟提出“以东支西、以西资东、互利互惠、共同繁荣”的主张，并向中共中央、国务院提出了多项促进我国经济和社会发展的重要意见和建议。

1988 年年初，民盟中央领导提出建立“黄河上游多民族经济开发区”的设想，开发大西北问题提上研究日程。4 月 6 日，在全国政协七届一次会议期间，民盟中央领导与甘肃、宁夏、青海三省区负责同志共商西部地区发展战略，就促进当地经济发展达成共同意向。5 月，民盟中央组织专家学者到甘、宁、青三省区考察，对十多个大中型企业及部分乡镇企业进行了调查，累计行程万余里，写出了《甘宁青三省区经济发展的政策分析报告》《西北资源开发与铁路运输》等十余篇调查报告；7 月 11 日至 12 日，民盟中央与甘宁青三省区在兰州共同举行“甘宁青黄河上游多民族经济开发区建设研讨会”，共商建设黄河上游多民族经济开发区的大计，认为在黄河上游建立多民族经济开发区的时机已经成熟。7 月 13 日，民盟中央向中共中央和国务院提出《关于建立黄河上游多民族经济开发区的建议》，建议以水电为龙头，发展原材料工业和深加工工业，带动全区中小企业；利用电力提水，扩大灌溉面积，稳定发展农牧业，建立粮食基地；贯彻“共同规划、分别落实、互通信息、有无相济、互利互惠、共同繁荣”的协作原则，加快这一地区的经济开发。中共中央、国务院对民盟中央的建议给予充分肯定，认为这一建议有利于中央和国务院的科学决策。之后，内蒙古也加入到黄河上游多民族经济开发区中来，形成了四省区合作的局面，四省区共同制定了《黄河上游多民族经济开发区“八五”总体发展纲要（草案）》。民盟中央持续开展工作，力促黄河上游多民族经济开发区建议的实施。

与此同时，黄河三角洲的开发问题也进入民盟中央的视野。1988 年 6 月，民盟中央和山东省政府共同召开“黄河三角洲经济、技术和社会发

★ 1988 年，费孝通（左一）、钱伟长（左二）与青海省领导干部探讨开发青海资源问题。

展战略研讨会”，100 多名专家学者参加会议，分别就黄河三角洲的国土规划与开发战略、农业、工业、交通、河口治理等问题进行了研讨，初步提出了黄河三角洲大力发展能源、化工工业和大农业的开发战略。1989 年 3 月，民盟中央组织 40 余位专家学者赴东营举行论证考察活动，就振兴黄河三角洲进一步提出意见和建议。之后，费孝通、钱伟长专门就此致信中共中央、国务院领导并得到回复，黄河三角洲开发问题引起了有关部门的重视。

在开展区域规划工作的同时，民盟也关注着农业问题。1988 年 12 月，民盟中央在北京召开农业问题研讨会，中心议题是粮食和食品（大粮食），农产品价格，市场机制，土地制度（家庭承包制），调整经济、深化改革与发展农业；形成了《关于农业问题的意见和建议》，送交中央有关部门供决策参考。中共中央和国务院高度重视，委托农业部于 1989 年 5 月 20 日召开专门会议，听取民盟专家对发展我国农业的意见。

（四）就教育和知识分子问题献计出力

民盟一直非常重视知识分子的作用和振兴教育的问题，提出以提高全民族素质为目标，作为搞好改革开放，建设“四化”的立国之本。在历次人大、政协会议上，民盟代表与委员都一再就教育和知识分子问题发言，呼吁党和国家以及全社会予以重视。

1984 年年底，中共中央决定制定教育改革的文件，并请民盟中央协助参与、提出建议。为此，民盟积极行动，围绕教育改革召开座谈，组织调研，提出意见。1984 年 12 月，民盟中央两次召开高校体制改革座谈会，会后整理出《关于高等教育改革的几点建议》。1985 年 1 月，由天津、上海、福建三省市民盟组织发起，民盟在福建省漳州市举行九省市普通教育研究讨论会，形成了《关于城市普通教育改革的几点建议》。3 月 19 日，民盟中央文教委员会举行“社会办学与教育改革”座谈会，提出依法大力推进社会办学的主张。4 月 13 日，民盟中央在组织盟内专家多次调研、座谈讨论基础上，对《中共中央关于教育体制改革的决定（征求意见稿）》提出修改意见，建议：明确教育是立国之本；把提高全民族的素质作为教育的根本目的；教育体制改革不能套用经济体制改革和科技体制改革的某些做法；增加教育经费投入，不赞同开征义务教育税；制定包括义务教育法在内的教育法律法规；实行校长负责制；提高教师待遇，中小学教师的生活待遇至少应与相当级别的科技人员、机关干部相同；建立各级督学制度；鼓励社会依法举办各种教育事业等。

1985 年 5 月 27 日，《中共中央关于教育体制改革的决定》发布，《决定》对民盟中央的修改意见予以充分吸收，特别采纳了民盟多次强调的“把提高全民族的素质作为教育的根本目的”的建议。6 月 3 日，民盟中央召开在京中常委扩大座谈会，号召全盟认真学习贯彻《中共中央关于教育体制改革的决定》，为我国教育体制改革顺利进行尽责尽职。

1985 年 12 月，受国家教育委员会修订中小学教学计划工作组的委托，民盟中央邀请盟内教育界的专家学者召开中学教育改革研讨会，对中学教育计划的修订、学校工作的改革等提出了设想和建议，并对当前学校工作存在的问题进行分析，提出了中肯的批评。

为了达成提高全民族素质这一教育目标，民盟一直呼吁增加教育投资和实行义务教育制。1983 年 1 月，民盟中央领导致信中共中央总书记胡耀邦、纪委第一书记陈云，提出“把智力投资放在第一位”的建议。陈云复信表示支持，并指示国家计委、教育部等有关部门研究，提出方案。1983 年 6 月，费孝通在全国政协六届一次会议上作《提高智力投资，实行义务初级教育》的发言。1986 年 4 月，全国人大通过了《中华人民共和国义务教育法》，其中内容基本上体现了民盟多次提出的普及义务教育的建议。

1986 年 8 月 5 日至 10 日，为贯彻《中共中央关于教育体制改革的决定》和配合《义务教育法》的实施，民盟 21 个省市区普通教育改革研讨会在云南昆明召开。参会的民盟组织负责人和专家学者交流了各地实施义务教育的情况和经验，并受国家教委委托专题讨论了大面积提高初中教育质量的问题。会后，民盟向国家教委提出三点建议：一是把教育真正摆到战略重点地位上来，树立经济要发展、教育要先行的认识，把实施《义务教育法》真正当做一件大事来抓，克服“片面追求升学率”和新的“读书无用论”的错误倾向；二是加强教育立法工作，切实增加教育经费，提高教师待遇，调动教师积极性，解决合格教师严重短缺问题；三是充分认识初中教育的地位、作用和特殊性，切实解决教学内容不符合义务教育要求的问题。

由此，普通教育改革研讨会从 1985 年首次在福建漳州市召开，逐渐发展成为定期召开的全国性专业会议。1987 年 10 月，民盟中央在天津第三次召开这一研讨会时，已扩大到 28 个省、自治区、直辖市参加。会议规模的扩大，反映出随着我国教育体制改革的不断深化，民盟对普教事业这一根本战略问题的日益关注。费孝通参加会议并勉励盟员教育工作者，努力摸索适合中国当代国情的教育体制和教学方法。会议针对普教领域存在的严重问题，提出了包括立法在内的一系列对策，充分发挥了民盟智力优势，为决策科学化、民主化提供支持。

1988 年 6 月 29 日至 7 月 2 日，民盟辽宁、沈阳、大连、唐山、天津五省市高教改革研讨会在天津召开。从此，民盟部分省市高教研讨会每年召开，民盟开始更多地关注高等教育的改革与发展问题。

1989 年 2 月 12 日至 16 日，民盟中央在北京召开教育问题研讨会，针对我国教育事业的宏观发展战略，包括对我国教育事业发展的估计、存在的主要问题和原因、解决问题的主要措施等进行研讨，在此基础上于 2 月 28 日提出关于教育问题的十条意见送交中共中央。中共中央在复信中表示建议信提出了许多好的重要的意见，不久将举行会议讨论教育问题，并指示有关部门：今后在研究有关教育方面的问题时，一定要有民盟的同志参加。

在十条意见的基础上，1989 年 3 月，钱伟长代表民盟中央在全国政协七届二次会议上作了《振兴教育，刻不容缓》的大会发言，提出四条建议：把提高全民族素质作为教育的根本目的，确立明确的教育方针；提高教师的社会、经济地位，改善办学条件；全面深化教育体制改革，大力发展社会力量办学；重建扫盲教育，实行以法治教。这个发言在社会上引起很大反响，也得到了中共中央领导的重视。

民盟自恢复工作，成立“知识分子工作研究小组”以来，一方面通过调查研究，向中共中央和有关部门提出改善知识分子工作、生活待遇等要求，另一方面也多次提出加强和改善共产党对知识分子的领导，鼓励知识分子通过自我教育，自觉抵制资产阶级自由化。

继 1982 年 7 月民盟向中共中央提出《关于进一步落实知识分子政策的若干建议》后，1987 年 9 月，民盟又通过对 18 个省、自治区、直辖市 52 个城市的 7200 名知识分子的抽样调查，向中共中央书记处报送了《关于当前知识分子情况的报告》。报告就当时困扰知识分子的主要问题，如收入低下、住房紧张、医疗困难、职称评定不妥等进行了客观分析，反映了知识分子问题的紧迫性、严重性，并提出四项具体建议。11 月 3 日，中共中央办公厅致函民盟中央，对所提建议“甚表感谢”，表示已责成有关部门作专题研究，提出解决方案。之后，有关部门与民盟和其他几个知识分子党派共同商议，提出了在当前条件下具体可行的措施，如为教师提高工资 10% 等。

1988 年 2 月，民盟又在 20 个省、自治区、直辖市的 5000 名教师中进行了有关职称问题的电脑问卷抽样调查，于 5 月 17 日向中共中央提交了《关于当前职称评审工作的调查报告》，提出解决存在问题应采取的必要措施，建议受到中共中央和国家有关部门的重视和采纳。

（五）发挥智力优势，致力“四化”建设

新时期，面临为社会主义现代化建设服务的新任务，民盟结合自身优势，进行了积极探索。民盟各级组织在推动盟员做好本职工作的基础上，发挥业务专长，创造性地开展多种形式的面向社会、为“四化”建设服务的活动，包括讲学、办学、咨询、培训、支边等，把知识变成生产力，促进了科技普及，帮助社会各方面解决了一些经济建设和社会发展中的实际问题。

1. 多学科学术讲座

从 1979 年起，盟内专家学者不断受邀开展讲学活动，到 1986 年，仅费孝通、钱伟长等 14 位盟内著名学者就跑遍了全国 28 个省、自治区、直辖市，作了 70 多场讲学，听讲人次逾 20 万。讲学内容包括自然科学、社会科学和有关当前形势的报告等多方面。这种讲学形式，到 1983 年发展为由各级民盟组织主持的有组织、有计划的系列大型讲座。

社会效益最佳者当推民盟中央举办的多学科学术讲座，从 1983 年到 1988 年共举办 6 期。1983 年 6 月举行的第一期多学科学术讲座，共十题百讲，按照“四化”建设更新知识结构的需要，聘请民盟内外专家就现代科技、经济学、新闻学、环境保护、生态学、美学等专题开讲，参加者达千余人。1984 年第二期共 14 个专题，每题 10 讲，内容包括信息科学、心理学、当代经济思潮、生物工程、量子化学等。1985 年分别在北京、大连举办 8 讲。1986 年，战略研究日益受到社会重视，多学科学术讲座

选择以“我国社会经济科技发展战略问题”作为总题目，费孝通、钱伟长等10位主讲人分别就中国教育、科技、人口等10个方面的战略发展问题发表了看法，这次讲座中央电视台全程录像并向全国播出，社会反响强烈。1987年又分别在北戴河和天津举办地区规划和咨询研究班共9讲。1988年举办文化艺术多学科学术讲座共10讲。

多学科学术讲座受到各方面的重视，听讲人次达27400余，有相当一部分听众来自各级党政部门决策机构。这些讲座体现了民盟作为知识分子政党对国家前途的关心，同时又是拥有很高学术价值的议政活动。后来这一系列讲座公开出版发行了录音带和丛书，在改革开放初期大家渴望知识的年代，起到了普及科学知识的积极作用，产生了广泛、深远的社会影响。

1984年，民盟中央科技委员会和民盟北京市委会联合举办了现代科学知识讲座，十余位国内外有影响的专家学者介绍了当前前沿学科知识，有上万人次听讲；民盟北京市委会和中央电视台联合摄制了《文苑漫步》节目，在全国产生较大影响。1986年，民盟中央与中央电视台合作举办实验英语教法讲座节目共50讲。还有许多地方民盟组织也开办了讲授应用科技知识的讲座或培训班，都收到了很好的效果。

2. 办学

自1980年以来，民盟各级地方组织根据“四化”建设需要和广大青年学习文化、技术的迫切要求，在中共“动员社会力量举办各类学校”的号召及“广开学路，多方办学”的指示下，普遍开展了各类办学、办班工作。

据不完全统计，截至1987年7月，各地组织办学616所，其中大专、中专、补习培训班各占1/3；在校学员达17万人，结业19万人。这些学校及补习班办学目的明确，直接为改革开放服务，帮助在职职工和社会青年提高文化水平，掌握专业技术，为升学就业创造条件，并向高等院校输送优秀人才。许多拥有专长的离退休盟员参与了办学，因此，这些学校大多师资力量比较强，教学质量高，管理制度比较严，校风比较好，既加强了民盟同社会各方面的接触和联系，又能补充公办教育的不足，受到社会各方面的欢迎与赞赏。如民盟四川省委会在西昌市创办的凉山大学，成为全国先进典型，被誉为培养少数民族建设人才的优秀民办公助大学，胡耀邦亲自为学校题写了校名，《人民日报》作了《希望从这里开始》的专题报道。

1982年9月，民盟中央召开部分地方组织办学工作汇报会，讨论办学遇到的问题，总结经验体会，并提出意见建议，推动了办学工作的有序健康发展。1985年4月，民盟中央又召开17个省、区、市组织办学工作讨论会，总结推广各地的办学经验。

许多地方所办学校，由单学科向多学科、由一般文化补习性质向专业定向培训发展，不少地方组织还致力于发展成人教育。有的学校在发展中合并或自然淘汰，到1988年12月，民盟所办各类学校有350所，各种培训班5000多个，听课和毕业学员累计达70万人。

3. 智力支边

民盟各级组织大力开展有益于社会的智力支边工作，把重点放在为老、少、山、边、穷地区开发智力服务项目上。1983年2月，中共中央统战部和国家民族委员会召开民主党派为边疆少数民族地区“四化”建设服务挂钩会。民盟中央与内蒙古、甘肃、新疆、云南、贵州、吉林、宁夏、黑龙江、辽宁九省区达成39项智力支边协议，包括专家讲学、举办中学和幼儿教育讲座、培训中学师资、传授种植茶叶与茶叶加工技术等内容，当年即完成任务，为支援少数民族地区开发智力资源、发展经济、增强民族团结和巩固国防作出了贡献。

1986年，民盟中央在甘肃会宁设立“农牧业综合发展示范站”，持续数年时间，为西北地区种草种树、发展养畜、综合治理山河积累了经验。1987年，民盟中央参加对广西百色地区的支边扶贫工作，为该地举办六期讲习班，开办淀粉厂等，取得了显著成绩。此外，四川、云南、广东、广西、福建、甘肃、湖南、黑龙江、辽宁、吉林、河北和北京、上海、天津、浙江等地民盟组织，也组织盟员深入本省或兄弟省份的山区、少数民族地区和农村，为当地工农业生产和文化教育卫生事业的发展提供智力支持。

★ 费孝通（右三）、钱伟长（右二）率民盟中央智力支边小组在呼和浩特草原。

1985年7月，民盟中央在兰州召开18个省、区、市智力支边工作座谈会，总结交流经验，探索建立扶贫长效机制。在支边扶贫工作中，盟内的许多专家学者不顾年迈体弱，深入贫困地区调查研究，蹲点试验、示范推广，在非常艰苦的工作条件下，用自己的才智技艺，全心全意帮助老、少、山、边、穷地区人民脱贫致富，取得了可喜的成果。如全国五一劳动奖章获得者王皓茹，连续四年到特困乡营厂乡蹲点扶贫，推广高寒山区放养柞蚕和种植木耳技术，使该乡总产值由1987年的245.6万元增长到1990年的1500万元。

截至1988年9月，据不完全统计，为支援老、少、山、边、穷地区，民盟各级组织共派出4000余人次，完成项目近2500项。

4. 咨询服务

为发挥民盟多学科智力优势，服务于社会主义“四化”建设，民盟中央和各级地方组织从各地实际需要出发，就经济建设、社会发展以及与人民生活密切相关的多种项目开展咨询服务，并相继成立了智力咨询服务机构。

1987 年 1 月，民盟中央在天津召开地方组织咨询业务研讨会。3 月，民盟中央社会服务部成立了北京群言科技咨询服务中心，面向全国开展经济、文化、教育、翻译、编校、美术、工艺、建筑工程、农牧副业等多方面的智力咨询业务，与地方民盟组织咨询服务机构交流信息，加强联系与协作。7 月，民盟中央与民盟天津市委会联合在北戴河举办区域规划与咨询研究班。8 月，民盟中央在北京召开咨询服务工作会议，研究加强咨询服务工作的领导、管理等问题，制订了有关制度和措施。会议要求民盟各级组织适应当前改革开放的步伐，扩大咨询服务队伍，加强对咨询服务专门业务机构的领导，坚持以办学讲学为基础，以项目咨询为支撑，重视国家和地方政府组织的支边扶贫和“星火计划”，积极创造条件，逐步向地区发展战略宏观咨询的方向开拓，把咨询服务工作更加有计划、有组织地深入开展下去。

截至 1988 年 9 月，民盟各级组织建立咨询服务机构 159 个，参加咨询服务的盟员达万余人次，并逐步向区域规划发展战略的咨询服务发展。

民盟地方组织还积极探索为社会服务的新途径。1985 年，民盟重庆市委会联合重庆市曲艺家协会到重庆市监狱举办迎春晚会，在监狱举办“育人学校”，其后更将帮教范围由监狱扩大至劳教所等，由此拉开民盟组织帮教工作的序幕。

民盟在为全面开创社会主义现代化建设新局面服务过程中，涌现出一大批模范先进人物和先进集体。1985 年 10 月，各民主党派、工商联召开为“四化”服务先进集体和先进个人代表表彰大会，60 位民盟盟员受到表彰，中共中央和国家领导人李先念等接见了与会代表。这些先进人物的事迹激励了广大盟员为“四化”服务的积极性、主动性和创造性。从 1983 年 10 月到 1988 年 9 月，有 35000 余人次被评为各级劳动模范、先进工作者、模范教师、三八红旗手和积极分子等，获国家级奖项的有 770 人次，其中王菊珍获得国家技术发明奖一等奖，聂卫平获得全国劳动模范称号，李宝霞等 14 人获得全国五一劳动奖章。

（六）促进祖国统一，扩大对外交流

为实现香港、澳门回归祖国和在香港、澳门实施“一国两制”，民盟不少同志参加了全国人大香港、澳门基本法起草委员会，做了大量工作。1985年6月18日，六届全国人大常委会第十一次会议通过《中华人民共和国香港特别行政区基本法起草委员会名单》，民盟中央副主席费孝通、钱伟长和盟员林亨元、王铁崖、芮沐、端木正被聘为委员，费孝通任委员会副主任。1988年9月5日，七届全国人大常委会第三次会议通过《中华人民共和国澳门特别行政区基本法起草委员会名单》，钱伟长任委员会副主任。1987年4月，民盟五届十五次中常会通过决议，拥护《中华人民共和国政府和葡萄牙共和国政府关于澳门问题的联合声明》，表示坚决支持我国政府对澳门的各项基本政策，号召全盟为实现“统一祖国、振兴中华”这一崇高理想而努力。

民盟积极开展“三胞”（台湾同胞、港澳同胞、海外侨胞）工作。民盟中央和地方组织成立了联络工作委员会，举办各种活动，密切与“三胞”的接触。一些地方组织配合有关方面开展对台宣传工作，协助有关部门落实侨务政策和去台人员家属政策；发动盟员为台胞寻找失散的在台亲友；为侨胞回国投资、兴办各项公益事业穿针引线；推动在“三胞”中或在国外有广泛联系和影响的盟员出境讲学访问，进行学术交流。如1981年10月，为纪念辛亥革命70周年，民盟中央邀请柳亚子、龙云的亲属座谈；每逢全国人大、政协开会，民盟中央也邀请港澳代表、委员座谈。孔子后裔、民盟中央委员孔令仁和著名电影演员、民盟中央委员王丹凤等出国访问时，都注意在海外亲友中宣传“一国两制”国策，加强“三胞”联谊。

1986年3月31日，中共中央书记处对统战工作作出重要指示，提出统一战线为促进实现“一国两制”、和平统一祖国服务的新的战略任务。1986年7月召开的民盟全国组宣工作会议及时传达这一指示后，民盟的“三胞”工作有了很大进展。各级民盟组织认真协助有关部门落实侨务政策，平反冤假错案，归还被占侨房。许多侨胞因而摒弃前嫌，重燃爱国爱乡之心，主动投资参加祖国经济建设，兴办学校和其他公益事业。各级民盟组织重视“三胞”接待工作。1986 年，民盟中央接待了出席香港“现代化与中国文化”研讨会后来大陆访问的六位香港及新加坡、日本华裔学者和美国学者；推荐了台胞钢琴家陈淑贞到大陆巡回演出。民盟广东省委会和深圳大学合作，在深圳建立了“华夏文化交流中心”，开展文化科技交流活动。

民盟还及时根据形势变化研究对台工作，开展对台问题的决策咨询，通过多种渠道与台湾民间组织接触，交换双方各阶层人士在祖国统一问题上的各种信息，力促统一大业实现。民盟中央先后接待了台湾学者柏杨、“中国统一联盟”名誉主席胡秋原和台湾中国民主和平统一访问团。此外，民盟还利用与台、港、澳和海外人士联系比较广泛的优势，积极引进资金、技术和人才。

随着民盟在国家政治生活中发挥作用，民盟在中共对外开放政策的积极支持下，加强了对外交流与联谊活动，与一些外国政党建立了来往。

1986 年 6 月 7 日至 24 日，费孝通随同胡耀邦出访英国、法国、联邦德国与意大利四国，这是中华人民共和国成立以来中共与民主党派领导人第一次一起出国进行国事访问。1986 年 12 月，费孝通邀请英国前首相、工党领袖詹姆斯·卡拉汉来华访问，并陪同其到江苏等地考察。1986 年 9 月，应民盟中央《群言》杂志邀请，波兰民主党的两位社会活动家来华访问，费孝通、钱伟长等会见两位客人并互相介绍了本党的历史、性质和工作情况，建立了友好关系。1987 年 7 月，由钱伟长率领的民盟代表团，应波兰民主党的邀请对波兰进行友好访问。1988 年 4 月，应民盟中央的邀请，波兰民主党代表团由副主席玛列克·维乔莱克率领来华访问。1989 年 4 月，费孝通、陶大镛、吴修平组成的民盟代表团回访波兰，参加了波兰民主党第十四次代表大会，费孝通在波兰政治经济讨论会上作了《中国乡镇企业异军突起》的报告。

三、实现领导机构的新老合作与交替

在中国共产党贯彻改革开放政策的指导下，全国政治、经济形势发生重大变化，各条战线呈现一派生机。民盟深刻认识到加强自身建设的重要性和迫切性。面对中央领导机构老龄化问题，民盟召开数次会议，引进新人，加快年轻化步伐，逐步实现领导机构新老合作和交替，确保民盟事业的健康持续发展。

（一）两次全国组宣工作会议的召开

1984 年 6 月 2 日至 12 日，民盟中央召开全国组宣工作会议。会议的任务是本着“遵守协议，照顾历史，尊重自愿，协商解决”的原则，研究民盟的组织建设与思想建设问题。

会议提出要适应新形势，加强盟的思想建设。要在加强爱国主义、集体主义、社会主义、共产主义教育的前提下，抓好形势、方针、政策教育，统一战线理论教育，革命传统教育，道德风尚教育，要把思想政治工作和盟员更新知识、提高业务的要求结合起来。在这一会议精神指导下，民盟的宣传工作取得了较大进展。

民盟各级组织大力宣传盟内先进人物的典型事迹。民盟云南省委会以盟员李树楠逆境中长期坚持为百姓行医治病、研制成功治疗创伤新药的典型事例，在盟内外多次组织报告会；民盟湖南省委会组织了为“四化”服务先进典型汇报小分队，先后到 5 个城市作宣讲；民盟南京市委会组织“社会主义精神文明宣讲团”巡回宣讲。1984 年 10 月 30 日至 11 月 8 日，民盟举行为“四化”服务经验交流会，总结经验，表彰先进，增强信心。41 位先进代表讲述了各自为“四化”服务的感人事迹，调动了广大盟员献身“四化”的积极性和创造性。

民盟中央自1980年1月起，恢复出版内部月刊《中央盟讯》[①]，各地方组织也恢复或创办了地方盟讯，及时宣传贯彻中国共产党的路线、方针、政策和民盟的中心工作，介绍各地民盟的工作经验，宣传盟员先进事迹，反映盟员意见，编写宣传教育材料和诸如知识分子工作等热点问题的资料及研究讨论情况，成为加强盟员思想教育、贯通上下的有力宣传工具。

1985年4月，民盟中央创办了国内外公开发行的月刊《群言》，这是改革开放后民主党派创办的第一份刊物。《群言》坚持“百花齐放、百家争鸣”的方针，解放思想，实事求是，“说真话、实话，不说假话、大话、空话，对新情况、新问题发表新见解”，就民盟内外普遍关心的“四化”建设，特别是经济和教育体制改革以及文化、科技、出版等方面的问题展开讨论，反映知识分子的呼声，宣传“尊重知识，尊重人才”，逐步办出了“知识分子群言堂”的特色，引起国内外知识界的重视。特别是从1986年到1992年，《群言》先后刊载了周培源、侯学煜、马大猷、王淦昌、黄万里等专家学者撰写的37篇三峡工程论证文章，对三峡工程的可行性进行了深入探讨，从不同视角和专业领域提出许多意见建议，为三峡工程的决策提供了极有价值的理论依据，引起相关部门及国内外的广泛关注。

民盟贯彻全国组宣工作会议精神，坚持组织发展以文教为主、大中城市为主、中上层为主的方针和在工作中发展、发展为了工作的原则，讲究代表性，新盟员的质量有了明显提高。至1988年9月，盟员总数达8.1万余人，其中“文化大革命”结束后入盟的新盟员5.8万人，4万余人是民盟五大以后入盟的。盟员中有相当数量的专家学者和社会活动家，具有中高级职称的盟员有6.6万余人。各地采取多种方式举办新盟员和专职、基层干部培训班。1986年8月，民盟中央举办了首期地方专职干部培训班，进行形势教育，统战理论的学习与研究，民盟的历史和新时期民盟性

① 《中央盟讯》从2002年第1期起改为双月刊。

质、地位、任务及作用的教育，取得很好的效果。

1986年7月9日至16日，民盟中央再次召开全国组宣工作会议。除研究统战工作新形势、新格局下民盟的新任务外，会议着重研究了民盟组织领导层新老合作交替问题。当时，民盟中央委员平均年龄为73岁，中央常委为75.5岁；232名省级委员会正副主委、秘书长平均年龄为66.7岁。民盟中央领导机构年龄结构老化，迫切需要引进新人，加强领导班子建设，加快年轻化的步伐。

民盟举办各类活动推动宣传、文化等工作的开展。民盟中央组织各地盟员书画家先后举办“中国民主同盟盟员美术作品展览会”和“民主党派、工商联书画联展”。其中，1983年3月在北京民族文化宫举办的民盟盟员美术作品展览会盛况空前，展出了来自28个省市区400余位盟员的作品670余件，在京著名艺术家和各界知名人士出席开幕式，中共中央政治局委员习仲勋、乌兰夫、宋任穷等观看了展览。民盟中央委员吴作人撰文表示，展览的举办充分说明，包括美术家在内的民盟知识分子为“四个现代化建设的光荣任务，大可发挥力量的”。民盟中央举办了纪念民盟成立45周年暨李公朴、闻一多烈士殉难40周年大会，沈钧儒诞辰110周年座谈会，杜斌丞诞辰100周年纪念会；民盟中央文史委员会与中国革命博物馆共同举办了“中国民主同盟历史资料暨先烈生平事迹展览”，参观人次达10万以上。民盟中央宣传部、民盟湖北省委会与湖北电视台联合摄制了以李公朴、闻一多烈士为题材的电视连续剧《血土》。民盟的妇女工作也日益活跃，多次召开座谈会，了解和反映各界妇女的意愿，维护妇女儿童的合法权益。

（二）民盟全国代表会议

1985年2月，民盟五届二中全会通过《关于当前盟的几项工作的决定》，决定“盟中央在经过充分准备之后，将于适当时间召开全国代表会议，以引进新人，充实、加强中央的领导班子和工作班子”。之后两年，由于各级领导班子老龄化状况严重和开展工作的迫切需要，民盟中央和各级地方组织集中精力抓了引进新人、加强领导班子的工作。至1986年年底，民盟中央和省级领导班子、工作班子共引进100余位新人，局部调整中央领导机构的条件已基本成熟。

1986年7月17日，民盟五届十一次中常会通过了《关于召开中国民主同盟全国代表会议的决议》《中国民主同盟全国代表会议代表产生办法》。这次会议还批准增补冯之浚、吴修平、张芝联、张纪域为中央执行局委员，提请民盟五届三中全会追认。

此前，民盟中央主席史良于1985年9月6日逝世，9月27日，民盟五届八次中常会推选胡愈之为代理主席；1986年1月16日，胡愈之逝世，1月30日至31日，民盟五届九次中常会推选楚图南为代理主席，推定费孝通为常务副主席。1986年12月31日，民盟五届三中全会选举楚图南为主席，通过了召开全国代表会议的决定。会议还批准吴汉家辞去中央执行局委员和副主任、杨明辞去中央执行局委员，追认冯之浚、吴修平、张芝联、张纪域为中央执行局委员。

1987年1月2日至8日，中国民主同盟全国代表会议在北京召开。这次会议的代表包括中央委员、候补委员、顾问299人，新选出的代表305人，共604人；应邀列席代表19人。新选的代表平均年龄为52.5岁，55岁以下的占73.1%，女性代表占20.3%，文教界占65.2%。

会议由楚图南致开幕词，中共中央政治局委员习仲勋代表中共中央到会祝贺并讲话。会议听取了高天作《关于中国民主同盟目前工作的若干意见（征求意见稿）》的说明。审议通过了《关于补充和修改盟章部分条文的决议》《民盟中央参议委员会暂行条例》《中国民主同盟全国代表会议决议》。

会议的中心议程是：传达、讨论全国统战工作会议精神；讨论民盟今后的工作；局部调整中央领导机构，增补中央委员和候补委员。

会议接受了65位老同志辞去民盟中央委员、候补委员职务和楚图南辞去民盟中央主席，苏步青、闻家驷辞去民盟中央副主席职务的请求；向楚图南、苏步青、闻家驷等86位老同志发了致敬信。

修改后的盟章规定，民盟中央委员会设名誉主席，由中央委员会选举产生；省、自治区、直辖市一级地方组织可设名誉主任委员一人，由地方委员会选举产生；撤销中央执行局，由主席、副主席（可设常务副主席）主持中央工作；取消有关中央委员会顾问的规定；设立中央参议委员会；地方组织不设参议委员会，仍设顾问。

《民盟中央参议委员会暂行条例》规定：中央参议委员会是为实现民盟中央领导机构新老合作和交替而设，由民盟全国代表大会选举产生，每届任期与中央委员会相同，设主任、副主任、常务委员、秘书长及办事机构。中央参议委员会全体会议每年举行一次。中央参议委员会委员可以列席中央委员会全体会议，常务委员可以列席中央常务委员会全体会议；主任、副主任可以列席中央主席、副主席办公会议。中央参议委员会委员可以参加各工作委员会工作。

会议增选中央委员 72 人，因部分老同志于此次会议上辞去中央委员职务，调整后共有中央委员 250 人；增选候补中央委员 39 人，因递补中央委员及辞任，调整后共有候补中央委员 50 名。选举出民盟中央参议委员会委员 88 人。

1987 年 1 月 9 日，民盟五届四中全会选举楚图南为名誉主席，费孝通为主席；增选千家驹、关梦觉、罗涵先、马大猷、冯之浚为副主席；接受叶笃义辞去秘书长职务，选举吴修平为秘书长；增选丁石孙等 21 人为常务委员会委员。同日，民盟第一届中央参议委员会第一次全体会议选举苏步青为主任，闻家驷、潘大逵、黄药眠、沈兹九、冯素陶、林亨元为副主任，吴春选为秘书长。1987 年 1 月 10 日，民盟五届十四次中常会推定高天为常务副主席。

为贯彻全国代表会议精神，加强思想和组织建设，做好六大准备工作，民盟中央于 1987 年 2 月召开民盟地方组织秘书长会议；于 8 月召开民盟省区市秘书长会议；于 9 月召开基层组织工作会议；于 11 月召开民盟思想建设工作会议。这些会议就民盟思想建设、换届改选、基层组织发展等工作，总结交流了经验，并就如何做好这些工作作了具体部署，推动了民盟工作开展，为民盟六大的顺利召开做好了思想和组织准备。

（三）民盟六大

在我国改革开放十周年之际，中共十三届三中全会作出了深化改革、稳定发展经济的决定，并提出治理经济环境和整顿经济秩序的新任务。中共中央要求各民主党派“共渡难关，同舟共济”，进一步坚持和完善中国共产党领导的多党合作和政治协商制度。在此新形势下，中国民主同盟第六次全国代表大会于1988年10月8日至16日在北京召开。

这次大会共有代表883人，所有代表均通过选举人无记名、差额选举产生。代表中55岁以下的374名，占代表总数的42.4%；1979年后入盟的465名，民盟盟员结构发生了可喜的变化。

大会由楚图南致开幕词。中共中央书记处书记、统战部部长阎明复宣读了中共中央贺词。钱伟长代表第五届中央委员会作题为《在社会主义和爱国主义旗帜下，推进政治民主、改革开放，为建设有中国特色的社会主义而奋斗》的工作报告，林亨元代表民盟中央参议委员会作了工作报告。大会审议通过了第五届中央委员会工作报告、《参议委员会向民盟六大的工作报告》和修改后的《中国民主同盟章程》；通过了《给彭迪先、李文宜等老同志的致敬信》。选举产生了新一届中央委员会和中央参议委员会。费孝通致闭幕词。

大会的主要任务是：总结民盟五大以来的工作，确定今后一段时期的基本任务和奋斗目标，动员和团结全盟同志，高举社会主义、爱国主义旗帜，发扬民主，重视教育，促进科学技术发展，为改革和建设贡献聪明才智。

中共中央贺词指出：“我们党将继续坚定不移地贯彻同民主党派‘长期共存、互相监督、肝胆相照、荣辱与共’的方针，完善在中国共产党领导下的多党合作制度和政治协商制度。当前，要进一步发扬社会主义民主，采取切实有效措施，支持民主党派和无党派人士扩大参与国家事务的决策、执行和检查监督，发展我们党同各民主党派和无党派人士之间更加亲密的合作共事关系。”

钱伟长在工作报告回顾了民盟五年来的工作。报告提出：民盟应在积极参加改革和建设、推进政治民主、努力完善中国共产党领导的多党合作制度和政治协商制度三方面取得共识。报告提出民盟要加强几个方面的工作：一是积极参加政治协商、民主监督、参政议政，为建设社会主义民主政治作贡献；二是组织全盟同志投身于改革开放的实践，为社会主义现代化建设事业建功立业；三是努力推进社会主义精神文明建设，坚决反对不正之风；四是加强盟的理论研究和历史研究工作；五是加强与“三胞”及海外知识界的联络工作，开展人民外交活动。

大会认为，与经济体制改革相配合，我国的政治体制改革和社会主义民主政治建设，要积极稳步发展。尤其要坚持和完善中国共产党领导的多党合作制度，充分发挥它的优越性。民盟要努力发挥政党功能，推进社会主义民主化的进程。要继续发扬与中国共产党亲密合作的光荣传统，积极推进政治协商制度，促进实现协商的制度化、法律化。要通过参政议政，扩大参与国家事务的决策、执行和检查监督。

大会要求，民盟要切实加强盟的自身建设，要结合宣传盟的历史，进行盟的思想建设，提高盟员素质。要积极稳妥地进行各级领导班子的新老衔接和交替工作，逐步完善盟的垂直领导体系。要在巩固组织工作的同时，积极发展组织，要大力加强基层工作，增强基层活力。要建立健全规章制度，加强机关建设，提高工作效率。

大会通过的《中国民主同盟章程》，确立了民盟新时期的政治纲领。盟章总纲规定：“中国民主同盟是以中上层知识分子为主的具有政治联盟特点的致力于社会主义事业的政党。”基本任务、奋斗目标是：“在社会主义、爱国主义旗帜下，团结广大知识分子，继承发扬民主、科学传统，以社会主义初级阶段基本路线为指南，参加国家政治生活；推进民主政治建设，参与国家政权和国家事务管理；通过政治协商、民主监督，国是咨询，业务实践，发展社会主义商品经济，促进社会生产力发展，建设社会主义精神文明，提高全民族思想、道德和科学文化素质，把我国建设成为富强、民主、文明的社会主义现代化国家。”明确民盟现阶段的12条政治主张是：维护宪法，健全法制，厉行法治；坚持共产党领导的多党合作制度，推进民主进程；推进政治协商制度，实现协商的制度化、法律化；坚持改革开放；维护公民权利和知识分子合法权益，促进政治民主，言论自由，提倡思想解放，独立思考，坚持真理，实事求是；坚持把教育放在突出的战略位置，积极发展教育事业；发展社会科学和自然科学，重视基础理论，促进科技与生产结合，提高科学技术现代化水平；继承、发扬我国优良传统文化，创建有中国特色的社会主义新文化；反对封建主义和资本主义腐朽思想，提高全民族的思想道德素质；推进决策民主化、科学化，发挥知识分子在决策过程中的积极作用；推进海峡两岸关系，促进祖国统一；加强国际往来，推进世界和平与发展。

大会通过修订的《民盟中央参议委员会组织条例》规定：中央参议委员会是民盟的荣誉机构，是中央委员会的咨询和参议机构。主要任务有两项：一是协商国家大事，提出意见和建议；二是接受咨询，发挥监督作用，并承担中央委员会委托的其他工作。

根据这次代表大会通过的选举办法规定，新一届中央委员会委员、候补委员采用无记名投票差额预选而后正式选举的办法产生。这是民盟全国代表大会第一次采用差额选举。最终，从260名预选人中选出250名中央委员；从57名预选人中选出50名候补中央委员。新一届中央委员和候补中央委员平均年龄为59.2岁，比上届的64.8岁下降了5.6岁，民盟的中央机构在年轻化道路上前进了一大步。

大会还选举楚图南为名誉主席，选举产生了由149名委员组成的第二届中央参议委员会。

10月17日，民盟六届一中全会选举中央常务委员会委员73人，选举费孝通为主席，钱伟长、高天、叶笃义、谈家桢、陶大镛、千家驹、关梦觉、罗涵先、马大猷、冯之浚、丁石孙、康振黄、孔令仁、谢颂凯为副主席，吴修平为秘书长。

民盟第二届中央参议委员会第一次全体会议同日举行，会议选举常务委员39人，选举苏步青为主任，冯素陶、李文宜、沈兹九、陈敏之、林亨元、闻家驷、彭迪先、潘大逵为副主任。同日举行的民盟第二届中央参议委员会常委会第一次会议推举林亨元为常务副主任，任命吴春选为秘书长。

民盟四大尤其是五大以后，在中国共产党正确的政治路线指导下，民盟发挥人才荟萃、智力密集的优势，在为经济体制改革服务，为对外开放服务，确立以教育立国的战略方针，开展面向社会的智力服务中作出了富有创造性的贡献，赢得了人民群众的信任与赞誉。民盟盟员从1979年的2.3万余人，至1989年年底发展到9.9万余人，其中中上层知识分子占盟员总数的80%以上；建有省级组织29个，市县级组织268个，基层组织4700多个。

广大盟员热爱祖国，热爱社会主义，积极为改革开放和“四化”建设作贡献。1979年至1989年，全盟有5.3万余人次被授予各级劳动模范、先进工作者、模范教师、三八红旗手和积极分子等称号和奖励，其中属全国级的约千人次。60余位盟员担任中国科学院学部委员，100余位盟员担任国务院学位委员会学科评议组成员。许多盟员还在国际学术界获得各种荣誉学位、称号、奖励和勋章。民盟中央副主席、著名数学家华罗庚，一直工作到1985年6月12日，因心脏病猝发倒在日本东京大学的讲坛上，那时，他正向日本数学界作学术报告。像这样鞠躬尽瘁的盟员，还有民盟中央副主席、著名生物学家童第周，美学家朱光潜、哲学家冯友兰等。小提琴演奏家盛中国，画家吴作人、刘海粟等盟员名扬四海。担任民盟中央主要领导职务的社会学家费孝通、流体力学家钱伟长、遗传学家谈家桢、数学家苏步青，都在国内外学术界享有崇高地位。他们的身上体现着民盟知识分子民主、科学、爱国的价值追求，忠于社会主义事业、忠于人民的信念坚守；正是以他们为代表的一代代民盟知识分子引领着民盟继往开来，奋勇前进。

第五章

不断加强自身建设，为建设有中国特色社会主义而奋斗

《中共中央关于坚持和完善中国共产党领导的多党合作和政治协商制度的意见》颁布，标志着民主党派同中国共产党的团结合作进入了一个新的阶段。在这一时期，民盟以邓小平理论为指导，认真贯彻社会主义初级阶段的基本路线，抓住发挥参政议政、民主监督作用和加强自身建设两个重点，在推进民主政治建设、规划区域经济发展、推动教育体制改革、开展社会服务、促进祖国和平统一等工作中，“出主意、想办法，做实事、做好事”，为我国改革开放和社会主义现代化建设贡献力量。

一、坚持和完善中国共产党领导的多党合作和政治协商制度

随着《中共中央关于坚持和完善中国共产党领导的多党合作和政治协商制度的意见》（以下简称14号文件）的颁布与实施，我国多党合作事业逐步走向制度化、规范化。民盟进一步密切与中国共产党的合作，认真学习贯彻14号文件精神，落实各项制度措施。民盟参政议政、民主监督的内容更充实、范围更广泛、形式更规范，政治参与的深度与广度进一步拓宽。民盟不断加强自身建设，履行参政党职责，在国家政治生活、社会生活中发挥着积极作用。

（一）学习贯彻14号文件精神

14号文件的制定与实施是我国政治生活中的一件大事。这个文件是在中共中央主持下，在各民主党派参与研究、充分协商的基础上产生的，是中共与民主党派共同努力的成果。

在14号文件的制定过程中，按照中共中央部署，民盟中央成立了多党合作研讨小组，向全盟发出通知征求意见和建议，并多次召开研讨会讨论，起草了《关于完善共产党领导的多党合作制度的若干意见（征求意见稿）》，报送中共中央多党合作研讨小组办公室。1989年12月26日和12月30日，中共中央两次召开座谈会，向民主党派征求意见，民盟中央领导应邀出席并发言，对文件的修改完善提出建议。

1989年12月31日，14号文件颁布。1990年1月5日，民盟六届中央委员会举行第二十次主席会议，要求全盟把认真学习、宣传和贯彻14号文件精神作为今后一个时期的中心任务。费孝通发表《坚持共产党的领导，坚定不移走社会主义道路》一文，拥护14号文件颁布实施。2月10日，民盟在京中常委举行座谈会，学习讨论14号文件，号召全盟同志以文件精神统一思想认识，肩负起自身的历史重任。2月19日至22日，民盟六届二中全会在北京举行，会议主题是结合14号文件精神，研究和决定如何加强思想建设和组织建设。会议认为14号文件是中国共产党和各民主党派长期合作、并肩作战，共同致力于社会主义事业的历史经验的总结，为充分发挥民主党派的作用提供了重要保证。会议强调，14号文件对参政党提出了新的要求，为肩负起参政党的历史使命，民盟必须把自身建设放到重要的地位，采取切实措施，努力做好这项工作。会议通过了《民盟中央关于当前加强思想建设和组织建设的若干意见》。

1990年6月，江泽民在中共中央主持召开的全国统战工作会议上作重要讲话，指出，建设有中国特色的社会主义宏伟事业，必须有一个最广泛的统一战线，并提出今后一个时期，爱国统一战线的任务是高举爱国主义、社会主义旗帜，团结一切可以团结的力量，调动一切积极因素，同心同德，群策群力，为巩固和发展安定团结的政治局面服务，为推进社会主义现代化建设和改革开放服务，为健全社会主义民主和法制服务，为促进“一国两制”和平统一祖国服务。江泽民强调，《中共中央关于坚持和完善中国共产党领导的多党合作和政治协商制度的意见》，规定了政治协商、民主监督的内容、要求和基本形式，各级党委和政府部门一定要结合本地区本部门的实际，定出具体措施，认真贯彻执行；要继续贯彻“长期共存、互相监督、肝胆相照、荣辱与共”的方针；要鼓励民主党派和无党派人士敢于坚持正确的意见。

为学习贯彻14号文件和全国统战工作会议精神，6月25日至27日，民盟六届八次中常会在北京召开，会议通过了《民盟中央关于当前巩固、健全组织的决定》。7月23日至28日，民盟全国工作会议在北京举行，会议总结了全盟学习14号文件的经验体会，指出在今后的学习贯彻中，要进一步认识14号文件的重要意义，正确认识14号文件的两条主线：一是加强和改善共产党的领导，二是发扬社会主义民主，充分发挥民主党派的作用；并要进一步认识民盟加强自身建设的重要性和紧迫性。会议指出，爱国统一战线和中国共产党领导的多党合作形势的发展，决定了民主党派当前肩负着双重责任：充分发挥参政党的作用，积极参政议政，在“四化”建设、祖国统一中作出新贡献；切实加强自身建设，不断提高广大成员的政治素质，努力担当起参政党的历史责任。

这次会议后，民盟各省市区委员会陆续召开工作会议，传达民盟全国工作会议精神。全盟学习贯彻14号文件深入开展，广大盟员统一认识，更加坚定地同中国共产党团结合作，切实履行参政议政、民主监督职责，不断加强自身建设，努力适应参政党建设的新要求。

与此同时，中共中央统战部会同有关部门商议并向各民主党派征求意见，制定了一系列贯彻落实14号文件的配套措施，对进一步加强同民主党派的协商、座谈，举荐民主党派成员、无党派人士担任政府及司法机关领导职务，加强政府有关部门同民主党派的对口联系，聘请特约监察员、检察员、审计员、教育督导员，解决民主党派工作条件和干部待遇等方面的工作，提出了具体的意见。

（二）履职尽责，持续关注区域经济发展

随着14号文件的贯彻落实，民盟参政议政、民主监督的渠道进一步拓宽，举荐了更多成员担任国家及有关部门领导职务，与政府的联系得到

加强，在国家政治生活、社会生活中的地位和作用进一步提高。

在中国共产党领导的多党合作范围不断扩大和逐步走向制度化的过程中，民盟中央领导同志参加了各种形式的政治协商活动，与中共中央和国家领导人互通情况，对国家大政方针和重大问题发表意见、提出建议。民盟参与国家大政方针和政策协商的广度和深度，有了很大的发展。如：1990 年 7 月，在国务院召开的长江三峡工程论证汇报会上，陶大镛代表民盟中央发言，针对防洪和溃决、静态投资和国力承担、航运和移民问题方面论证三峡工程上马为时尚早，并提出三峡工程可行性报告必须提交全国人大审议等 4 点建议。费孝通代表民盟中央致信中共中央领导同志，表示三峡工程决策的民主化、科学化，其意义决不仅在于三峡工程，世人将以此来估量具有中国特色的社会主义民主进程。1990 年 10 月和 12 月，民盟中央领导两次参加江泽民主持的座谈会，参与《国民经济和社会发展十年规划和“八五”计划纲要》的基本思路和草案的讨论，就深化改革、教育和知识分子问题等提出了建设性的意见和建议，受到中共中央的重视；1992 年 9 月和 10 月，民盟中央领导两次参加中共中央举行的党外人士座谈会，就中共十四大报告征求意见稿等文件提出意见建议。每年全国人大和政协会议召开前，民盟中央领导都要对政府工作报告的草稿、全国人大和政协的人事安排等重要文件和事宜进行认真讨论，提出看法。

1992 年 4 月 15 日，中共中央决定邀请民主党派负责人参加重要国事和外事活动，这是中共中央对完善多党合作所作的一个新举措。同年 6 月，费孝通作为民盟代表首次参加了江泽民会见日本自民党领导人的外事活动。其后，民盟中央领导人多次参加国家领导人会见外宾活动。

民盟一如既往地投入改革开放和现代化建设，积极参与国是咨询，就一些重大问题开展调查研究和论证，向各级党委和政府提出建议。区域经济发展是民盟参政议政持续聚焦的领域，投入精力最多，着力最深，成果颇丰。

自 1988 年提出建立“黄河上游多民族经济开发区”建议后，民盟持续关注、推动这一地区的经济发展，费孝通等多次前往实地考察。1989 年

2 月、5 月和 1990 年 5 月，民盟中央领导应邀参加了甘肃、宁夏、青海、内蒙古四省区在兰州召开的黄河上游多民族经济开发区第一次协调会的两次预备会和正式会议，与四省区负责同志共同商讨开发事宜，达成一致意见。在 1990 年 5 月的会议上，费孝通作了《开发大西北，迎接 21 世纪》的发言。会后，民盟中央向中共中央、国务院提交了《关于黄河上游多民族经济开发区工作的建议》，提出尽快采取措施，加快这一地区的资源开发和经济发展，国务院办公厅复函对建议高度评价，指出，黄河上游地区资源丰富，又是少数民族聚居地区，目前经济比较落后，加快这一地区的资源开发，对于促进西北地区以至全国经济的发展，逐步缩小地区差距，增强民族团结具有重大意义。1992 年 9 月，民盟中央又向中共中央提出《进一步加快黄河上游多民族地区经济发展的建议》，建议对这一地区实行的财政、扶贫资金扶持政策继续保留或延伸，在对外贸易、税收、资金等方面给予优惠。民盟关于黄河上游多民族地区经济发展的多份建议，得到国家有关部门的重视与支持，促进了这一地区的经济开发，为缓解和缩小东西部差距、实现区域经济协调发展、增进民族团结作出了积极贡献。

民盟自 1988 年投入黄河三角洲的开发和治理工作以来，一直开展这方面的论证和调查，在多次组织专家考察调研基础上，认为开发黄河三角洲的时机已经成熟，必须抓住有利时机，全面推进黄河三角洲的开发。1992 年 12 月，民盟中央向中共中央提出《关于加快黄河三角洲开发的建议》，促成了将东营市列入沿海经济开放区等优惠政策的落地，推动了黄河三角洲的经济发展。

1990 年全国两会期间，费孝通、钱伟长多次拜访上海、江苏、浙江代表团驻地，与有关同志商讨开发长江三角洲的设想。4 月 9 日，民盟中央向中共中央提交了《关于建立长江三角洲经济开发区的初步设想》。建议提出，为适应 21 世纪世界经济竞争的形势，应着眼于未来，以上海为龙头，联合江浙两省部分地区，重建东方大港，建立长江三角洲经济开发区，敞开东大门，迎接 21 世纪新秩序。

4月10日，民盟中央建议信提交的次日，江泽民会见费孝通等民盟中央负责同志，就建立长江三角洲经济开发区的初步设想交换了意见。会见后，费孝通当天下午即率队赴上海、江苏、浙江，开始了为期25天的长江三角洲之行，与当地党政领导和民盟组织负责人分别商谈并深入调研后，于5月5日向中共中央提出《关于开发长江三角洲的建议》。费孝通一行考察期间，4月18日，中共中央、国务院作出开发浦东的重大战略决策，成为上海跨越式发展的历史起点。

1992年5月15日，在再次调研上海经济情况的基础上，民盟中央向中共中央提出《关于振兴上海经济的设想和建议》，指出，长江是一条可以带动整个中国经济起飞的巨龙，而龙头就是上海，这是上海在未来中国经济发展中的战略地位。要把上海建设成为面向世界、商贾云集、四通八达的东方大港，成为全国的贸易、金融、信息、运输和科技中心，成为以长江流域为腹地、以江浙为两翼，带动中国经济腾飞的龙头。1992年10月，中共十四大明确提出，以上海浦东开发开放为龙头，进一步开放长江沿岸城市，尽快把上海建成国际经济、金融、贸易中心之一，带动长江三角洲和整个长江流域地区经济的新飞跃。长江三角洲经济开发区的有关建议得到党和政府充分采纳并付诸实施后，民盟围绕区域经济发展进一步深入开展调研，费孝通后来更提出以上海为龙头，江浙为两翼，长江为脊梁，以南丝绸之路和西出阳关的欧亚大陆桥为尾闾的宏观设想，这一设想在其后民盟中央向中共中央、国务院提出的有关建议中得到了具体体现。

1991年6月间，费孝通赴四川攀西地区调查研究后，向中共中央提出《关于建立攀西开发区重建南方丝绸之路开发大西南的设想》，建议由凉山及攀枝花市合作建立攀西开发区，以此为中心，重建由四川成都经攀西及云南保山，在德宏出境，西通缅、印的南方丝绸之路，为大西南的工业化、现代化奠定基础，"一点一线一面"开发大西南。江泽民对此建议十分重视，指示国务院有关部门认真研究后复函民盟中央，高度评价开发大西南的设想，决定将其纳入十年规划和"八五"计划中考虑。

★ 1990 年 4 月 10 日，江泽民同志会见费孝通，就建立长江三角洲经济开发区的初步设想交换意见。

此外，1990年4月，钱伟长率队赴福建宁德等地考察，后由民盟中央向中共中央报送了《关于发展闽东经济的几点建议》《反映福建省南平市地区几个急迫的问题》。1990年7月，民盟中央就辽宁阜新等地区的经济社会发展情况向中共中央提出了《关于对资源枯竭中的煤炭城市阜新应采取必要的抢救措施的建议》。1991年7月，费孝通率队对吉林延边朝鲜族自治州等地进行考察，当月向中共中央提出《关于珲春出海口岸建设及图们江地区开发开放的建议》。1992年11月，费孝通又考察了河北沧州地、市职业教育状况，后向全国人大常委会提交《要提倡利用贷款发展教育——关于河北省沧州地、市职业教育的视察报告》，根据沧州发展职教的经验，建议银行支持教育贷款，发展教育事业。这些建议都得到了中共中央和国务院有关部门的重视。

民盟中央区域发展委员会与地方政府、民盟地方组织密切协作，先后开展了一系列课题的研究。1989年11月，民盟湖南、湖北省委会在武汉联合召开“第二次长江荆江段和洞庭湖地区综合治理学术研讨会”，这是继1987年第一次研讨会后又一次深入研究治理长江水患，兴利除害、造福于民的活动。1989年11月，民盟中央在江苏徐州市召开有13个省市参加的“民盟区域规划与咨询工作经验交流会”，旨在把民盟的区域发展规划研究和咨询工作推向一个新阶段，并在接下来召开的“徐州经济和社会发展模型评审会”上，对民盟徐州市委会提出的《徐州市1990—2010年经济和社会发展模型》研究报告进行了审议和鉴定。民盟中央还和民盟地方组织共同参与了福建宁德、广东汕尾、辽宁阜新、河北沧州等市经济和社会发展规划的制定和实施，在此基础上出版了《区域发展战略研究·总论》，辐射研究成果。

民盟地方组织就地方的经济、教育、科技、文化、法制等重要问题，向当地中共党委和政府提出许多建设性意见和建议。民盟部分省市高教研讨会1989年在辽宁沈阳、1990年在江苏南京、1991年在浙江杭州，继续召开。

民盟在人大和政协中继续发挥积极作用。1990年全国政协七届三次会议上，谈家桢代表民盟中央作了《科技队伍青黄不接的问题亟待解决》的发言，民盟组提出了《关于加速建设国家商品粮基地的建议》；1991 年全国政协七届四次会议上，钱伟长代表政协常委会向大会作了工作报告，谈家桢代表民盟中央作了《充分发挥知识分子在社会主义现代化建设中的作用》的大会发言，孔令仁代表民盟组作了《支持社会力量办学，重视多渠道培养人才》的大会发言；1992 年全国政协七届五次会议上，高天代表民盟中央作了《扭住经济建设中心不放，努力促进地区经济协调发展》的大会发言，马大猷代表民盟组作了《从战略高度进一步发挥知识分子作用》的书面发言。1991 年 11 月，全国政协首次表彰优秀提案和先进承办单位，叶大年等 4 位委员提出的《延长高级职称女知识分子退休年龄的建议案》、张毕来的《建议用四百字扫盲案》获评优秀提案；马梅荪等 20 余位委员受到表扬。担任各级人大代表和政协委员的盟员，在人大和政协活动中，认真调查研究，反映群众意愿和要求，积极参与对国家和地方事务的协商和监督。

为适应中国共产党领导的多党合作和政治协商制度不断发展的需要，民盟各级组织积极向国家推荐盟员担任政府或司法部门的领导职务。民盟中央常委、民盟广东省委会主委端木正在七届全国人大常委会第十五次会议上被任命为最高人民法院副院长、审判委员会委员。截至 1992 年 10 月，有 131 位盟员经推荐担任县级以上政府或司法部门的领导职务。1990 年，国务院确定了 8 个有关部委办为民盟对口联系协商单位，同时确定 9 个单位与各民主党派对口联系协商，这样国务院共有 17 个部委办与民盟建立了对口联系协商关系，民盟与国家政府部门的联系得到加强。部分盟员担任香港、澳门特别行政区基本法起草委员会委员，为制定《香港特别行政区基本法》和《澳门特别行政区基本法》作出了积极努力。民盟各级组织推荐了 680 位盟员担任各级特约监察员、检察员、审计员和教育督导员（统称“四员”），派员参加清理整顿公司、廉政大检查及财务、物价、税收大检查工作。民盟中央多次召开“四员”座谈会，围绕行使民主监督职责，提高参政议政质量，总结交流工作经验。全国人大常委会委员和专门委员会委员中的民盟盟员还参与了各项法律监督工作。

民盟各级组织注重把自身工作和我国法制建设相结合。民盟中央各专门委员会发挥专长优势，积极为法制建设服务。法制、教育、经济、科学、妇女、文化等委员会，对香港基本法、教师法、民事诉讼法修正案、企业法、工会法、妇女权益保障法、著作权法等法律草案进行了认真讨论，广泛收集意见和建议，提供有关部门参考。民盟中央法制委员会、妇女委员会于1992年7月5日联合组织有关专家、教授，参加了由全国妇联会同北京市妇联、北京市司法局等19个单位举办的《中华人民共和国妇女权益保障法》咨询活动，热情回答群众提出的问题，倾听、回应他们的诉求。一些地方组织面向社会提供法律咨询服务。民盟各级组织参加了各级人大组织的《义务教育法》贯彻实施情况大检查，提出了进一步搞好义务教育的意见和建议，推进了依法治教工作。

（三）出主意、想办法，做实事、做好事

1989年11月8日，费孝通在徐州召开的民盟区域规划和咨询工作经验交流会上明确提出，民盟的工作要为经济建设多做实事，多做好事。此后，他进一步阐述，“做实事、做好事”是指为社会主义现代化建设，为祖国统一、振兴中华，脚踏实地、勤勤恳恳地做好各项工作。1991年4月27日，在民盟成立50周年纪念大会上，费孝通提出民盟要“出主意、想办法，做实事、做好事”，这是目前可考资料中“十二字”主张完整提出的最早时间。“十二字”主张是费孝通从自己做学术研究和盟务工作“行行重行行”的实践中提炼出来的，既适合中国以经济建设为中心、推进改革开放的现实，又能发挥民盟智力资源丰富的优势，得到各级盟组织和全体盟员的广泛响应，逐步成为全盟的共识，并被写入民盟七大工作报告和决议中。[①] 民盟工作以这“十二字”方针为指导，积极参政议政，并同时开展扶贫、咨询、办学等面向社会、为“四化”服务的活动。

① 2002年12月，民盟九大工作报告将“做实事、做好事”顺序改为“做好事、做实事”，其后民盟一直沿用的“十二字”方针为“出主意、想办法，做好事、做实事”。

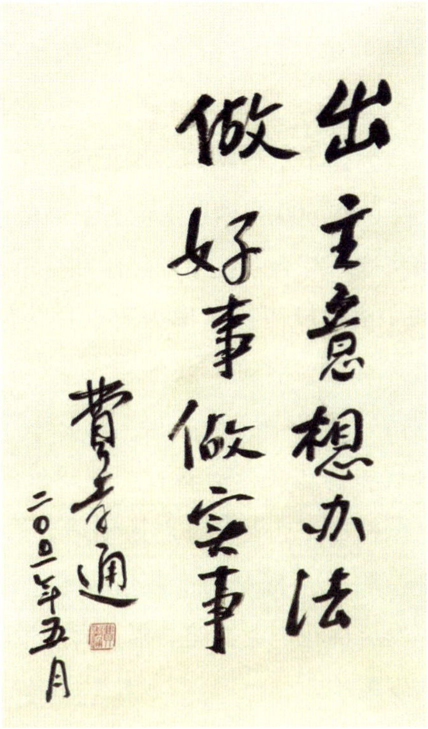

★ 费孝通题写的“出主意、想办法，做好事、做实事”。

民盟一直把支援贫困地区经济、文化、教育、科技和医疗事业作为为“四化”服务的工作重点。民盟中央和中国扶贫基金会建立了固定的联系，相互配合，推动扶贫工作的开展。民盟中央领导先后赴山东惠民地区、河北广宗县、甘肃干旱地区、湖北西部地区、河南东部贫困地区、广东海陆丰老区进行扶贫考察，提出了《赴山东惠民地区和河北广宗县的扶贫考察报告》等建议，为当地经济发展和扶贫工作出谋划策。

民盟中央对贫困地区的援助工作着重在智力上予以支持，帮助发展文化教育，推广工农业生产技术，改善生态环境和协助制定规划，重点开展了对甘肃定西、广西百色、贵州毕节、河北广宗等地区的智力扶贫工作。

甘肃定西是民盟中央最早开展扶贫的地区。在费孝通 1984 年开始对甘肃定西地区连续三年考察的基础上，民盟中央于 1986 年在会宁县中川乡米家峡[①]建立“农牧业综合发展示范站”。中国农科院研究员、民盟中央候补委员高德诚连续三年蹲点指导，使该点人均收入由1986年的200元增长至1988年的442.7元。1988年，通过中国农业科学院、甘肃省政协、会宁县的验收，认为这个示范站的工作，建立了一套模式，适合人均占有耕地4亩以上、年降水300毫米以上的黄土高坡丘陵沟壑区的农业综合发展，甘肃白银市将这一综合示范站的经验在全市推广。

1987年起，民盟中央把广西百色作为重点扶贫地区。民盟组织专家在百色地区开展了技术传授、咨询、服务和农业科技推广等多项智力扶贫。针对该地甘蔗种植广泛的特点，举办“甘蔗栽培技术学习班”，传授技术，培养人才；开展科技攻关，落实甘蔗棉蚜虫的防治等科技扶贫项目；争取资金，建立蔗糖加工产业。针对该地适合棉花种植的气候条件，组织专家考察，举办“百色市棉花高产栽培技术研讨会”，试种棉花后，推广棉花栽培技术，发展棉花产业，建立棉花商品生产基地等等，有力推动了当地经济、社会发展。

为破解贵州毕节地区经济贫困、生态恶化、人口膨胀的难题，1988年，国务院批复同意成立毕节“开发扶贫、生态建设”试验区。中共中央统战部牵头推动，各民主党派中央、全国工商联积极参与毕节试验区建设。1989年9月20日，毕节试验区专家顾问组成立，钱伟长担任组长[②]。同月，民盟中央在毕节县何官屯乡建立“开发扶贫、生态建设”示范基地。民盟中央本着开发扶贫、智力支边和科技兴农的方针，从解决温饱入手、生态建设着眼，以提高粮食产量、促进农村经济发展为主攻方向，在提高劳动者素质，试验、示范和推广农业科学技术上下功夫。到1992年，毕节县何官屯取得“五增一降”的成绩：森林覆盖率由1988年的3%增加到1992年的12%，基本农田由7931亩增加到13494亩，粮食产量由

① 中华人民共和国成立后，会宁县隶属定西地区。1985年，划归白银市。

② 毕节试验区专家顾问组全称“中共中央统战部、国家民委、各民主党派中央、全国工商联支援贵州省毕节开发扶贫、生态建设试验区发展规划实施顾问组”。钱伟长任第一、二、三届组长和第四届总顾问，厉以宁任第四届组长。第五届起不设组长，张宝文、厉以宁、常近时任总顾问。

5721 吨增加到 8710 吨，人均粮食由 224 公斤增加到 317 公斤，人均收入由 196 元增加到 350 元，人口自然增长率由 12.7% 降到 9.14%。民盟还参加了贵州黔西南“星火计划、科技扶贫”试验区的有关工作，为喀斯特地区少数民族群众脱贫致富探索经验。这一试验区是 1990 年在国家科委等单位的推动下成立的，同期还组建了各民主党派中央、全国工商联黔西南试验区联合推动组。

1991 年 5 月，费孝通对河北广宗县进行了扶贫考察，之后民盟中央在广宗建立了扶贫工作点。按照费孝通考察广宗后提出的“先发展农副业、兼顾乡镇企业；先富民后富县”的方针，民盟在广宗县开展优良小麦品种推广，使当地粮食产量大幅度增长；支持帮助广宗县发展工业，扶持广宗县制药厂，帮助建立灰砂砖厂；改善当地办学条件，改建两所小学等，取得良好效果。

★ 1991 年 5 月，费孝通在河北广宗县大东村农民家了解竹帘生产情况。

民盟许多地方组织也在本省区建立扶贫示范点，通过科技示范，推广优良品种，引导群众改变旧观念、掌握新技术，帮助地方建立农业培训学校、农科站，为农民培养自己的科技队伍，提高“造血功能”。这其中最突出的是民盟四川省委会与中共遂宁市委、市政府开展的“盟遂合作”。从 1987 年双方签订长期合作协议开始，民盟在遂宁开展了从农业到工业的一系列咨询服务活动，其后，民盟上海市委会受邀加入遂宁科技兴工活动，共同探索川中丘陵地区经济发展、人民致富的路子。1990 年 1 月和 1991 年 1 月，遂宁—川中丘陵地区农业经济发展座谈会和遂宁经济发展战略规划评审会先后召开。至 1992 年，民盟四川省委会先后组织盟内外 300 多位专家学者到遂宁调研，提出可行性建议 120 多项，并从中选择 10 多个影响较大的项目和 40 多个一般项目，建立基地，蹲点试验，逐步推广。在持续多年的共同艰苦努力下，遂宁的经济面貌有了较大变化。

民盟中央和地方组织还帮助贫困地区制定发展规划，参与了《毕节地区开发扶贫、生态建设试验区发展规划》《梅县地区经济社会发展战略的建议》《积石山县沿黄地区多民族经济林营造工程设想规划》《广西平果县经济发展规划》等的研究和制定工作，为这些地区的经济发展、脱贫致富提出建设性的意见。此外，民盟中央科技委员会编辑的《农村实用科技小丛书》被列入国家“燎原计划”，出版 75 种，受到广大农民的欢迎。

民盟积极开展医疗咨询和义诊活动，为贫困地区人民提高健康水平服务。1989 年 11 月，民盟中央组织专家参加“民主党派计划生育宣教医疗队”，对贵州毕节地区的 5 个县开展医疗活动；1990 年 5 月，民盟中央又派员参加“少数民族地区基层医疗条件状况调查会议”，到 9 个少数民族地区调查研究，提出调查报告。民盟许多地方组织开展了到老少边穷地区的巡回医疗活动，不少医学院、医院的民盟组织多次组织专家教授建立医疗咨询服务组，到贫困地区进行咨询服务。民盟组织对贫困地区的智力支援，促进了当地的经济发展，取得了较好的经济效益和社会效益，受到当地群众的普遍欢迎。

为缓解各地方对不同层次建设人才的急切需要，提高群众的科学文化水平，民盟进一步开拓办学门路，兴办各类学校，为社会主义现代化建设培养人才。截至1992年年底，民盟共办各类学校453所，政府有关部门承认学历的学校59所，举办各类培训班、研讨班、讲座4049次，培训学员90余万人次。民盟组织所开展的办学活动，是社会力量办学的重要组成部分，不仅支援了社会主义现代化建设，而且有利于提高全民素质，受到学生、家长和各级政府的重视和欢迎。

1990年11月26日至31日，民盟全国社会服务工作会议在北京举行。会议总结了几年来民盟面向社会、为“四化”服务工作的经验，研究存在的问题，号召全盟发扬做实事、做好事的精神，努力为社会主义建设服务。1992年1月14日至17日，民盟中央召开全国智力扶贫工作经验交流会，总结近十年来的智力扶贫工作，交流经验，寻找差距，努力把这项工作提高到一个新的水平。同年9月26日至30日，全国贫困地区农村教育综合改革工作会在陕西商州市召开，民盟应邀派代表参加，并向大会提交了题为《发挥智力优势，为提高贫困地区劳动者素质而努力》的书面发言，介绍了民盟十余年来利用自身优势在贫困地区开展科技扶贫的经过和取得的成绩。

在为经济建设的服务中，广大盟员在各自工作岗位上作出了贡献，一大批同志成绩卓著，成为各条战线上的先进模范人物，不少同志在国际上为祖国赢得荣誉。1989年至1992年，全盟有30216人次被授予各级劳动模范、先进工作者、优秀教师、三八红旗手等称号，其中1895人次获得全国性和国际性荣誉称号和奖励。63位盟员担任中国科学院学部委员。许多盟员在专业领域作出了突出贡献，获得政府的特殊奖励。

（四）参加社会主义精神文明建设

民盟成员以教育、科技工作者为主，他们肩负着培养、教育社会主义新一代的任务。从事教育、科技工作的盟员，在向青年传播文化科学知识的同时，坚持进行爱国主义和社会主义思想教育，坚定对中国共产党、对社会主义的信念。在1989年春夏之交的政治风波中，教育岗位上的许多盟员坚持上课，教育和引导学生正确看待形势；各级盟组织为巩固和发展安定团结的政治局面作了大量工作；广大盟员坚守岗位，坚持工作，顾全大局，为稳定局势发挥了积极作用。

民盟各地组织在精神文明建设中努力发挥自身优势，主办报刊、出版社，开设文化讲座，拍摄影视作品，组织文艺演出，举办展览，开展多种形式的活动，讴歌改革开放和现代化建设的时代精神。《群言》杂志创刊以来，坚持四项基本原则，认真贯彻“双百”方针，就我国的建设和改革、知识分子问题，以及迎接中国共产党成立70周年、民盟成立50周年，组织发表了大量优秀文章，日益受到盟内外读者的欢迎。《中央盟讯》和地方盟讯为宣传中国共产党的方针政策、沟通盟内信息、介绍先进事迹、推广典型经验、推动民盟工作，进行爱国主义、社会主义等思想教育发挥了积极作用。民盟中央于1989年成立的群言出版社，克服资金和人员短缺的困难，出版了不少获得读者认可的畅销书籍。民盟北京市委会和北京电视台合作拍摄了电视连续剧《吴晗》，宣传民盟前辈的光辉事迹和高尚情怀。民盟甘肃省委会牵头创办《中国西部发展报》，得到当地党政领导大力支持，影响日益扩大，成为促进西部地区经济社会发展和精神文明建设的有特色的报纸。

1991年入夏以后，我国南方发生特大洪涝灾害。民盟中央立即向各省级委员会发出电报，号召全盟为国为民分忧。广大盟员在当地政府部署下迅速行动，以各种方式参加抗灾斗争，有的参加抗洪突击队、医疗队，奋战在第一线，有的捐款捐物，开展赈灾义演、义卖、义诊活动，与中国共产党同心同德，与灾区人民同舟共济。

许多盟员在社会主义精神文明建设中谱写了感人的篇章。被民盟广东省委会、深圳市委会授予“优秀盟员”，共青团深圳市委、市青联授予“特区模范青年知识分子”荣誉称号的青年学者、盟员魏达志，虽身患绝症，仍顽强地在病床上完成了数百万字的研究论文，对深圳经济特区发展进行了超前的系统研究。他的事迹被《光明日报》《中国青年报》长篇刊载，成为全国青年知识分子的先进典型和盟员学习的榜样。安徽蚌埠二中盟员杨锡恩，在与歹徒搏斗中英勇牺牲，被中共安徽省委追认为革命烈士。海南省人大常委会副主任、民盟海南省委会主委伉铁保见义勇为斗歹徒的事迹，成为领导干部以身作则的热点新闻，被全国报刊争相报道。

（五）开展海外联谊活动

民盟中央和许多地方组织为促进祖国的“四化”建设和和平统一大业，热情接待台湾同胞、港澳同胞和海外华侨华人，让他们了解祖国的大好形势，了解中国共产党和政府的有关方针政策，加深了和“三胞”的乡情、亲情。不少地方为“三胞”投资牵线搭桥，提供咨询服务，促进两岸和国际间经贸发展。如江西省上高县盟员欧阳一和宜丰县盟员黄清华，为地处赣西北丘陵山区的这两个贫困县引进台资和外资上千万美元，兴办“三资”企业11个，产品远销港、澳、台地区和东南亚及欧美各国，两县的经济呈现了蓬勃发展的态势。民盟四川省自贡市委会采取有效措施，发挥有“三胞”亲属的盟员的作用，把对台宣传工作落到实处，连续多年被当地市委对台办评为对台宣传先进单位。

两岸往来逐步放开后，一些盟员多方联系，广交朋友，增进两岸科技文化交流。1992年8月，应台湾科学家吴大猷邀请，民盟盟员、国家自然科学基金委员会主任、著名物理化学家张存浩率队访台，访台队伍中还有民盟中央副主席、著名遗传学家谈家桢，一时成为轰动两岸的热点新闻。尤其是谈家桢在台会见学生蒋纬国，使此行的意义超出了两岸科学家的交流。1992年9月，民盟中央常委、“棋圣”聂卫平应台湾展望基金会邀请赴台访问，交流棋艺；中国科技大学校长谷超豪应邀赴台，开展学术交流；浙江大学盟员、郑成功十世孙郑万青于1992年10月赴台参加“成功祖神像安座启用庆典暨郑氏宗亲第11次觅亲大会”，两岸郑氏宗亲欢叙亲情，为增进两岸的亲情和交流起到积极作用。此外，福建民盟书画学会还征集百余件名家书画作品在台湾各地文化中心巡回展出，推动了海峡两岸艺术交流。

1990年8月，费孝通应苏联科学院邀请赴苏联进行学术访问，与苏联科学院东方研究所、民族学研究所、远东研究所的中国问题专家举行了座谈。谈家桢于1990年6月起，应有关国际组织邀请作环球国际学术访问。这些活动增进了我国和国际社会的了解与友谊。

（六）加强思想和组织建设，完善参政党机制

14号文件明确了民主党派在我国政治生活中的地位，赋予了民盟作为参政党所应担负的历史使命，也提出了更高的要求。民盟结合自身实际，进一步加强思想建设和组织建设，为更好地承担参政党职责进行了积极探索。

民盟思想建设着眼于肩负起参政党的历史责任，注重从实际出发，发扬自我教育的优良传统，提高全体盟员政治素质。在经受了1989年政治风波的严峻考验后，民盟按照邓小平关于冷静地思考过去、思考未来的指示精神，于1989年7月向全盟发出《关于学习贯彻中共十三届四中全会精神，加强思想建设的决定》，要求各级组织加强思想政治工作，在盟员中开展坚持四项基本原则和反对资产阶级自由化的教育。

1990年2月，民盟六届二中全会通过了《民盟中央关于当前加强思想建设和组织建设的若干意见》，指出思想建设的中心是在盟内深入进行坚持四项基本原则，坚持改革开放，反对资产阶级自由化的教育，增强在复杂的环境中辨别是非的能力；要搞好民盟思想建设，首先要学习和研究马列主义、毛泽东思想，深入进行爱国主义、社会主义教育和国情教育。1990年10月，民盟六届九次中常会通过《民盟中央关于当前工作的几点意见》，指出民盟的思想建设要着重进行正面教育，帮助盟员认清形势，提高认识，振奋精神，团结前进；提出开展统战理论、盟的建设和盟史研究，加强对盟内刊物和公开发行的报刊以及出版社的领导等七点具体举措。1991年7月，民盟中央下发《关于认真学习江泽民总书记“七一”讲话精神的通知》。1992年7月，民盟中央下发通知，要求全盟认真学习邓小平视察南方的重要谈话精神。

民盟各级组织学习贯彻中共重要会议、文件精神，采取多种形式开展爱国主义和社会主义教育、国情教育、形势教育，引导盟员自觉学习马列主义、毛泽东思想和邓小平建设有中国特色社会主义理论。民盟各级组织还通过参加各种社会实践和参观访问等活动，使广大盟员真切感受改革开放和祖国现代化建设的宏伟成就，坚定社会主义信念。

民盟各级组织通过座谈会、纪念会、展览等多种形式的活动，积极开展优良传统教育。民盟中央先后举行纪念中国民主同盟成立50周年大会、中国共产党成立70周年座谈会；举办中国民主同盟50年历史文献暨盟员著作展览；出版《中国民主同盟简史（1941—1949）》、《中国民主同盟历史文献（1949—1988）》、《中国民主同盟五十年》（图集）；组织《我与民盟》征文。民盟中央举办了纪念邓初民诞辰100周年、杨明轩诞辰100周年、陶行知诞辰100周年、高崇民诞辰100周年、张澜诞辰120周年座谈会。这些传统教育活动激发了盟员的光荣感、责任感和为社会主义服务的积极性，增强了民盟组织的凝聚力。

民盟各级组织重视发现、培养、宣传盟内先进典型，全盟涌现出一大批爱岗敬业、成绩突出的先进模范人物，如表演艺术家王铁成、歌唱家李谷一、数学家余家荣、农业专家王焕如等。他们立足本职、建功立业，为国家各项建设事业作出了重要贡献，也激励广大盟员学习先进，奋发向上。

组织建设方面，《民盟中央关于当前加强思想建设和组织建设的若干意见》提出组织建设要抓好五项工作：着重做好巩固工作，发展盟员要注重质量；加强领导班子建设，进一步搞好新老合作和交替；加强机关建设；搞好基层工作；积极选拔人才和培养人才。1990年6月，民盟六届八次中常会通过《民盟中央关于当前巩固、健全组织的决定》，针对组织发展一度较快的状况，强调放慢发展速度，巩固组织，并作出不在文教界外和某些部门发展盟员的规定。民盟各地组织在发展盟员时，贯彻“三个为主”（以大中城市为主，以中上层知识分子为主，以从事文化教育工作的知识分子为主）的方针，注重政治质量和严格审批手续，着力吸收德才兼备的各方面代表人物入盟。截至1992年年底，民盟共有省级组织29个，市县级组织281个，基层组织6498个；全国盟员总数106629人。

为在中央常务委员会闭会期间领导全盟工作，民盟中央自六大后即制定了有关制度。1988年12月，民盟六届二次主席会议制定了《民盟中央主席会议制度》，强调贯彻民主集中制原则，实行集体领导和分工负责相结合的制度；明确主席、副主席的分工；健全秘书长为首的机关工作体制。为加强对各专门委员会的领导，1989年1月，民盟六届二次中常会通过了《民盟中央专门委员会组织条例》。14号文件发布后，民盟各级组织进一步加强机关建设，制订或健全规章制度，加强对机关工作的管理，改善工作条件，调动专职干部工作积极性。民盟上海市委会和民盟成都市委会实施目标管理，取得了一定的经验。各地民盟组织还采取措施，对干部进行政治思想和业务能力的培训。民盟中央委托中央社会主义学院举办了委员（民盟）进修班，部分民盟中央委员、候补委员及省区市委会的负责干部参加了学习。民盟中央还受各民主党派中央、全国工商联的委托举办了干部读书班，提高学员的政治素质。

在民盟中央的支持下，各地民盟组织围绕为经济建设服务这个中心，或按地区经济发展需要，或按盟务工作研讨专题，开展了多方位的横向联系。民盟的各级干部深入基层，了解情况，指导工作，协调关系，为基层开展活动创造条件。不少地方组织的领导干部和专职干部分片包干联系基层形成制度，有效地推动了基层组织工作的开展。

为了进一步推进领导班子的新老结合与交替，1991年1月召开的民盟六届三中全会决定提前于1992年举行民盟第七次全国代表大会，相应提前开展地方组织和民盟中央领导机构的改选换届工作。为做好换届改选工作，民盟中央先后通过《关于干部后备队伍建设的意见》《关于民盟七大进行中央委员会换届的几点意见》《民盟中央关于各省、自治区、直辖市委员会换届工作的若干意见》《中国民主同盟第七次全国代表大会代表产生办法》，要求在稳定、团结的前提下，保证一定比例年轻合格的新干部进入各级领导班子。1991年6月、10月，民盟中央两次召开省级地方组织负责人会议，落实全国29个省级组织换届工作，确保了省级组织换届工作平稳顺利进行。据统计，进入新一届省级领导班子的新同志占35.3%，领导班子平均年龄由62.8岁下降到60.7岁，领导班子的新老合作交替迈出了较大步伐，为民盟七大的顺利召开奠定了良好的思想和组织基础。

二、为加快改革开放和社会主义现代化建设献计出力

随着实践的发展，中国共产党领导的多党合作和政治协商制度进一步规范化、制度化。特别是邓小平南方谈话和中共十四大后，我国改革开放和社会主义现代化建设进入新阶段，多党合作有了更为广阔的舞台。为适应加快改革开放和社会主义现代化建设的新形势，更好地坚持和完善中国共产党领导的多党合作和政治协商制度，为建设有中国特色社会主义宏伟事业作出更大贡献，民盟召开了第七次全国代表大会。

（一）民盟七大

1992年12月22日至28日，中国民主同盟第七次全国代表大会在北京举行。这次大会共有代表850人。其中，教育界422人，文艺界69人，科技界98人，其他方面261人；1949年前入盟的97人，1949年至1966年间入盟的224人，1979年后入盟的529人；女性代表占代表总数的16.7%；55岁以下的中青年代表占34.7%。

大会由费孝通致开幕词。中共中央政治局委员、国务院副总理田纪云宣读了中共中央贺词。钱伟长代表民盟第六届中央委员会作题为《努力发挥参政党作用，在建设有中国特色社会主义的伟大事业中作出新贡献》的工作报告。陈敏之代表叶笃义作《关于中国民主同盟章程修改的说明》。林亨元作《关于民盟中央参议委员会组织条例修改的说明》。大会审议通过了工作报告、修改后的《中国民主同盟章程》和《中央参议委

员会组织条例》，通过了向光荣退出中央委员会的老同志的致敬信。选举产生了新一届中央委员会和中央参议委员会。高天致闭幕词。

这次大会的任务是：学习贯彻中共十四大精神，总结民盟四年来的工作，确定今后一个时期民盟的任务；修改民盟的章程；选举新的中央领导机构；动员全盟力量，发扬民盟与中国共产党长期合作、共同战斗的光荣传统，进一步解放思想，振奋精神，为加快改革开放和现代化建设步伐，在建设有中国特色社会主义的伟大事业中作出新贡献。

中共中央贺词指出：民盟是中共久经考验的亲密战友，是爱国统一战线的重要力量。民盟成立50多年来，同中国共产党风雨同舟、患难与共，走过了一条爱国、革命的光荣道路，为中国革命和建设事业作出了重要贡献。中共将继续坚定不移地贯彻同各民主党派“长期共存、互相监督、肝胆相照、荣辱与共”的方针，广泛听取民主党派和无党派人士的意见和建议，完善有关参政议政、民主监督的制度，使中共同民主党派的团结更加紧密，共同谱写我国多党合作的新篇章。

钱伟长在工作报告中回顾了民盟四年来在参政议政、为两个文明建设服务、维护安定团结、加强自身建设等方面的工作，总结了四年工作的经验和体会。强调在新的历史时期，民盟的一切工作“必须坚持按照接受中国共产党的领导，坚定不移地贯彻‘一个中心，两个基本点’的基本路线，服从服务于经济建设这个中心，通过为经济建设服务，不断充实和丰富民盟的参政议政内容”；“必须认真贯彻和实践《中共中央关于坚持和完善中国共产党领导的多党合作和政治协商制度的意见》，努力发挥参政党的作用”；“必须坚持团结、稳定、鼓劲、务实的方针，团结一切可以团结的力量，调动一切积极因素，为统一祖国、振兴中华贡献力量；必须不断加强自身建设”。

大会认为，民盟在现阶段的基本任务是：高举爱国主义、社会主义旗帜，遵循建设有中国特色社会主义的理论，坚定不移地贯彻“以经济建设为中心，坚持四项基本原则，坚持改革开放”的基本路线，为巩固和发展安定团结的政治局面服务，为健全社会主义民主和法制服务，为促进实现“一国两制”、和平统一祖国服务。

大会认为，我国改革开放和社会主义现代化建设已进入一个关键时期。民盟是中国共产党领导的多党合作和政治协商制度中的参政党，要充分履行政治协商、民主监督职责，推进社会主义民主政治建设，发扬民主，广开言路，积极参与国是咨询，促进决策的科学化、民主化；要努力为社会主义现代化建设“出主意、想办法、做实事、做好事”，积极支持和参加政治、经济、文化教育和社会改革，维护国家的稳定和社会安定，为改革开放和现代化建设创造民主和谐的社会环境而努力。

大会强调，参政党的历史任务要求民盟健全政党机制，增强政党功能，把加强自身建设放在重要地位。全盟各级组织要把学习建设有中国特色社会主义的理论放在首位，不断提高盟员的思想政治水平和科学文化素质，提高执行基本路线的自觉性。各级领导班子要积极培养后备干部，实现新老合作和交替，做好发展与巩固组织的工作，注重质量，稳步发展；民盟各级机关要建立健全规章制度，提高干部素质，深入实际，讲求效率。

大会通过的民盟章程明确：“中国民主同盟是以文教界的中上层知识分子为主的、具有政治联盟特点、致力于社会主义事业的政党。”“从事文化教育以及科学技术和其他工作的知识分子，自愿遵守本盟章程，可以申请加入本盟。”总纲中突出了民盟是与中国共产党通力合作的参政党，在宪法赋予的权利和义务范围内，按照政治自由、组织独立、法律地位平等的原则开展工作。

大会选举产生中央委员 225 人、候补中央委员 39 人。新一届中央委员会的人数比上届减少 12%。大会推举楚图南为民盟中央名誉主席；推举产生了民盟第三届中央参议委员会委员 164 人。

12 月 29 日，民盟七届一中全会选举中央常务委员会委员 67 人，选举费孝通为主席，钱伟长、高天、谈家桢、陶大镛、罗涵先、马大猷、冯之浚、丁石孙、康振黄、孔令仁、谢颂凯、吴修平、张毓茂为副主席，俞泽猷为秘书长。同日举行的民盟七届一次中常会决定高天任常务副主席。

同日，民盟第三届中央参议委员会第一次全体会议推举常务委员55人，推举苏步青为主任，叶笃义、冯素陶、刘开渠、李文宜、吴作人、陈敏之、林亨元、闻家驷、萧乾为副主任。同日举行的民盟第三届中央参议委员会常务委员会决定林亨元为常务副主任，吴春选为秘书长。

（二）增强参政意识，发挥参政党作用

改革开放和社会主义现代化建设的新阶段为民主党派发挥作用开辟了广阔天地。1993年，“中国共产党领导的多党合作和政治协商制度将长期存在和发展”载入宪法，为多党合作事业的发展提供了根本保证。民盟充分履行参政党职责，积极参与国是咨询，参加经济、教育和社会改革，参政党作用得到进一步发挥。

民盟中央领导同志多次出席中共中央、国务院、中央统战部举行的民主协商会、座谈会、情况通报会，就有关国是和重大事项决策提出意见和建议。民盟中央领导应邀就《中共中央关于建立社会主义市场经济体制若干问题的决定》《中共中央关于加强党的建设几个重大问题的决定》《中共中央关于制定国民经济和社会发展“九五”计划和2010年远景目标的建议》《中共中央关于加强社会主义精神文明建设若干重要问题的决议》等重要文件征求意见稿和中共十五大报告征求意见稿进行认真讨论，提出具体的修改意见和建议。如：1993年11月，在国务院召开的党外人士座谈会上，叶笃义代表民盟中央发言，对三峡工程的移民、资金、库区政策、经济和社会发展、宣传等问题提出了意见和建议，为三峡工程民主化、科学化决策提供有益参考。1995年2月16日，国务院召开座谈会征求对政府工作报告的意见，费孝通就东西部差距问题、扶持乡镇企业、发展贫困地区教育事业及反对铺张浪费、大吃大喝的风气等问题提出意见建议，得到国务院领导的高度评价，一些意见被吸收采纳。

1993年3月，八届全国人大一次会议选举费孝通为全国人大常委会副委员长，9位盟员（部分跨党派）当选为全国人大常委会委员（后补选1人，共10人）；全国政协八届一次会议选举钱伟长、苏步青为全国政协

副主席，42 位盟员（部分跨党派）当选为全国政协常委。共有 97 位盟员当选为八届全国人大代表，其中新当选的 55 位；174 位盟员担任八届全国政协委员，其中新任的 70 位。有 1845 位盟员担任县级以上人大代表，6532 位盟员担任县级以上政协委员。一大批年富力强的同志脱颖而出，为民盟在人大、政协的参政议政活动增添了新的力量。

1993 年全国政协八届一次会议上，民盟中央作了《关于扶持和发展民办高等教育的建议》的大会发言，论述了民办高教自身生存和发展的优势及特点，提出了扶持和发展民办高等教育的具体建议；1994 年全国政协八届二次会议上，民盟中央作了《加强民主监督，发挥民主党派在社会主义民主政治建设中的作用》的大会发言，提出加强民主监督的五点建议，提交了《对国家基础教育投入不足问题的建议》《师范院校生源不足，严重影响到师范院校的学生质量和中小学师资的补充和更新》的提案；1995 年全国政协八届三次会议上，民盟中央作了《依法治教，全面落实教育优先发展的战略地位》的大会发言，提交的《关于尽快成立教育银行的建议》《关于加强农业教育的建议》被选为重要提案；1996 年全国政协八届四次会议上，民盟中央作了《贯彻“科教兴国”战略，迎接 21 世纪挑战——对我国高等教育发展的几点意见》的大会发言，提交了《加快京津冀经济联合发展、重塑我国华北经济中心》的书面发言；1997 年全国政协八届五次会议上，民盟中央作了《依法保证对教育的投入，是落实科教兴国战略的根本保证》的大会发言。在八届政协大会期间，民盟中央作大会发言 5 篇，提交书面发言 6 篇，提案 12 件；民盟组委员作大会发言 77 篇，提交提案 480 件，11 件提案获全国政协优秀提案奖。不少盟员人大代表、政协委员的发言和提案被新闻媒体刊载，在社会上引起较大反响。

1993 年 12 月，中共中央政治局常委、全国政协主席李瑞环走访民盟中央并座谈讲话，指出各民主党派人才荟萃，智力密集，联系广泛，在我国改革开放和现代化建设中具有不可替代的作用。

1995 年 3 月 4 日，全国政协八届三次会议期间，江泽民、李瑞环等中共中央领导同志参加了民盟委员小组讨论。江景波、吴修平、刘诗白、陶建华在讨论会上发言。江泽民听取委员发言后发表讲话，勉励大家认真履职，多反映各方面的意见和建议，多为改革开放和现代化建设献计献策。民盟同志备受鼓舞。

举荐盟员担任政府的领导职务，参与国家事务的管理，是民盟参政议政的一项重要内容。民盟进一步加大举荐力度，越来越多的盟员在政府中担任要职，发挥作用。民盟七大至八大期间，盟员担任国务院直属局副局长 1 名，副省长 2 名，省级政府副厅级领导 11 名，计划单列市副市长 1 名，省会市副市长 4 名，副市长 29 名，直辖市副区长 5 名，副县（区）长 55 名。此外，经省级以上民盟组织推荐担任特约监察员、检察员、审计员和教育督导员共 167 人。许多盟员参加中共中央、国务院和地方党政机关组织的反腐倡廉、税收财务物价大检查和综合治理大检查，通过多种多样的活动行使民主监督的职责，为推进社会主义民主政治建设、丰富多党合作的内容作出了贡献。

民盟进一步加强各专门委员会的工作。1993 年 2 月 18 日，费孝通邀请民盟中央各委员会主任座谈，指出民盟中央各个专门委员会是为参政议政服务的机构，是民盟中央参政议政的参谋部。随后，各专门委员会先后举行会议，开展各自负责的工作。

民盟中央法制委员会配合全国人大立法工作，就有关法律法规草案讨论研究、提出修改意见，向中共中央有关部门提交了在反腐倡廉中进一步加强法制建设的建议；经济委员会组织专家进行专题调查，对提高国有企业效益和地方经济发展问题提出建议，受到国务院有关方面重视；教育委员会支持并参加了民盟部分地方组织连续七年举行的高教改革研讨会，开展教育问题调研，为民盟中央就教育问题的发言和提案做了大量工作；科技委员会于 1993 年就科技体制改革中“稳定一头，放开一片”政策的实施，向国家科委提出了《关于科技体制改革的几点意见》，1994 年作为联办单位参加了“中国首届工程师科技成果大奖赛”的筹备工作；文化委员会就我国文艺改革等问题组织座谈讨论，并协助承办了几位盟员的书画展；妇女委员会积极开展咨询、座谈和联谊活动，促进女盟员在参政议政、为“四化”服务和“三胞”联谊工作中发挥作用；联络委员会为开展海外联谊工作进行各项接待活动；区域发展委员会编辑出版了《区域发展战略研究·沧州篇》，联合中原地区经济技术协调会召开了中原经济区跨世纪发展战略研讨会，为逐步缩小地区经济发展差距作努力。

民盟中央各专门委员会在工作中还重视抓提案工作，根据委员提出的意见和建议组织研讨，由担任政协委员的盟员在政协会议发言或作为提案提出。

（三）就长三角经济区域发展等重大问题提出意见建议

民盟发挥自身优势，积极就国家政治、经济、文化和社会生活中的重大问题开展调查研究，提出意见和建议。其中如长三角经济区域发展、中西部经济开发等很多建议，从宏观、全局的角度关注国家经济发展，具有很高的参考价值和前瞻性，受到中共中央、国务院和有关部门重视并被采纳，对深化我国改革开放、缩小地区经济发展差距、富民强国起到推动作用。

民盟的区域发展研究工作在这一时期有了新的突破。京津冀及环渤海地区、中原淮海地区、黄河三角洲、长江三角洲等区域的专题研讨，以及提出的相关区域经济发展意见建议，都得到中共中央和政府有关领导和专家的充分肯定。

1993 年 9 月，民盟中央在北京召开“开发环渤海地区战略座谈会”，针对环渤海地区的港群、广阔腹地、基础设施、产业结构、科技实力、辐射范围等问题进行论证，并对水资源，资金、政策投入，黄河口治理等问题作了详细分析。当月，在费孝通倡议下，民盟中央组织一批盟内外高层次专家，在山东淄博市举行了“淄博市跨世纪战略研讨会”，对环渤海城市淄博在 21 世纪建成现代化组群城市的构思进行深入研究论证。9 月 26 日，费孝通致函江泽民，提出《关于加快发展环渤海地区的若干建议》，为中共中央、国务院提供发展环渤海地区经济决策参考。1994 年 11 月，民盟中央在河北沧州市召开“沧州跨世纪发展研讨会”，与会专家围绕环渤海经济圈的发展提出了构想。民盟中央区域发展委员会和地方政府编制的《沧州跨世纪发展战略规划（1995—2010）》课题成果在这次会议上通过鉴定并受到较高评价。1995年6月，为促进京津冀经济协作发展，加快落实环渤海地区发展战略决策，费孝通在天津、廊坊考察后，向江泽民和有关部门提出了《关于如何加快天津及其所在的京津冀、环渤海湾地区发展，以及建立我国北方经济中心的问题的建议》。

1993年11月，民盟中央召开“中原、淮海地区发展战略座谈会”，就我国中西部地区与东部地区的发展差距进行分析，提出利用中部地区优势，吸引东部地区将一些传统工业向中西部转移，走区域联合与协作道路的建议。1994年，民盟中央向中共中央提出《关于促进中原、淮海地区经济发展的建议》。

从1988年开始关注黄河三角洲的开发问题以来，费孝通等民盟中央领导数次到黄河三角洲实地调查研究，在此基础上向中共中央和国务院反映情况，提出建议。1994年9月25日，民盟中央召开黄河三角洲滨州跨世纪发展战略研讨会，组织100余位专家学者到滨州等地考察，向中共中央、国务院提出《关于对黄河三角洲滨州地区实施综合开发的报告》，再一次推动了黄河三角洲的开发与建设。

1994年，民盟中央在对我国中西部贫困地区经济状况进行考察后，提出《关于西北黄土高原和西南岩溶地区扶贫开发的建议》。1995年，费孝通考察了江苏、上海、黑龙江、河南、贵州等地，代表民盟中央向中共中央、国务院先后提出了《关于在川、黔、滇三省交界地带修建隆黄铁路的建议》《关于将牡丹江市列入开放城市和哈尔滨市建立内陆港的建议》《关于加快长江三角洲经济区域发展的设想和建议》。

《关于加快长江三角洲经济区域发展的设想和建议》是民盟中央第四次就长江三角洲经济发展提出建议，距1990年首次提出《关于建立长江三角洲经济开发区的初步设想》已过去五年。五年时间，长江三角洲经济发展迅速，取得可喜的进展。民盟中央在调研考察基础上，进一步就加快上海东方大港建设、密切上海与“八员大将”（即苏州、无锡、常熟、南通、杭州、嘉兴、湖州、宁波）的联系、扩大长江水运能力、增强两岸腹地的实力、沟通长江两岸的通道等问题提出了具体的设想和建议。1996 年 1 月 12 日，距离这封建议信提交不到一个月，中共中央办公厅复信，对加快长江三角洲经济区域发展的设想给予高度评价。同年 1 月，国务院召开上海国际航运中心建设专题会议，决定加快推进以上海为中心、以江浙为两翼的上海国际航运中心建设。3 月，八届全国人大四次会议审议通过的《国民经济和社会发展“九五”计划和 2010 年远景目标纲要》，吸收了民盟中央提出的关于长江三角洲经济区域发展的意见。5 月 27 日，中共中央办公厅再次函告民盟中央，长江三角洲和沿江地区区域经济发展规划中将吸收《建议》中提出的符合长江三角洲经济发展的意见。

民盟地方组织也就长江流域经济发展出谋划策。1993 年 5 月，民盟上海、重庆、武汉市委会倡议召开了“长江流域经济带开发研讨会”，来自长江沿江城市的专家学者齐聚武汉，提出以沪、宁、汉、渝为核心，以大中城市为依托，全面开发长江流域，实现我国中部地区经济腾飞的建议。

1996 年 2 月 9 日，在国务院召开的座谈会上，钱伟长代表民盟中央作了《促进区域经济协调发展，加快中西部经济开发》的发言。当年 5 月，为进一步推动区域发展研究工作，费孝通带领民盟内外专家学者和国务院有关部委负责同志，在河南郑州主持召开了“河南省跨世纪发展战略研讨会”，10 月又协助国务院发展研究中心、中共天津市委市政府举办了天津迈向 21 世纪发展战略研讨活动，研讨加快我国中部地区和环渤海地区发展，以早日形成北方经济中心，缩小南北经济发展差距，促进全国经济合理布局。

1996 年 5 月，费孝通、钱伟长、丁石孙、冯之浚参加了各民主党派中央、全国工商联、无党派人士对京九铁路沿线的考察。6 月，在中共中央召开的党外人士座谈会上，费孝通代表民盟中央发言，就京九铁路沿线的建设、中部地区和革命老区的开发、特区的进一步发展等提出了建议。1997 年 4 月，民盟中央和民盟深圳市委会在深圳召开了“京九沿线区域经济发展研讨会”，邀请京九沿线地方民盟组织负责人和盟内专家，共同为促进京九沿线区域经济发展献计献策。会上提出了“抓住机遇、开发基地、设立基金、组建机构”的具体建议，并形成推进京九铁路沿线地区经济和社会发展的基本思路：培育和发展京九沿线地区的中心城市，促进中心城市尽快兴起，以点带面，辐射和带动周边农村地区的经济发展，促成京九线经济带的隆起。沿着这个基本思路，民盟持续关注京九铁路沿线地区经济发展问题，提出许多意见建议，为中共中央、国务院开发京九沿线地区科学、民主决策提供有益参考。

★ 1996 年 5 月，费孝通、钱伟长、丁石孙（从左至右）在京九铁路考察途中交流。

各地民盟组织努力为促进本地区的经济建设和文化教育事业提出意见和建议。民盟大连市委会提出《关于建设大连—烟台铁/公路两用轮渡，沟通滨海铁路大通道的建议》，承担了大连市老城区道路交通改造的课题；民盟辽宁省委会提出《关于环渤海地区交通网络系统建设的建议》；民盟天津市委会提出《关于京津联合，重建北方经济中心的建议》；民盟浙江省委会提出《“金三角”铁路建设的几项建议》；民盟上海市委会围绕浦东开发提出建立浦东发展银行的建议；民盟黑龙江省委会和佳木斯市委会提出《关于建立三江平原综合经济区的建议》；民盟广西区委会提出广西必须走联合开放开发、“三沿”（沿海、沿江、沿边）优先启动、结构优化的路子的建议，等等；还有许多省级民盟组织坚持数年就本地区农业、教育问题进行调研、提出建议，都产生了很好的效果。

（四）为教育改革和发展建言献策

民盟一直十分关心国家教育事业的发展，曾多次就我国教育改革与发展问题展开调查研究，提出意见和建议。进入 20 世纪 90 年代后，民盟更加重视这一工作，在《教师法》《教育法》等法律、法规的制定过程中，提出了许多重要的意见并被采纳吸收。如在 1994 年 6 月，国务院两次召开党外人士座谈会，就教育问题以及《教育法》的制定征求建议，民盟中央领导参加座谈并发言，提出了一些建设性意见，这些建议在 1995 年颁布的《教育法》中得以体现。

民盟中央连续在每年召开的全国人大、政协会议上，通过大会发言、提案等对教育问题发表意见和建议。如 1994 年全国政协八届二次会议上，民盟中央提交的《对国家基础教育投入不足问题的建议》，就解决教育经费短缺问题提出了五项具体措施，得到国家教委的重视，在其后落实《中国教育改革和发展纲要》和制定《教育法》时，吸收了该提案提出的各项建议。这一提案还入选第八届全国政协优秀提案，2019 年入选“全国政协成立 70 年来有影响力重要提案”[①]。

民盟中央认为，我国教育的改革与发展不仅是教育自身发展的需要，更是实施科教兴国和可持续性发展战略的需要，是提高我国综合国力的需要。为此，费孝通提出“民盟要开展教育大参政”。民盟把关注重点放在高等教育的改革和发展上，从 1988 年至 1995 年，连续八年每年召开部

---

① 2019 年 11 月 11 日，全国政协十三届九次常委会通过决定，表彰全国政协成立 70 年来有影响力重要提案，民盟入选五件（包括盟员个人提案）：《对国家基础教育投入不足问题的提案》（1994 年，民盟中央）、《关于加大投资力度，依法治理黄河的提案》（1999 年，民盟中央）、《关于加强城市灾害应急管理能力建设的提案》（2003 年，民盟中央）、《关于建立草原生态补偿长效机制的提案》（2009 年，董恒宇等四人）、《关于要求加强千岛湖及新安江流域跨区域保护的提案》（2010 年，徐辉等七人）。

分省市高等教育研讨会。在研讨会筹备工作阶段，民盟中央给予指导和具体部署；研讨会结束后，组织人员对课题进行综合整理，起草形成文件。

1992 年 11 月，民盟部分省市第五次高教研讨会在福建福州举行，会议就高等教育与经济的协调发展，落实教育优先发展的战略地位；实行多渠道办学，进一步发展高等教育事业；国家教育行政部门简政放权，扩大高等学校办学自主权；提高高等学校教师的地位和待遇等问题进行了探讨，提出了意见和建议。

1993 年 10 月，民盟部分省市第六次高教研讨会在河北唐山举行，会议对高校如何适应发展市场经济体制的新形势，深化改革，走内涵发展的道路；建立高校面向社会，自主办学机制；深化高校内部管理体制，进行综合改革；在市场经济体制下，如何保障教育质量；教师待遇等问题进行了认真研讨。

1994 年 9 月，民盟部分省市第七次高等教育研讨会在安徽合肥举行，会议就我国目前高等教育改革中关于高教立法、联合办学、高校管理体制改革及毕业生就业制度改革等方面问题展开了深入研讨，并分别写成意见稿送交国家有关部门参考。

1995 年 10 月，民盟部分省市第八次高教研讨会在上海举行，会议围绕“关于迈向 21 世纪我国高等教育的思考”这一主题，对高校招生制度改革、专业设置和培养目标改革、有限教育经费优化使用、提高高校师资队伍质量等问题进行了富有创意的思考与探索，并在不少问题上达成了共识。

民盟部分省市联合召开的高等教育研讨会，成为民盟参与高等教育改革的一个重要平台和参政议政品牌，在推动高等教育改革、促进我国教育发展方面发挥了积极作用。

1996 年 12 月，民盟中央教育座谈会在北京召开，来自全国 50 余位高教战线的专家学者，从我国教育现状出发，从一些重要问题着手，就高教事业的改革与发展进行了广泛的交流和深入的讨论，为我国教育特别是高等教育如何适应时代需要，为国家培养大批合格的高级专门人才建言献策。

★ 1996 年民盟中央教育座谈会现场。

(五) 为两个文明建设服务

民盟面向社会、突出重点，开展了多种形式为社会主义物质文明和精神文明建设服务的活动。

民盟中央和地方组织在贵州、河北、广西、四川等地开展的扶贫工作有了新的发展。民盟中央在贵州毕节何官屯的扶贫试点，由解决温饱入手，从生态发展着眼，通过示范推广农业科学技术，取得了显著成绩，经济的发展还促进了该镇文化教育等各项事业的发展，群众的精神面貌发生了很大变化。在此基础上，民盟中央又于 1995 年在黔西南兴义市建立吕甸农业综合开发实验示范镇，通过引进科学技术，推动当地农牧副业和教育卫生工作迈上新台阶。民盟中央提出《贵州省贫困地区“九五”实现稳定脱贫应优先发展大农业的建议》，受到中共贵州省委、省政府的重视。

河北广宗县是国务院扶贫开发领导小组确定的民盟中央定点帮扶县。民盟中央与民盟河北省委会制定了扶贫规划，经过几年的努力，技工培训、打井抗旱、釉面砖生产等扶贫项目逐步落实，其中釉面砖生产成为广宗县的支柱产业；扶持广宗县发展食用菌种植等项目，取得了良好的经济效益和社会效益，该县贫困状况有了初步改善。1995 年，民盟中央召开帮扶广宗县脱贫现场会，邀请各地民盟组织发挥智力优势，择项帮扶广宗脱贫。

民盟中央继续在广西百色地区推广水稻小苗旱育高产栽培法，由于高产、节水、省工，被农民自觉接受，在当地大面积推广；并在平梁、田东两县分别开发千亩高产优质龙眼示范园和芒果示范园，成为良种苗繁育基地。

民盟四川省委会与中共遂宁市委、市政府长期合作，共同振兴川中丘陵地区经济，有了新的发展。1993 年 2 月，民盟四川省委会同中共遂宁市委、市政府在成都举行盟遂合作工作会，第二轮盟遂合作由此开启。随后，民盟四川省委会赴遂宁考察，并进行对口洽谈，达成新的开发项目的合作意向，这些项目对遂宁的经济发展起到了重要的促进作用。继“盟遂合作”的尝试之后，民盟成都市委会和温江县就建设高新技术开发区进行合作，为温江县社会和经济发展提供多种项目的智力服务。

为落实国务院“八七”扶贫攻坚计划，民盟中央 1994 年 6 月 21 日至 23 日在北京召开“东西互助、联手扶贫”会议，交流和总结扶贫工作经验，提出东部发达地区和中西部欠发达地区民盟组织结成联手扶贫对子的措施。上海和宁夏、江苏和甘肃、浙江和内蒙古、山东和青海、广东和陕西分别结为联手扶贫对子。会后，这些省区市进行了互访，联手扶贫工作逐步开展，通过为贫困地区捐资助学、发展养殖业和乡镇企业，使当地群众得到实惠。如民盟江苏省委会和甘肃省委会对甘肃积石山县吹麻滩中学和希望小学进行定点支援；民盟河北省委会发动盟员捐款，为广宗县大东村小学修缮教室，赠送新桌椅；民盟四川省委会同其他党派一起为康定少数民族地区捐资筹办希望小学。截至 1997 年 10 月，民盟各级组织有定点帮扶县、乡、村78个，其中省级16个，五年共完成项目2000余个；参加扶贫人次达9.34万。吉林、宁夏、青海、新疆、内蒙古、贵州、湖南、海南等地民盟组织根据少数民族地区特点开展支边扶贫，为民族地区脱贫、增进民族团结作出了贡献。

民盟在扶贫工作中涌现出不少先进集体和个人。1993年12月15日召开的“民主党派、工商联全国智力支边扶贫经验交流暨表彰会”上，民盟有10个地方和基层组织被评为先进集体，19位盟员作为先进个人受到表彰。1995年，民盟吉林省委会副主委马宁荣获全国第二届“十大扶贫状元”光荣称号，受到社会的广泛赞誉。

各地民盟组织的办学工作也有了新的进展，一些省市新建了学校，努力为现代化建设培养人才。1993年5月，民盟中央在广东佛山市召开首次办学工作会议，交流了全盟办学工作的成绩和经验，研讨了在社会主义市场经济形势下民盟办学工作的思路和方法。1994年，民盟参与了各民主党派中央、全国工商联和中华职业教育社联合召开的“全国民办教育研讨会”，就发展我国民办教育提出了有益的建议。截至1997年10月，民盟创办各类学校245所，结业学员41.23万人，在校学员43248人。由于办学思想明确，专业设置适应社会需要，学生管理严格，教学质量有保证，民盟办的学校在社会享有较好声誉，受到学生和家长的信任。许多地方民盟组织对贫困地区开展教育扶贫，捐资“希望工程”，捐赠图书、教学设备、衣物，培训师资。1994年教师节期间，丁石孙率民盟中央慰问团赴皖西革命老区慰问贫困山区教师，并考察了山区的教育事业。从1992年起，民盟中央连续三年开展对贵州毕节地区高中各学科骨干教师的培训工作。

民盟各级组织继续开展科技、管理、信息、金融、医疗、外语、法律等方面的咨询服务。一些民盟组织在当地政府部门的支持下，开办了工业、商业、金融等经济实体和有偿服务业务，为民盟直接参与经济活动作了有益的尝试。民盟中央主办的“全盟科技咨询网”发展网员单位40余家，提供经济、科技等各方面信息资料。上海民盟多学科咨询中心先后获

“上海十佳咨询单位”“全国智力扶贫先进集体”称号。民盟上海市委会还从 1995 年开始开展城市社区服务工作。

民盟各级组织积极开展为社会主义精神文明建设服务的活动。许多地方组织举办书画摄影艺术展、笔会、文艺演出，慰问孤残儿童和孤寡老人，参加文化、科技、卫生“三下乡”，为“希望工程”献爱心，为灾区捐款捐物、开展义诊等活动，引导群众追求健康文明的生活方式，产生了良好的社会影响。

1993 年 7 月，《群言》杂志出满 100 期，知识界许多知名人士撰文祝贺。著名作家冰心为《群言》题词时写道：“《群言》一向的确代表人民群众说出自己心底的语言，在它一百期之际，我祝贺它越办越得人心。”1995 年 4 月，《群言》杂志举办创刊十周年纪念会。该刊以办成“知识分子的群言堂”为宗旨，赢得了社会的重视和知识界的欢迎。群言出版社艰苦创业，出版各类图书 200 余种，取得了较好的社会和经济效益。《中央盟讯》坚持宣传中国共产党的方针政策，坚持正确的舆论导向，宣传各级民盟组织和盟员参政议政、为两个文明建设服务及民盟自身建设的经验和事迹，起到了对盟务工作的指导和对盟员的教育作用。

广大盟员在本职岗位上辛勤工作，为两个文明建设贡献力量。许多盟员成绩卓著，成为各条战线上的先进模范。民盟七大至八大期间，盟员被授予各级劳动模范、先进工作者、先进教师等称号的有 51421 人次，其中获得全国性和国际性荣誉称号和奖励的有 2854 人次。1996 年 11 月 7 日，各民主党派、工商联为两个文明建设服务经验交流会在北京人民大会堂召开，民盟有 14 位先进个人和 5 个先进集体的代表出席会议。会议的召开进一步推动了民盟各级组织为两个文明建设服务的工作。

（六）贯彻“一国两制”伟大构想

民盟各级组织在对台湾同胞、港澳同胞和海外华侨华人的联谊活动中，贯彻邓小平“一国两制”、和平统一祖国的伟大构想，增进交流，联络友谊，沟通感情，加深相互理解和信任，为促进祖国和平统一出力。

1993 年 10 月，民盟中央承办的“第四届现代化与中国文化研讨会”在苏州举行。来自我国台湾、香港地区和美国的专家学者，就中国文化与现代化相互影响、共同繁荣发展的问题进行了有益的探讨。这项研讨活动是由费孝通和台湾及海外学者于 1983 年共同发起的，已在香港连续举办三次。

1995 年，江泽民在新春茶话会上发表了《为促进祖国统一大业的完成而继续奋斗》的重要讲话，精辟地阐述了邓小平提出的“和平统一，一国两制”的伟大构想，针对两岸关系发展现状提出了八项主张，为两岸和谈创造了良好气氛。民盟立即响应，费孝通、钱伟长分别发表谈话表示“民盟将一如既往，愿为促进祖国和平统一努力作出贡献”，“两岸和平不仅造福于中华民族，而且造福于人类”。民盟中央召开座谈会，学习江泽民关于推进祖国和平统一进程的重要讲话。

李登辉在美国康奈尔大学公开鼓吹“一中一台”，制造“两个中国”时，民盟中央负责人发表谈话严厉谴责，郑重指出：民盟坚信在海峡两岸炎黄子孙共同努力下，祖国必将实现统一。

1995 年 9 月，联合国第四届世界妇女大会在北京召开，民盟中央妇女委员会和各地民盟妇女委员会配合有关部门积极工作，19 位盟员参加了大会非政府组织论坛，与各国妇女代表进行了友好交流。

1997 年 7 月 1 日凌晨，民盟中央名誉主席费孝通参加中国政府代表团，出席香港政权交接仪式、特区成立暨特区政府宣誓就职仪式。当晚，费孝通代表各民主党派中央和全国工商联在首都各界庆祝香港回归祖国大会上发表讲话。他在讲话中指出：香港回归的事实说明，邓小平提出的“一国两制”伟大构想，是完成祖国统一大业的正确道路，也必将有力地推动澳门的顺利回归和台湾问题的最终解决。同时指出，香港回归的事实还说明，全国各族人民的大团结，一切爱国力量的大团结，是我们事业兴旺的基本保障。我国各族人民紧密团结形成的伟大力量，正在推动祖国走向完全统一和伟大复兴的光辉前程。

(七) 加强自身建设,平稳政治交接

加强自身建设,是民盟提高整体素质、更好地履行参政党职能的内在需要,是中国共产党领导的多党合作和政治协商制度长期存在、发展的必然要求。民盟适应发展需要,结合自身实际,进一步加强自身建设,为平稳政治交接,更好发挥参政党作用打下坚实基础。

为研究民盟在新形势下自身建设的新情况、新问题,民盟于 1993 年 11 月 17 日至 20 日在北京召开了全国组织宣传工作会议,讨论修改《民盟中央关于加强和改进组织宣传工作的意见(草稿)》,后提交民盟七届四次中常会通过,提出了用建设有中国特色社会主义理论统一全盟思想等 10 条具体举措。1994 年夏,民盟中央领导参加中共中央统战部赴山东考察研讨活动,就加强党派自身建设的重要性取得共识。同年 10 月,民盟中央召开省级组织负责人座谈会,就进一步加强自身建设交换了意见,讨论了《民盟中央关于加强自身建设的若干意见(征求意见稿)》,后经修改于民盟七届七次中常会通过。

1994 年,民盟组织相继召开"民盟华东地区宣传工作座谈会""民盟华东地区六省一市盟务座谈会""民盟西北五省(区)首府城市盟务工作交流会""民盟东北三省宣传工作座谈会""民盟华北地区盟务工作座谈会""苏鲁豫皖十城市盟务工作年会"。为贯彻《民盟中央关于加强自身建设的若干意见》,1995 年,西北、华北、东北、中南地区分别召开盟务工作座谈会或经验交流会,华东、东北、中南地区召开民盟宣传工作会议,分片交流经验,研究问题,推动工作开展。1996 年,西南、华东、华北、西北地区分别召开了盟务工作会议,华东、中南地区召开宣传工作会议,这些会议促进了民盟组织间的横向交流,对于推进工作、改变作风、互相学习和促进发挥了积极作用。

在思想建设方面,民盟各级组织采取多种形式,组织盟员认真学习邓小平建设有中国特色社会主义理论,努力掌握"解放思想,实事求是"精髓,提高运用马列主义基本原理认识和解决改革开放和现代化建设中现

实问题的能力。1994 年，民盟中央领导参加了民主党派、工商联、无党派领导干部理论研讨班，中共中央政治局常委、中央书记处书记，中央党校校长胡锦涛对研讨班开学表示祝贺。一些盟员分期分批参加了中央社会主义学院民主党派干部进修班和中央统战部举办的民主党派省级主要负责人研讨班的学习，思想、理论水平得到了进一步提高。各地民盟组织结合国家的方针政策，联系工作实际进行形势教育学习，如组织听取全国人大、政协会议精神传达，邀请国务院有关方面负责人就形势和政策作专题报告，观看和座谈爱国主义教育影视片等。

1994 年，民盟中央发出关于贯彻《爱国主义教育实施纲要》的通知。1995 年是世界人民反法西斯战争和中国人民抗日战争胜利 50 周年，民盟开展了多种形式的纪念活动。民盟中央领导人参加了首都各界纪念大会和首都万人向人民英雄纪念碑敬献花篮等活动；费孝通发表《毋忘历史 自强不息》的纪念文章。在全国政协举行的抗日战争暨反法西斯战争胜利 50 周年座谈会上，费孝通代表各民主党派中央、全国工商联和无党派人士发言。各地民盟组织纷纷举行座谈会、专题报告会、文艺演出、参观抗战遗址、祭扫烈士陵园等活动。广大盟员表示要以史为鉴，大力弘扬爱国主义传统，振奋民族精神，为中华民族的强盛，为维护世界和平贡献力量。

1997 年，民盟各级组织还以迎接香港回归为主题开展爱国主义教育，组织专题报告会、座谈会，举办图片展、书画展、知识竞赛、诗词征集等；《群言》《中央盟讯》及各级民盟的刊物纷设专栏或出版专刊，发表评论、纪念文章等。

在抓好日常学习和有关政策学习的同时，民盟还注重组织盟员学习盟章、盟史，开展传统教育活动。1996 年，民盟中央举行了“纪念李公朴、闻一多烈士殉难 50 周年座谈会”和“李公朴、闻一多烈士殉难 50 周年纪念展览”，举行了纪念中国人民救国会成立 60 周年、胡愈之诞辰 100 周年座谈会。1997 年，民盟中央举行了纪念周新民诞辰 100 周年、杜斌丞殉难 50 周年座谈会。北京、广东、上海民盟组织举行了当地民盟组织成立

50 周年的纪念活动。

各级民盟组织开展了内容丰富、形式多样的理论学习、形势教育、优良传统教育。这些活动对全盟坚持正确的政治方向，明确自身历史使命具有重要作用。广大盟员思想稳定，精神面貌积极向上，以强烈的爱国心和事业心，自觉承担起参政党成员的历史责任，为社会主义现代化建设努力贡献力量。

在组织建设方面，民盟各地组织认真贯彻“三个为主”的方针，在坚持重点和保证质量的前提下，有计划地稳步发展了一批政治素质好、有一定参政能力的中青年优秀知识分子加入民盟，优化了盟员的年龄结构和成员结构。不少地方组织通过充实调整，在领导机构和领导班子中增加了德才兼备的中青年同志，稳步推进了新老合作交替。各地还十分重视后备干部队伍的发展和培养，一批年轻同志在实践中迅速成长。

1994 年 6 月 19 日，民盟中央常务副主席高天逝世。7 月 3 日，民盟七届六次中常会决定丁石孙为常务副主席。会议提出要进一步做好民盟领导班子的新老交替工作，不断健全参政党机制；对于民盟机关管理问题，提出要实行现代化的科层管理制度，明确分工，做到各司其职，各负其责。1995 年 12 月 8 日，民盟七届四中全会补选厉以宁为副主席。

1995 年，民盟中央为加强盟籍管理，制定了《中国民主同盟盟籍管理的暂行规定》，并召开了统计工作会议。1996 年，民盟中央举办了电脑信息管理培训班，推进民盟盟员档案管理现代化。民盟中央和一些地方组织机关根据机构改革要求，确定了机构设置、部门职能、人员编制、考核办法，参照《国家公务员暂行条例》试行管理，使机关建设向着制度化迈出重要一步，促进机关树立良好的工作作风和服务意识。

1997 年，省级民盟组织和民盟中央的换届工作开始进行。这次换届要实现民盟跨世纪的新老交替，意义深远。为此，1996 年 5 月，民盟七届十三次中常会审议通过了《关于民盟中央和省级组织 1997 年换届工作的意见》和《中国民主同盟第七届中央委员会关于增选中央委员会成员的决定》。民盟中央召开省级负责人工作会议，学习换届工作的指导思想和方针政策，对换届工作作了全面部署。

1996 年 11 月 23 日至 26 日，民盟七届五中全会在北京举行。全会接受了费孝通辞去民盟中央主席，钱伟长、谈家桢辞去民盟中央副主席职务的请求，对他们重民盟事业的兴衰、轻个人进退的高风亮节表示敬意；一致推举费孝通、钱伟长、谈家桢为名誉主席。全会选举丁石孙为主席，补选江景波、袁行霈为副主席，增选民盟中央委员 35 名。全会决定，民盟第八次全国代表大会于 1997 年第四季度在北京举行。此前，民盟的省级组织领导班子也进行了局部调整，为改选换届、实现新老交替和政治交接的平稳过渡打下了基础。

1997 年上半年，30 个省级民盟组织顺利完成换届，平稳地实现新老交替和政治交接。新一届省级委员会平均年龄为 50.1 岁，领导班子平均年龄为 60.6 岁，分别比上届下降 5.8 岁和 9.3 岁，实现了领导机构和领导班子的年轻化，为民盟以新的面貌跨入 21 世纪奠定了基础。截至 1997 年年底，民盟共有省级组织 30 个，地市级组织 244 个，县级地方组织 100 个，基层组织 7692 个；全国盟员总数 134223 人。民盟组织发展工作正常、健康、有序进行。

三、充分发挥参政党作用，迈向新世纪

中共十五大高举邓小平理论伟大旗帜，对我国改革开放和社会主义现代化建设作出全面部署，是中国共产党领导全国各族人民迈向新世纪的政治宣言和行动纲领。民盟衷心拥护中共十五大所确立的奋斗目标和各项方针政策，积极履行参政党职能，继续沿着建设有中国特色社会主义道路前进，为实现跨世纪的宏伟目标而奋斗。

（一）民盟八大与跨世纪的新老交替

1997 年 10 月 17 日至 22 日，在中共十五大胜利闭幕、全国各族人民

满怀信心地把建设有中国特色社会主义事业全面推向 21 世纪之际，中国民主同盟第八次全国代表大会在北京召开。这次大会是民盟顺利完成跨世纪的新老交替，沿着建设有中国特色社会主义道路继续前进的会议，具有承前启后、继往开来的重要意义。

大会共有正式代表 638 人，列席代表 108 人。费孝通致开幕词。中共中央政治局委员、国务院副总理姜春云代表中共中央致贺词。丁石孙代表第七届中央委员会作题为《高举爱国主义、社会主义旗帜，为实现我国跨世纪的宏伟目标而奋斗》的报告。大会审议通过了报告和修改后的《中国民主同盟章程》，选举产生了新一届中央委员会。丁石孙作闭幕讲话。

大会的中心任务是：以邓小平理论为指导，认真学习贯彻中共十五大精神，总结历史经验，修改章程，选举新一届中央委员会，继承和发扬民盟同中国共产党亲密合作、共同战斗的光荣传统，团结全体盟员，在中国共产党的领导下，沿着中共十五大指引的方向，迈出新步伐，跨入新世纪，作出新贡献。

中共中央贺词指出，在改革开放和社会主义现代化建设新的历史时期，民盟贯彻社会主义初级阶段的基本路线，紧紧围绕经济建设这个中心，服务于改革、发展和稳定的大局，在参与社会主义物质文明和精神文明建设、促进社会主义民主和法制建设等各项工作中作出了新的贡献。民盟新一届领导班子一定能够继承和发扬老一辈领导人同中国共产党亲密合作的优良传统，在新老交替的基础上搞好政治交接，努力开拓民盟工作的新局面。

丁石孙在报告中回顾了民盟七大以来的工作，系统总结了半个多世纪以来民盟同中国共产党团结合作的优良传统及历史经验，就跨入新世纪后民盟履行参政党职能、提高思想政治素质进行了部署，提出要以邓小平理论统一民盟的认识，武装民盟的思想，指导民盟的工作。

大会指出，在跨世纪发展的关键时期，为了肩负起迈向新世纪的历史使命，民盟必须全面加强自身建设，这是一项长期的战略任务，要努力提高民盟的思想政治素质，真正做到政治方向不变，优良传统不变，优势和特点不变，以饱满的政治热情，在迈向新世纪的进程中创建新的业绩。

大会强调，把一个经济持续发展、社会全面进步、充满生机和希望的中国带入21世纪，是中共和民盟共同的历史使命。大会号召，民盟以邓小平理论为指导，紧密团结在以江泽民同志为核心的中共中央周围，坚定不移地贯彻社会主义初级阶段的基本路线，坚持和完善中国共产党领导的多党合作和政治协商制度，团结一致，同心同德，艰苦奋斗，开拓进取，为把我国建设成为富强、民主、文明的社会主义现代化国家、为实现祖国完全统一而努力奋斗。

大会通过的《中国民主同盟章程》，在政治纲领和基本任务中充分体现了以邓小平理论为指导的思想原则，强调用邓小平理论武装思想，指导工作；恢复了1983年民盟五大通过的章程中的序言部分，并对序言内容作了补充和修改；根据1996年各民主党派协商一致的《关于民主党派组织发展若干问题座谈会纪要》精神，将“中国民主同盟是以文教界的中上层知识分子为主的，具有政治联盟特点的，致力于建设中国特色社会主义事业的参政党”修改为“中国民主同盟是主要由从事文化教育以及科学技术工作的高、中级知识分子组成的，具有政治联盟特点的，致力于建设中国特色社会主义事业的参政党”。根据民盟在参政议政和加强自身建设中的实践经验，对组织建设、制度建设、自身建设等方面的条文作了相应修改。针对领导机构顺利完成新老交替的情况，决定撤销中央参议委员会。

大会选举产生中央委员258人。八届中央委员具有广泛的代表性和社会影响，平均年龄55.1岁，比上届下降6.4岁。具有大专及以上学历的256名，占中央委员总数的99.2%；具有高级职称的239名，占中央委员总数的92.6%。高教普教界121名，文化艺术界12名，科学技术界24名，机关、企业、团体52名，专职干部49名。这一结构适应了今后工作需要，为顺利实现新老交替和完成政治交接奠定了组织基础。

10月23日，民盟八届一中全会选举中央常务委员会委员60人；选举丁石孙为主席，罗涵先、冯之浚、孔令仁、谢颂凯、吴修平、张毓茂、厉以宁、江景波、袁行霈、卢强、俞泽猷、吴正德、张宝文为副主席；任命张宝文兼任秘书长。会议推举费孝通、钱伟长、谈家桢、苏步青为名誉主席，闻家驷、叶笃义、陶大镛、马大猷、康振黄为名誉副主席；冯素陶、邬沧萍、张楚琨、陈敏之、萧乾为顾问。

通过这次换届，一批德才兼备、年富力强的代表人物进入民盟中央领导班子。与上一届相比，新一届领导班子年轻人多，“文化大革命”后入盟的人多，在人大、政府、政协任职的人多，民盟领导集体的素质得到进一步提高，整体结构得到进一步改善，为今后的工作奠定了坚实的领导基础。

★ 民盟八大期间，新老两代民盟领导人费孝通（左）与丁石孙（右）握手（中为时任中共中央统战部副部长刘延东）。

民盟八大推动民盟顺利实现新老交替和政治交接，从思想上、政治上、组织上为民盟肩负起跨世纪的历史使命提供了切实的保证，民盟以积极有为、奋发向上的状态迈向新世纪。

2000 年 12 月，民盟八届四中全会增选王维城、张梅颖为副主席；接受张宝文辞去秘书长职务，任命俞泽猷兼任秘书长。2001 年 12 月，民盟八届五中全会增选张圣坤为副主席。

（二）发挥优势参政议政

进入新世纪，面对错综复杂的国际环境和国内改革发展的重大任务，民盟发扬“奔走国是、关注民生”的优良传统，发挥教育、文化、科技人才荟萃的优势，紧紧围绕科教兴国、可持续发展、西部大开发等跨世纪的重大发展战略开展调研，内容涉及区域经济发展、教育改革、环境保护与生态建设等方面，提出的许多意见建议受到中共中央、国务院高度重视，一些建议被吸收采纳，为执政党决策提供了参考。

与中共就重大方针政策进行协商，是民盟参与国家事务管理、发挥参政党作用的重要途径。民盟中央领导人多次参加中共中央、国务院和有关部门举行的政治协商会、座谈会和情况通报会，就政府工作报告、重要人事安排、“十五”规划纲要、西部大开发战略、“三农”问题、国企改革、抗洪救灾、科教兴国以及开展“三讲”教育、贯彻落实全国统战工作会议精神等重大问题提出意见和建议。民盟地方组织负责人在当地中共党委和政府举行的各种政治协商活动中，就地方经济建设和社会发展中的问题听取情况通报，坦诚献策。如 1998 年 2 月 6 日，在国务院总理李鹏主持的党外人士座谈会上，丁石孙就《政府工作报告（征求意见稿）》发表看法，赞成报告的基本框架，但建议将科技、教育、文化和精神文明建设分开来写，农业、教育、社会风气和社会治安、依法治国等重大问题多讲。丁石孙提出，应采取措施缓解我国中西部和东部地区经济发展差距扩大的趋势，尽快改善中西部地区的投资环境；重视我国河流和湖泊污染严重的问题，采取措施解决淮河、太湖流域污染以及黄河断流问题。丁石孙还说，减轻农民负担，政府工作报告几乎每年都提，但是没有得到很好的解决，要制定政策法律，从制度上保护农民的合法权益。中共中央、国务院对各民主党派中央、全国工商联负责人和无党派人士提出的意见建议进行了认真研究，吸收和采纳了不少内容。

聚焦热点难点问题，充分发挥在人大和政协的作用，是民盟参与国家事务管理的另一个重要途径。1998 年 3 月，九届全国人大一次会议选举丁石孙为全国人大常委会副委员长，全国政协九届一次会议选举钱伟长为全国政协副主席。共有 77 位盟员当选为九届全国人大代表，其中 7 人担任全国人大常委会委员；162 位盟员担任九届全国政协委员，其中 32 人担任全国政协常委。各级人大代表和政协委员中共有盟员 13894 名。

2002 年 3 月 4 日，中共中央总书记江泽民、全国政协主席李瑞环参加了全国政协九届五次会议民盟、致公党联组会，听取委员意见建议。江泽民强调，我们的事业越是向前发展，越要更好地坚持和完善中国共产党领导的多党合作和政治协商制度。民盟中央副主席袁行霈、张圣坤在会上分别就加强哲学社会科学研究、加快我国教育改革和发展提出建议。

九届全国政协会议期间，民盟中央作大会口头发言 6 篇，提交书面发言 18 篇、提案 29 件，其中《加大投资力度，依法治理黄河》（1999）、《关于解决农村劳动力分流的建议》（2000）入选九届政协优秀提案；各界别的盟员委员提交大会提案 6528 件，其中 17 位委员受到政协九届全国委员会表彰。1999 年全国政协九届二次会议上，民盟中央《加大投资力度，依法治理黄河》的提案被列为 1 号提案，民盟中央与河南省政府、黄河水利委员会、民盟河南省委会就落实提案内容多次进行协商，媒体对提案落实情况进行了广泛报道，民盟中央领导多次就此接受记者采访；黄景钧《对依法治费，完善税制的几点建议》的发言，得到国务院领导人指示，建议《人民日报》刊发；民盟组《建议国务院发出紧急通知不允许各地借国庆 50 周年之机大搞铺张浪费》的紧急提案，国务院领导批示有关部门认真对待，提案经媒体报道，引起广泛的社会反响。各级地方民盟组织也有多件提案被列为优秀提案和重点办理提案，被各级党委和政府部门采纳，纳入当地经济社会发展计划。

教育关系到国家的未来、民族的振兴。针对我国社会主义市场经济体制逐步建立过程中教育改革遇到的新情况、新问题，民盟坚持把推进教育体制改革和提高全民素质作为参政议政的着力点，通过举办高等教育和基础教育研讨会，长期追踪研究我国高等教育和基础教育改革和发展中的难点问题。

1998 年 5 月、10 月，民盟分别举行部分省市高等教育研讨会和基础教育研讨会，形成了《高度重视社会对高等教育的迫切要求，妥善处理高教发展中数量与质量的关系》《对我国基础教育的现状分析和跨世纪发展的对策建议》，受到教育主管部门的重视。1999 年，民盟部分省市高等教育研讨会以“面向知识经济的高校创新教育”为主题，对如何转变教育观念、倡导和推进高校创新教育、形成有利于创新的社会环境等问题进行研讨，出版了《高校创新教育探索》一书。2000 年 5 月，在民盟部分省市基础教育研讨会上，17 个省市组织研讨如何全面推进素质教育，进一步为我国教育改革和发展献计献策。8 月，民盟举行高等教育研讨会，15 个省市组织专家学者围绕“构建高等教育质量保障体系”和“大力发展民办高等教育”两个问题进行研讨。与会人员一致认为，鉴于我国国情，必须大力发展民办教育，特别是民办高等教育。国家要为民办教育立法，保证民办学校与公办学校有平等的法律地位。2001 年 9 月，民盟举行部分省市基础教育研讨回顾与展望会议，总结了 20 年来民盟在基础教育研讨方面取得的成绩，对今后继续召开基础教育研讨会进行了规划。民盟对于教育的建言献策，为中共中央、国务院深化教育改革的决策提供了有益参考。

民盟中央和地方组织积极推荐盟员担任政府和司法部门的实职和各种特约工作。2002 年，民盟有 425 位盟员担任各级政府、司法机关领导职务，其中副部长 2 人，副省长 4 人，县处级及以上干部 483 人。206 位盟员担任中央和省级特约监察员、检察员、审计员和教育督导员。担任政府实职工作的盟员廉洁奉公，忠于职守，担任特约工作的盟员对一些行业、部门进行行风评议和民主监督，积极反映社情民意，为促进廉政建设和民主法制建设作出了贡献。

1998年，民盟中央本着精简、实效的原则组建了新一届专门委员会，成立民盟中央妇女委员会、联络委员会、文化教育委员会、经济与区域发展委员会、科技委员会、法制委员会。六个专委会充分发挥各自所联系的专业人士的作用，围绕对国家发展有重大意义的问题进行调查研究和建言献策。民盟中央法制委员会提出实施《村民委员会组织法》的建议以及《西部大开发急需法律保障》的建言，报送有关部门；妇女委员会、文化教育委员会与国际教育基金会合作筹办“家庭伦理与人格教育讲习研讨会”，对婚姻家庭、儿童素质教育问题进行探讨；文化教育委员会与民进中央、民建中央、中国陶行知研究会联合召开“苏州市科教兴镇基础工程汇报研讨会”，会后向国务院提交了《苏州市科教兴镇的探索与实践》的建议。

民盟不断探索参政议政新机制，注意形成合力，发挥群体作用。民盟中央与地方组织共同召开提案工作和参政议政工作座谈会，建立了“民盟参政议政信息网”。各级组织积极探索参政议政的形式和方法，交流参政议政信息。地方组织针对重要选题，探索出系列提案的方式，即抓住一个主题，分列题目，连续提出提案，取得显著效果。基层支部广泛开展“一人一议”“一事一议”“一个支部一件提案”“议政日”等活动，推动盟员围绕政府和单位的中心工作开展调查研究，形成提案和信息。

（三）继续聚焦区域发展战略问题

区域经济发展战略是国家指导地区发展的重要手段。从20世纪80年代起，民盟主动适应国家以经济建设为中心的发展思路，针对西北、西南地区经济社会发展建言献策，取得了丰硕的成果。1999年9月，中共十五届四中全会明确提出实施西部大开发战略，支持中西部地区和少数民族地区加快发展。民盟中央认为，这一战略是中共中央统揽全局、面向新世纪作出的重大决策，具有重大的现实意义和深远的历史意义，要求民盟各级组织为实施西部大开发战略、加快中西部地区的发展献计出力。

1998年5月，民盟中央协助中共陕西省委、省政府举办了“十五大之后陕西跨世纪发展研讨会”，组织专家就陕西省的发展战略思路、缩小与东南沿海地区的差距、解决发展中的历史疑难等问题进行探讨。7月，民盟中央与中共甘肃省委、省政府共同召开“甘肃河西走廊跨世纪综合开发研讨会”，就落实中共甘肃省委、省政府提出的再建河西走廊的设想进行探讨。民盟中央分析了甘肃省发展面临的机遇，建议从制约河西走廊发展的人才与高科技、水资源与生态环境保护等方面着手，抓住从计划经济向市场经济转变、国际产业结构转移以及国家鼓励和支持中西部地区发展的机遇，建设山川秀美的河西走廊。

1999年12月，为了更有深度、更有质量地对西部大开发建言献策，民盟中央举行了西部大开发座谈会。丁石孙强调，西部大开发不仅是经济问题，还是政治问题，民盟应该深入领会、认真贯彻中共中央关于西部大开发的决策，充分发挥优势，在西部大开发中履行好参政党职责。这一年在民盟中央支持下，民盟陕西省委会与陕西省科委、西北大学经济管理学院积极筹建“中国西部发展研究院”，整合多方优势进一步促进对西部大开发的研究。

2000年5月至7月，中共中央统战部组织各民主党派中央、全国工商联和无党派人士赴西部地区考察，围绕中共中央对西部大开发提出的加快基础设施建设、加强生态环境保护和建设、调整产业结构、发展科技和教育这一总体要求，在智力支持和宏观层面上提出建议。丁石孙率团考察了陕西省和鄂西北地区。考察团与中共陕西省委、省政府和中共湖北省委、省政府，中共十堰市委、襄樊市委就陕西实施西部大开发、鄂西北的开发和建设秦巴经济走廊等问题进行了探讨。在陕西考察期间，民盟中央、中共陕西省委、陕西省政府联合召开陕西省实施西部大开发高级研讨会，来自民盟中央和国内外的学者就陕西如何发挥自身优势、建设西部经济强省展开讨论。

9月15日，中共中央召开座谈会，听取各民主党派中央、全国工商联负责人和无党派人士关于实施西部大开发战略的意见建议。丁石孙代表民盟中央发言，指出，西部大开发是一项长期的艰苦的系统工程，是需要经过几代人的努力才能完成的全局性工作。西部大开发既不同于以往的“三线”建设，也不同于当年东部沿海的改革开放，要有新思路、新办法、新机制，要热中有冷、动中有静、急中有缓，既不能消极等待，也要防止一哄而起。对西部大开发的长期性、艰巨性、复杂性，要有充分的认识，要充分调动西部人民的主动性和创造性，努力依靠西部自身的力量，逐步推进，力争取得新的成效。

在为西部大开发建言献策的过程中，民盟发挥优势，整合资源，创新机制，加强合作，充分利用政协平台发挥作用。全国政协九届会议期间，民盟中央两次就西部大开发问题作大会发言。在全国政协九届三次、四次会议上，民盟中央分别作了《按市场规律和科学规律办事，推进西部开发》（2000）、《开发建设秦巴经济走廊，推动我国中西部地区加快发展》（2001）的大会发言。民盟西部省区市举行盟务工作会议，西部地区和东部沿海省市的专家学者以“如何为西部大开发贡献力量”为议题，共同为西部大开发建言献策，推动了民盟东西部组织合作建言的机制。民盟中央积极与地方组织和党政部门合作，开展西部地区发展战略研讨活动，举行了赣南经济发展、长江上游生态经济问题等研讨会，为西部大开发战略提供了有益的思考和建议。

京九铁路沿线地区经济社会发展是民盟关注的另一个区域问题。1997 年，继 4 月民盟中央与民盟深圳市委会举行有关座谈会后，12 月，由各民主党派中央、全国工商联和深圳市委、市政府联合发起的“京九沿线地区经济合作与社会发展研讨会”在深圳召开。费孝通、钱伟长、丁石孙参加会议。费孝通提出，国家投入几百亿元建成了京九铁路，应该尽快发挥它的作用，为此应注意建设沿线若干中心城市，带动整个沿线经济带的发展。钱伟长提出，开发京九线经济带要转变旧观念，确立新思路，发扬自力更生的精神，发展区域基础设施，不断提高产业质量。丁石孙提出，京九沿线地区经济发展应该抓住三个机遇：一是国际产业转移的机遇，京九铁路贯通为抓住这一机遇提供了前所未有的有利条件；二是从传统的计划经济向社会主义市场经济转变的机遇，政策创新向制度创新的转化，将为沿线地区经济发展提供极大的能量；三是宏观政策环境的机遇，中共十四大以来提出了加快区域经济发展的政策、方针、规划，为京九沿线地区的发展提供了一个可以充分利用的宏观环境。

京九铁路经过的大部分地区是我国经济欠发达地区，其中不少为贫困地区和革命老区，为使这一地区尽快发展起来，民盟地方组织进行了多方面的调研。1998 年 3 月，在全国政协九届一次会议上，民盟中央作了《对京九铁路沿线城市经济发展的若干建议》的大会发言，指出京九铁路沿线地区的加快发展，对中国实现共同富裕意义重大。要抓住机遇，抓好京九线上的几个经济增长点，组建机构，设立专项基金，使京九铁路发挥应有的经济效益和社会效益，尽快带动沿线城乡经济的发展。

1998 年 5 月，费孝通、丁石孙考察了山东菏泽和聊城地区，就如何抓住京九铁路开通机遇，加快山东尤其是鲁西落后地区的发展提出了意见和建议。建议指出，山东菏泽和聊城在历史上运河通畅的时代都曾繁荣发展过，传统的资源优势如果能加上现代科技，再利用现代交通条件，这两个地区很有希望成为京九沿线地区的经济增长点。赣州是京九铁路南端的一个重镇，1999 年 5 月，民盟中央和赣州市政府共同举办了“面向 21 世纪赣州经济发展高级研讨会”，就赣州的城市定位、建立城市信息系统、利用高新技术等问题进行研讨，为研究和制订赣州的区域发展战略提供智力支持。

在上述调研的基础上，2000 年 1 月，费孝通、丁石孙向中共中央总书记江泽民、中央统战部提交了《关于在京九铁路沿线建设若干中心城市的建议》，中共中央办公厅复函，指出《建议》具有重要参考价值。多年的实践表明，为区域经济协调发展出谋划策已经成为民盟参政议政的一大特色，开展区域发展战略研究是民盟为经济建设服务的一条有效途径。

（四）把实事做好，把好事做实

民盟八大以后，针对改革开放和现代化建设中出现的新情况、新问题，民盟各级组织继续发挥智力优势，坚持“突出重点、因地制宜、量力而行、注重实效、持之以恒”的原则，拓宽思路，扩大服务，强调“把实事做好，把好事做实”，开展了形式多样的社会服务工作，进一步探索为社会主义物质文明和精神文明建设服务的途径和领域。

民盟中央和地方组织合作开展的定点扶贫工作有了新进展，“东西互助，联手扶贫”工作取得阶段性成果。各级民盟组织因地制宜，开展多种形式的智力扶贫，帮助群众增收。贵州毕节市[①]何官屯的“开发扶贫、生态建设”示范工程，使当地农业走上了一条经济效益与生态效益同步发展的高效农业新路子。河北广宗县扶贫点开展的“节水灌溉”“两优一高”“干旱沙荒地治理”等示范工程，推动了广宗县的脱贫和农业发展。广西百色地区推广的“杂交水稻小苗旱育及高产栽培技术”使当地农业产量大幅增加，受到农民欢迎。

1998 年 10 月，中共十五届三中全会审议通过了《中共中央关于农业和农村工作若干重大问题的决定》，对新形势下做好农业和农村工作进行了部署。民盟中央认真学习贯彻全会精神，提高对做好农业和农村工作重要性的认识，加大了扶贫工作的力度。民盟中央和北京、天津、上海、山东、江苏、浙江、广东、福建八省市民盟组织共同捐款为河北广宗县兴建希望小学。广东省民盟组织捐款 30 万元支援粤北山区建立希望小学。各地还开展了“一帮一”的教学对口支援和赠送图书、教具、文体用品的助学活动。

为了总结十年扶贫工作成果，面向新世纪推动扶贫工作深入开展，1999 年 5 月，民盟中央领导参加了由中央智力支边扶贫协调小组组织的对贵州毕节、黔西南和广西百色地区的智力支边综合考察活动。整个考察历时 14 天，行程约 1500 公里。通过这次考察，民盟总结了智力支边和扶贫工作的成绩和经验，对问题进行了认真的研究，使智力支边扶贫工作在原有的基础上又上了一个新台阶。

随着改革的深化，国有企业结构调整进入攻坚阶段，国有企业职工下

① 1993 年，毕节县撤县设市（县级）。

岗和再就业成为关系改革、发展、稳定的大问题。1998 年 5 月，民盟中央会同各民主党派中央发出《关于积极参与再就业工程的倡议书》，要求各级组织响应中共中央和国务院号召，为再就业工程贡献力量。各级民盟组织广泛行动起来，组织再就业指导和咨询服务，开展各种形式的“献爱心，送温暖”活动，开办培训班，帮助下岗职工获得就业技能。有的民盟组织和盟员整合资源，开拓就业渠道，吸纳下岗职工就业，为经济改革和社会稳定作出积极贡献。

民盟继续参与社会办学。在总结近 20 年办学经验的基础上，民盟中央分别于 2000 年 11 月、2001 年 4 月召开办学工作会议和办学工作座谈会，探讨新形势下进一步搞好办学工作的思路和办法，着力帮助各地结合自身实际，找准切入点，转变观念，创造条件，力争使办学工作有所突破。民盟地方组织坚持正确的办学方向，积极进行教改实践，有的地方组织制定了盟办学校管理条例，规范对盟办学校的管理，依法治教；有的地方组织探索引资办学、联合办学和政府拨款等形式，解决办学经费问题。截至 2002 年年底，民盟开办的各类学校共 308 所，在校生总数 15 万余人，五年间毕（结）业学生共 47500 人，一些组织获得社会力量办学先进单位、民办教育先进学校称号。

1998 年入夏后，我国南方、东北数省区发生了特大洪涝灾害。民盟中央先后召开主席办公会议和局级以上干部工作会议，布置抗洪赈灾工作，与各民主党派中央、全国工商联联合发表《致抗洪救灾第一线军民慰问信》。在抗洪抢险斗争取得决定性胜利后，民盟中央再次发出《关于全面做好抗洪救灾工作的通知》，要求大力开展支援灾区恢复生产、重建家园的活动。民盟各级组织迅速发起捐款捐物活动，累计捐款 400 余万元。灾区的民盟组织和广大盟员在当地中共党委和政府的统一领导下，以各种方式参与到抗洪抢险中。哈尔滨市城市规划设计院代总工程师、盟员彭伟旋在抗洪抢险重建家园的工作中不幸因公殉职，年仅 41 岁。民盟组织和广大盟员在这场特大自然灾害中表现出高度的责任感和奉献精神，再次彰显了民盟与中国共产党风雨同舟、亲密合作，与人民群众同甘共苦的优良传统。

（五）促进祖国统一大业

1999 年，祖国统一大业取得举世瞩目的进展。12 月 20 日，中国政府对澳门恢复行使主权。丁石孙作为中国政府代表团成员参加澳门政权交接仪式、特区成立暨特区政府宣誓就职仪式。此前，民盟一批专家参加了长达十余年的《中华人民共和国澳门特别行政区基本法》的起草工作，为澳门的顺利回归作出了贡献。

在台湾问题上，民盟中央坚决拥护江泽民《为促进祖国统一大业的完成而继续奋斗》的讲话以及中国政府《一个中国的原则与台湾问题》白皮书的立场。1999 年 7 月，各民主党派中央、全国工商联领导人和无党派人士代表举行座谈会，批判李登辉分裂祖国的言论。钱伟长作《李登辉分裂祖国终将沦为民族罪人》的讲话，强烈谴责李登辉的“台独”立场，指出台湾和祖国大陆的统一是不可逆转的历史潮流，是李登辉之流永远阻挡不了的。2000 年 3 月 20 日，台湾地区选举产生新领导人的当天，丁石孙即发表谈话，表示民盟坚决拥护中台办、国台办声明，将一如既往地坚持“和平统一，一国两制”的基本方针和江泽民同志的八项主张，继续做好发展两岸关系、推进祖国和平统一的各项工作。民盟中央负责人在有关座谈会上发言，拥护《为促进祖国统一大业的完成而继续奋斗》的讲话和中国政府《一个中国的原则与台湾问题》白皮书的立场。民盟中央还就台湾当局一些人宣扬“台独”谬论发表谈话，谴责“台独”势力公然分裂祖国、分裂中华民族的行径。

1999 年 4 月，钱伟长、丁石孙、吴修平、俞泽猷赴江苏、山东，参加中共中央统战部、中央台办组织的对台工作考察活动，听取地方政府的情况介绍，深入台资企业参观，向中央有关部门和当地政府提出了进一步推动两岸政治谈判、经济合作和直接“三通”的意见建议。丁石孙表示，民盟要继续发挥自身的特点和优势，坚决贯彻中共中央对台工作的各项方针政策，通过各种渠道和方式，增进两岸人民的了解，为实现祖国的最终统一作出贡献。

民盟中央和各级民盟组织积极支持盟员的海外学术交流和海外联谊、探亲、寻亲活动，热情接待来访的港澳同胞、台湾同胞和海外侨胞。1998 年 5 月，丁石孙会见了参加北大 100 周年校庆的香港校友。一些省市组织加强“三胞”联络工作，开展民间交流，协助有关部门引进外资和人才，为发展地方经济、促进祖国和平统一贡献力量。这些活动宣传了中国共产党“和平统一，一国两制”的方针，团结了港澳同胞、台湾同胞和海外侨胞为祖国统一大业出力。

民盟中央领导同志多次作为全国人大、全国政协代表团成员出访埃及、美国和欧洲各国，参加国家领导人接见外国领导人来华访问活动。民盟中央负责人接受了法国、美国记者采访，介绍我国的人民代表大会制度、中国共产党领导的多党合作和政治协商制度，使这些国家对中国的政治体制和政党制度有了进一步的了解，促进了国际友好往来。

1999 年 5 月 7 日，以美国为首的北约袭击了我国驻南斯拉夫联盟共和国大使馆。5 月 9 日，民盟中央举行座谈会，强烈谴责以美国为首的北约粗暴侵犯中国主权、袭击我国驻南使馆的野蛮行径，坚决拥护和支持我国政府的严正立场。费孝通在《人民日报》发表《为人类的前途必须制止战争》一文，呼吁全世界的有识之士团结起来，用实际行动谴责北约的霸权主义行径，迫使北约无条件停止对南联盟的野蛮轰炸，回到政治解决的谈判桌上来。

（六）建设高素质的参政党

民盟各级组织完成换届后，长期与中国共产党亲密合作的民盟老一辈领导人大多退出了领导岗位。保证头脑清醒，是非分明，在复杂的国际国内局势面前与中国共产党共同担负起建设有中国特色社会主义的历史使命，成为民盟自身建设面临的重大任务。

民盟八大的工作报告将民盟与中国共产党长期团结合作的基本经验总结为五条：坚定不移地接受中国共产党的领导，紧密地团结在中共中央周围，是民盟必须遵守的政治准则；坚持以邓小平理论为指导，用这一理论武装民盟的思想，指导民盟的工作，坚定不移地走建设有中国特色社会主义道路，是民盟巩固和发展的指导方针；坚持社会主义初级阶段基本路线不动摇，在国家政治生活中积极发挥参政党作用，围绕经济建设这个中心，努力为社会主义物质文明建设和精神文明建设“出主意、想办法，做实事、做好事”，是民盟根本的工作任务；高举爱国主义、社会主义旗帜，服从和服务于大局，团结一切可以团结的力量，化消极因素为积极因素，维护国家政治稳定和社会安定，是民盟的政治责任；加强民盟自身建设，不断提高思想政治素质，增进团结，是做好一切工作的基本保证。

1998 年 5 月，民盟八届二次中常会提出突出一条主线、抓好两个重点的工作思路。一条主线即搞好政治交接，两个重点即加强自身建设和提高参政议政水平。政治交接的核心是，把民盟老一辈领导人在长期革命和建设实践中形成的优良传统一代一代传下去，确保民盟能够经受各种风险和考验，保证中国共产党领导的多党合作和政治协商制度得到坚持和发展。抓好两个重点，就是以邓小平理论为指导，加强自身建设，提高参政议政水平，使民盟的自身优势和特点更加鲜明，参政党作用发挥得更加充分。围绕这一思路，民盟各级组织全面加强自身建设，努力把民盟建设成为面向 21 世纪的高素质参政党。

民盟中央把学习邓小平理论放在一切工作的首位，明确这是民盟巩固和发展的思想和政治基础，要求全盟坚定不移地以邓小平理论统一认识、武装思想、指导工作。民盟中央召开了“纪念中共十一届三中全会 20 周年座谈会”“民盟学习邓小平理论经验交流会”“民盟学习‘三个代表’重要思想座谈会”等会议，推动形成学习理论的良好风气。各级组织坚持以邓小平理论为指导，通过举办座谈会、形势报告会、多党合作和统战理论研讨班、新盟员培训班等形式，引导盟员深入学习领会邓小平理论的基本观点，从工作实际出发对邓小平理论进行系统的学习和钻研，全面正确领会理论的实质，提高接受中国共产党领导、贯彻基本路线的自觉性，坚定全体盟员走建设有中国特色社会主义道路的决心和信心。民盟还注重将邓小平理论学习与开展形势教育、国情教育、爱国主义教育、盟史教育结合起来，取得了良好成效。

2001 年 6 月 19 日，民盟中央隆重举行中国民主同盟成立 60 周年纪念大会。江泽民、李瑞环为大会题词。李瑞环代表中共中央到会祝贺并讲话，对民盟在不同历史时期为中国革命、建设和改革开放事业作出的贡献给予高度评价，称赞民盟是同中国共产党风雨同舟、通力合作、肝胆相照、荣辱与共的亲密友党，并对新世纪民盟工作提出殷切希望。丁石孙在讲话中回顾了民盟 60 年走过的不平凡历程，总结了 60 年来民盟在推动国家发展进步中积累的宝贵经验。大会对在参政议政、民主监督、自身建设等方面作出突出贡献的 84 个地方和基层组织先进集体、298 名盟员先进个人给予了表彰。

在搞好政治交接的过程中，民盟一直强调继承和发扬与中国共产党长期亲密合作的优良传统。民盟中央领导人参加了"各民主党派响应中共'五一'口号，为建立新中国而奋斗 50 周年纪念座谈会"和赴西柏坡参观学习活动，参加了中华人民共和国成立 50 周年庆典和观礼活动，出席了庆祝中国共产党成立 80 周年大会和统一战线各界人士纪念中国共产党成立 80 周年座谈会。民盟中央编辑出版了《中国民主同盟 60 年》以及纪念民盟成立 60 年的文集和画册；联合有关部门和地方组织先后举行了楚图南、史良、李公朴、闻一多、曾昭抡、潘光旦、马哲民诞辰 100 周年，陶行知诞辰 110 周年，张澜诞辰 130 周年纪念活动，举行了《张澜文集》出版纪念座谈会，编写了《史良传记》。各地组织也编写地方盟史资料，建立民盟领导人和先烈的纪念馆和纪念碑，以多种形式庆祝中华人民共和国成立 50 周年、中国共产党成立 80 周年和民盟成立 60 周年。

1999 年 7 月，民政部发出《关于取缔法轮大法研究会的决定》，民盟中央机关立即举行座谈会，坚决拥护中共中央处理和解决"法轮功"问题的重大决策，揭批李洪志及其"法轮大法"反科学、反社会、反政府的本质，发出《民盟中央关于贯彻中共中央处理和解决"法轮功"问题有关决定的通知》，发动全体盟员同"法轮功"作坚决斗争。各地组织开展科学知识宣传，组织盟员以各种形式揭露“法轮功”的邪教本质，深入揭批“法轮功”的危害。9月，丁石孙发表《齐心协力，维护稳定》的讲话，坚决反对“法轮功”组织祸国殃民的活动。

这些加强思想建设的举措，引导盟员进一步认清形势，提高了盟员接受中国共产党领导、贯彻基本路线的自觉性。健康、稳定、积极、向上成为广大盟员思想状况的主流，中国要稳定、中国要发展、中国要强大成为广大盟员的共识。在经受1998年特大洪水灾害的考验和谴责以美国为首的北约的暴行、批判李登辉的“两国论”、揭批邪教“法轮功”的斗争中，民盟旗帜鲜明、态度坚决，与中共中央保持高度一致，表现出很高的政治觉悟。

民盟中央和省级组织换届改选后，建设一支团结合作、务实奋进的领导班子，带出一支同心协力、团结向上的盟员队伍，成为民盟组织建设的重要任务。1999年3月，民盟八届八次主席会议通过了《中国民主同盟组织发展暂行条例》和《民盟中央关于加强后备干部队伍建设的意见》，对组织发展和后备干部队伍建设进行了指导和规范。

1999年5月，各民主党派中央领导和部分省级组织负责人多次举行座谈会，总结自身建设的成果和经验，分析存在的问题和面临的任务，就新形势下加强自身建设若干问题形成了共识，指出，各民主党派要从时代和历史的高度，充分认识加强自身建设的重要意义，增强责任感和紧迫感，以邓小平理论为指导，高举爱国主义和社会主义两面旗帜，以搞好政治交接为主线，以思想建设为核心，以组织建设为基础，以制度建设为保障，努力把自身建设提高到新的水平。9月，民盟八届七次中常会就进一步加强自身建设进行了讨论和部署。11月，民盟全国工作会议召开，丁石孙作《以邓小平理论为指导，努力把全盟工作推上一个新台阶》的报告，会议围绕“面向21世纪，建设高素质的参政党”展开讨论，为民盟的组织建设指明了方向。

2000年5月，民盟八届十次中常会专题研究组织建设问题，重点研究后备干部队伍建设。会议指出，组织发展的关键问题是确保质量。发展盟员要注重政治素质，以发展高层次的代表性人士为主，在确保组织发展质量的前提下，因地制宜，掌握好发展速度。领导班子要增强团结意识，不断提高理论修养和知识水平，建立领导班子成员岗位责任制。会议强调，后备干部队伍建设是当前民盟组织建设较为薄弱的环节，提出要培养一支政治素质好、知识层次高、参议政能力强、有代表性、有社会影响的骨干队伍。会议特别指出，加强后备干部队伍建设要进一步解放思想、更新观念、拓宽渠道，不拘一格发现人才、选拔人才，使一大批后备干部能够在新世纪承担起履行参政党职责的责任。

在民盟中央关于组织建设基本方针的指导下，各级组织从自身实际出发，通过召开片区会议的方式，加强交流和沟通，推动组织建设工作。华北、东北、华东、中南、西南、西北各片区召开盟务工作研讨会，交流经验，沟通信息，推进了自身建设和各项工作。各级组织注重基层建设，一批有奉献精神、热心盟务的同志走上基层领导岗位。基层组织在盟员中开展“做合格盟员，创活力支部”活动，推动基层组织生活正常化、规范化。

干部队伍建设是一项长期的任务。各级组织精心安排，努力创造学习和锻炼机会，帮助干部尤其是领导骨干不断增长知识、经验和才干。民盟中央领导人参加中央党校举办的“统一战线和多党合作理论与实践专题研究班”，各级组织选送部分中央委员和盟员骨干到各地统战部和社院举办的研讨班、培训班进修。1998 年到 2002 年，各级组织选送 136 人参加中央社会主义学院举办的 20 期培训班和进修班，选送 77 人参加各地统战部委托中央社会主义学院举办的 9 期学习班，选送 50 余人参加中央统战部举办的各种学习班。民盟中央举办学习班、座谈会 7 期，培训干部 190 余人。

各级组织加强与中共党委、统战部门的协调和沟通，通过多种形式，拓宽后备干部培养渠道，注重对后备干部进行理论、形势及多党合作优良传统教育，为后备干部铺台阶，搭舞台，放到一定岗位去锻炼。民盟中央召开从政人员座谈会和担任特约（邀）工作盟员座谈会，推动了从政和特约（邀）工作的开展。

这些加强自身建设的举措，使民盟的组织发展健康有序。截至2002年年底，民盟共有省级组织30个，地市级组织283个，县级地方组织101个，基层组织8145个；全国盟员总数157469人。一大批政治素质好、知识层次高、有代表性的中青年同志加入民盟。民盟组织更具活力，更适应履行参政党职能的需要。

2002年年底，民盟各省级组织先后召开代表大会进行换届改选，顺利完成领导机构和领导班子的新老交替。新一届省级委员会委员平均年龄为45.8岁，领导班子成员平均年龄为51岁，主委平均年龄为58.4岁，分别比上届下降了4.4岁、4.5岁、2.2岁。领导班子成员专业、年龄结构更趋合理。

各级组织鼓励和推动盟员立足本职岗位建功立业，教育、科技和文化艺术等领域的盟员成绩卓著。1998年到2002年，民盟有50131人次被授予各级劳动模范、先进工作者、先进教师、三八红旗手等称号，其中2746人次获得全国性及国际性荣誉称号和奖励。79位盟员当选中国科学院、中国工程院院士。张平的长篇小说《抉择》获得茅盾文学奖。

民盟中央和地方组织参照《国家公务员暂行条例》，不断深化干部人事制度改革，推进目标管理和岗位责任制，努力建设高效、文明、民主、务实的党派机关。有的省级组织率先推进机关干部选拔任用方式改革，试行干部公开竞争上岗和轮岗制度。

第六章

切实履行参政党职能，为全面建设小康社会作贡献

中共十六大和十七大制定完善了全面建设小康社会的宏伟纲领，我国进入全面建设小康社会、加快推进社会主义现代化的新的发展阶段。民盟紧紧围绕中共十六大、十七大确定的奋斗目标和各项方针政策，认真学习邓小平理论、“三个代表”重要思想和科学发展观，按照《中共中央关于进一步加强中国共产党领导的多党合作和政治协商制度建设的意见》《中共中央关于加强人民政协工作的意见》精神，坚持走中国特色社会主义政治发展道路，参政议政、民主监督、社会服务和自身建设都取得了新的成绩，为全面建设小康社会作出了贡献。

一、为全面建设小康社会而奋斗

跨入新世纪，民盟服从和服务于改革、发展、稳定大局，认真履行参政党职能，为全面建设小康社会、开创中国特色社会主义事业新局面而奋斗。

（一）民盟九大

2002 年 12 月 13 日至 18 日，中国民主同盟第九次全国代表大会在北京举行，这是民盟在新世纪召开的第一次全国代表大会。中共十六大胜利闭幕，提出了全面建设小康社会、开创中国特色社会主义事业新局面的伟大目标，民盟坚决拥护中共十六大的各项决定，决心沿着大会指引的方向奋力前进。

大会共有代表 806 人。罗涵先致开幕词。中共中央政治局委员、国务委员吴仪宣读中共中央贺词。丁石孙代表第八届中央委员会作题为《努力建设适应新世纪要求的参政党，为全面建设小康社会作出新贡献》的报告。大会审议通过了报告和修改后的《中国民主同盟章程》，选举产生了新一届中央委员会。丁石孙作闭幕讲话。

大会的主题是：高举邓小平理论伟大旗帜，学习实践“三个代表”重要思想，认真履行参政党职能，学习贯彻中共十六大精神，继往开来，与时俱进，高举爱国主义、社会主义旗帜，坚持和完善中国共产党领导的多党合作和政治协商制度，努力建设适应新世纪要求的参政党，为全面建设小康社会，开创中国特色社会主义事业新局面而奋斗。

中共中央贺词指出，民盟具有光荣的革命历史和优良传统，长期与中国共产党风雨同舟、患难与共。在过去五年中，民盟坚持以邓小平理论为指导，认真学习和实践“三个代表”重要思想，充分履行参政党职能，努力开拓工作新局面，积极参与国家大政方针的协商，为教育改革和发展出谋献策，推进支边扶贫、项目咨询等社会服务，在参政议政和自身建设方面取得了新的成绩。

丁石孙在报告中全面回顾了民盟八大以来的工作，系统总结了在前进过程中的若干经验，指出，自觉接受中国共产党的领导，坚持中国共产党领导的多党合作和政治协商制度，是民盟的历史经验和政治准则；以邓小平理论为指导，学习实践“三个代表”重要思想，切实履行参政党职能，是民盟不断前进的力量源泉；充分发挥民盟的优势和特点，从实际出发，积极参政议政，努力为现代化建设服务，是民盟发挥参政党作用的切实有效途径；坚持进步性和广泛性相结合的特点，继承和发扬优良传统，是民盟内聚人心、外树形象的重要保证；认真学习，与时俱进，努力提高自身素质，加强后备干部队伍建设，是民盟不断开拓前进的坚实基础。

大会提出，在新的历史阶段，民盟要认真学习中共十六大精神，积极推进参政议政、民主监督工作，提高为现代化建设服务水平，维护安定团结，促进祖国完全统一。大会号召各级组织和广大盟员紧密团结在以胡锦涛同志为总书记的中共中央周围，同心同德，与时俱进，扎实工作，开拓进取，坚持和完善中国共产党领导的多党合作和政治协商制度，为祖国的美好未来作出新的更大贡献。

大会通过的《中国民主同盟章程》，在指导思想上突出了高举邓小平理论伟大旗帜，认真学习实践“三个代表”重要思想，切实履行参政党职能的内容。在盟章序言部分，增加了“坚持以邓小平理论为指导，坚持社会主义初级阶段的基本路线和纲领，坚持中国共产党领导的多党合作和政治协商制度，坚持‘长期共存、互相监督、肝胆相照、荣辱与共’的方针”四个坚持，提出了民盟要“为建设中国特色社会主义经济、政治、文化服务，为维护安定团结的政治局面服务，为实现祖国统一服务，为维护世界和平、促进共同发展服务”四项服务。在总纲部分，明确了民盟在多党合作制度中“参政”和“合作”的地位，明确了民盟自身建设的目标是把民盟建设成为与中国共产党亲密合作、致力于建设中国特色社会主义事业的参政党。在盟员部分，将发展盟员的审批权限修改为“报地市级以上（含地市级）委员会审核批准”。在组织总则部分，将组织发展从“以中上层知识分子为主”修改为“以高、中级知识分子为主”。同时在组织总则、中央组织、地方组织和基层组织部分，将任命制和选举制的适用范围、民主集中制的发挥、各级组织秘书长的定位、中央常务委员会的会议制度、基层组织任期制做了统一的规范。

大会选举产生中央委员 265 人。九届中央委员平均年龄为 51.5 岁，比上届下降 3.6 岁，具有大学及以上学历的委员 253 名，占中委总数的 95.5%，来自教育界的委员近 42%。新一届中央委员会的界别分布更加合理，高层次、高学历的人才大幅上升。

12 月 19 日，民盟九届一中全会选举中央常务委员会委员 67 人，选举丁石孙为主席，冯之浚、张毓茂、袁行霈、卢强、俞泽猷、吴正德、张宝文、王维城、张梅颖、张圣坤、李重庵、郑兰荪、张平为副主席，推举费孝通、钱伟长、谈家桢、苏步青为名誉主席，叶笃义、陶大镛、马大猷、康振黄、罗涵先、孔令仁、吴修平、厉以宁、江景波、冯克熙为名誉副主席，冯素陶、邬沧萍为顾问。同日召开的民盟九届一次中常会任命高拴平为秘书长。

2003 年 3 月，民盟九届三次主席会决定张梅颖任常务副主席。12 月，民盟九届二中全会增选蒋树声为副主席。2004 年 12 月，民盟九届三中全会增选索丽生为副主席。

2005 年 12 月，民盟九届四中全会接受丁石孙辞去民盟中央主席职务，推举丁石孙为民盟中央名誉主席；选举蒋树声为民盟中央主席；接受张毓茂辞去民盟中央副主席职务。

(二) 胡锦涛总书记走访民盟中央

中共十六大选举产生了新一届中央委员会，以胡锦涛同志为总书记的新一届中共中央领导集体继往开来，坚持推进我国多党合作事业。

2002 年 12 月 23 日，中共中央总书记胡锦涛和中共中央政治局常委贾庆林，中共中央政治局常委、中央书记处书记曾庆红，中共中央政治局候补委员、中央书记处书记王刚，中共中央统战部部长刘延东等走访民盟中央，与民盟中央新一届领导班子座谈，就深入学习贯彻中共十六大精神，加强中国共产党领导的多党合作制度、推进改革开放等问题交换了意见。

胡锦涛在座谈会上发表重要讲话，指出，民盟具有爱国、革命的光荣历史，是中国共产党久经考验的亲密友党。长期以来，民盟与中国共产党团结合作，建立了深厚的革命情谊，为我国革命、建设和改革事业作出了重要贡献。近年来，民盟中央围绕推进改革开放和社会主义现代化建设提出了很多重要建议，为中共中央和国务院决策提供了重要依据。

胡锦涛说，最近民盟召开的全国代表大会，认真贯彻中共十六大精神，动员广大盟员切实履行参政党职能，为全面建设小康社会、开创中国特色社会主义事业新局面努力奋斗。这充分说明，民盟的同志们具有为中华民族的伟大复兴而奋斗的崇高使命感和巨大政治热情。我们为此感到由衷的高兴。

胡锦涛强调，民盟人才济济，具有自己的优势。希望民盟深入学习贯彻中共十六大精神，更广泛地凝聚广大盟员的智慧和力量，进一步就经济、政治、文化建设和改革深入调研，献计出力，为实现全面建设小康社会的宏伟目标作出新的贡献。相信民盟一定能够把学习中共十六大精神同加强自身建设结合起来，继承和发扬老一代领导人的优良传统，把民盟建设成为同中国共产党亲密合作、能够经受住各种困难和风险的考验、致力于建设中国特色社会主义事业的参政党。[①]

民盟中央主席丁石孙主持座谈会并发言。民盟中央名誉副主席罗涵先、吴修平、厉以宁，副主席冯之浚、卢强、俞泽猷、张宝文、王维城、张梅颖，秘书长高拴平参加了座谈会。胡锦涛一行参观了民盟中央机关老干部活动中心，与部分20世纪40年代入盟的老盟员亲切交谈。

中共中央总书记走访民盟中央，给参加会见的同志留下了深刻印象。民盟中央领导举行座谈会，畅谈对讲话的体会。丁石孙表示，胡锦涛等中共中央领导同志走访民盟中央，充分体现了中共中央对民主党派的关心和重视。胡锦涛同志对民盟的工作给予了充分肯定，指明了民盟的努力方向，这对民盟是极大的鼓舞和鞭策。中共十六大以后的新形势、新任务为民盟发挥参政党作用提供了广阔的空间，关键在于要把自身建设抓好，真正把民盟建设成为能够适应新时代需要的高素质参政党。民盟一定要对民主党派面临的新形势有清醒的认识，振奋精神，抓住机遇，努力开创民盟工作新局面，不负中共中央领导的期望和重托。

民盟中央领导和全体干部一致表示，要认真学习胡锦涛走访民盟中央的重要讲话精神，与学习贯彻中共十六大、民盟九大精神结合起来，紧密团结在以胡锦涛同志为总书记的中共中央周围，以实际行动，为坚持和完善中国共产党领导的多党合作和政治协商制度，为实现全面建设小康社会的奋斗目标，为把民盟的工作推上一个新台阶作出新贡献。

① 《人民日报》2002年12月29日第1版。

★ 2002 年 12 月 23 日，胡锦涛同志走访民盟中央，与丁石孙亲切交谈。

（三）就重大国计民生问题建言献策

进入全面建设小康社会新阶段，民主党派参政议政的环境发生了变化。面对新形势和新要求，民盟把促进发展作为参政议政的第一要务，在充分发挥自身优势的基础上，就国家大政方针和事关人民群众切身利益的重点难点问题建言献策。

民盟中央领导多次参加中共中央、国务院和有关部门举行的协商会、座谈会和情况通报会，通过政协会议以及政策建议信，对“十一五”规划纲要、政府工作报告、中共十七大报告、宪法及重要法律文件的修改制订发表意见；就执政党建设、反腐倡廉、政府职能转变、教育、“三农”、收入分配、自主创新、生态环境和资源、公共医疗卫生、社会事业、文化事业、经济和金融政策、外交工作等重大问题提出意见建议。

民盟充分利用人大、政协平台发挥作用。2003 年 3 月，十届全国人大一次会议选举丁石孙为全国人大常委会副委员长。2005 年 3 月，全国政协十届三次会议增选张梅颖为全国政协副主席。共有 90 位盟员当选十届全国人大代表，其中 10 人担任全国人大常委会委员；141 位盟员担任十届全国政协委员，其中 30 人担任全国政协常委。

十届全国政协会议期间，民盟中央作大会发言 5 次，提交书面发言 26 篇、提案 110 件。民盟组委员提交大会发言和书面发言 262 篇、提案逾千件。每年都有民盟的提案参加政协大会期间的现场办案会。各级民盟组织在各级政协会议期间就教育、区域经济、循环经济、发展信息产业、人文奥运、城市文化等提出建议数千件。

在参政议政上，民盟特别注意选择具有全局性和前瞻性的课题进行调查研究，就贯彻落实科学发展观提出具有可操作性的发展战略，为执政党决策提供有益参考。

随着改革开放的不断深入，东北老工业基地发展面临许多困难和问题。中共十六大报告提出要支持东北等老工业基地的调整和改造。2003 年两会期间，民盟中央就如何振兴东北老工业基地提出建议，东北三省领导邀请民盟中央到东北进行专题调研。在与国务院研究室进行充分沟通研讨的基础上，民盟中央组织专家组两赴东北地区进行实地考察，为振兴东北老工业基地出谋划策。

7 月，丁石孙带领专家组赴黑龙江、辽宁开展了第一轮调研。专家组考察了大庆市原油与化工企业，哈尔滨市飞机生产、汽车制造和电机生产企业，与大庆市、伊春市领导就森林资源利用与国有企业调整改革等问题进行座谈。丁石孙强调，国家的整体发展离不开每个大的经济区域的发展，尤其离不开东北这样的老工业基地的振兴。东北地区老工业体系的改造和振兴，在我国改革进入攻坚阶段时的全局工作中占有重要地位，将为我国的国企改革、老工业基地的全面改造和振兴提供具体的思路和经验。

8 月，民盟中央名誉副主席、著名经济学家厉以宁带队，民盟中央专家组再赴吉林、辽宁两省就东北老工业基地振兴问题进行实地调研。调研过程中，专家组成员与企业家座谈，听取并核实企业的困难和问题；参观了长春第一汽车集团公司、阜新奶业集团等企业，详细了解企业质量监控、品牌塑造和市场开发等情况。调研途中，厉以宁就东北振兴问题在长春、吉林、沈阳、阜新、锦州作了专场报告。在长春，他讲了“振兴吉林省经济的基本思路”，呼吁树立“最大受益者”观念；在吉林，他就“怎样加快企业家队伍建设”提出建议；在沈阳，就“振兴辽宁省经济的基本思路”讲解了“二次改制和二次重组”；在阜新，对“老工业基地改造中的几个问题”作出分析；在锦州，提出了“新公有制”的概念。这些讲座引发了听众的强烈共鸣，为振兴东北老工业基地提供了参考和启示。

两次专题调研结束后，专家组成员就东北地区发展需要解决的突出问题和对策进行了集中探讨，形成长篇调研报告，向中共中央、国务院提出书面建议。建议引起中共中央、国务院的重视，国家有关部委与民盟中央联系，听取意见，民盟中央关于振兴东北老工业基地的建议在具体政策中得到体现。

新世纪新阶段，经济全球化趋势深入发展，科技进步日新月异，世界各国综合国力竞争日趋激烈。经过初步调研，21 世纪高科技核心产业之一的现代生物技术发展进入民盟中央视野。2003 年，民盟中央会同北京师范大学、中国农业大学、吉林大学、武汉大学、第二军医大学、中山大学、中国科学院、中国农业科学院等单位就此进行了长达一年的调研。调研组到与生物制品有关的上海华源集团、华北制药集团、深圳海王生物集团等经济实体了解我国生物工程的进展情况和规划措施，和海外归来的生物技术专家多次交流。民盟中央基本掌握了生物技术产业在国际上的发展水平，了解了国内生物技术产业的优势和不足，深感国家有必要大力发展生物技术产业，加紧培养生物技术人才。

2004 年 6 月 4 日，民盟中央在天津主办了“中国生物技术产业发展与人才强国战略研讨会”。民盟中央副主席李重庵代表民盟中央作主题报告，建议国家尽快制定、组织和实施生物技术强国战略。6 月 9 日，《人民日报》刊出《民盟中央建议我国应实施“生物技术强国战略计划”》的内参，多家外国媒体报道了研讨会的情况。之后，民盟中央又多次召开研讨会，听取科研单位和生产单位的意见。7 月，民盟中央向中共中央、国务院提出《关于把发展生物技术产业作为国家战略的建议》。中共中央、国务院领导很快批复，对这一建言给予充分肯定。科技部在批示下达后，迅速组织力量，就某些具体问题知会民盟中央，进一步征求意见。在中国科学院成立 55 周年庆典大会上，主管生物技术的科技部领导对民盟推动我国生物技术产业发展的努力表示了诚挚的感谢。

此外，民盟中央关于发展海洋事业的建议（2005）引起中共中央和国务院领导的高度重视和持续关注，责成有关部门研究落实，并纳入国家发展战略规划；关于三峡库区移民和发展后续产业的建议（2006）进入政府决策；参与主办的“中国粮食安全高层论坛”（2004）的成果报送中共中央被采纳，使“农业科技入户示范工程”得以大力推进；关于青海湖流域生态保护与治理的建议（2005）促成国家向这一区域投入资金 15 多亿元；关于四川若尔盖湿地保护的建议（2007）使该湿地保护得到专项经费和政策支持。民盟中央提出的中部地区崛起（2005）、建立黑龙江垦区农业现代化综合试验区和利用“两江一湖”① 地区水资源建设粮食生产基地（2006）等几十项建议，得到中共中央、国务院领导的批示。

教育是民盟持续关注的领域。中共十六大把“形成比较完善的现代国民教育体系”确立为全面建设小康社会的目标之一，民盟中央以此为调研课题，列出农村义务教育保障、农村劳动力转移培训、职业技术教育、义务教育资源配置、高等教育的改革与创新、高校贷款问题等一系列子课题，每年进行调研，坚持逐年推进，形成意见建议、调研报告和政协会议发言、提案。十届全国政协每一次大会，民盟都针对教育问题作大会发言、提出提案。《合理配置义务教育资源，促进义务教育均衡发展》（2003）、《有教无类，为了一切孩子》（2006）、《遵循高教规律，培养创新人才》（2007）等建议引起较大社会反响。

对义务教育经费保障机制和贫困人群受教育权益保障问题，民盟中央高度关注，不断呼吁出台相关政策和法律。2003 年，民盟中央选定农村教育问题作为年度调研内容，在辽宁、四川和山东等地民盟组织进行大量前期调研的基础上，丁石孙带领调研组赴山东进行实地考察。调研组深入 3 个地级市、7 个县（市、区）的 16 所中学、9 所小学、6 所职业学校、1 所幼儿园，听取省和市县政府、有关部门的情况汇报 10 次，召开不同形式的座谈会 17 次，参加座谈的市县领导、乡镇干部、学校校长、教师、家长和学生共计 300 余人。调研组还深入基层乡村走访农户。经过扎实广泛地调研，调研组发现，农村教育最突出、基层反映最普遍的是义务教育投入保障机制问题。许多学校因缺乏公用经费无法正常运转，贫困家庭子女接受义务教育缺乏制度性的经费保障；同时，农村教师整体素质偏低，难以适应课程改革形势下的教学要求。这些问题严重制约了农村义务教育的发展，影响了农村全面建设小康社会的进程。

就此，民盟中央提出四点建议：第一，建立和完善农村义务教育经费投入保障机制，将教师工资、公用经费缺额、校舍维修费用和教师培训等

① 黑龙江、乌苏里江、兴凯湖，简称“两江一湖”。

四项费用明确为政府责任，列入财政预算。第二，在贫困农村建立最低教育保障制度，确保每个公民在适宜年龄段享受法律规定的义务教育权利。第三，进一步完善和落实“以县为主”的管理体制，统一县域内教师工资标准，建立教师合理流动机制。第四，深化学校教育制度改革，调整教育结构，提高农村教育的针对性和适应性，让农村青少年和成人在就业与升学之间有更加灵活的选择。建议上报给中共中央、国务院后，得到高度重视和积极采纳。从 2006 年开始，国家相继启动实施农村义务教育经费保障机制、建立健全家庭经济困难学生资助政策体系，新修订的《义务教育法》也吸纳了民盟的建议，对义务教育经费的保障作出了明文规定。

民盟中央对城市灾害管理问题的关注始于美国 9・11 恐怖袭击事件。2001 年 10 月，中共中央统战部召开双月座谈会，请各民主党派中央负责人分析美国 9・11 事件对我国安全的影响，丁石孙代表民盟中央发言。2003 年 3 月，在全国政协十届一次会议上，民盟中央提交了《关于加强城市灾害应急管理能力建设的建议》的提案，提出必须把强化城市灾害应急管理能力建设纳入城市可持续发展总体战略，建议尽快开展城市灾害应急管理立法研究，构建统一的灾害管理指挥、协调机制，利用现代科技提升城市灾害应急管理能力，探索城市灾害管理运行机制，强化民众的防灾意识。全国政协十届一次会议提案审查委员会商请民政部、公安部、财政部、建设部、水利部、卫生部、国家气象局、国家地震局、北京市政府等部门领导到会，就民盟中央这一建议案进行现场协商办理。这样的提案协商会在全国政协十届一次会议召开期间仅有两次。在提案协商会上，与会人员认为这一提案关系到国家、国民、国土的安全，很及时、很必要、很重要，媒体对提案的内容进行了详尽的报道。

2003 年春，广州、北京等城市暴发非典型性肺炎疫情。5 月，民盟中央召开经济界专家学者座谈会，探讨如何降低“非典”对我国经济影响，向中共中央提交了《关于我国当前经济形势的基本认识和对策建议》和厉以宁的《“非典”对中国经济的影响和我们应采取的对策》。在“非典”应对过程中显露的应急管理缺陷，使城市灾害应急管理问题更加突显。

10 月，民盟中央以“城市灾害管理”为主题举办了第一届灾害与社会管理专家论坛。张梅颖作《关于强化我国城市灾害管理的思考和建议》的主旨报告。社会各界专家学者围绕灾害应急管理与救援体制，提出构建中国城市灾害管理体系的十条设想。在此基础上，2004 年 7 月，民盟中央在全国政协十届二次常委会上提出强化中国城市灾害管理的思考和建议。

2003 年以后，民盟中央灾害与社会管理专家论坛以年会的形式每年举行，产生了广泛的社会影响。2004 年论坛主题为“灾害管理运行机制”，探讨更深层次、根本性的机制问题。这一年国务院办公厅在起草《国务院有关部门（单位）制定和修订突发事件应急预案框架指南》时，专门征求民盟的意见，民盟中央就此提出 11 项建议和修改意见。2005 年论坛以“灾害管理与平安社区建设”为主题，民盟中央专家组赴哈尔滨市道里区调研，考察民盟中央与当地政府合作进行的突发公共事件应急体制建设试点工作，形成《哈尔滨市道里区可视化应急预案管理系统设计方案》。2006 年论坛主题为“建立和完善保障公共安全的应急体系”。2007 年论坛以“灾害管理与构建和谐社会”为主题，与国际减灾会议同时举行，受到有关部门和社会各界广泛关注。此后一直到 2012 年，灾害与社会管理专家论坛持续举办了十年，共有近百位院士、专家发表演讲和提交论文，成为民盟中央适应经济社会发展需要、积极履行参政议政职能的一个品牌。

民盟不断整合参政议政资源，丰富参政议政的形式和载体，完善参政议政工作的联动机制和激励机制。2003 年，民盟中央新一届专门委员会成立，原来的文化教育委员会分为文化委员会和教育委员会。自 2005 年开始，民盟中央以资助和委托方式与省级组织、专门委员会合作调研，至 2007 年年底，各省级组织和 5 个专门委员会承担了调研课题 55 项，取得了不少调研成果。许多省市组织开展各类协作、合作，联手举办“中部崛起论坛经济区”的建设与发展等多种研讨、调研活动。民盟沿海省市发展海洋经济研讨会等成为有成果、有知名度的参政议政品牌。

为更充分地反映社情民意，民盟不断完善信息工作机制，形成了信息来源保障体系，地方各级组织向民盟中央报送的信息由 2003 年的 210 件增加到 2007 年的 2500 件以上。民盟中央 2004 年、2005 年、2006 年连续三年获得全国政协反映社情民意信息工作一等奖。

（四）拓展社会服务工作新领域

在全面建设小康社会阶段，中共中央相继提出了构建社会主义和谐社会、推进社会主义新农村建设等重大战略任务。民盟围绕重大战略的实施，在继续做好智力支边扶贫等工作的基础上，将积极参与社会主义新农村建设作为社会服务工作的着力点，启动了加强农村教师队伍建设的“农村教育烛光行动”，拓展了社会服务工作的新领域。

民盟继续推进助力四川遂宁市经济社会发展的“盟遂合作”项目。中共十六届五中全会提出建设社会主义新农村的战略任务后，民盟各级组织积极响应，和中共遂宁市委、市政府围绕农民增收、农业产业结构调整等项目开展合作，取得了广泛的成果。民盟中央、民盟四川省委会协助遂宁市蓬溪县黑龙凼水库复建工程获得国家立项，有效解决了当地居民的生产生活用水问题，成为新时期民主党派服务地方经济建设和社会发展的范例。

黑龙凼水库 1978 年建成蓄水，1981 年遭遇特大洪水溃坝，灌区近 5 万亩耕地无水源保障，5.4 万人、3.8 万头牲畜饮水困难，严重制约了蓬溪县经济社会的可持续发展。2002 年，民盟中央副主席、民盟四川省委会主委吴正德深入遂宁实地考察，了解到黑龙凼水库复建工程耗资巨大，县财政、市财政无力支持，立即向民盟中央反映，希望能够得到民盟中央和国家有关部委的支持。2003 年 4 月，李重庵一行到遂宁考察，在蓬溪县黑龙凼水库损毁现场向当地群众了解情况，深刻感受到当地群众对重建水库的殷切期盼。民盟中央遂将黑龙凼水库复建工程列为“盟遂合作”重点项目，经过多方协调和积极争取，复建工程终于在国家层面立项。国家发展改革委、水利部和四川省发展改革委、水利厅在工程立项、技术支持、资金安排等方面给予了大力支持，复建项目作为国家定补工程，总投资

9757 万元。

2003 年 12 月 28 日，黑龙凼水库复建工程正式开工，张梅颖在开工典礼现场铲土奠基。她表示，“盟遂合作”成功地探索了中国共产党领导下多党合作的新内涵和新形式，黑龙凼水库工程是“盟遂合作”结出的硕果，标志着“盟遂合作”在新时期上了一个新台阶。2005 年 10 月，黑龙凼水库枢纽工程建成试蓄水。2006 年 9 月，黑龙凼水库大坝全面竣工并下闸蓄水，民盟中央与四川省及遂宁市举办了盟遂合作 20 年庆典暨“建设社会主义新农村论坛”，总结“盟遂合作”经验，推动民盟探索服务地方经济建设实践的进一步发展。

★ 盟遂合作 20 年庆典暨黑龙凼水库大坝落成剪彩仪式现场。

黑龙凼水库解决了蓬溪县十余万人畜的饮水和农业生产用水难题，带来了明显的经济、社会和生态效益。水库周围的生态林建设带动了库区周围 3 万多亩林产业的发展。库区道路通畅，基础设施完善，人民生活水平极大改善，2016 年农民人均纯收入达到了 4633 元，高出全县农民人均纯收入 17 个百分点。

农村教育问题是新农村建设的基础性问题。从 2006 年开始，民盟中央与有关部门多次协商沟通，反复论证实施“农村教育烛光行动”的可行性和预期效果。2007 年年初，部分省级组织开始探索实施。2007 年 7 月，民盟社会服务暨新农村建设研讨会在贵州召开。在总结经验的基础上，针对农村教育的新形势，民盟中央提出在全盟启动以推动城乡义务教育均衡发展为主旨的社会服务项目“农村教育烛光行动”，将民盟农村教育扶贫的重点转移到提高农村教师的业务素质和教学水平上来。项目主要有三方面内容：一是关注农村教师的专业发展，帮助农村教师提升教育理念、业务素质和教学水平；二是关注农村教师的自由全面发展，帮助改善农村教师的工作和生活条件；三是关注制度建设，开展调查研究，推动完善农村教师队伍建设和农村教育发展的政策、法律和社会环境。截至 2007 年年底，民盟 30 个省级组织全部启动了“农村教育烛光行动”，邀请数百名优秀教师、专家学者在 50 多个市、县、乡镇开展支教活动，培训农村中小学教师 1 万多名。

在推行“农村教育烛光行动”，加强农村教师队伍建设的同时，民盟组织积极帮助农村中小学改善办学条件，提高教学质量。2003 年到 2008 年，民盟共协调资金 1700 多万元，先后新建、改建农村学校近 50 所。2005 年，民盟中央与广西、重庆、贵州、山东、广东、福建、江苏、甘肃、四川等地民盟组织合作，在国家级贫困县建立清华大学远程教育培训点。2006 年，民盟上海市委会与民盟安徽、甘肃、贵州、四川省委会联手新建、改建 4 所小学。

民盟中央与贵州、河北和广西民盟组织合作，继续做好对毕节及黔西南地区、广宗县和百色地区的智力支边扶贫工作。2003 年民盟成立“毕节青场镇高效农业示范区”专家组，在毕节市青场镇建立高效农业示范园区，开展规划、指导和培训工作。2004 年 3 月，民盟中央考察团赴毕节试验区考察调研，民盟中央名誉副主席、毕节试验区专家顾问组组长厉以宁为毕节地区领导干部作报告，促成北京大学光华管理学院专门开设了毕节领导干部培训班。2006 年，民盟中央引进社会资金为毕节捐建了 4 所小学。

民盟稳步推进在河北广宗扶贫开发项目的实施，为广宗中学建设电脑室，开通“河北科盟远程教育扶贫网”，培训教师，提高当地教学水平。在广西，民盟继续开展那坡县定点帮扶工作，开展“百亩姜黄种植”“万亩油茶林”等扶贫项目，支持退耕还林工程，引导农民调整种植结构，克服自然条件不利于植物生长的种种困难，培植出适合当地种植的小叶榕。

2005 年 4 月，民盟中央联合科技部、农业部、国务院扶贫办以及盟员企业家赴甘肃省定西市考察，帮助当地引进技术和项目资金 800 万元，并在 51 个自然村启动生态经济富民工程。2006 年，民盟中央为定西市协调落实了农业综合开发、马铃薯综合交易中心、石门水库除险加固工程等 8 个项目，为定西市争取到国家项目支持资金 7000 余万元。

民盟开展的帮教工作也日益成熟。这项工作始自 1985 年民盟重庆市委会在重庆市监狱开展的帮教工作，其后，各级组织相继开展对监狱服刑人员的帮教，并将范围扩大到劳教所、看守所、戒毒所等。2006 年 3 月，民盟中央召开民盟部分省市帮教失足人员工作座谈会，成立“民盟帮教工作联络网”，启动“阳光教育基金”。截至 2007 年年底，有 15 个省（自治区、直辖市）的省级和市级组织开展了帮教工作，帮教内容不断深入。一些地方组织根据自身优势，开展创业指导、就业准备、教学示范等工作，帮教工作形式渐趋多样，工作逐步规范，政治和社会效益日益显现，得到了政府有关部门和社会的普遍欢迎和支持，产生了积极的社会影响。

民盟上海市委会从 1995 年开始开展城市社区服务工作，南京、南昌、郑州等地民盟组织也因地制宜开展这项工作，为发挥民主党派在构建和谐社区中的作用进行了有益探索。2007 年 10 月，民盟中央在上海召开“民盟部分省市城市社区服务工作研讨会”，探讨新形势下民盟有效参与城市社区建设的问题，进一步推动社区服务工作的开展。

在 2003 年非典型性肺炎疫情暴发时，民盟中央及时成立“非典”防治工作领导小组，制定了严格细致的工作方针和防治预案，民盟各级组织和广大盟员迅速投入到防治“非典”的战役中。7 月，民盟中央在北京召开抗击“非典”先进事迹报告暨表彰会，对抗击“非典”斗争中涌现出的先进盟员进行表彰。据不完全统计，参加抗击“非典”一线工作的盟员医务人员、防疫人员、科研人员和担任政府实职的领导干部共计1946人，其中89人获得省级表彰，160人获得市级及以下表彰。民盟参加捐助的人数共计16568人次，捐赠款物折合人民币2200余万元。

2006年8月，民盟中央参加了由中共中央统战部组织的赴青海、西藏调研考察，与西藏大学建立联系，帮助西藏培养高层次专业人才，为西藏大学捐赠图书、筹集购书经费，支持藏文文献和民间珍稀古籍的研究。

（五）加强海外联谊

民盟九大以后，与港澳同胞、台湾同胞和海外侨胞的联谊工作继续加强。民盟中央领导多次接待港澳台同胞及海外人士，宣传我国的多党合作制度和“一国两制”方针，开展了形式多样的高层教育、文化及学术交流活动。

2004年，陈水扁连任台湾地区领导人后，推动“台独”，为两岸交流制造障碍。大陆方面在遏制“台独”的同时，大力推动两岸各领域的民间交流。民盟中央副主席、南京大学校长蒋树声提出，可以采用举办联谊活动的方式，邀请台港澳地区的大学校长前来访问，共同探讨中华民族高等教育的发展，促进对话与交流。这个设想得到丁石孙与张梅颖的赞同与支持。2005年7月，民盟中央联合南京大学、北京大学和台湾大学在江西庐山举办了第一届“海峡两岸暨港澳地区大学校长联谊活动”，16所著名大学的校长汇聚一堂，共同探讨高等教育改革以及弘扬中华传统文化等问题。此后，海峡两岸暨港澳地区大学校长联谊活动作为加强两岸及港澳地区合作交流的平台，每年举行。

2006年7月，民盟中央、北京大学、南京大学、台湾大学联合主办，20所大学校长及夫人参加的第二届联谊活动在云南昆明、丽江举行。这一年联谊活动的特点是来自台港澳地区的著名学府多、层次高，仅台湾地区就有台湾大学、台湾联合大学、台湾“清华大学”、台湾“中山大学”、东海大学、东吴大学、成功大学、中兴大学、逢甲大学9所高校。校长们共同探讨适应中华民族特点的高等教育发展思路和模式，共同展望中华民族高等教育事业的发展前景，加深了彼此的了解和友谊，达成了广泛共识，推动海峡两岸及港澳地区高等教育的交流与合作向更深层次、更广领域发展。蒋树声指出，虽然校长们的任期有限，但彼此之间的友谊永存，通过共同努力，海峡两岸及港澳地区的交流与合作就像昆明的气候一样，四季如春，生机无限。

2007年7月，应台湾大学校长和台湾东吴大学校长邀请，蒋树声率领北京大学、南京大学、浙江大学、复旦大学、南昌大学、昆明理工大学6所大学的校长，赴台湾参加第三届“海峡两岸暨港澳地区大学校长联谊活动”。这是这一活动首次在台湾举办。在联谊活动常设项目大学校长论坛上，22位大学校长围绕高校发展瓶颈以及留学政策和学生交流、交换等方面的议题展开讨论。联谊活动取得良好成效，校长们深刻体会到和谐共荣是中华大家庭的最佳选择。

“海峡两岸暨港澳地区大学校长联谊活动”极大地增进了校长之间的感情，加强了大学间的交流与合作，为我国高等教育发展提供了有益参考，促进了海峡两岸及港澳地区的交流与对话。

解决台湾问题，实现祖国统一，是海内外中华儿女的共同心愿。2005年，十届全国人大三次会议通过《反分裂国家法》，民盟各级组织认真学习，一致表示坚决反对“台独”分裂势力和分裂活动，维护国家主权和领土完整。3月，民盟中央举行座谈会，丁石孙发表谈话，指出《反分裂国家法》提出了海峡两岸必须遵循的解决台湾问题的法律框架，也通过法律的形式向全世界宣布，台湾问题是中国的内政，任何外国势力不能干涉。反对分裂国家，扼制“台独”，团结包括台湾同胞在内的所有爱国力量，共同维护国家领土主权完整，是民盟的重要任务。全体盟员要广泛团结海内外一切爱国人士，坚决反对和遏制“台独”分裂活动，为推动两岸关系和平稳定发展、促进祖国完全统一作出积极贡献。

2004年10月，应澳门特别行政区有关方面邀请，民盟中央联络委员会和文化委员会赴澳门参加“纪念林则徐巡阅澳门165周年庆典”，澳门特别行政区行政长官何厚铧出席庆典。2005年4月，民盟中央领导接待来访的“台湾中华企业资源发展协会”经贸投资考察团，2006年10月，经民盟中央邀请，该协会组织台湾企业家参加了在深圳举办的第二届“民盟民营经济论坛”。2007年8月，蒋树声、索丽生会见台湾“李国鼎数位知识促进会”秘书长李伟一行，双方就“科技、文化交流与合作”问题进行了座谈。

民盟中央领导人多次作为全国人大、政协代表团成员出访塞浦路斯、意大利、克罗地亚、巴基斯坦等国，参加国家领导人接见外国领导人来华访问活动。2005年6月，张梅颖率全国政协代表团出席在摩纳哥举行的蒙塔纳论坛第十七届年会，并应邀访问冰岛，介绍了中国改革发展的成就和多党合作制度，表达了促进中欧关系发展的愿望。

（六）以“两个5号文件”精神为指导，全面推进自身建设

2005年、2006年，中共中央在总结历史经验的基础上，相继颁发《关于进一步加强中国共产党领导的多党合作和政治协商制度建设的意见》《关于加强人民政协工作的意见》（以下简称“两个5号文件”），对中国共产党领导的多党合作和政治协商制度的原则、内容、方式和程序等作了科学规范，阐明了人民政协的性质、地位和作用，规范了人民政协履行职能的程序和机制。“两个5号文件”的颁布是以胡锦涛同志为总书记的中共中央坚持和完善我国多党合作和政治协商制度的重大举措和重要部署，体现了科学执政、民主执政、依法执政的要求，是我国政治生活特别是统一战线和多党合作中的一件大事。民盟以“两个5号文件”精神为指导，以提高参政议政能力为中心，以更好地履行职能为导向，全面推进自身建设。

2005年5月，民盟九届十二次中常会专题学习《关于进一步加强中国共产党领导的多党合作和政治协商制度建设的意见》，就民盟贯彻落实意见精神作出部署，丁石孙作主题报告。民盟各级组织开展了形式多样的

学习活动，明确了《意见》的重点是加强多党合作制度建设，实质是推进社会主义政治文明建设，核心是坚持走中国特色政治发展道路。通过学习，各级组织和全体盟员对我国政党制度优越性的认识进一步加强，坚定了走中国特色政治发展道路的信心和决心。

2006年3月4日，胡锦涛参加全国政协十届四次会议民盟、民进联组讨论时强调，社会风气是社会文明程度的重要标志，是社会价值导向的集中体现，提出了树立以“八荣八耻”为主要内容的社会主义荣辱观。民盟认为，胡锦涛关于社会主义荣辱观的论述内涵深邃，体现了中国传统美德与时代精神的完美结合，对推进社会主义思想建设意义重大，应当深入人心，蔚成风气。3月22日，民盟中央下发《关于认真学习贯彻胡锦涛同志关于社会主义荣辱观的重要论述精神的通知》，指出，深入开展社会主义荣辱观的学习教育，对于广大盟员坚定政治信念，树立正确的世界观、人生观、价值观，更好地服务社会主义经济、政治、文化、社会建设，对于民盟加强自身建设、不断提高参政议政的能力和水平，对于推进多党合作事业的健康发展，具有重要的现实意义。民盟中央要求各级组织把学习领会讲话精神作为今后一个时期思想建设的中心工作，把开展社会主义荣辱观教育与组织发展和干部队伍建设结合起来，与广大盟员的本职工作结合起来，为促进经济社会和谐发展作出贡献。

民盟在深入学习贯彻社会主义荣辱观的同时，坚持理论联系实际，就中共十六大精神、“三个代表”重要思想、全国统战工作会议精神等开展研讨和交流。民盟中央领导参加中共中央组织部、统战部和中央党校举办的学习“三个代表”重要思想、统一战线与多党合作等专题研讨班，在媒体发表学习体会文章。省级组织负责人和工作骨干参加中央统战部、中央社院和民盟中央举办的各类学习进修班、理论研讨班。民盟中央印发了《民盟学习实践“三个代表”重要思想宣讲纲要》，各地及时组织学习讨论，深刻领会用“三个代表”重要思想统一认识、指导实践、推动工作的重要意义。

及时了解广大盟员的思想动态，是民盟抓好思想建设、履行好参政党职能的前提条件。2006 年，民盟中央与部分省级组织联合开展了思想建设调研，了解盟员的思想特点。2007 年 3 月，针对了解到的盟员思想情况，结合换届工作，民盟开展了以坚持走中国特色社会主义政治发展道路为主题的政治交接学习教育活动，要求各级组织和全体盟员坚持以邓小平理论、“三个代表”重要思想和中共中央提出的重大战略思想统一认识，运用这些思想中蕴涵的立场、观点和方法把握政治交接的内在规律，激励广大盟员把政治归宿感升华为政治责任感，把老一辈必然的历史选择转化为新一代的现实选择，进一步坚定走中国特色政治发展道路的信念，推动民盟自身建设水平的全面提高。

民盟中央举办了费孝通学术思想座谈会、纪念抗战胜利 60 周年、纪念李公朴闻一多烈士殉难 60 周年座谈会等活动。2007 年 2 月，中国民主同盟纪念碑在民盟的诞生地——重庆上清寺特园落成，成为特园这一传统教育基地新的历史标志。各级组织注重文史资料的搜集整理和利用，撰写民盟人物传记及地方盟史，协助有关单位拍摄文献纪录片。群言出版社出版了民盟历史人物丛书、民盟历史文献丛书。2007 年 12 月，民盟中央和中国美术馆共同主办了“中国民主同盟盟员美术作品展”，展出来自 30 个省级组织和中国美术馆部分馆藏作品 200 余件，包括吴作人、刘开渠、刘海粟、蒋兆和等已故大师和曾竹韶、吴冠中、罗尔纯、范曾等当代名家盟员的经典作品。

《中央盟讯》《群言》及地方组织的报纸杂志及时报道政治交接学习教育活动的情况，宣传优秀盟员，发挥先进典型的榜样示范作用。2005 年 7 月，民盟中央纪念《群言》杂志创刊 20 周年座谈会在北京举行。全国政协、中共中央统战部、各民主党派中央负责同志及学术教育界知名人士 200 余人参加会议。《群言》作为改革开放后第一家由民主党派主办、在国内外公开发行的刊物，20 年来恪守创刊时“说真话、实话，不说假话、空话、大话，对新情况、新问题发表新见解”的承诺，始终把握正确的政治方向，不降低格调，不随波逐流，以“知识分子群言堂”的鲜明特色，赢得了广泛赞许。

民盟九大以后，民盟中央和地方组织加强与新闻媒体的沟通联系，通过媒体采访、网络对话等形式，增进公众对中国特色政党制度的了解。民盟中央灾害与社会管理专家论坛、青海湖考察、“盟遂合作”庆典、甘肃定西扶贫等活动，《人民日报》等媒体均开辟专题进行详尽报道。2004 年全国政协会议期间，中央电视台首次直播了民盟组小组讨论，《焦点访谈》栏目就民盟中央提出的“关于加强灾害应急能力建设的建议”作专题报道，民盟中央领导接受了十余家媒体采访，产生了较大的社会影响。2005 年全国政协会议期间，民盟中央领导参加了“建设节约型社会”主题记者招待会和民主党派、工商联支援毕节实验区开发扶贫集体采访，就我国水资源状况和支援毕节试验区开发扶贫、生态建设等问题接受中外记者采访。2006 年全国两会期间，蒋树声就新形势下加强民主党派自身建设、发挥参政党作用等问题接受了记者集体采访。张梅颖做客人民网“强国论坛”与网民对话，加深了公众对中国特色政党制度的了解和认同。

2004 年年初，中国民主同盟网站正式开通。地方各级组织也陆续开通网站，逐步形成了多层级的立体网络宣传平台。

这些加强思想建设和宣传工作的举措，使各级组织与全体盟员对民主党派政治方向的认同感不断增强，对中国特色社会主义政治发展道路的理解不断加深，为坚持和完善中国共产党领导的多党合作和政治协商制度奠定了坚实的思想基础。

2003 年 9 月，民盟九届四次中常会提出实施“人才强盟”战略，对组织建设进行了部署。各级组织从多党合作事业可持续发展的战略高度，加大了后备干部队伍建设的工作力度，强化了对从政干部和盟务骨干的培训，加强了对高层次代表性人士的发展工作。经过几年努力，民盟干部队伍建设和人才工作取得了阶段性的成果。2005 年 9 月，民盟九届十三次中常会专题研究后备干部队伍建设问题。会议围绕后备干部的选拔、培养和使用等问题进行了讨论和交流，促进了后备干部队伍建设。

2005 年 9 月，在广泛调研的基础上，民盟中央在成都召开基层组织建设经验交流暨表彰大会，总结推广各地开展基层工作的经验。《民盟中央关于加强基层组织建设的意见》于当年年底印发，为基层组织建设指明了方向。在各级组织的共同努力下，民盟组织发展健康有序。截至2007年年底，民盟共有省级组织30个，市级组织305个，县级地方组织98个，基层组织7361个；全国盟员总数188862人。2007年7月底，民盟30个省级组织完成换届改选，一大批年富力强、德才兼备的同志走上省级组织领导岗位，巩固和发展了民盟九大以来的政治交接成果。

工作在各条战线上的盟员恪尽职守，勤奋工作，取得了突出成绩。丁仲礼等5人增补为中国科学院、工程院院士，毛炯辉等120人荣获全国劳动模范、优秀教师、优秀教育工作者、高校名师、师德标兵等称号，郑兰荪等82人获国家自然科学奖、国家科技进步奖、何梁何利基金奖等奖项，曾呈奎、侯祥麟被中纪委、中组部、中宣部、中央先进性教育活动领导小组确立为先进典型。张平、李伍华获得全国“五个一”工程奖，陈晓明《无边的挑战——中国先锋文学的后现代性》获得鲁迅文学奖，崔太平等人被国家五部委评为优秀中国特色社会主义事业建设者，还有很多盟员荣获国际国内的奖励和荣誉。

2006年9月20日，“各民主党派、工商联、无党派人士为全面建设小康社会作贡献先进集体、先进个人”表彰大会在人民大会堂举行，民盟清华大学委员会等15个集体被评为先进集体，王铁成等50名盟员被评为先进个人。民盟中央为受表彰的先进集体和个人举行了经验交流暨表彰大会。

各级组织制度建设和机关建设也取得新进展。民盟中央陆续出台了关于后备干部队伍建设、组织发展、基层工作、省级委员会领导班子制度建设等一系列文件，加强了对各地组织工作的宏观指导和制度规范。民盟中央加大了对地方组织横向联系的重视和支持。区域性盟务工作会议定期召开，部分城市召开盟务工作联席会议，促进了各地组织间的交流合作，进一步提高了盟务工作水平。民盟中央和地方组织巩固机构改革的成果，建立健全各项规章制度，强化服务意识，开展公务员法学习活动，着力提高专职干部的业务素质和水平，努力营造讲大局、树新风、团结奉献、勤奋敬业的良好环境与和谐氛围。2004 年 6 月，民盟中央召开省级组织专职干部培训暨机关建设工作会议，促进了机关工作的制度化、规范化和作风建设。各级组织的办公条件和环境得到改善，办公自动化步伐加快。

二、为夺取全面建设小康社会新胜利作出新贡献

中共十七大高举旗帜，指明方向，继往开来，描绘了在新的时代条件下继续全面建设小康社会、加快推进社会主义现代化的宏伟蓝图。民盟沿着中共十七大制定的方针路线，坚持走中国特色社会主义政治发展道路，保持和发扬优良传统，努力完成时代赋予参政党的崇高使命，为夺取全面建设小康社会新胜利作出了新贡献。

（一）民盟十大

2007 年 11 月 29 日至 12 月 2 日，中国民主同盟第十次全国代表大会在北京举行。这次代表大会是在中共十七大胜利闭幕、中国特色社会主义跨入新的历史起点时召开的一次重要会议。会议的一项重要任务就是深入学习和领会中共十七大精神，把各级组织和全体盟员的智慧和力量凝聚到中国特色社会主义建设的宏伟目标上来。

大会共有代表 810 名。张梅颖致开幕词。中共中央政治局常委、中央书记处书记习近平宣读中共中央贺词。蒋树声代表第九届中央委员会作题为《坚持走中国特色社会主义政治发展道路，为全面建设小康社会作出新贡献》的报告。大会通过了报告和修改后的《中国民主同盟章程》，选举产生了新一届中央委员会。张梅颖作闭幕讲话。

大会的主题是：高举中国特色社会主义伟大旗帜，以邓小平理论、“三个代表”重要思想为指导，贯彻落实科学发展观，学习领会中共十七大精神，动员各级组织和全体盟员团结进取、求真务实，坚定不移地走中

国特色社会主义政治发展道路，为多党合作事业和全面建设小康社会作出新贡献。

中共中央贺词指出，五年来，民盟紧紧围绕经济建设这个中心，自觉服务于改革发展稳定大局，认真履行参政议政、民主监督职能，在国家政治生活中积极发挥作用，为全面建设小康社会作出了新贡献。

蒋树声在报告中全面总结了过去五年民盟工作的基本经验，将民盟履行参政党职能的基本经验总结为“四个必须”：必须坚持正确的政治方向、必须加强参政能力建设、必须保持和发扬优良传统、必须凝聚力量开拓进取。

大会对今后五年的工作提出建议，要求各级组织和全体盟员坚持走中国特色社会主义政治发展道路，进一步巩固多党合作的政治基础；充分认识当前我国发展的阶段性特征，用科学发展观统领各项工作；适应形势和任务需要，努力为经济、政治、文化、社会建设献计出力；进一步加强自身建设，全面提高履行参政党职能的能力和水平。

大会指出，中共十七大明确了中国发展进步的旗帜问题，今后一个时期，是全面建设小康社会重要战略机遇期和改革发展关键期，也是民盟充分发挥参政党作用大有可为的重要时期。作为与中国共产党亲密合作的友党，作为致力于中国特色社会主义事业的参政党，民盟将以奋发昂扬的精神状态，努力为推动经济社会又好又快发展、为社会主义民主政治建设、为构建社会主义和谐社会献计出力。

修改后的《中国民主同盟章程》在序言部分根据新形势、新任务的要求，增加了“中国民主同盟坚持高举中国特色社会主义伟大旗帜，以邓小平理论和‘三个代表’重要思想为指导，深入贯彻落实科学发展观，继续解放思想，坚持改革开放，推动科学发展，促进社会和谐，为夺取全面建设小康社会新胜利、建设富强民主文明和谐的社会主义现代化国家而奋斗”的内容，阐明了现阶段中国发展进步的思想保证、强大动力、基本要求和奋斗目标，是坚持中国特色社会主义道路的关键所在，也是民盟为中国特色社会主义服务的根本所在。

盟章总纲进一步完善了关于民盟性质的表述："民盟是主要由从事文化教育以及科学技术工作的高、中级知识分子组成的，具有政治联盟特点的，接受中国共产党领导、同中国共产党通力合作，进步性与广泛性相统一、致力于中国特色社会主义事业的参政党。"总纲第三条增加了"坚持社会主义初级阶段的基本路线、基本纲领和基本经验"，"维护宽松稳定、团结和谐的政治环境"的内容，这是我国多党合作和政治协商的重要政治准则，也是中国共产党和各民主党派团结合作的政治基础。盟章还对其他条款进行了修订。

大会选举产生中央委员 265 人。十届中央委员具有广泛的代表性和社会影响，平均年龄为 49.8 岁，比上届下降了 1.7 岁；具有大学学历的委员 66 名，占中委总数的 24.9%，硕士研究生 66 名，占 24.9%，博士研究生 130 名，占 49.1%，这一结构体现了民盟的特点，符合时代发展的要求，民盟中央领导机构在实现新老交替的进程中又迈出了新的一步。

12 月 3 日，民盟十届一中全会选举中央常务委员会委员 67 人；选举蒋树声为主席，张梅颖、张宝文、吴正德、张圣坤、李重庵、郑兰荪、张平、索丽生、丁仲礼、陈晓光、徐辉、温思美、欧阳明高为副主席。12 月 3 日，民盟十届一次主席会议协商确定张梅颖为第一副主席、张宝文为常务副主席。同日召开的民盟十届一次中常会任命高拴平为秘书长。

2010 年 12 月，民盟十届四中全会接受张圣坤辞去副主席职务，补选郑惠强为民盟中央副主席。

（二）积极参政议政，促进科学发展

民盟十大以后，我国多党合作事业进入蓬勃发展的新时期。民盟各级组织将促进科学发展作为参政议政的第一要务，一方面继续关注基础教育、社会保障制度、科教兴国、环境保护等长期性、全局性的问题，另一方面对收入分配机制、统筹城乡发展、人口老龄化、金融危机等阶段性、突发性问题进行调查研究。民盟各级组织深入基层走访调查，充分利用高层协商会、座谈会以及政策建议信、政协大会发言和提案等渠道建言献策，参政议政工作取得了新成绩。

民盟积极参与国家重大问题的协商，推动决策科学化、民主化。民盟中央领导在中共中央、国务院和有关部门举行的协商会、座谈会和情况通报会上，就构建和谐社会、政府工作报告、执政党建设、国务院机构改革、深化文化体制改革、经济工作、司法体制改革、社会主义新农村建设、“十二五”规划纲要、中共十八大报告等重要文件及事关全局的重大问题提出意见和建议，很多建议受到了中共中央、国务院和有关部门的重视。民盟的地方组织负责人积极参加当地中共党委、政府举行的协商会、座谈会，提出了很多有价值的意见和建议，为地方经济和社会发展作出了贡献。

2008 年 3 月，十一届全国人大一次会议选举蒋树声为全国人大常委会副委员长，全国政协十一届一次会议选举张梅颖为全国政协副主席。共有 75 位盟员当选为十一届全国人大代表，其中 10 人担任全国人大常委会委员；137 位盟员担任十一届全国政协委员，其中 31 人担任全国政协常委。在各级人大代表中有盟员 2903 人，各级政协委员中有盟员 14957 人。

民盟就关系国计民生的重大问题和群众关心的热点、难点问题深入调查研究，在各级政协会议上建言献策，反映社情民意。十一届全国政协会议期间，民盟中央作了《高等教育持续发展呼唤制度创新》（2008）、《提高农民教育水平，促进现代农业发展》（2009）、《转变发展方式，关键在转变政府职能》（2010）、《统筹城乡教育，推进教育公平》（2011）、《坚定不移地加速推进社会保障体系建设》（2012）的大会发言，提交书面发言 19 篇、提案 143 件；民盟组委员提交大会发言 294 篇、提案逾千件。《关于推进可再生能源发展的提案》（2008）、《关于以“转方式、调结构”推动“保增长、扩内需”》（2009）、《关于推进城市中务工人员子女教育的提案》（2012）等提案列入全国政协提案办理协商会，受到社会广泛关注。民盟中央还高度关注经济发展方式转变和经济结构调整问题，在各级组织多项调研成果的基础上形成发言、提案，多次在政协大会和常委会上呼吁，如《实施资源节约战略，加快发展方式转变》的平时提案（2010）、全国政协十一届十一次常委会上的发言《推动科学发展应关注的几个问题》(2010)、全国政协十一届四次会议上的书面发言《协调推进城镇化和新农村建设应是“十二五”时期的重要战略》(2011)等，为促进科学发展、推动加快转变经济发展方式作出了不懈努力。

2012年10月，政协第十一届全国委员会优秀提案和先进承办单位表彰会举行，民盟中央《关于解决高校贷款问题的提案》(2008)、《关于完善消费者权益保障体系以推进内需提升的提案》(2010)、《关于促进解决高校毕业生就业难的提案》(2010)、《关于快速有序发展战略性新兴产业的提案》(2012)被授予优秀提案奖。董恒宇等4人在全国政协十一届二次会议期间提交的《关于建立草原生态补偿长效机制的提案》(2009)、徐辉等7人在全国政协十一届三次会议上提交的《关于要求加强千岛湖及新安江流域跨区域保护的提案》(2010)于2019年入选“全国政协成立70年来有影响力重要提案”。

“奔走国是、关注民生”是民盟的优良传统。从2008年到2012年，民盟中央每年的重点调研都聚焦民生领域的关键问题，先后围绕基础教育教师队伍状况、农村职业教育与技能培训、完善收入分配机制、社会保障制度的建立与完善、统筹教育资源配置等问题开展调研，取得了积极成效。

早在2006年中共中央委托统战部召开专题会议征求对构建社会主义和谐社会的意见建议时，蒋树声就曾针对收入差距继续扩大，低收入群体过大、收入过低造成贫富差距过大等问题，提出扎实推进社会主义新农村建设、完善政府社会管理和公共服务职能、发挥市场配置资源的基础性作用等建议。此后，民盟中央持续关注收入分配失衡和贫富差距持续扩大现象，多次召开有关收入分配问题的研讨会。2010年，民盟中央将“完善收入分配机制，促进社会和谐发展”确定为重点调研课题。5月，蒋树声率调研组赴广东调研。调研组分两路在广州、清远、肇庆、阳江、惠州、河源等地深入考察，掌握了丰富的第一手材料。民盟中央还委托民盟上海市委会、河南省委会、贵州省委会同步开展调研。随后，民盟中央召开座谈会，深入分析造成现阶段收入分配失衡的复杂成因，多方征求意见建议。

民盟中央在调研中发现，一方面，收入分配严重失衡，直接影响到国民收入水平和消费结构，严重制约了经济发展方式的转变；另一方面，“三公”消费、国有资产流失、国有企业垄断性经营等放大了公众对收入分配失衡的感受。7月，民盟中央形成有关调研报告，指出，要解决目前我国收入分配面临的问题，需要同时在经济、政治、社会建设等领域综合施政，“分好蛋糕”与“做大蛋糕”并重，突出“合理分配财富”和“普惠民生”的发展理念，深化国企、户籍、就业三大体制改革，为长久构建公正的收入分配制度奠定基础；同时大力调整财政、税收、社保三大宏观政策，充分发挥再分配对分配格局的调节作用，从就业质量、最低工资、社会保险、职业福利、工资谈判等方面扭转劳动者报酬偏低、初次分配利益失衡的格局。8月，蒋树声、张梅颖联名向中共中央、国务院提交《关于完善收入分配机制、促进社会和谐发展的建议》。9月17日，根据中共中央、国务院领导批示精神，国家发展改革委、中央组织部、公安部、监察部、民政部、财政部、人社部、农业部、卫生部、国资委、税务总局、统计局、全国总工会、中央统战部等迅速组织召开专题会议，对民盟的建议进行研究。

★ 2010年5月，蒋树声（左四）率队调研完善收入分配机制问题，考察肇庆科技职业技术学院。

民盟中央就收入分配问题持续呼吁。在十一届全国政协常委会第十次会议，中共中央、国务院召开的经济形势分析会和“十二五”规划征求意见座谈会等会议上，民盟中央四次发言，就完善收入分配机制提出建议。在中共中央委托中央统战部向各民主党派中央、全国工商联征求关于制定“十二五”规划的建议等会议上，民盟中央两次以书面形式阐述收入分配问题。

2010 年 10 月，中共十七届五中全会提出，要着力保障和改善民生，合理调整收入分配关系，努力提高居民收入在国民收入分配中的比重以及劳动报酬在初次分配中的比例。12 月 9 日，民盟中央经济委员会在北京主办“首届民生论坛（2010）：收入分配与民生”，民盟中央副主席索丽生、中国经济体制改革研究会会长宋晓梧先后作了《完善收入分配机制，促进社会和谐发展》《贫富差距与改善民生》的主旨报告，民盟中央常委、国家统计局副局长徐一帆，民盟中央常委、民盟中央经济委员会主任郑功成等众多专家学者和实业家围绕城镇化与民生改善、“十二五”规划与民生、解决收入分配的机制与渠道、财税改革与收入分配等问题作了报告。

2011 年，民盟中央受中共中央委托开展了两次重点调研，进一步延续和深化收入分配的课题。5 月，蒋树声、张宝文率民盟中央调研组赴湖南，就“社会保障制度的建设与完善”课题进行调研。调研组分成两路，分别在城市和农村开展工作，共召开座谈会 16 次，实地考察市（州）、县区、乡镇、街道社区和村级社会保障服务机构 18 个，广泛接触各级政府和社保服务机构的负责人、工作人员及服务对象。民盟中央同时委托民盟浙江省委会、陕西省委会和成都市委会在当地就同一课题进行调研。根据四省市的调研结果，结合张梅颖率全国政协社会法制委员会与民盟中央联合调研组在浙江、安徽就老年人社会保障与养老服务体系建设问题进行的调研，民盟中央形成了《社会保障制度的建设与完善》调研报告，并于 11 月向中共中央、国务院提交《关于加快构建完整的中国特色社保体系的建议》。10 月，蒋树声、张宝文率民盟中央调研组赴重庆，就“统筹城乡基本公共服务体系建设，促进共同富裕”课题进行调研。调研组考察了乡镇级卫生院、乡镇级中学等25个单位，与各级党委政府和服务机构负责人、工作人员以及村民代表、留守儿童家长、中小学生等进行了交流，形成《统筹城乡基本公共服务体系建设，促进共同富裕》调研报告，并于2012年1月向中共中央、国务院提交《关于推进我国基本公共服务体系全面建设的建议》。两份政策建议信均得到中共中央、国务院领导批示。至此，民盟中央对初次分配和二次分配的调研和建议信，构成了改善和保障民生、构建和谐社会、促进科学发展的一个系列。

民盟持续关注民生问题的多个领域，对医疗改革、统筹城乡发展、生态保护等问题进行重点调研，取得了丰硕成果。就民盟中央提出的加强坡耕地水土流失综合治理问题，国务院召开专门会议研究落实。《关于总结、推广新乡市城乡统筹发展经验和做法的建议》（2010）、《关于全面深化医改的建议》（2012）受到国务院主要领导高度肯定，“新乡经验”得到推广，卫生部向民盟中央征求医改意见。关于祁连山生态保护与综合治理（2010）、巢湖治理与保护（2011）、黄河河源区生态保护（2011）、将天津列为全国海洋经济发展试点（2011）等建议受到高度关注，多项建议上升为国家决策。

教育是民盟持续关注的领域。民盟部分省市基础（普通）教育研讨会、部分省市高等教育研讨会是民盟自改革开放以后持续时间最长的参政议政活动。2007年，考虑到民盟在教育领域的优势特色及教育在国家发展中的基础性地位，民盟中央决定将连续举办20余年的两个研讨会升级为全国性会议。2007年、2008年，民盟高等教育研讨会、民盟基础教育研讨会先后在福建厦门、陕西西安召开。研讨会不断深化研讨内容，创新办会形式，成为民盟在教育领域参政议政的品牌，得到教育部的支持与肯定，为民盟在教育领域建言献策提供了重要支持。

经过多年的探索与完善，灾害与社会管理、发展海洋经济等论坛和研讨活动不断深入，影响日趋扩大。各级组织普遍调整了专门委员会，参政议政专家队伍得到加强。2008年，民盟第十届中央委员会专门委员会成立，新增了农业委员会。各委员会举办的现代农业、城市文化、女性发展等主题的论坛取得了有价值的成果。一些省级组织结合实际，围绕教育、民生、中部崛起、人文奥运、金融发展等举办专题研讨，为参政议政工作提供了丰富的资源，很多成果转化为建议和提案。这些论坛和研讨会扩大了民盟的社会影响力，为推动参政议政工作创新作了有益探索。

通过政协渠道反映社情民意信息，是民盟履行参政议政职能的重要途径。2009 年，民盟中央社情民意信息报送系统正式投入使用，反映社情民意信息更为便捷高效。民盟中央以广泛参与、注重质量为原则，建立信息报送评比激励机制。2008 年到 2012 年，民盟中央向全国政协报送社情民意信息 4124 件，被采纳 419 件，获得领导批示 49 件，在历年的民主党派、工商联组评比中均名列第一。

民主监督是民主党派的一项重要职能。民盟各级组织积极探索，将民主监督与参政议政、社会服务等各项工作结合起来，通过协商会发言、政协提案等形式提出意见和建议，发挥民主监督作用。民盟中央领导多次出席最高人民法院、最高人民检察院等召开的座谈会，就民主法制建设问题发表意见。担任人大代表和政协委员的盟员依法履职，通过参与立法和执法检查，提交人大议案、政协提案等方式发挥作用。担任中央和地方各级特约监察员、检察员、审计员、教育督导员的盟员，以高度的政治责任感和认真负责的精神，参加执法监督检查、行风政风评议，为推进依法行政和廉政建设作出了贡献，在加强民主政治建设中发挥了作用。

“海峡两岸暨港澳地区大学校长联谊活动”作为民盟加强海峡两岸及港澳地区联系、促进交流与合作的重要方式，每年继续开展。2008 年到 2012 年，民盟中央与有关单位联合，先后在吉林、内蒙古、香港—澳门、四川、江苏举办了第四至八届联谊活动。海峡两岸及港澳地区著名大学的校长们围绕高等教育发展情况和发展理念、大学改革与合作等议题进行了广泛交流，就建立高端人才联合培养机制达成共识，签署了意向书，达成双边及多边合作项目 100 多个。2008 年民盟中央提出的《关于加大支持力度，推进与台港澳地区高水平大学联合培养高端人才的建议》得到国务院领导批示。联谊活动还从2012年起明确规定大学校长论坛须设置主题，当年主题是“共同弘扬和发展中华文化”。经过多年的积累，这一活动成为海峡两岸及港澳地区高校间交流、合作的知名平台，受到海内外教育界的广泛关注。

(三) 打造社会服务工作新品牌

民盟十大以后，各级组织高度重视社会服务工作，不断拓宽工作领域，丰富工作内容，成功打造了“农村教育烛光行动”“明眸工程”等有影响力的社会服务品牌，其中旨在加强农村教师队伍建设、推动中国城乡义务教育均衡发展的“农村教育烛光行动”在各级组织中广泛开展，成效显著，得到了社会各界的赞誉。

民盟“农村教育烛光行动”自2007年启动以来，各级组织在实施过程中结合实际，成功开创了东西合作、结对帮扶、基地示范、远程教研等互助模式。民盟江苏省委会多次选派优秀教师、专家学者到甘肃定西、天祝等地开展讲学活动，与民盟甘肃省委会组织甘肃农村教师到江苏进修学习。民盟上海市委会与贵州、宁夏、甘肃、新疆、安徽、青海、海南等地盟组织合作，为当地农村援建多所小学和教学楼，极大地改善了当地农村学校的教学条件。在民盟组织的协调下，许多大中城市重点学校与农村中小学结成“手拉手”帮扶学校，帮助提高农村学校教研水平。如河北唐山一中与唐山市新集中学结对帮扶，民盟唐山一中支部每年组织盟员教师赴新集中学开展说课、评课等教研活动，一些盟员教师还与农村教师建立了“一对一”的长期联系。江苏苏州、常州等地的教师通过网络与甘肃天祝县教师结成帮扶对子，远程答疑解惑。除东西部省级组织合作开展结对帮扶外，民盟各级组织还开展如农村学校点单、城市学校选课，开展“送出去、请进来”教师培训活动；援建“烛光学校”、捐赠图书和学习用品、设立奖学奖教基金等，帮助农村学校改善办学条件。

随着“农村教育烛光行动”社会影响力的扩大，越来越多的教育机构、企业和社会组织加入进来。在蒋树声的协调下，深圳光汇石油集团捐赠600万元援建了13所“光汇烛光学校”，资助农村教师培训工作。民盟中央常委俞敏洪担任总裁的北京新东方教育科技集团与民盟合作开展“烛光行动——新东方教师社会责任行”，在北京建立了民盟中央教育扶贫基地，在全国27个省区市培训中小学英语教师万余名，超过3000名农村英语教师接受了培训。“农村教育烛光行动”还与北京四中网校确立合作关系，签署了远程教育烛光行动合作协议，通过互联网把先进的教育理念、教学资源以及人文关怀带给更多的农村教师。

随着活动的深入开展，项目关注的视角更加深入。一些地方民盟组织关注农村学校代课教师待遇、城乡社会转变下的农村教育等问题，通过议案、提案、政策建议信等进行反映，得到了有关部门的重视和采纳。民盟中央专家顾问组开展专题调研，围绕农村教师队伍专业发展需求与支持等问题进行调查分析，提出了加强县级教师培训机构能力建设、提高农村教师专业水平等建议。

2009年全国两会期间，胡锦涛对民盟开展的“农村教育烛光行动”给予充分肯定。2011年1月，民盟中央“农村教育烛光行动”获中国扶贫创新项目奖，民盟中央社会服务部被国务院评为全国“两基”工作先进单位。截至2012年年底，“农村教育烛光行动”共培训农村中小学校长及骨干教师十余万人，援建学校82所，捐赠图书30余万册，协调资金5000多万元。

民盟继续稳步推进在贵州、河北、广西、甘肃等地的智力扶贫工作，并将重庆彭水县列为新的帮扶点。以贵州毕节试验区成立20周年为契机，民盟中央联合东部十省市民盟组织共同参与试验区建设，积极打造“同心”品牌，协调成立了毕节发展村镇银行，帮助编制了毕节市农业发展项目库，落实了一批项目和资金，促进了当地经济发展和民生改善。在民盟中央和地方组织的大力协助下，甘肃渭河源区生态保护治理与水土保持、定西公路建设和坡耕地改造、遂宁水利建设等项目得到落实。在纪念帮扶河北广宗20周年之际，民盟中央帮助广宗制定农业产业发展中长期规划，引入先进农业技术和优质农业龙头企业，帮助落实农业、水利综合开发等国家重大项目资金总额逾两亿元。

★ 2007 年 9 月，蒋树声（右二）在甘肃定西考察民盟中央帮扶项目。

民盟不断扩展社会服务工作领域，联合社会力量打造“明眸工程”“健康心动毕节行”“健康呼吸万里行”等项目，产生了良好的社会影响。由民盟中央牵头，温州慈善总会、贵州温州商会支持的医疗扶贫“明眸工程”，自 2009 年年底启动以来，到 2012 年年底筹集捐款 1300 多万元，先后在贵州、云南、青海、四川实施免费白内障手术近 500 例，与四所医院签署了培训眼科医生的共建协议。2012 年 4 月，“明眸工程”获得中华慈善奖“最具影响力慈善项目”。

民盟帮教和社区工作不断加强。各省的民盟组织都开展了帮教工作，通过扩大与司法部门合作，摸索出了共建法制教育基地、开展职业技能培训、帮助刑释解教人员就业安置回归社会等有效形式。一些省级组织先后在城市社区建立了社区服务基地，开展扶贫帮困进社区、教育文化进社区、法律咨询进社区、医疗救助进社区等工作，产生了较好的社会影响。

2008 年年初，我国南方十余省区发生历史罕见的低温雨雪冰冻灾害。

民盟中央向各省级组织发出《民盟中央关于为抗击冰雪灾害作贡献的通知》，各级组织积极响应，迅速行动。民盟中央分别向广西那坡县和贵州毕节市捐款10万元人民币，帮助当地人民恢复生产、重建家园。

2008年5月，四川汶川特大地震发生后，民盟中央迅速成立“抗震救灾，重建家园”工作领导小组，全面领导和统筹协调抗震救灾和灾后重建工作。民盟中央领导到四川地震灾区察看灾情和受灾群众安置情况。民盟中央向各级组织和广大盟员发出抗震救灾、为灾区捐款的倡议书，各地组织和广大盟员迅速响应，共募集款物近2亿元，收到盟员捐款1648万元。民盟中央组织召开民盟参与地震灾后重建工作会议，制定了参与灾后重建工作实施办法，签署了民盟援建灾区教育重建的相关协议。民盟中央当年的“灾害与社会管理专家论坛”特别增设了“汶川地震灾害后恢复重建”专题。一些省级组织也与灾区民盟组织签署了对口捐赠协议。民盟中央帮助落实资金，在灾区建设了两所民盟烛光中学。战斗在抗震救灾第一线的多位盟员受到全国、省、市表彰。

2010年，西南五省遭遇前所未有的特大旱灾，民盟中央向贵州省毕节市发出慰问信，并募集资金300多万元，用于毕节和广西那坡县救灾。青海玉树地震发生后，民盟各级组织和广大盟员积极行动，踊跃捐款捐物支援灾区重建。民盟中央收到盟员捐款以及多方筹集到的抗震救灾善款、物资近3000万元。民盟青海省委会多次组织人员看望受灾群众，发动全省盟员捐款，组织协调各地民盟组织支援灾区，并就灾区重建工作向青海省委、省政府积极建言献策，受到好评。

2011年11月30日，由中共中央统战部等单位联合主办的各民主党派、工商联和无党派人士为全面建设小康社会作贡献表彰大会在北京召开。民盟石家庄市委员会等10个组织被评为先进集体，潘文石等14位盟员被评为先进个人，民盟中央《关于推进坡耕地水土流失综合整治的建议》《关于完善收入分配机制，促进社会和谐发展的建议》、民盟内蒙古区委会《关于草原生态保护与建设的意见和建议》、民盟陕西省委会《关于加强工矿企业环境保护问题的建议》、民盟甘肃省委会《祁连山生态保护与综合治理专项研究》被评为建言献策优秀成果，民盟中央“农村教育烛光行动”“明眸工程”、民盟恩施州委会“恩施山区新农村建设”、民盟四川省委会“盟遂合作”被评为社会服务优秀成果。当日下午，民盟中央召开中国民主同盟为全面建设小康社会作贡献表彰大会，为获得表彰的先进集体、先进个人、建言献策优秀成果和社会服务优秀成果颁奖。

（四）举办文化论坛，探索“文化自觉”

1997 年，费孝通在反思毕生学术生涯和当代社会变迁的基础上，提出了“文化自觉”这一极富前瞻性的概念。费孝通认为，文化自觉是指生活在一定文化中的人对其文化有“自知之明”，明白它的来历、形成过程，所具有的特色和发展的趋向。文化自觉不是要“复旧”，也不主张“全盘西化”或“全盘他化”。只有在认识自己的文化，理解所接触到的多种文化的基础上，才有条件在这个正在形成中的多元文化的世界里确立自己的位置，然后经过自主地适应，和其他文化一起取长补短，共同建立一个有共同认可的基本秩序和一套与各种文化能和平共处、各抒所长、联手发展的共处守则。

此后，费孝通对“文化自觉”问题进行了持续思考，发表了一系列文章和谈话。他强调世界各民族的文化自觉、文化对话与文化包容，特别关心中国在从农业社会到工业社会再到信息社会的“三级两跳”中，如何建立和谐社会，如何在文化多样性的世界里和平共处等问题。

费孝通把文化自觉的历程概括为“各美其美，美人之美，美美与共，天下大同”。从“各美其美”肯定自己的民族文化开始，发展到肯定和接纳其他民族文化的“美人之美”，再上升到不同文化之间达成文化价值标准的共识，做到“美美与共”，从而走向“天下大同”。这既是他对人类社会秩序准则的主张与理想，也是追求“文化自觉”的最终目标。

费孝通的文化自觉理论阐释了“和而不同”的中国文化宗旨和实践方式，对科学对待中西方文化、构建社会主义和谐社会、树立社会主义核心价值体系提供了参考，引起了知识界的广泛关注和讨论。

在费孝通的影响下，民盟对文化自觉问题进行了持续深入的思考与探索。2008 年 7 月，民盟中央召开“西部人文资源课题总结暨费孝通‘文化自觉’思想座谈会”。与会人员认为，“文化自觉”倡导不同文化之间的尊重、宽容、理解与合作，这与构建和谐社会的思路是一致的。文化自觉理论反映了费孝通学术思想的共同内涵，是需要继续研究和思考的时代课题。2010 年 11 月 2 日，全国人大常委会办公厅、中共中央统战部、民盟中央共同主办了“纪念费孝通同志诞辰 100 周年座谈会”。中共中央政治局委员、全国人大常委会副委员长王兆国在讲话中指出，费孝通提出的“各美其美，美人之美，美美与共，天下大同”的社会和谐观点以及“文化自觉”思想，是极为宝贵的学术和精神财富，对于研究当代中国社会问题、构建社会主义和谐社会具有重要的启示意义。11 月 12 日，民盟中央、民盟上海市委会、上海社会科学院联合举办了纪念费孝通诞辰 100 周年暨费孝通学术思想研讨会，全面总结回顾了费孝通的学术思想，探讨了文化自觉理论对当代社会发展的意义。

2011 年 10 月，中共十七届六中全会通过了《关于深化文化体制改革、推动社会主义文化大发展大繁荣若干重大问题的决定》。12 月，民盟中央在北京举办“文化自觉与文化繁荣发展”座谈会。与会的文化艺术界盟员认为，费孝通提出的文化自觉理论，在推动社会主义文化大发展大繁荣的当下有着重要意义。参政党履职应有文化眼光，民盟在文化领域建言献策，探讨我国经济社会问题背后的文化症结，有助于透过现象看本质，全面深刻理解当前的社会经济问题。

2012 年 9 月，由民盟中央、民盟上海市委会、上海社会科学院共同主办的“文化自觉——当代中国文化发展的反思与前瞻”论坛在上海举行。张宝文在论坛上提出，民盟应以费孝通提出的“加强文化转型的自主能力，取得适应新环境、新时代文化选择的自主地位”为理想目标，为提高国家文化软实力和综合竞争力作出不懈努力。此后，民盟中央联合民盟上海市委会和上海社会科学院每年举行文化论坛，就文化自信、民盟先贤与文化复兴等问题进行深入探讨，社会影响日趋广泛，成为民盟的文化品牌之一。

（五）加强思想建设，开展政治交接主题学习教育活动

思想建设是民盟自身建设的核心。各级盟组织和广大盟员扎实开展以“坚持走中国特色社会主义政治发展道路”为主题的政治交接学习教育活动，把学习践行社会主义核心价值体系作为思想建设的重要内容，引导广大盟员与中国共产党思想上同心同德、目标上同心同向、行动上同心同行，思想建设取得了新成效。

搞好政治交接，是坚持走中国特色社会主义政治发展道路的重要举措，是坚持和完善中国共产党领导的多党合作和政治协商制度的重要保证，也是确保民盟在多党合作事业中实现可持续发展的内在要求。2007 年 3 月，民盟中央下发关于开展政治交接主题学习实践活动的意见。按照民盟中央的要求，民盟各级组织精心部署，开展了形式多样、内容丰富的政治交接主题学习教育活动，以思想建设带动队伍建设和制度建设。2008 年 1 月，著名植物学家、中国科学院院士吴征镒获得国家最高科学技术奖，民盟中央向全盟下发《关于向吴征镒同志学习的决定》，号召各级组织和广大盟员以吴征镒为榜样，立足本职工作建功立业。吴征镒的先进事迹，成为民盟开展政治交接主题教育活动的生动素材。

2008 年 5 月，民盟十届三次中常会暨政治交接主题学习教育活动经验交流会召开。会议指出，自觉接受中国共产党的领导，坚持走中国特色社会主义政治发展道路，是政治交接的核心；传承民盟优良传统，推进多党合作事业，是政治交接的重点；以领导班子建设为重点，全面加强自身建设，是政治交接的必然要求；提高参政能力，认真履行职能，是政治交接成效的检验标准。会议要求各省级组织充分认识当前形势任务，全面加强省级组织领导班子建设，为充分履行参政党职能提供组织保证。

政治交接主题学习教育活动开展之际，正逢中共中央发布“五一口号”60 周年和改革开放 30 周年，民盟开展了形式多样的纪念活动，丰富了政治交接主题学习教育活动的内涵。民盟中央领导赴西柏坡参观学习，

出席纪念中共中央发布“五一口号”60 周年座谈会、文艺晚会，参加特园中国民主党派历史陈列馆开馆仪式暨中国民主党派历史研讨会等纪念活动。民盟中央和各级组织召开相关纪念活动，以多种形式重温多党合作历史，传承民盟优良传统。

为进一步深入开展以“坚持走中国特色社会主义道路”为主题的学习教育活动，2009 年 2 月，经各民主党派中央协商，形成了《关于各民主党派深化坚持走中国特色社会主义道路学习教育活动的意见》。民盟中央按照意见要求，对深化学习教育活动进行了部署。民盟各级组织认真开展理论学习，结合形势教育、国情教育和履职实践，不断增强活动实效，探索建立长效机制。

2009 年是中华人民共和国成立 60 周年，也是我国多党合作制度确立 60 周年。民盟认真学习胡锦涛在庆祝中华人民共和国成立 60 周年和人民政协成立 60 周年大会上的重要讲话。民盟在京中央委员出席首都各界庆祝中华人民共和国成立 60 周年大会，蒋树声、张梅颖等登上天安门城楼观礼。民盟中央、民盟北京市委会共同举办了“中国民主同盟庆祝中华人民共和国成立 60 周年大会暨文艺演出”。各级民盟组织举办了纪念会、座谈会、征文和文艺表演等活动。

2009 年 6 月，民盟十届七次中常会对思想建设进行了专题研究，制定下发了《民盟中央关于加强思想建设的意见》，明确了新形势下民盟思想建设的意义、内容和原则，提出要建立完善思想建设的动态分析机制、学习培训机制、宣传引导机制和应急工作机制。在加强思想建设的过程中，民盟把树立和践行社会主义核心价值体系作为思想建设的重要内容，不断巩固多党合作的共同政治思想基础。2010 年 3 月，民盟中央向各省级组织转发中共中央统战部《关于支持民主党派树立和践行社会主义核心价值体系的意见》，强调树立和践行社会主义核心价值观是民盟当前工作的重点。各级地方组织成立领导小组，结合当地实际开展特色活动。随着活动的进一步开展，9 月，民盟中央又下发了《关于把树立和践行社会主义核心价值体系活动不断推向深入的通知》，要求各级组织推动活动不断深入，及时发现、培养、宣传活动中涌现出的先进典型。2010 年 12 月，中共中央统战部主办的“身边的榜样——树立和践行社会主义核心价值体系先进人物事迹报告会”在人民大会堂举行。中国科学院院士、清华大学水利系教授王光谦作为民盟树立和践行社会主义核心价值体系先进代表作了题为《把论文写进祖国的江河》的报告，成为广大盟员学习的楷模。

2011 年是民盟成立 70 周年，各级组织开展了形式多样的纪念活动。5 月，纪念中国民主同盟成立 70 周年大会在北京举行。中共中央政治局委员、国务委员刘延东到会并代表中共中央致贺词。贺词充分肯定了民盟的光荣历史和重要贡献，希望民盟围绕科学发展主题和转变经济发展方式主线，积极参政议政，切实履行职能，弘扬优良传统，促进政治交接，推动统一战线和多党合作事业薪火相传。蒋树声作讲话，总结了 70 年来民盟与中国共产党亲密合作的基本经验，要求各级组织和广大盟员着力加强思想建设，搞好政治交接，坚定不移走中国特色社会主义政治发展道路，坚持把促进科学发展作为参政议政的第一要务，不断提高履职能力和水平，努力实现民盟在多党合作事业中的可持续发展，为全面建成小康社会的宏伟目标贡献力量。纪念大会上，民盟中央对在思想建设、组织建设、参政议政、社会服务等方面作出突出成绩的 512 个地方和基层组织、1059 名盟员给予了表彰。

民盟与美术界、艺术界有着深厚的渊源和广泛的联系，盟员艺术大家代不乏人。2011 年 4 月，民盟中央美术院、艺术团成立，联系和带动广大艺术界盟员，为民盟更好地履行参政党职能，促进社会主义文化大发展大繁荣贡献力量。

继承和发扬民盟优良传统是思想建设的重要内容。《建国大业》《民主之澜》等一批多党合作历史题材的优秀影视作品相继播映，为广大盟员学习盟史与多党合作史提供了生动的素材。各地积极组织盟员收看，引导广大盟员继承和发扬民盟优良传统，取得了良好的成效。民盟中央举办了纪念张澜、史良、费孝通、钱伟长、苏步青、华罗庚、萧乾、李公朴、闻一多等的活动，以多种形式重温多党合作历史。上海、湖北、四川等地成立了民盟传统教育基地。

各级民盟组织加强与新闻媒体的联系与沟通，不断拓宽宣传渠道，为民盟履行参政党职能营造了良好的舆论氛围。2008 年汶川大地震后，民盟中央编辑了《抗震救灾先进事迹选辑》和《民盟抗震救灾快讯》，展现广大盟员在抗震救灾工作中的突出事迹和精神风貌。2010 年春节期间，中央人民广播电台播出蒋树声向全国人民拜年的新春贺词，社会反响热烈。各级民盟组织认真办好盟讯等内部刊物，积极发挥网站作用，拓宽了工作交流和对外宣传的渠道。《中央盟讯》和中国民主同盟网站适时开设纪念、宣传专栏，广泛宣传盟员在履行本职工作、抗震救灾和践行社会主义核心价值体系中的先进事迹。

民盟各级组织十分重视盟史资料的收集整理和研究工作。民盟中央编辑完成了《中国民主同盟七十年》《中国民主同盟历史文献（1941—1949）》《民盟历史影像资料剪辑（1941—1965）》《汶川特大地震抗震救灾志·社会赈灾志（民盟卷）》的部分内容。中国民主同盟盟史图片展在民盟中央机关开展，展示了民盟从成立到跨入新世纪以来的发展历程。一些地方组织在盟史的整理研究方面取得成绩，编辑出版了《楚图南年谱》《山东民盟贤达》《江苏民盟群英录》《南方盟史拾零》等书籍。山西、吉林、安徽、四川、陕西等地组织积极开展民盟口述历史采编工作，抢救挖掘盟史资料。

民盟对参政党理论建设高度重视，不断加强对理论研究工作的组织领导。民盟中央成立了参政党理论研究中心，并创新形式，围绕“建设一个什么样的参政党，怎样建设参政党”这一问题，连续数年开展课题招标工作，较为集中地对政党和谐关系建设、新时期履行民主监督职能、社会主义核心价值体系等问题进行了研究。民盟中央汇集课题成果编印了研究文集。一些地方组织相继成立了理论研究机构，召开理论研讨会，结合工作实际开展多层次的理论研究，出版多部理论研究文集。

（六）立足提高履职能力，强化组织建设

民盟十大以后，各级组织继续实施“人才强盟”战略，盟员组成结构不断优化，组织发展基本实现了民盟十大提出的确保民盟在主体界别的优势，确保盟员队伍的专业结构、知识结构适应参政议政等工作的需要，确保在职盟员数量稳步增长的目标，民盟干部队伍建设和人才工作取得了阶段性成果。

2008 年 10 月，民盟中央在山东威海举行组织工作会议，提出组织发展要在坚持“三个为主”方针的基础上，注重质量，保证数量，保持民盟特色，从民盟的现实需要和长远发展需要出发，着力发展民盟工作亟需的代表性人士、有发展潜力的高层次中青年人才以及参政议政等工作亟需的专门人才。

截至 2012 年年底，民盟共有省级组织 30 个，地市级组织 314 个，县级地方组织 96 个，基层组织 6910 个；全国盟员总数 235863 人，在职盟员占 63.4%，比上届提高了 4.4 个百分点。根据中共中央《关于加强新形势下党外代表人士队伍建设的意见》等文件精神，民盟有计划、有重点地发展了一批高层次代表人士、参政议政人才和有发展潜力的中青年盟员，人才结构、质量、数量基本上满足了政治安排、实职推荐和参政议政的需要，一批优秀盟员进入政府部门、高等院校等单位担任领导职务。到 2012 年年底，担任政府和司法部门县处级及以上领导职务的盟员共有 861 名，担任大学校长的盟员共有 165 名。民盟中央与有关单位联合举办了 8 期中青年干部多党合作专题研究班，推荐 260 余名骨干盟员参加中央统战部举办的民主党派干部进修班、培训班及境外研讨班，通过分层次分类别培训，提升了后备干部的政治素质和参政能力。

民盟继续加强基层组织建设。民盟中央将 2009 年定为“基层组织建设年”，召开民盟基层组织工作会议。2010 年，民盟中央通过在陕西、安徽、河南、海南等地进行调研，梳理了基层组织建设中存在的困难和问题，并与有关地方和部门进行了协调。地方组织通过加强规范化管理、合

并改建部分基层组织等方式，有效增强了基层组织的活力、凝聚力和影响力。2012年下半年，民盟省市级组织顺利完成换届，实现了领导班子新老更替。换届以后，省级领导机构的职数增加，班子成员的年龄结构和专业结构有所优化，民盟组织发展健康有序。

民盟制度建设、机关建设达到新水平。为了加强盟内监督，完善监督机制，2008年12月，民盟十届二中全会决定成立民盟中央监督委员会，通过了《民盟中央监督委员会组成人员名单》，决定张宝文为民盟中央监督委员会主任，索丽生为副主任。民盟中央监督委员会成立后，通过开展省级组织领导班子述职和民主评议等活动，进一步加强了盟内监督力度。

各级民盟组织坚持民主集中制，完善办公会、民主生活会等制度，领导班子建设的制度化水平不断提高。民盟中央不断健全政协会议发言、提案遴选机制，试行参政议政工作测评表彰办法，开通参政议政成果共享平台，逐步完善了参政议政激励共享及与地方组织、专委会的合作调研机制；摸索出了三级联动、东西携手、多省市共同参与的社会服务工作机制；陆续出台组织发展、后备干部队伍建设、盟员信息管理的规范性文件。制度的建立和完善，保证了各项工作有序高效运转。民盟各级机关以提高能力和转变作风为重点，进一步强化服务意识，健全内部管理，完善工作制度，提高工作效率，营造出团结和谐、积极向上的良好氛围。通过举办讲座、培训、挂职锻炼等形式，机关干部政治素质和业务水平不断提高。

一大批优秀盟员立足本职工作建功立业，为民盟赢得了荣誉。吴征镒、徐光宪、谷超豪、吴良镛荣获国家最高科学技术奖；王光谦等7人增补为中国科学院、工程院院士；张慧萍等87人获得全国劳动模范、全国五一劳动奖章、优秀教师、高教名师等称号；丁建生等5人获得何梁何利基金奖；吴为山获得“中华艺文奖”；厉以宁获得中国经济理论创新奖；潘文石获得“影响世界华人大奖”；万捷入选中央电视台“十大经济年度人物”。

第七章

继往开来，团结奋进，为全面建成小康社会和中华民族伟大复兴贡献力量

中共十八大以来，中国特色社会主义进入新时代。在习近平新时代中国特色社会主义思想的指引下，民盟中央领导班子率领各级组织和广大盟员，学习贯彻习近平总书记关于新型政党制度的重要论述，不断增强“四个意识”、坚定“四个自信”、做到“两个维护”，坚定不移地走中国特色社会主义政治发展道路，按照“四新”“三好”要求建设新时代中国特色社会主义参政党，更好地履行参政党职能。民盟各级组织和广大盟员在思想上政治上行动上同以习近平同志为核心的中共中央保持高度一致，发挥优势，主动作为，为打赢疫情防控阻击战、决胜全面建成小康社会、实现第一个百年奋斗目标作出了积极贡献。

一、为推进中国特色社会主义事业和中华民族伟大复兴努力奋斗

中共十八大提出全面建成小康社会决定性阶段的奋斗目标，对我国改革开放和社会主义现代化建设作出一系列重大战略决策和全面部署。民盟认真学习贯彻习近平总书记系列重要讲话精神，不断提高履职实效，成为中国特色社会主义民主政治建设中的一支重要力量。

（一）民盟十一大

2012 年 12 月 9 日至 13 日，中国民主同盟第十一次全国代表大会在北京举行。这次代表大会是在中共十八大胜利闭幕、我国进入全面建成小康社会决定性阶段的新形势下召开的。

大会共有代表 807 名，其中中央提名代表 109 名，地方选举代表 698 名。

张梅颖致开幕词。中共中央政治局常委张高丽代表中共中央致贺词。全国人大常委会副委员长、民革中央主席周铁农代表各民主党派中央、全国工商联向大会致贺词。蒋树声代表第十届中央委员会作题为《继往开来，团结奋进，为全面建成小康社会贡献更大力量》的工作报告。大会审议通过了工作报告和修改后的《中国民主同盟章程》，选举产生了新一届中央委员会。蒋树声作闭幕讲话。

大会主题是认真学习贯彻中共十八大精神，总结民盟十大以来的工作，明确未来五年的目标任务，动员民盟各级组织和广大盟员以中共十八大精神为指导，努力发挥参政党作用，为全面建成小康社会贡献更大力量。

中共中央贺词指出，中共十七大以来的五年，民盟认真履行参政党职能，紧紧围绕经济建设中心任务，自觉服务改革发展稳定大局，为推进中国特色社会主义伟大事业作出了新贡献。希望民盟大力弘扬优良传统，拓展学习践行社会主义核心价值体系活动成果，始终与中国共产党亲密合作；把推动科学发展、加快转变经济发展方式作为参政议政的着力点，不断提升履职能力和水平；积极推进科教兴国战略和教育领域综合改革，推动社会主义文化大发展大繁荣，扎实开展社会服务；按照参政党建设的目标要求，进一步加强代表人士队伍建设，提高政治把握能力、组织协调能力、参政议政能力、合作共事能力。

蒋树声在工作报告中回顾和总结了五年来民盟的主要工作和基本经验，指出，中共十八大的胜利召开，掀开了建设中国特色社会主义伟大事业的新篇章。今后五年，既是我国全面建成小康社会和全面推进改革开放的关键时期，也是民盟充分履行参政党职能大有作为的重要时期。号召民盟各级组织和广大盟员把思想和行动统一到中共十八大精神上来，把智慧和力量凝聚到全面建成小康社会的宏伟目标上来，切实搞好政治交接，继承和发扬民盟优良传统，团结带领广大盟员，同心同德，开拓进取，为建设中国特色社会主义的伟大事业而努力奋斗。

大会认为，学习贯彻中共十八大精神，是当前和今后一个时期民盟的首要政治任务。民盟各级组织和广大盟员要深刻领会中共十八大的精神实质和重要部署，增进对中国特色社会主义的道路自觉、理论自觉、制度自觉，积极履行职能，努力为我国社会主义经济建设、政治建设、文化建设、社会建设、生态文明建设作出新贡献。大会要求民盟各级组织和广大盟员紧紧围绕全面建成小康社会目标，把促进科学发展作为参政议政第一要务，充分发挥民盟的特点和优势，进一步提高参政议政工作水平，努力打造社会服务“同心品牌”，全面提升自身建设的科学化水平，以学习践行社会主义核心价值体系巩固政治共识，以实施“人才强盟”战略夯实人才基础，把民盟建设成为符合新时代要求的高素质参政党。

大会通过的《中国民主同盟章程》，在序言中写入“坚持高举中国特色社会主义伟大旗帜，以邓小平理论、‘三个代表’重要思想、科学发展观为指导，继续解放思想，坚持改革开放，推动科学发展，促进社会和谐，坚定不移地沿着中国特色社会主义道路前进，为全面建成小康社会、建设富强民主文明和谐的社会主义现代化国家而奋斗”，突出了科学发展观的指导作用。

大会选举产生中央委员 282 名。12 月 13 日，民盟十一届一中全会选出中央常务委员会委员 70 人。选举张宝文为主席，陈晓光、郑兰荪、张平、丁仲礼、徐辉、温思美、欧阳明高、郑惠强、田刚、龙庄伟、葛剑平、倪慧芳、王光谦为副主席。同日召开的民盟十一届一次主席会议确定陈晓光为常务副主席，民盟十一届一次中常会任命高抡平为秘书长。

民盟十一届一中全会通过成立第十一届中央监督委员会。同日召开的民盟十一届中央监督委员会第一次会议推选陈晓光兼监督委员会主任，龙庄伟兼副主任。

民盟十一大是一次承前启后、继往开来的重要会议。新一届领导班子高举中国特色社会主义伟大旗帜，紧密团结在以习近平同志为总书记的中共中央周围，紧紧围绕中共十八大提出的战略部署，带领全体盟员积极履行职责，为推动经济社会科学发展、夺取全面建成小康社会的新胜利贡献力量。

为增强盟务工作的前瞻性、系统性，民盟中央新一届领导班子根据中共十八大精神和民盟十一大精神，深入研究新形势下更好地履行参政党职能面临的机遇和挑战，首次制定了《民盟中央五年工作规划（2013—2017年）》。《规划》提出了民盟工作的总体思路和基本框架，明确各项盟务工作的指导思想与主要目标、任务。

2013年4月17日，民盟在北京召开全国工作会议，总结交流盟务工作经验，研究新时期、新形势下如何进一步做好各项盟务工作。张宝文在会上总结了参政议政、社会服务、思想建设、组织发展、理论研究和机关建设六个方面盟务工作取得的成就，要求广大盟员坚定不移地做中国特色社会主义的拥护者、科学发展的推动者、中国改革事业的促进派。张宝文指出，民盟要准确把握新的历史定位，继续坚持“奔走国是、关注民生”的优良传统，努力保持求真务实、勇于担当的政治品格，全面加强自身建设，积极开展参政议政、民主监督和社会服务工作，在国家政治生活中发挥更大的作用。会议还就民盟十一届三次中常会原则通过的《民盟中央五年工作规划（2013—2017年）》展开了讨论。《民盟中央五年工作规划（2013—2017年）》于当年5月印发。

（二）习近平总书记走访民盟中央

2012年12月24日，中共中央总书记习近平和中共中央政治局常委俞正声，中共中央政治局委员、中央书记处书记栗战书等一行走访民盟中央，参观民盟历史及工作成果展览，并与民盟中央新老两届领导班子成员座谈。

习近平指出，长期以来，各民主党派作为中国共产党久经考验的亲密友党和社会主义参政党，始终同中国共产党风雨同舟、患难与共，紧密合作、团结奋斗，为民族独立、人民解放和国家富强、人民幸福，为坚持和发展中国特色社会主义作出了不懈努力。习近平强调，中共中央将坚定不移坚持和完善中国共产党领导的多党合作和政治协商制度，坚定不移贯彻“长期共存、互相监督、肝胆相照、荣辱与共”的方针，加强同民主党派合作共事，支持民主党派更好履行参政议政、民主监督职能。他希望民盟弘扬优良传统，团结带领广大成员为全面建成小康社会、实现社会主义现代化、实现中华民族伟大复兴作出新的贡献。①

民盟中央主席张宝文与原主席蒋树声分别代表民盟两代领导集体在座谈会上发言。张宝文说，民盟成立71年来，始终与中国共产党风雨同舟、肝胆相照。民盟的光荣历史和优良传统，是我们宝贵的政治财富，也是推进多党合作事业前进的不竭动力。传承民盟光荣历史，弘扬民盟优良传统，是新一届民盟领导班子的历史责任。民盟一是要搞好政治交接，始终坚持中国共产党的领导，走中国特色社会主义政治发展道路；二是要弘扬“奔走国是、关注民生”的传统，发挥特色优势，履行好参政党职能。中共十八大确定了全面建成小康社会的目标要求，对“五位一体”建设作出战略部署，为民盟的参政议政工作指明了方向。民盟要增强大局意识，积极“出主意、想办法，做好事、做实事”，努力做到“到位不越位，帮忙不添乱”，做改革的促进派，切实履行好参政党职能。

蒋树声说，习近平总书记一行走访民盟中央，对广大盟员是极大的鼓舞。过去五年对民盟来说是不平凡的五年，民盟深入实践科学发展观，认真履行职能，围绕教育改革、科技创新、文化建设、生态文明建设等方面深入调查研究，积极建言献策，很多意见建议得到中共中央和国务院的重视，参政议政、社会服务、自身建设等各方面都取得大的进展。民盟将在中共十八大精神指引下，把自身建设成为高素质的参政党，为全面建成小康社会作出更大贡献。

民盟中央常务副主席陈晓光，副主席张平、徐辉、丁仲礼、欧阳明高、田刚、龙庄伟，原副主席李重庵，秘书长高拴平出席了座谈会。

在参观民盟历史及工作成果展览过程中，习近平回顾了同民盟老一代领导人交往的情景。张宝文说：“总书记对民盟的历史和现状都很了解，对民盟的老人也很熟悉。”“总书记回忆起与黄炎培、杨明轩、费孝通、

① 《人民日报》2012年12月26日第1版。

钱伟长、丁石孙等民盟领导人交往的经历。他肯定了民盟为中国革命、建设、改革事业作出的贡献，表达了对民盟前辈领导人的尊重和敬仰。我能感受到总书记对民主党派的深厚感情。”

民盟中央机关工作人员向习近平等中共中央领导同志介绍了旨在培训农村教师、促进城乡义务教育均衡发展的“农村教育烛光行动”。习近平认真听取介绍，详细询问了农村教师的培训方式、经费来源和工作进展情况。当他听到“农村教育烛光行动”累计培训10多万名农村教师、援建学校82所时，连声说好，称赞这项活动对推动“两基”教育作出了重要贡献。①

12月25日，民盟中央机关召开全体工作人员大会。张宝文传达了习近平总书记走访民盟中央时发表的重要讲话精神，号召民盟各级组织和广大盟员认真学习习近平总书记的重要讲话精神，把中共十八大精神贯彻好，为民族复兴、国家富强作出更大努力。

（三）加强思想建设，开展坚持和发展中国特色社会主义学习实践活动

思想建设是决定政治方向、关乎民盟事业发展的根本问题。民盟各级组织和广大盟员始终坚持正确的政治方向，以深入开展坚持和发展中国特色社会主义学习实践活动为主线，积极举办或参加各类纪念活动，不断夯实多党合作共同思想政治基础。

民盟各级组织和广大盟员认真学习贯彻中共十八大及十八届历次全会精神和中央统战工作会议等重要会议精神，深入学习贯彻习近平总书记系列重要讲话精神及《中共中央关于加强社会主义协商民主建设的意见》《中国共产党统一战线工作条例（试行）》《关于加强政党协商的实施意见》等重要文件精神，在思想上政治上行动上与中共中央保持高度一致。

为推进思想建设和宣传工作，民盟召开了一次中常会和三次工作会

① 《人民日报》2012年12月27日第1、2版。

议。2014 年 6 月，民盟十一届六次中常会在江苏南京召开。会议要求，必须清醒把握形势，坚持正确的政治方向，以中国特色社会主义理论体系武装全盟；弘扬优良传统，推进民盟事业的可持续发展；增进政治共识，凝聚促进改革发展稳定的正能量；加大宣传力度，不断提高民盟的社会影响力；推动工作创新，妥善处理好思想建设与履行职能的关系、理论研究与盟务工作的关系、继承传统与开拓创新的关系、部门为主与齐抓共管的关系，构建从上到下、各个部门齐抓共管的“大宣传”格局，使思想建设与各项工作的开展互相促进，相得益彰。

2013 年 10 月，民盟中央在北京召开了首次“民盟宣传暨网络管理工作会议”。会议指出，网络宣传工作背后实际是一场争夺意识形态领域舆论阵地的斗争。民盟各级网站是民盟网络宣传的主阵地，要引导广大盟员多看主流、多看光明面、多看本质，大力提升网络宣传的时效性和可读性，展示民盟作为参政党履职尽责的良好形象。2014 年 10 月，民盟思想宣传工作会议在北京召开，会议要求各级组织和广大盟员贯彻落实民盟十一届六次中常会精神，掀起坚持和发展中国特色社会主义学习实践活动的新高潮。2016 年 11 月，民盟中央在福建古田召开民盟思想宣传工作会议暨学习实践活动推动会，总结思想宣传工作和学习实践活动的成果和经验，对在学习实践活动中取得突出成绩的组织和集体进行表彰，张宝文和张平在此次会议上讲话。

2013 年 11 月，民盟中央印发《关于开展坚持和发展中国特色社会主义学习实践活动的通知》，为推动民盟学习实践活动的开展制定了工作方案，成立了领导小组。民盟中央领导带队赴 30 个省级组织进行调研，全面了解活动开展情况和盟员思想动态，挖掘并推广“盟员之家”、传统教育基地和特色支部等学习实践活动的品牌和典型。各级组织迅速响应，认真制定实施计划，创新活动思路、方式和载体，立足实际开展形式多样的活动，如“五一口号”发布 65 周年、中华人民共和国成立 65 周年、人民政协成立 65 周年、人民代表大会成立 60 周年纪念活动等，推动学习实践活动深入开展。

2015 年 10 月，在中共中央统战部召开的学习实践活动经验交流暨中期推动会上，张宝文代表民盟中央介绍了开展学习实践活动的主要做法和经验体会，指出，在学习实践活动中，民盟各级组织以盟史教育为抓手，以“盟员之家”为载体，利用立体宣传平台，教育引导广大盟员坚定理想信念。学习实践活动为民盟各项工作提供了坚实的思想保证、强劲的精神动力和不竭的组织活力。

民盟各级组织把弘扬民盟优良传统作为开展学习实践活动的重要内容，以重大历史事件和历史节点为契机，倡导盟员知盟、爱盟、兴盟。2016 年 7 月，民盟中央联合民盟云南省委会在昆明举办了纪念李公朴、闻一多殉难 70 周年系列纪念活动，这是民盟中央纪念李闻殉难活动首次在京外举办；之后又分别在江苏常州、湖北黄冈举办李闻殉难纪念活动。民盟中央编印了《中国民主同盟简史讲稿（1941—1949）》；修订了《统一战线人物志》民盟人物部分；举办了纪念胡愈之诞辰 120 周年座谈会，召开了纪念费孝通逝世十周年座谈会，编印了《怀念费老——费孝通先生逝世十年祭》纪念文集。2017 年 9 月，民盟中央机关盟史陈列室扩建完成，中国民主同盟历史展改版后重新开展。民盟中央与民盟上海市委会合办，重庆、四川、江苏、浙江、福建、安徽、北京民盟组织参加的“重走同心路，共叙肝胆情”城市定向赛和演讲，为传统教育赋予时代感。民盟各级组织举办了多种形式的盟史相关纪念活动。如民盟浙江省委会举办“学盟章、读盟史”知识竞赛；民盟重庆市委会绘制民盟先贤“重庆行走图”，组织各级班子成员、专职干部和盟员参观张澜故居，开展盟员烈士纪念活动；民盟上海市委会出版了《民盟先贤与文化复兴》《沪盟先贤》；民盟江苏省委会出版了《江苏民盟六十年》；民盟广西区委会制作了电视纪录片《瑶山情》；民盟云南省委会制作了微电影《最后一次演讲》等。

民盟中央高度重视“盟员之家”、传统教育基地建设。“盟员之家”从浙江发轫，经民盟中央调研，宣传推广到全国各级组织。“盟员之家”以“家”的氛围，将盟务、盟史、履职成果、社会主义核心价值观等教育寓于基层组织生活和组织活动中，提升了盟员的归属感和基层的凝聚力，受到有关方面的高度肯定。民盟中央领导多次赴各地“盟员之家”开展专题调研，为“盟员之家”揭牌，参加基层活动。2017 年 10 月，“盟员之家建设经验交流会”在杭州召开。会议指出，“盟员之家”作为民盟思想建设和组织建设“建在基层”的创新平台，与民盟各项工作相结合，已成为民盟深入开展坚持和发展中国特色社会主义学习实践活动的重要抓手和亮点内容，发挥了桥头堡、活力源、宣传窗、工作台、加油站的作用。民盟各级组织合力打造内涵丰富的传统教育基地，在重庆特园、歌乐山烈士陵园，四川张澜故居，江苏李公朴故居、费孝通江村纪念馆，福建古田会议纪念馆，云南一二·一运动纪念馆，浙江胡愈之故居，北京清华大学闻一多纪念亭，广西黄姚古镇等地设立民盟中央传统教育基地，为盟员接受盟史教育提供了新场所。

在民盟各级组织和广大盟员的共同努力下，学习实践活动成效显著。截至 2017 年 12 月，各级组织举办论坛和讲座、学习会、讨论会、征文活动、知识竞赛、文艺演出等 7000 余场，参加盟员近 20 万人次，建成“盟员之家”1000 余个，传统教育基地 100 余处。

学习实践活动中涌现出许多优秀基层组织和优秀盟员典型。2014 年 10 月，民盟常州李公朴支部成立，这是第一个以民盟先贤命名的特色支部。支部把 2015 年定为“追寻公朴足迹主题教育活动年”，开展了历时 9 个月的“追寻之旅”，在“走、看、谈”“写、拍、展”的过程中学习、传承民盟先贤精神。支部主委倪建春虽身患癌症，仍以极大热情投入盟务工作，带领支部盟员开展各种特色活动。为宣传身边的榜样，民盟中央成立宣讲团，在北京、云南等地开展宣讲活动，刘中民、秦君、何军、柳清菊、丁莲等宣讲了他们的先进事迹和履职成果。

民盟各级组织关注把握新媒体发展态势，拓宽渠道，努力构建立体化宣传平台。2013 年全国两会期间，各民主党派中央和全国工商联领导人于 3 月 6 日在人民大会堂集体接受记者采访。张宝文代表民盟中央，向媒体介绍了民盟的历史和民盟十大以来在履行参政党职能、加强自身建设等方面取得的成绩，就新形势下如何更好地发挥民盟作用回答了记者提问。民盟中央与主流媒体加强合作，制作了《民盟中央主席张宝文新春寄语》等视频在人民网播出。《光明日报》《中国统一战线》《中国政协》《团结报》发表了张宝文《增强问题意识，提升参政能力》等署名文章。民盟中央还抓住每年全国两会重点议题、时政热点、重大节日及民盟重点工作等有针对性地集中宣传，就重大事件、民盟中央提案、委员代表的提案议案及发言采访等在网站上设置专栏，并积极联系主流媒体，讲好民盟故事，传递民盟声音。五年里，全国两会期间民盟组政协委员接受采访1700余次；《人民日报》《人民日报·海外版》《光明日报》《人民政协报》《团结报》等媒体刊发民盟相关稿件3000余篇。

民盟网站增设省级组织稿件报送系统，上线了移动端网页版。2014年2月27日，民盟中央微信公众号上线，开辟了宣传工作的新阵地。2017年《庆祝民盟成立76周年——今天是你的生日，我的民盟》一文成为统战系统微信公众号首篇阅读量突破10万的文章。在民盟中央积极推动下，到2016年年底，30个省级组织均开通微信公众号，进而推广到各地市级组织和基层组织。上海、江苏、四川、江西、山西、浙江、福建、北京等地民盟组织微信公众号多次在《政协微信公众号传播力》榜单中排名前列，民盟立体宣传呈现中央有效引领、地方快速跟进的崭新格局。《中央盟讯》坚持大力宣传统一战线的方针政策和民盟中央的各项决定，民盟工作的突出成绩、典型经验、先进事迹和优秀人物，并与各地方组织积极沟通，不断加大组稿工作力度。2016年，《中央盟讯》进行改版扩版，内容更为充实，栏目更加丰富。

《群言》杂志始终坚守“知识分子群言堂”的办刊宗旨，2014年首次扩版增容。2014年10月，群言杂志社编委会、理事会成立暨发行表彰大会在北京召开，会议要求编委会、理事会和民盟各省级组织的通讯员从“强质量、扩发行、谋创新”三方面支持群言的工作。张平任新一届编委会主任、理事会理事长。2015年，《群言》迎来创刊30周年，出版了230万字的《群言文丛》7卷本，举办了群言杂志社创刊30周年纪念座谈会。

民盟中央原顾问、《群言》编委会顾问邬沧萍，《群言》杂志原主编于友，《群言》编委会委员、北京语言大学教授、著名作家梁晓声等先后在座谈会上发言。《群言》杂志还不断加强与地方盟组织的合作，先后推出《群言·福建专刊》《群言·江苏专刊》《群言·上海专刊》《群言·内蒙古专刊》4期地方专刊，充分反映民盟地方组织工作和当地经济、文化及社会发展成果，得到广大读者好评。

民盟各级组织积极引导文化艺术界盟员弘扬主旋律，传播正能量。2013年11月、2014年4月，民盟中央先后改选美术院、艺术团理事会。2015年2月，民盟中央成立文化艺术研究院。民盟中央美术院各地方分院也纷纷建立，开展文化活动。2015年7月，民盟中央与中国美术馆共同主办了“继往开来——中国民主同盟盟员美术作品展”，展出潘天寿、刘海粟、庞薰琹、蒋兆和、吴作人、吴冠中等已故大师，戴泽、范曾、罗尔纯等当代名家和陈振濂、吴为山、薛亮等中青年美术家的作品近200件，在社会上、文化界产生较大影响，提升了民盟的凝聚力和文化影响力。配合美术作品展，民盟中央还编印了大型画册《民盟美术家》和《继往开来——中国民主同盟盟员美术作品集》。为迎接中共十九大、民盟十二大召开，民盟中央美术院在江苏常州举办“梦想与激情——民盟中央美术院全国美术作品展”并编印了作品集。民盟各级文化院团还举办各种活动助力社会主义文化事业发展。张平、龙庄伟、葛剑平多次带队开展“送春联福字”等送文化下乡活动。民盟中央美术院组织盟员美术家先后赴古田、毕节、西藏等地开展义卖和捐赠活动，盟员企业家纪道京、马三喜、王东红、王雪莲、冯先磊数次向贫困地区中小学校捐款捐物。民盟河南省委会联合民盟中央艺术团举行“放歌中原”系列大型演出。民盟中央艺术团福建分团赴宁德霞浦开展文艺下乡慰问演出。民盟内蒙古区委会举办“守望相助，团结奋斗——庆祝内蒙古自治区成立70周年老照片、老年画、老画报暨美术作品展”。

民盟各级组织高度重视理论研究和盟史研究工作。民盟中央参政党理论研究中心以课题招标等形式积极推动全盟理论研究水平的提高。2015年

12 月，民盟理论研究工作会议暨《社会主义协商民主研究》新书首发式在北京举行。会议要求，参政党理论研究要牢牢把握正确的政治方向，将理论研究工作与学习实践活动结合起来，与优良传统教育结合起来，与实际盟务工作结合起来，用科学的理论教育引导广大盟员，进一步夯实多党合作的思想政治基础。《社会主义协商民主研究》的出版是民盟中央汇集盟内理论专家协作进行理论研究的初次尝试，对于推动深入开展社会主义协商民主研究起到了积极作用。2016 年和 2017 年，民盟中央开展了以“民盟历史人物研究”为主题的课题招标，并组织部分省级组织启动《民盟编年史（1941—1949）》编写工作，为系统性地收集整理盟史资料、深入开展盟史研究打下了良好基础。2016 年 8 月，民盟中央在吉林召开“民盟历史人物研究”专题研讨会，要求民盟盟史人物研究进一步形成共识、形成机制、形成梯队，真正起到继承和发扬民盟优良传统、巩固多党合作的共同思想政治基础的作用。各级地方民盟组织通过开展课题招标，组织论坛、研讨会，承担当地政协和统战部等单位的课题等形式推动理论研究工作不断开展，较好地发挥了理论研究在深化对参政党建设规律的认识、推动工作创新方面的作用。

（四）围绕中心服务大局，更好地履行参政党职能

民盟各级组织深入贯彻新发展理念，紧紧围绕推进“五位一体”总体布局和“四个全面”战略布局，创新思路，完善机制，整合资源，扎实调查研究，积极建言献策。2015 年 6 月，民盟十一届十次中常会学习贯彻中央统战工作会议精神，总结民盟履行参政议政职能的经验，研究新时期如何进一步做好参政议政工作。会议强调，做好参政议政工作，首先要认清形势，明确职责，于大处着手，从实处用力；关键要明确方向、突出重点，积极参加高层协商，加强调查研究，强化社情民意信息报送工作；核心是继承传统、创新有为，为民盟的优良传统赋予新的时代内涵；重点是完善机制、形成合力，打造一支开放型、综合型盟员专家团队，加强机关专职干部队伍建设。2013 年至 2017 年的五年里，民盟中央每年都

召开参政议政工作会，对上一年度先进单位和先进个人进行表彰，对下一年度参政议政工作提出新的要求。

民盟中央领导积极参与高层协商，先后参加中共中央、国务院、全国政协及有关部委举办的座谈会、协商会等高层协商活动 50 余次，围绕中共十九大报告及中共中央全会重要文件、“十三五”规划纲要草案、政府工作报告以及“一带一路”建设、全面深化改革、加快推进供给侧结构性改革、积极稳妥推进城镇化建设、教育优先发展、建设创新型国家、保障和改善民生、生态文明建设、农村集体产权制度改革等重大问题提出意见和建议，受到中共中央、国务院及有关部门的高度重视。民盟地方组织负责同志也在当地中共党委、政府召开的协商会、座谈会上积极建言献策，很多意见、建议被采纳，推动了当地经济社会发展。

2013 年 3 月，十二届全国人大一次会议选举张宝文为全国人大常委会副委员长，全国政协十二届一次会议选举陈晓光为全国政协副主席。共有 65 位盟员当选为十二届全国人大代表，其中 8 人担任全国人大常委会委员；134 位盟员担任十二届全国政协委员，其中 33 人担任全国政协常委。

民盟充分发挥在政协平台的参政议政作用。十二届全国政协大会期间，民盟中央作了《必须高度重视民众金融资产的保值增值问题》（2013）、《关于推进我国农村土地制度改革的几点建议》（2014）、《深化高等教育改革，大力推进大学生自主创业》（2015）、《借力“一带一路”建设，重构消费品工业发展新格局》（2016）、《振兴实体经济打造制造强国》（2017）的大会发言，提交书面发言 21 篇、提案 164 件；民盟组委员提交大会发言 237 篇、提案 1000 余件。2014 年全国政协十二届二次会议上，徐辉、倪慧芳、陈旗等联名提出的《关于加强打击暴力恐怖活动，维护社会和谐稳定的提案》，是第一件关于反恐立法的提案，受到有关部门的高度重视；钱克明的《中国人的饭碗要牢牢端在自己手上》等大会发言引起各界广泛关注和好评。2015 年全国政协十二届三次会议上，民盟中央《关于深化行政审批制度改革》的提案被列为大会 1 号提案。民盟中央和盟员委员提交的关于促进西部学前教育发展、加快建立我国统一的

★ 2016 年 1 月，习近平总书记在北京同党外人士共迎新春时，与张宝文亲切握手。

金融监管体制、关于加速推进文化创意产业发展等20件提案，被评为全国政协优秀提案。民盟中央还提交全国政协22件平时提案，盟员委员在政协常委会上作大会发言达30余人次。民盟各级地方组织针对各地经济社会发展的重大问题和关系群众切身利益的热点、难点问题，利用政协平台积极建言，提出许多具有前瞻性、可操作性的意见建议，为促进当地经济社会发展发挥了积极作用。

自2014年全国政协双周协商座谈会制度化、规范化以来，民盟中央与全国政协教科文卫体委员会、提案委员会等共同承办了以“大学毕业生创业就业环境优化”“促进高校办出特色与水平”“加快食品安全监管体系建设”“优化创新环境，改革科技评价体系”为主题的四场双周协商座谈会。盟员委员在会上作了重点发言，国务院有关部门给予积极回应。

民盟各级组织深入调查研究，不断夯实参政议政基础。五年间，民盟中央及各专委会围绕国计民生的各个领域调研200余次。受中共中央委托，张宝文、陈晓光带队，2013年赴山东就“全面优化制度安排，实现社会保障定型、稳定、可持续发展”开展重点调研；2014年赴江西、广东和陕西、辽宁就“大学生就业、创业环境优化”开展重点调研；2015年赴浙江、湖北、重庆就“养老服务产业发展”开展重点调研；2016年赴广东、上海、北京就“改革开发区管理体制，促进开发区转型创新发展”开展重点调研；2017年赴江苏、山东、河南就“以改革创新为引领，加快推进我国农业机械装备制造转型升级”开展重点调研。北京、天津、辽宁、黑龙江、上海、江苏、浙江、福建、江西、山东、湖北、广东、广西、四川等省级组织协同调研。民盟中央还赴吉林、福建、湖南、云南、青海、宁夏等地，就加快食品安全监管体系建设、推动我国大数据发展、东北老工业基地振兴、少数民族地区教育、草牧业科技创新、生物多样性保护利用及生态安全等问题开展重点调研。民盟中央充分发挥专委会和地方组织的作用，联合国家有关部委进行合作调研、延伸调研，广聚盟内外人才与资源的开放型工作机制逐步形成，并取得了一系列重要成果。

在大量深入实地调研的基础上，民盟十一大之后的五年里，民盟中央向中共中央、国务院报送政策建议 46 件，均得到中共中央、国务院领导批示，多件成为中办、国办的重点督办件。

★ 2013 年 10 月，张宝文（左四）在宁夏贺兰县考察粮食生产村集体统一经营情况。

2014 年，民盟中央向中共中央、国务院提交《关于加强西北旱区农牧业可持续综合开发，提高粮食安全保障能力的建议》。民盟中央着眼于我国粮食安全等重大战略问题，由张宝文率领调研组于 2013 年在宁夏、甘肃等西北省区开展实地调研，针对当地水资源相对紧缺、生态环境脆弱、农业基础设施建设不足等现实条件，建议实施西北旱区农牧业可持续综合开发战略，并具体提出实施旱作节水工程、推进农业结构战略性调整、加强农业资源和生态环境保护等六大举措。建议信得到中共中央领导重要批示，国务院副总理汪洋主持召开专门座谈会落实。2015 年，农业部、国家发展改革委、科技部、财政部、国土资源部、环保部、水利部和国家林业局等部委制订了《促进西北旱区农牧业可持续发展的指导意见》；

2016 年，农业部印发了《西北旱区农牧业可持续发展规划（2016—2020年）》。这些陆续出台的具体政策、指导意见、详细规划中，吸纳了民盟中央的意见和建议。

2015 年，民盟中央提交的《关于实施“中国野生东北虎和东北豹恢复与保护重大生态工程”的建议》得到中共中央、国务院领导的高度重视和重要批示，在建议信提交后的两年多时间里，极大地推动了我国野生东北虎和东北豹及其他野生动物的恢复保护工作。“维护生物多样性，实施濒危野生动植物抢救性保护工程”写入国家“十三五”规划；吉林省制定了《吉林省野生东北虎、东北豹重大生态保护工程规划》，成立了东北虎豹国家公园国有自然资源资产管理局、东北虎豹国家公园管理局，首个东北虎豹国家公园建设工作得以启动。这项建议的提出，最早源于民盟中央副主席葛剑平团队对珍稀濒危物种东北虎和东北豹长达数十年的野外监测和研究。在此基础上，2015 年 5 月，陈晓光、葛剑平率民盟中央调研组赴吉林，多次座谈了解情况，并深入珲春、汪清等地听取当地农民、林场职工、边防战士、基层干部在保护东北虎豹一线工作中面临的困难与诉求，汇总各项调研、座谈成果最终形成建议信呈报中共中央，成为参政党履行参政议政职能的典型案例。

2013 年，民盟中央《关于试点建设钒钛产业高技能人才培养基地的建议》受到国家有关部委、四川省委省政府的高度重视，此后政府制定了相关政策措施，并向人才培养基地提供了一定的财政支持；2016 年，中央网信办、国家发展改革委、教育部、科技部、工信部、财政部、国防部等与民盟中央就如何落实民盟中央《关于加快大数据安全保障能力建设的建议》召开专门协商会进行磋商；2017 年，民盟中央提出《关于以改革创新为引领，加快推进我国农机装备产业转型升级的建议》，民盟中央领导受邀参加国务院专门会议，国家发展改革委、农业部、工信部等 13 个部委共同协商，研究出台相关政策文件。

为创新参政议政工作机制，推进“五位一体”建设各个领域的建言献策，2014 年 2 月，民盟中央成立民盟国情研究中心，与国家发展改革委、教育部、水利部、工信部等有关部委，中国电子信息产业发展研究

★ 2015 年 5 月，陈晓光（右）、葛剑平（左）在吉林珲春考察东北虎豹生存环境。

院、中国教育科学研究院、中国旅游研究院、上海社会科学院、国家教育宏观政策研究院等智库研究机构建立合作关系，共同进行“基础教育改革与发展”“大数据发展”等重大课题的研究。地方盟组织在参政议政工作中也积极探索创新，如民盟上海市委会重视发挥参政议政特邀顾问组专家作用，民盟宁夏区委会成立区情研究中心，民盟云南省委会等地方盟组织规范课题流程、出台表彰激励办法等，取得良好成效。

反映社情民意信息工作是参政议政的重要内容。为充分调动各级盟组织和广大盟员的积极性，提升信息质量，民盟中央赴各省、市、区开展培训交流，提升信息工作整体水平。民盟中央加强完善社情民意信息报送工作机制，修订了信息报送和评比表彰办法，并于 2016 年 10 月召开社情民意信息工作会议暨培训班。民盟十一大以后的五年里，民盟中央向中共中央、全国政协、中共中央统战部报送社情民意信息4000余件，信息质量不断提高，在全国政协各民主党派中央、全国工商联组评比中始终名列前茅。

民盟中央重视发挥专委会作用，精心组织论坛、研讨会等活动。2013年6月，十一届民盟中央专委会成立。原来的社会和法制委员会分为社会委员会、法制委员会，并增设生态委员会、社会服务工作委员会，委员会数量由8个增加到11个，委员由172名增加到342名，京外委员大幅增加，委员的知识结构、年龄结构更趋合理。

经过多年的探索和实践，从2013年开始，民盟中央教育委员会将基础教育研讨会、高等教育研讨会整合成“民盟教育论坛”，先后以“深化综合改革推动高教内涵式发展”（2013）、“深化职业教育改革，加快我国现代职业教育体系建设”（2014）、“深化教育改革，推动民办教育发展”（2015）、“深化改革，提高质量，推动基础教育公平和创新发展”（2016）、“坚持改革创新，加快推进教育现代化”（2017）为主题，连续举办5届，成为民盟教育领域参政议政的重要平台。

继民盟中央经济委员会举办3届民生论坛后，民盟中央社会委员会先后以“让发展成果更多惠及民生”（2013）、“就业优先：新形势、新挑战、新任务”（2014）、“‘十三五’民生面临的挑战与应对”（2015）、“民生短板与社会保障”（2016）、“经济发展与民生保障政策”（2017）为主题召开民盟民生论坛。2015年，民盟中央经济委员会创办“民盟经济论坛”，先后以“中国经济发展与‘一带一路’战略实施”（2015）、“‘一带一路’与区域合作”（2016）、“补短板，增后劲，惠民生，全面推动实现新一轮东北振兴”（2017）为主题，邀请盟内外知名专家学者开展研讨和交流。2017年，民盟中央法制委员会与民盟四川省委会联合主办以“司法改革与社会治理”为主题的法治论坛，由此将民盟四川省委会2015年创办的法治论坛升格为全国性论坛。民盟中央继续每年与民盟上海市委会、上海社科院联合举办民盟文化论坛，主题分别是“文化自省”（2013）、“文化自信”（2014）、“文化自主”（2015）、“民盟精神与中国文化”（2016）、“文化视域中的历史与现实”（2017）；2017 年又与中国世界遗产高峰论坛组委会联合举办首届中国世界遗产（福州）高峰论坛。以上各类论坛的成果，均转化为民盟在教育、经济、社会和文化等方面的建言内容。

2013 年到 2017 年，民盟中央参与主办的“海峡两岸暨港澳地区大学校长联谊活动”先后在台湾、贵州、澳门—珠海、陕西和浙江举办。共有 40 所大学的 56 位校长参加活动。在联谊活动的大学校长论坛上，校长们围绕“华人共同在线教学平台，两岸四地华人合作”（2013）、“大学改革——创新人才培养”（2014）、“大学治理与综合改革”（2015）、“一流大学与一流学科建设”（2016）、“人才培养与创新创业”（2017）等主题进行深入研讨。经过多年的培育，联谊活动呈现出层次高、形式新、亮点多、影响大、凝聚力强的特点，囊括了海峡两岸及港澳地区顶级大学，吸引了一批在本地区教育、文化、科技领域乃至政界、舆论界有影响的重量级人物，形成了一批相当有分量的实际成果，并推动了彼此间共识的逐步扩大。民盟中央认真总结活动经验和成果，向中共中央报送了《关于“海峡两岸暨港澳地区大学校长联谊活动”情况汇报》，受到中共中央领导同志的充分肯定。

（五）开展脱贫攻坚民主监督

民主监督是民主党派的基本职能之一。民盟中央通过高层协商、政策建议、政协发言与提案等形式和渠道，发挥民主监督的作用。在中央统战部召开的座谈会上，民盟中央就落实“八项规定”有关问题提出建议。在最高人民法院、最高人民检察院召开的党外人士座谈会上，民盟中央就推进依法治国、司法体制改革、提升司法公信力等方面提出意见。各级民盟组织参加统战部、人民法院、人民检察院等召开的座谈会和情况通报会，就当地经济社会发展中的突出问题和公正司法等问题提出建议。担任各级人大代表和政协委员的盟员，认真参与立法和执法检查，积极提交议案、提案、建议。担任中央和地方各级特约监察员、检察员、审计员、教育督导员等职务的盟员积极参与行风政风评议，依法依规履行监督职责，为推进廉政建设、依法治国发挥了积极作用。

2016 年 6 月，各民主党派被赋予了一项新任务——脱贫攻坚民主监督。这是中国共产党拓宽民主党派民主监督渠道的有益尝试，也是民主党派协助地方党委和政府打好脱贫攻坚战的重要形式。民盟中央脱贫攻坚民主监督的对口省份是河南省。

民盟中央与中共河南省委、省政府密切联系，深入调查研究，提出意见建议，积极助推河南打赢脱贫攻坚战。2016 年 7 月，民盟中央召开主席办公会议，就民盟开展脱贫攻坚民主监督工作进行专题研究，决定成立民盟中央脱贫攻坚民主监督工作领导小组，张宝文任组长，陈晓光、张平、徐辉、龙庄伟任副组长，下设办公室，龙庄伟兼领导小组办公室主任。

民盟中央多次赴河南省开展调查研究，实地考察扶贫项目，走访贫困户，了解当地脱贫攻坚工作进展及存在的问题。2016 年 9 月，张宝文率队赴兰考县调研，在何寨村察看贫困户“一户一册”扶贫脱贫档案，并到贫困户家中走访。2017 年 4 月，陈晓光率队赴驻马店调研，实地考察便民服务站、扶贫助残托养院、产业扶贫项目点，与基层干部群众深入交流，详细了解当地脱贫攻坚工作进展。

为顺利推动脱贫攻坚民主监督工作开展，民盟中央又成立了脱贫攻坚民主监督专家组。2016 年 8 月起，民盟中央脱贫攻坚民主监督工作领导小组带领专家多次赴河南，在洛阳、安阳、焦作等地的国家级贫困县，就脱贫攻坚中的社会保障、易地搬迁、金融扶贫、产业扶贫、教育扶贫、非贫困县的工作落实等情况进行专项调研，通过召开市、县、乡（镇）、村座谈会，考察产业帮扶企业，查看建档立卡情况，随机抽取贫困户进行核对，访谈贫困户、非贫困户，全面了解脱贫攻坚政策的落实情况。

为及时有效地收集脱贫攻坚一线真实工作情况，民盟中央探索建立了联络员制度。联络员主要由河南省市两级民盟组织的专职干部和骨干盟员组成，范围基本涵盖河南省 18 个省辖市。联络员发挥工作、生活在当地的优势，灵活机动地开展调查研究，掌握了大量一手材料。2017 年 6 月、8 月，民盟中央联合民盟河南省委会，分别在北京和河南举办两次脱贫攻坚民主监督联络员培训班，邀请国务院扶贫办、河南省扶贫办干部和有关方面专家以及在一线工作的市县级扶贫干部、贫困村第一书记讲解政策，交流经验。

在开展脱贫攻坚民主监督工作的同时，民盟中央还积极协调盟内外资源，在河南贫困地区开展教育、医疗等扶贫工作：如在新乡、商丘等地开展远程教育“烛光行动”；在开封、濮阳等地实施“超天使工程”“守护天使工程”。民盟河南省委会联系盟员企业家参与产业扶贫，援建民盟烛光小学，培训乡村教师，开展公益捐赠，举办送文化下基层公益演出活动。

在深入调研的基础上，民盟中央脱贫攻坚民主监督工作领导小组组织相关专家召开专题座谈，梳理河南脱贫攻坚工作中的经验做法、存在问题，并提出意见建议，形成了 2016 年、2017 年年度工作报告，得到中共中央统战部、国务院扶贫办的充分肯定，并受到中共河南省委、省政府的高度重视。2017 年 7 月，国务院扶贫开发领导小组巡查组的反馈报告认为，河南省脱贫攻坚成绩令人欣慰，整改成效显著。民盟中央的脱贫攻坚民主监督工作取得实效。

（六）务实进取，做好社会服务工作

社会服务工作是民盟履行参政党职能的延伸和拓展。各级民盟组织坚持突出重点、量力而行、讲求实效、持之以恒的方针，社会服务工作取得新进展。

2013 年 11 月，习近平总书记提出“精准扶贫”，其后多次对精准扶贫作出重要指示。民盟中央针对重点扶贫点加大了工作力度，稳步推进在河北、贵州、广西、重庆、甘肃等地的智力扶贫工作。张宝文、陈晓光等民盟中央领导多次到重点扶贫联系点考察调研，为当地的脱贫攻坚工作把脉建言。2016 年 11 月，民盟社会服务工作会议在贵州黔西南召开，会议

总结了民盟近年来在扶贫、脱贫方面的工作成绩，要求民盟各级组织将脱贫攻坚作为社会服务的中心任务来抓，充分发挥自身优势，坚持精准发力，不断加大参与脱贫攻坚工作力度，为实现2020年全面脱贫的战略目标、打赢脱贫攻坚战贡献更大力量。

在贵州毕节，民盟中央为19个乡镇卫生院建立了化验室；牵头东部十省市民盟组织对七星关区①中小学开展丰富多样的“同心助学”活动，开展“民盟中央聚力脱贫攻坚活动月”等系列活动；组织开展“民盟增爱义诊暨名医大讲堂”“新肝行动”“健康心动”毕节站活动，培训当地医务人员；协调投资的寒泊羊种羊示范基地、羊肚菌生产基地建设稳步推进。2013年5月，张宝文率队赴毕节调研，看望了鸭池镇光汇烛光学校就读的学生。2014年4月，陈晓光率队考察朱昌高效农业产业示范园区，落实了一批投资项目和资金。

在河北广宗，民盟中央联合中国农业大学帮助编制农业产业发展规划，打造“生态养殖示范基地”，引导发展特色种养殖产业；联合北京四中网校在线教育平台，惠及更多学校。2015年，民盟中央向北葛村小学捐款10万元。2016年7月，张宝文到广宗重点了解当地农业发展状况，并考察了“城东工业园”和北京四中网校在线教学平台。2017年6月，民盟中央社会服务部与中共广宗县委联合举办“不忘初心逐梦前行，矢志扶贫精准帮扶”专题干部培训班，对广宗县各乡镇区党政一把手及扶贫一线干部、县直单位负责扶贫党建工作的同志进行培训。

在贵州黔西南，民盟中央参与并围绕“中国美丽乡村·万峰林峰会”开展特色活动，就黔西南如何发展旅游产业、体育产业提出意见建议；组织北京等地名师开展“民盟名师大讲堂”活动。2017年3月，民盟中央协调资源，向黔西南捐赠中医药、苗药发展项目资金50万元；10月，又在黔西南启动“民盟名医大讲堂”暨“天使健康行”义诊活动，针对贫困肝病患者开展救助，民盟河北省委会捐赠了价值20万元的药品。

① 2011年，毕节地区撤地设市，改为地级毕节市，原县级毕节市改为七星关区。

在四川遂宁，经民盟中央支持协调，一批重大项目落地。2016年8月，“盟遂合作”30周年纪念座谈会在遂宁举行。会议回顾了“盟遂合作”30年的历程，总结了“盟遂合作”的成功经验，指出“盟遂合作”要按照新发展理念要求，不断夯实绿色发展基础，丰富完善绿色经济内涵；坚持多措并举，把遂宁打造成多党合作的创新区和民主党派服务地方经济社会建设的示范区。

在重庆彭水，民盟中央2013年开展了“民盟名医·两江讲堂”系列学术讲座；2017年开展了“超天使工程”医疗扶贫项目，向30余家乡镇卫生院提供彩色多普勒超声、数字化X光机设备支持，为当地节省资金4000万元，同时开展影像科医生培训。

民盟各级组织继续深入开展“农村教育烛光行动”。民盟中央整合社会资源，持续开展“烛光行动之新东方教师社会责任行”活动，在福建、甘肃、青海等近20个省、区、市培训农村中小学英语教师，并组织西部乡村基层骨干教师到北京进修；推进与北京四中网校合作开展的“远程教育烛光行动”，先后在黑龙江、河南、广西、贵州、陕西等地300余所中学捐赠优质在线教育资源；开展“民盟名师大讲堂”活动，在江苏、山东、广东等东部省市举办多期西部校长、教师培训班；与外研社合作开展“烛光行动——外研通支教行”，协调香港汉荣书局向内地65家公共图书馆捐赠图书，协调章如庚慈善基金会向内蒙古、贵州、西藏捐赠价值1000万元的图书、书架，支持贫困地区中小学图书室建设。

在医疗扶贫方面，民盟中央于2015、2016、2017年先后启动“微天使”“超天使”“守护天使”等医疗扶贫工程，向欠发达地区乡镇、县级医院提供医疗设备支持，开展医师培训和技术咨询，全面提高当地医疗卫生服务水平。“明眸工程”“民盟增爱义诊”“民盟名医大讲堂”“健康心动”“健康呼吸万里行”“新肝行动”等系列品牌活动也持续展开。民盟浙江省委会积极参与实施“明眸工程”，向湖南娄底、四川凉山1000名贫困眼病患者提供治疗资助。

民盟开展多年的帮教工作，发展成为全盟范围内的“黄丝带”帮教行动。2013 年 11 月，民盟社会服务工作暨“黄丝带”帮教计划研讨会在四川成都召开。会议重点总结了民盟参与司法帮教工作的做法和经验，指出要加大帮教工作力度，将其打造为民盟社会服务工作的新品牌。2014 年 11 月，民盟中央社会服务工作研讨会在北京召开，会议总结了“黄丝带”帮教行动的经验和成绩，要求把“发挥优势，突出重点，量力而行，讲求实效，持之以恒”作为做好社会服务工作的基本方针，明确“黄丝带”帮教工作的任务目标，做好长远规划，突出特色，挖掘典型，提升工作整体水平。山西、安徽、四川等省级民盟组织积极动员盟内外专家走进未成年人管教所、戒毒所等帮教基地，举办讲座，开展文艺演出、心理辅导、就业导航等活动，社会效益良好；民盟安徽省委会还与司法部门建立联席会议制度。到 2017 年，民盟 30 个省级组织在全国千余所监狱、少管所开展帮教工作，建立各类帮教基地 100 余个，成为民盟社会服务工作的重要抓手，获得司法行政部门和社会各界的广泛认可和好评。

民盟各级组织的社区服务工作进一步发展。民盟上海市委会将社区共建与社区矫正有机结合，形成心理咨询师、教师和律师共同帮教一个矫正对象的“三师助一”模式。2013 年 12 月，民盟湖南省委会在长沙挂牌成立“同心社区”，为社区居民提供文化、法律、健康等方面服务。民盟青岛市委会大力推广“社区服务示范点”和“社区服务示范基地”建设。民盟云南省委会组织“党派进社区”，积极开展法律咨询、医疗义诊、社区矫正等活动，社会反响良好。

（七）适应时代发展需要，扎实推进组织建设

人才问题是关系到民盟事业兴衰的关键问题。民盟坚持“人才强盟”战略，为更好履行参政党职能提供智力支撑和组织保障。

2013 年 10 月，民盟组织工作会议在江苏南京召开。会议学习了习近平总书记在全国组织工作会议上的重要讲话精神，对民盟的组织工作提出三点要求：以体现民盟特色、改善人才结构、提高参政能力为目标深化组织发展工作；着眼政治交接，加强后备干部队伍和代表人士队伍制度建设；

加强领导班子作风建设和基层组织活力建设。会议指出，组织发展要保证数量、提升质量；培训工作要以内容、架构和评价为重点，完善培训体系；后备干部和代表人士队伍建设要着眼于换届工作，加强人才库管理，健全科学选人用人制度。

民盟各级组织按照保证数量、提升质量的发展原则，制定实施组织发展五年规划和年度计划。民盟人才队伍不断壮大，在职盟员数量稳步增长，年龄结构更加合理，盟员队伍专业结构和分布领域进一步优化。截至2017年年底，民盟共有省级组织30个，地市级组织316个，县级地方组织95个，基层组织7555个；全国盟员总数29万余人。全体盟员平均年龄54.3岁，比上届下降0.3岁；大学以上文化程度盟员占全体盟员比例为76.8%，比上届增长5%；在职盟员比例显著提高，由上届的63.3%上升到68.2%。

民盟各级组织以提升领导班子“五种能力”为抓手，严格落实“八项规定”精神，努力打造勤于盟务、敢于担当、团结协作的领导班子。2016年9月，民盟组织工作座谈会在北京召开，对全面提升领导干部“五种能力”以及省级组织换届工作作出相关安排。2017年4月至8月，民盟完成30个省级组织的换届工作，实现了领导班子新老更替。新当选的30名主委中新任主委9名，210名副主委中新任副主委101名，班子的年龄结构、学历层次和界别构成得到进一步优化。7月11日至12日，民盟十一届十八次中常会总结了省级组织换届经验，研究部署了民盟十二大和民盟中央换届的筹备工作。

民盟中央以代表人士为重点，不断完善后备干部队伍培养、使用和推荐机制。2013年，民盟中央举办新任民盟中央委员培训班和盟务工作骨干培训班。2014年，民盟中央制定下发《民盟中央关于做好2014—2017年省级组织领导班子后备干部队伍建设工作的意见》。2015年，民盟中央先后举办盟务工作骨干培训班和中青年干部培训班，200多位盟务工作骨干和中青年干部参加了培训。2017年8月，民盟中央启动“民盟双百人才工程”，集中培训地市级组织新任主委、有代表性的新盟员和基层组织负责人200名。五年间，民盟中央举办各类培训班8期，培训盟员800多人次。各省级组织举办各类培训班310余期，培训学员2.3万人次。民盟各级组织从创新培训内容和方法入手，通过各级社会主义学院、党校及高校、传统教育基地等平台对盟员和专职干部进行培训。民盟各级组织坚持长期培养和精准推荐原则，积极推荐优秀骨干盟员到各级人大、政府、政协及高校、群团组织任职。截至2017年年底，民盟有各级人大代表3958人，各级政协委员18671人。1578名盟员在各级政府和司法部门担任县处级及以上领导职务，其中国家部委副部长3人，副省（市）长5人，厅局级干部149人。25名盟员担任国家部委和“两院”特约监察员、检察员、审计员、教育督导员等。高校校（院）长164人；两院院士52人。

2013年11月，民盟十一届二中全会把2014年确定为“基层组织建设年”。民盟各级组织按照2005年制定下发的《民盟中央关于加强基层组织建设的意见》，制定了领导班子成员联系基层制度，定期深入基层，有针对性地指导基层盟务工作，引导基层组织将组织建设与发挥作用、社会服务有机结合起来，争创“活力支部”“示范支部”。2014年9月，民盟基层组织工作会议在北京召开，研讨新形势下加强基层组织建设的新思路、新举措。会议指出，基层组织要以实际行动服务改革、服务发展、服务社会、服务盟员，以切实的履职行为提升基层组织活力，健全骨干盟员培养机制，积极努力地解决基层组织建设中存在的各类问题和困难，打造具有本地特色的基层活动亮点和品牌。2014年11月，民盟十一届八次中常会通过了《民盟中央关于进一步加强基层组织建设的意见》。各级组织围绕“强组织、增活力”目标，开展了一系列行之有效的活动。贵州、宁夏等省级组织开展支部建设达标活动，吉林、海南等省级组织为省直基层组织配备专职联络员；浙江、安徽、湖北三省先进基层组织进行横向交流，互相学习借鉴，探索提升基层组织建设水平的有效途径。

2013年，民盟十一届中央监督委员会制订了《民盟中央监督委员会全体会议规则》。监督委员会督促各省级组织开展领导班子及其成员述职和民主评议活动，派员参加了部分省级组织后备干部推荐的监督工作。为保证2017年省级组织换届工作的顺利进行，2016年，监督委员会下发《关于严肃换届纪律，加强换届风气监督的意见》，明确了省级组织在换届中应遵守的纪律规范。2016年4月，民盟中央监督工作研讨会在江苏淮安召开。会议通报了监督委员会自2015年开展省级组织领导班子及其成员届中述职和民主评议活动的情况，研讨了盟内监督工作的定位、监督委员的职责等问题，指出监督委员会要明确定位，规范监督内容；围绕重点，提升监督效能，推进制度体系建设；以监督换届工作为契机，进一步加强监督队伍建设。

为提高机关管理水平，2013年9月，民盟中央举办机关干部培训班。张宝文在开班式上提出建设学习型、制度型、服务型、和谐型“四型机关”的要求。2014年5月，民盟中央举办省级组织秘书长和办公室主任专题培训班。会议要求各级民盟组织机关加强学习，坚持学以致用；加强制度建设，坚持规范管理；加强作风建设，打造和谐高效机关。2014年9月，民盟中央机关工会成立。2015年10月，在四川成都举行的第十四次西部盟务工作会议以机关建设为主题，研讨新形势下加强机关建设的方法途径。2016年，民盟西部、华东、中南、东北等片区的盟务工作会议均对机关建设经验进行了研讨交流。民盟各级机关按照建设“四型机关”的要求，严格落实中共中央“八项规定”精神，加强制度建设，为各项盟务工作高效有序开展提供保障。

广大盟员立足本职、踏实有为，在各自领域作出了成绩。郑哲敏、张存浩获得国家最高科学技术奖，王丰、于向真获得国家科学技术进步奖特等奖，孙优贤、曾祥君、吕强获得国家科学技术进步奖一等奖，刘志、刘中民获得国家技术发明奖一等奖，共有131位盟员获得国家科学技术奖。常青等5人当选中国科学院院士，蒋庄德等5人当选中国工程院院士。吴良镛、郑哲敏、张存浩获得永久性小行星命名。许晨阳获得“未来科学大奖”。彭孝军等16人获聘教育部“长江学者奖励计划”特聘教授。江雷等9人获得何梁何利基金奖等奖项。64位盟员获得全国劳动模范、高教名师、三八红旗手标兵、“中青年德艺双馨文艺工作者”称号。

二、为坚持和完善新型政党制度、夺取新时代中国特色社会主义伟大胜利贡献力量

中共十九大概括和提出了习近平新时代中国特色社会主义思想，将其确立为必须长期坚持的指导思想并写入党章，提出了新时代坚持和发展中国特色社会主义的基本方略和战略举措，开辟了中国特色社会主义新境界。民盟坚决拥护中共十九大确定的奋斗目标和决策部署，坚决拥护以习近平同志为核心的中共中央领导，始终坚持中国特色社会主义政治发展道路，在习近平新时代中国特色社会主义思想指引下，认真履行职能，坚持和完善新型政党制度，新时代民盟工作展现新气象。

（一）民盟十二大

2017 年 12 月 6 日至 10 日，中国民主同盟第十二次全国代表大会在北京举行。

大会共有代表 804 名，其中中央提名代表 123 名，地方选举代表 681 名。张宝文致开幕词并代表第十一届中央委员会作题为《不忘合作初心，切实履行职能，为推进新时代中国特色社会主义伟大事业贡献力量》的工作报告。中共中央政治局常委栗战书代表中共中央致贺词。全国人大常委会副委员长、民建中央主席陈昌智代表各民主党派中央和全国工商联致贺词。大会审议通过了工作报告和修改后的《中国民主同盟章程》，选举产生了新一届中央委员会。张宝文作闭幕讲话。

大会主题是，认真学习贯彻中共十九大精神，高举中国特色社会主义伟大旗帜，总结民盟十一大以来的工作，明确未来五年民盟工作的目标任务，动员民盟各级组织以习近平新时代中国特色社会主义思想和中共十九大精神为指引，继承传统，开拓创新，全面增强民盟履职能力，努力建设

适应新时代要求的中国特色社会主义参政党，为决胜全面建成小康社会、夺取新时代中国特色社会主义伟大胜利、实现中华民族伟大复兴的中国梦贡献力量。

中共中央贺词指出，民盟在争取民族独立和人民解放的斗争中，自觉地同中国共产党共克时艰；在巩固新生人民政权、推进社会主义建设中，坚定地同中国共产党共历风雨；在坚持和发展中国特色社会主义事业中，始终同中国共产党共襄伟业。中共十八大以来，民盟认真履行参政党职能，为发展中国特色社会主义作出了积极贡献。希望民盟深入学习宣传贯彻中共十九大精神，更好地承担起中国特色社会主义事业亲历者、实践者、维护者、捍卫者的政治责任。

张宝文在工作报告中回顾和总结了五年来民盟的主要工作和基本经验，提出要深入学习贯彻中共十九大精神，高举中国特色社会主义伟大旗帜，更加紧密地团结在以习近平同志为核心的中共中央周围，始终以习近平新时代中国特色社会主义思想武装头脑、指导实践，坚定不移地走中国特色社会主义政治发展道路。

大会指出，今后五年，既是我国全面建成小康社会决胜阶段、开启全面建设社会主义现代化国家新征程的关键时期，也是民盟充分履行参政党职能大有作为的重要时期。民盟要紧紧围绕中共十九大作出的重大战略决策部署，立足服务“五位一体”总体布局和“四个全面”战略布局，深入调查研究，凝聚全盟智慧，发挥优势，精准建言，切实履行好参政党职能。要深化政治交接，着力加强思想建设、组织建设、制度建设和机关建设，全面提高民盟自身建设水平，努力建设高素质的中国特色社会主义参政党。

大会通过的《中国民主同盟章程》，把“新时代”“新矛盾”“习近平新时代中国特色社会主义思想”及参与“四个伟大”、服务“四个全面”战略布局等表述写进章程，充分体现了中共十九大精神，突出了习近平新时代中国特色社会主义思想的指导作用，进一步夯实了多党合作的共同思想政治基础。

大会选举产生中央委员 278 人。第十二届中央委员会具有广泛的代表性和社会影响，显示了民盟在政治交接中取得的成果。

12 月 10 日，民盟十二届一中全会选举中央常务委员 71 人。选举丁仲礼为主席，陈晓光、张平、徐辉、欧阳明高、田刚、龙庄伟、王光谦、曹卫星、程红、张道宏、陈群、邓秀新、郑功成为副主席。同日召开的民盟十二届一次主席会议决定陈晓光为常务副主席，民盟十二届一次中常会任命高拴平为秘书长。

民盟十二届一中全会通过成立民盟第十二届中央监督委员会，推选陈晓光兼监督委员会主任，张道宏兼副主任。

★ 民盟第十二届中央领导班子合影。前排左起：龙庄伟、欧阳明高、张平、丁仲礼、陈晓光、徐辉、田刚；后排左起：郑功成、陈群、程红、王光谦、曹卫星、张道宏、邓秀新。

民盟十二大是在中共十九大胜利召开、全面建成小康社会进入决胜阶段、中国特色社会主义进入新时代的关键时期召开的一次重要会议。新一届领导班子紧密团结在以习近平同志为核心的中共中央周围，高举中国特色社会主义伟大旗帜，以习近平新时代中国特色社会主义思想为指引，不忘合作初心，继续携手前进，带领全体盟员，为决胜全面建成小康社会、夺取新时代中国特色社会主义伟大胜利、实现中华民族伟大复兴的中国梦、实现人民对美好生活的向往不懈奋斗。

2018 年 2 月，丁仲礼致函民盟各省级组织主委和民盟中央各专委会主任，专门征求对民盟工作的意见建议。各省级组织主委本着对民盟事业高度负责的态度，征集了省（区、市）委会委员、常委的意见，召开了主委会及机关部门负责人会议进行专题研究，中央各专门委员会主任也多方征集委员意见，围绕民盟中央在参政议政、民主监督、社会服务、自身建设各方面有待改进的工作，以及完善“上下联动、左右互动”工作机制、提升工作实效，更好地服务地方盟组织等方面，总计提出 146 条意见建议。民盟中央高度重视，召开主席办公会议进行专题研究，并以书面形式向省级民盟组织和专委会进行了反馈。

3 月 22 日，受习近平总书记委托，中共中央政治局常委、全国政协主席汪洋走访民盟中央，与民盟中央新一届领导班子座谈。汪洋指出，民盟始终同中国共产党肝胆相照、荣辱与共，为我国革命、建设和改革事业作出了重要贡献。中国特色社会主义进入新时代，多党合作舞台极为广阔，希望民盟深入学习贯彻习近平总书记统一战线重要思想，深刻学习领会习近平总书记 3 月 4 日参加全国政协十三届一次会议联组会时的重要讲话精神，不断巩固团结奋斗的共同思想政治基础，充分发挥特色优势，聚焦推动高质量发展、保障和改善民生、打赢三大攻坚战等重大课题，深入开展调查研究，提出务实管用的对策建议。丁仲礼在座谈会上发言。他说，在刚刚闭幕的全国两会上，习近平总书记全票当选中华人民共和国主席、中华人民共和国中央军事委员会主席，充分反映了包括各民主党派在内的全国各族人民的共同愿望，民盟中央坚决拥护和支持。民盟将把学习贯彻全国两会精神与习近平新时代中国特色社会主义思想结合起来，牢固树立“四个意识”，坚定“四个自信”，自觉维护习近平总书记的核心地位，秉承优良传统，认真履行职责，做执政党的好参谋、好帮手、好同事。

2018 年 12 月，民盟十二届二中全会对中央监督委员会进行调整，决定徐辉兼监督委员会主任，欧阳明高兼副主任。2019 年 12 月，民盟十二届三中全会再次对中央监督委员会进行调整，决定陈晓光兼监督委员会主任。

2018年6月，民盟十二届三次中常会接受高拴平辞去秘书长职务。2019年6月，民盟十二届七次中常会任命王荣彬为秘书长。

（二）加强思想政治建设，不忘合作初心，继续携手前进

民盟各级组织坚持把思想政治建设放在参政党自身建设的首位，把政治理论学习作为重中之重来抓，引导广大盟员树牢“四个意识”，坚定“四个自信”，做到“两个维护”，不断夯实多党合作的共同思想政治基础。民盟中央领导同志带头学习，民盟中央理论学习中心组多次开展集中学习活动。各级组织通过宣讲会、报告会、集中学习等形式，认真学习贯彻习近平新时代中国特色社会主义思想和中共十九大，十九届二中、三中、四中、五中全会精神，在思想上政治上行动上同以习近平同志为核心的中共中央保持高度一致。

2018年2月6日，习近平总书记在各民主党派中央、全国工商联负责人和无党派人士代表新春座谈会上，对民主党派提出“多党合作要有新气象”“思想共识要有新提高”“履职尽责要有新作为”“参政党要有新面貌”的“四新”要求。3月4日，习近平总书记参加全国政协十三届一次会议民盟、致公党、无党派人士、侨联界联组会，发表关于“新型政党制度”的重要讲话。习近平总书记指出，中国共产党领导的多党合作和政治协商制度作为我国一项基本政治制度，是中国共产党、中国人民和各民主党派、无党派人士的伟大政治创造，是从中国土壤中生长出来的新型政党制度；并对各民主党派和无党派人士提出要做中国共产党的“好参谋、好帮手、好同事”的“三好”要求。

习近平总书记关于多党合作的重要论述为新时代多党合作事业发展指明了前进方向，也为加强中国特色社会主义参政党建设提供了根本遵循。2018年3月10日，民盟十二届二次中常会通过了学习贯彻全国两会精神的决定，对学习贯彻习近平总书记关于新型政党制度的重要论述作出专门

★ 2018 年 2 月，习近平总书记在北京同党外人士共迎新春时，与丁仲礼亲切握手。

部署。3月21日，民盟中央发出通知，号召民盟各级组织和广大盟员充分认识新型政党制度的重大意义，把认真学习贯彻习近平总书记重要讲话精神作为当前和今后一个时期的重要政治任务，高度重视，精心组织，在学懂、弄通、做实上下功夫。民盟各级组织召开座谈会、报告会，专题学习习近平总书记关于新型政党制度的重要论述。民盟各级网站、微信公众号、《中央盟讯》等开辟专栏，集中登载权威解读、学习心得和各地学习情况。丁仲礼在《群言》杂志发表题为《坚持和发展新型政党制度，努力建设高素质的新时代中国特色社会主义参政党》的署名文章。

2018年起，民盟中央结合纪念“五一口号”发布70周年和庆祝改革开放40周年，以“盟员之家”和传统教育基地建设、特色支部建设、盟史教育、典型宣传等为抓手，引导各级组织开展系列学习教育活动，不忘合作初心，继续携手前进。当年，全盟即组织报告会、参观学习、经典诵读、知识竞赛、美术展、文艺演出等活动680多场。北京、四川、重庆等地盟组织主办的张澜家风轶事展在多个城市巡展，张澜先生的高尚人格及为国家为人民奔走的使命情怀让广大盟员深受教育。民盟常州李公朴支部、黄冈闻一多支部、昆明闻一多支部、南京陶行知支部自2018年烈士纪念日起共同开展“崇尚英雄，携手同行”支部建设主题活动，并联名向全盟发起倡议，开展学习英雄烈士、关爱英烈亲属等活动。

2018年4月19日，丁仲礼、陈晓光出席中共中央统战部组织的各民主党派中央负责人和无党派人士代表赴西柏坡、李家庄参观学习活动。4月28日，民盟中央领导出席纪念中共中央发布“五一口号”70周年座谈会，丁仲礼代表民盟中央发言。他指出，多党合作制度初建时期就已确定了坚持中国共产党领导和为国家和人民的利益团结奋斗这两块基石。我国多党合作制度不断发展完善，首要归功于中国共产党的正确领导和与时俱进。新型政党制度的提出，标志着我国政党制度已经基本成熟。“五一口号”的发布与响应，其间体现的创新、团结、奋斗、务实精神，蕴含的天下为公、求同存异等传统文化精髓，对于我们今天坚持好、发展好、完善好新型政党制度，有着重大的现实意义。同日，为纪念中共中央发布

“五一口号”70周年，进一步弘扬民盟优良传统，丁仲礼出席了民盟首家省级盟史馆——浙江民盟盟史馆开馆仪式。

2018年9月1日，民盟中央在河南举办大型现场活动，以党为师、致敬忠魂。丁仲礼、陈晓光、张平、龙庄伟、王光谦、程红、张道宏、陈群、郑功成和民盟各省级组织负责同志及代表等260余人参加活动。全体同志到兰考县拜谒焦裕禄墓、瞻仰焦桐，参加在焦裕禄同志纪念馆举行的“民盟中央传统教育基地”揭牌、“焦裕禄同志塑像”（民盟中央常委、中国美术馆馆长吴为山创作）捐赠仪式，考察了“盟动中原——民盟爱心工作站”和兰考县脱贫攻坚成果，观看了话剧《焦裕禄》。该剧是按照民盟中央部署，由民盟河南省委会组建全部为盟员的创作团队，经张平等领导多次修改，历时三年最终完成，成为民盟开展学习教育活动的创新成果和重要载体。

2018年11月，民盟思想宣传工作会议在湖北宜昌召开。会议贯彻落实习近平总书记在全国宣传思想工作会议上的重要讲话精神，强调充分重视意识形态工作的重要性，坚持抓好盟史、盟员两个点，善于用好新媒体、文化两个点，加强队伍建设，形成上下联动、内外协同的工作格局。

2018年11月18日，民盟庆祝改革开放40周年大会在深圳召开。陈晓光出席大会并讲话，张平主持大会。陈晓光在讲话中指出，中共十一届三中全会开启了改革开放的伟大征程。40年来，中国共产党团结带领全国人民破除思想和体制障碍，开辟了中国道路，释放了中国活力，凝聚了中国力量。中共十八大以来，以习近平同志为核心的中共中央全力推进全面深化改革，真正实现了从站起来到富起来、强起来的历史性跨越。民盟要更加紧密地团结在以习近平同志为核心的中共中央周围，不忘合作初心，继续携手前进，为实现“两个一百年”奋斗目标和中华民族伟大复兴的中国梦而努力奋斗。当天下午，“向时代致敬——庆祝改革开放40周年民盟盟员美术作品展”在深圳开幕。民盟各省级组织代表及参展艺术家等近200人出席纪念活动。

2018年12月18日，庆祝改革开放40周年大会在北京人民大会堂举行。习近平总书记发表重要讲话，发出在新时代改革开放新征程上奋勇前进的宣言。丁仲礼、陈晓光等民盟中央领导出席大会，民盟盟员吴良镛、李谷一、厉以宁在大会上被授予“改革先锋”称号并获得改革先锋奖章。

为推动思想政治建设和宣传工作再上新台阶，2019 年 6 月，民盟在山西太原召开十二届七次中常会。会议指出，在各级组织和广大盟员的共同努力下，民盟思想建设和宣传工作形成了以习近平新时代中国特色社会主义思想为核心，以民盟优良传统为资源，以主题教育为主线的学习教育体系；形成了会议、活动、教育基地、媒体和文化艺术院团相辅相成的思想宣传机制；形成了思想宣传工作和盟务工作相互融合、相互促进的工作协同模式，切实发挥了“内强素质、外树形象”的作用。并对今后工作提出五点要求：深入学习贯彻习近平新时代中国特色社会主义思想；积极服务于民盟各级组织及骨干盟员的履职工作；把盟史资源的开发保护与优良传统教育更好地结合起来；围绕坚持和发展新型政党制度，进一步拓展理论研究的深度和广度；做好思想宣传队伍建设和网络平台管理工作。

2019 年 7 月，民盟中央主席办公会议通过了《民盟中央开展“不忘合作初心，继续携手前进”主题教育活动方案》，决定从 7 月底至 12 月底在全盟深入开展主题教育活动，并成立领导小组，负责具体组织领导和实施。8 月，主题教育活动动员部署会在北京举行。丁仲礼在会上对主题教育活动的开展提出要求。他说，回顾民盟成立以来的光辉历程，就是一部与中国共产党共克时艰、共历风雨、共襄伟业的光荣历史。中国共产党正在深入开展“不忘初心，牢记使命”主题教育，民盟开展“不忘合作初心，继续携手前进”主题教育活动，正是执政党与参政党把多党合作的初心传承下去的生动体现。民盟各级组织领导班子要高度重视，确保集中学习覆盖全过程、确保现场活动扎实有效、确保调查研究深入基层、确保整改措施切实可行。特别是针对如何成为执政党的“好参谋”，要提出切实可行的改进措施，确保主题教育活动后，民盟整体工作水平明显提升。

在主题教育活动中，民盟各级组织在认真完成学习教育、调查研究、查摆问题、召开专题民主生活会的同时，创新开展了领导班子成员带头学习宣讲、主题教育现场活动、先进典型推荐和宣讲、美术作品展、文艺演出、“快闪”视频等新形式。主题教育活动期间，民盟中央领导班子集体学习17次。班子成员带头在民盟中央机关和各基层组织宣讲16场。丁仲礼先后在民盟中央机关、重庆和江苏常州作《民盟的合作初心》主题宣讲，系统回顾民盟历史，指出新时期民盟坚持合作初心，一是要从内心深处拥护中国共产党领导；二是要坚持和完善协商民主体制；三是要聚焦我国长期发展中的挑战性基础问题，紧扣参政党定位，提出具有前瞻性和专业性的建议；四是要在做中共的“好参谋”上多发力，做到上下联动、内外互动。陈晓光、张平、徐辉、田刚、龙庄伟、王光谦、曹卫星、张道宏，民盟中央原副主席索丽生、原常委贾庆国也分别作了主题宣讲，内容涵盖我国制度优势、构建文化强国、中美贸易摩擦等方面。民盟各级组织主委也分别作主题宣讲，撰写理论学习文章。民盟各级组织共举行领导班子理论中心组学习1335次，开展宣讲1631场，发表理论文章777篇，举办学习培训、座谈研讨、报告会3505场，参与盟员近15万人次；举办各类现场活动2539场，开展书画展、文艺演出、合唱比赛等活动千余场，征文3367篇，参与盟员及群众近11万人次。民盟中央微信公众号发布相关报道969篇，网站发布相关报道800余篇；编印主题教育活动简报14期。

民盟中央领导班子高度重视查找不足和整改提高。民盟中央领导同志赴30个省级组织指导主题教育活动52次，征集到意见建议218条，向省级组织、副省级城市组织、全体常委、机关各部门征集到意见建议268条，整理出问题清单九大类150条，提出整改方案五个方面41条。在此基础上召开的民盟中央领导班子专题民主生活会，达到了预期效果。省级民盟组织主委、副主委走访基层2806次，参与盟员近6万人次。民盟各级组织共召开专题民主生活会559次。

2019年9月1日，“壮丽70年·奋进新时代——中国民主同盟庆祝中华人民共和国成立70周年大会”在北京举行。陈晓光主持大会，丁仲礼在大会上讲话。丁仲礼指出，中华人民共和国成立70年来，民盟始终与中国共产党肝胆相照、风雨同舟，为民族复兴、国家富强和人民幸福作出了应有贡献。他强调，民盟必须始终不渝地接受中国共产党的领导，坚定不移走中国特色社会主义政治发展道路，要不断提高履职能力和水平，切实加强自身建设，为推进新时代多党合作事业发展提供强有力的组织保障。

9月19日，民盟中央在浙江举办了"壮丽70年·奋进新时代——中国民主同盟庆祝中华人民共和国成立70周年美术作品展"，展出老中青三代盟员艺术家作品184幅（件），并编印了同名美术作品集。20日，丁仲礼代表民盟中央寄语中华人民共和国成立70周年。他指出，在新型政党制度框架下，民盟坚持"奔走国是、关注民生"的优良传统，在参政议政、民主监督、社会服务等领域发挥了积极、有效的作用。民盟正在开展的主题教育活动，就是要让全体盟员在认识习近平新时代中国特色社会主义思想上有质的提高，在做中国共产党的好参谋、好帮手、好同事的水平上有质的提升。

为重温民盟与中国共产党风雨同舟、亲密合作的历史，11月21日，民盟中央在重庆隆重举行主题教育现场活动，纪念一一·二七烈士殉难70周年。活动规格高、规模大，丁仲礼、陈晓光等民盟中央领导、部分中央常委和各省级组织负责同志，中共中央统战部、重庆市委领导，民盟中央机关干部、地方盟员代表等300余人参加活动。参加活动的同志在歌乐山烈士陵园祭拜一一·二七殉难烈士，缅怀全体民盟英烈，在红岩魂陈列馆、中国民主党派历史陈列馆参观学习，听取两场主题宣讲，并观看了新版话剧《焦裕禄》。民盟中央宣传部专门编发了《民盟英烈集》。各权威媒体、盟内各级组织宣传平台对现场活动和民盟英烈进行了深入、持续的宣传报道，产生了广泛而深远的影响。当月，民盟中央还在江苏常州举行主题教育现场活动，并召开了民盟思想政治建设和宣传工作会议，将"不忘合作初心，继续携手前进"主题教育活动持续引向深入。

随着主题教育活动的深入推进，广大盟员积极投身新时代中国特色社会主义伟大实践，涌现出很多优秀典型。为充分发挥其示范引领作用，民盟中央开展了先进典型推荐活动，征集典型人物100余位。12月14日，

“典型在身边”宣讲会首站落在上海，“海岛兽医天使”陈淑芳等4位盟员分享了自己和身边的故事。

2019年12月19日，民盟中央举行主题教育活动总结大会。丁仲礼就中美关系作宣讲报告并对下一步工作提出要求，张平作主题教育活动总结。会议肯定了五个多月的主题教育活动取得实实在在的成果，广大盟员在政治上更加坚定，基层组织活力和凝聚力显著增强，盟内政治生活质量明显提高。2020年1月，在中共中央统战部召开的主题教育活动总结会上，丁仲礼代表民盟中央总结了民盟开展主题教育活动的基本情况、特色亮点、主要成就和经验体会，受到中央统战部高度肯定。

民盟中央支持和推动“盟员之家”和传统教育基地建设，继2018年印发《民盟传统教育基地概览》后，2020年又制定了《民盟传统教育基地管理办法（试行）》。丁仲礼、陈晓光、张平、龙庄伟、曹卫星等为史良故居、陈望道故居、江苏常州盟史馆、淮安“周恩来与中国民主同盟”展馆、沙家浜革命历史纪念馆、吉林四平战役纪念馆等民盟传统教育基地揭牌。此外如河北平山县李家庄、山西八路军太行纪念馆、山东梁漱溟纪念馆、河南焦裕禄纪念馆、湖北三峡水利枢纽工程、四川李庄古镇、邓小平故里等地都设立了民盟传统教育基地。丁仲礼、陈晓光、张平等考察了重庆、江苏、浙江等地“盟员之家”，并对“盟员之家”建设作出指导。截至2020年12月，全国建成民盟传统教育基地160余处，“盟员之家”2000余个。

民盟中央顺应全媒体时代思想宣传工作的新要求，统筹内宣外宣、网上网下，构建“一号一网两刊”综合宣传平台；加强内容建设，以微信公众号为龙头，及时广泛宣传民盟重点工作、履职成果和优秀盟员，形成立体、综合的宣传格局。各级组织加强与主流媒体联系合作，及时报道民盟重大活动、主要工作和盟员先进事迹，在《人民日报》《光明日报》等刊发稿件1000余篇。2018年全国两会期间，各民主党派中央和工商联领导人于3月6日在人民大会堂集体接受记者采访。丁仲礼向媒体介绍了民盟与中国共产党共克时艰、共担风雨、共襄伟业的光辉历史和优良传统，民盟盟员在本职岗位建功立业、获得各类荣誉的典型代表，并就民盟如何坚持和完善新型政党制度回答了记者提问。

民盟各级组织网站、微信公众号、《中央盟讯》及各级地方盟讯积极报道盟务工作，传播民盟声音。民盟中央微信公众号在严把政治关前提下，注重提高文稿质量，关注人数超过6万。上海、江苏、浙江、重庆等地方组织的微信公众号深受当地盟员欢迎。2019年，民盟中央网站、微信公众号和《中央盟讯》开设专栏，动员全盟开展“我和我的祖国”快闪活动，宣传中华人民共和国成立70年来的伟大成就和民盟的积极贡献。以盟员毛国典为题材的《当中国书协副主席遇到街头练书法的修鞋匠》在微信公众号上刊发，点击量超过37万，留言1100多条，很好地展示了民盟知识分子的情怀和形象。

《群言》坚持关注社会、关注民生的知识分子立场，刊发既有思想性又具时代性的好文章，围绕国家改革发展广抒群言，反映民盟履职成果和盟员风采，为建设社会主义文化强国贡献“知识分子群言堂”力量；发行量持续提高，影响力不断扩大。《群言》继续推出地方专刊，2018年12月出版了《群言·广东专刊》，2020年12月出版了《群言·湖北抗疫增刊》。

民盟中央利用文化界别优势，组织和推动各级民盟文化院团开展活动。2019年7月至10月，北京、天津、内蒙古、河北、山西5个华北地区省级组织精心筹备，在五地举办庆祝中华人民共和国成立70周年主题书画联展，观众达6000余人次。陈晓光、张平、龙庄伟、程红多次带领民盟书画家开展“送春联福字”等送文化下乡活动。民盟北京市委会联合民盟中央美术院主办了民盟先贤肖像巡回展。陕西、浙江、河南、江苏、湖北、湖南、福建、海南等省级民盟组织举办的美术作品展，规模大、作品好，得到盟员广泛好评。话剧《焦裕禄》获得多个国家级奖项，成为民盟文化品牌。截至2020年12月，民盟中央美术院建成分院55个，创作基地38个，10余个省级民盟组织建立了文艺团体。

2019年6月，民盟大连市委会将多年办学积累下来的款项971.89万元捐赠给民盟中央，用于教育、宣传、文化、扶贫、公益等方面工作。

各级组织加强理论研究工作，民盟理论研究工作拓展为参政党理论、盟史、盟务工作和自身建设四个方面。丁仲礼、陈晓光等民盟中央领导在《人民日报》《光明日报》《人民政协报》等报刊发表理论文章，多次参加全国政协、中共中央统战部举办的理论研讨会并发言。民盟中央参政党理论研究中心以招标课题为抓手，聘请盟员专家担任特邀研究员，发挥研究骨干的带动作用，推动理论研究工作发展。2018 年，民盟中央继续开展以“民盟历史人物研究”为主题的课题招标，2019 年和 2020 年又先后开展“民盟与新型政党制度”“民盟社会服务工作研究”为主题的课题招标研究工作。民盟中央还联合四川、重庆等省级民盟组织共同开展《民盟编年史（1941—1949）》的编写工作，联合民盟北京市委会课题组完成《民主党派协商能力建设研究》课题。2019 年，民盟中央编印了《民盟英烈集》《盟贤毕至》等盟史资料集；2020 年，开展了《中国民主同盟史》、《民盟历史人物传》、《中国民主同盟 80 年》（画册）等的编写编纂工作。

各级民盟组织积极参与当地政协、统战部等组织的理论研究工作，形成了一批有一定质量的研究成果。民盟广东省委会成立了广东民盟盟史馆、广东民盟历史研究院、民盟广东省委参政党理论研究会，其中广东民盟盟史馆与广东从化盟员之家“同舟小屋”共享史料，这些史料由从化盟员迟云平自筹经费收集而来。民盟湖南省委会编辑出版了《多党合作与协商民主》；民盟广西区委会完成了《广西通志》民盟部分的撰写工作；民盟重庆市委会开展“民国报刊盟史资料整理”工作，编印了《〈新华日报〉民盟史料辑录》；民盟连云港市委会出版了《江恒源教育文集》。

2020 年 10 月，中共十九届五中全会召开。这次全会是在我国即将全面建成小康社会、开启全面建设社会主义现代化国家新征程之际，召开的一次具有里程碑意义的重要会议。全会审议通过的《中共中央关于制定国民经济和社会发展第十四个五年规划和二〇三五年远景目标的建议》，是夺取全面建设社会主义现代化国家新胜利的纲领性文件。11 月，民盟召开十二届十二次中常会，要求各级组织扎实推进中共十九届五中全会精神的学习贯彻和宣传引导工作，以中共十九届五中全会精神为指引，更好地履行参政党职能，为全面建设社会主义现代化国家、实现第二个百年奋斗目标作出新的更大贡献。

为更有针对性地开展思想政治工作，2020 年 10 月至 11 月，民盟中央开展了盟员思想态势情况调查分析，所有中央委员和 30 个省级组织共 600 多个支部的 9500 余人参与了网络问卷调查。调研显示，广大盟员坚决拥护以习近平同志为核心的中共中央集中统一领导，更加明确民盟的政治定位，对民盟盟员的身份认同进一步提升，“关键少数”思想状况更为优秀。树牢“四个意识”，坚定“四个自信”，做到“两个维护”已经成为全体盟员的政治自觉、思想自觉、行动自觉。

（三）发挥整体合力，服务改革发展大局

民盟十二大以来，民盟中央新一届领导班子高度重视参政议政工作，民盟各级组织立足“五位一体”总体布局和“四个全面”战略布局，将助力打好“三大攻坚战”作为全面履职的切入点和着力点，发挥优势，汇集力量，扎实开展工作，努力做中国共产党的好参谋、好帮手、好同事。

2018 年 6 月，民盟十二届三次中常会在北京召开。会议总结了参政议政工作取得的成绩和经验，研究部署新形势下做好参政议政工作的总体思路和具体举措。会议强调，参政议政是民主党派的基本职能、第一要务、重中之重。要提高思想政治站位，加快体制机制建设，强化人才队伍建设，加大工作创新力度。2018 年和 2019 年召开的参政议政工作会议，再次强调了参政议政要不断加强能力建设、机制建设和人才队伍建设，重视调查研究工作。2020 年 4 月，受新冠肺炎疫情影响，民盟中央首次以书面文件形式召开参政议政工作会议，提出要自觉增强政治意识，准确把握参政议政工作定位，将抗击新冠疫情和疫后经济恢复作为建言献策的重要任务。

民盟中央领导多次参加中共中央召开或委托有关部门召开的协商会、座谈会等，先后就宪法修改、政府机构改革、政府工作报告、疫情防控、“十四五”规划以及加快科技供给侧结构性改革、防范化解金融风险、加强环境综合治理、加快新兴产业人才培养、健全司法体制改革评估体系、建立债务风险评估体系、加强国家科技创新体系、区域经济协调发展等重大问题提出意见和建议，受到中共中央、国务院及有关部门的高度重视并重点督办。民盟中央多次受邀参加国家发展改革委、财政部等部门召开的协商会、座谈会、研讨会，努力促进建议成果的转化和落地。民盟地方组织负责同志也在当地中共党委、政府召开的协商会、座谈会上积极建言献策。民盟湖北省委会“打造江汉平原乡村振兴战略示范区的建议”，被采纳写入中共湖北省委 2018 年 1 号文件。民盟宁夏区委会承担了国家发展改革委西部大开发重点项目“宁夏综合养护通道基础设施建设前期研究”。

2018 年 3 月，十三届全国人大一次会议选举丁仲礼为全国人大常委会副委员长，全国政协十三届一次会议选举陈晓光为全国政协副主席。共有 58 位盟员当选为十三届全国人大代表，其中 8 人当选为全国人大常委会委员；129 位盟员担任十三届全国政协委员，其中 31 人当选为全国政协常委。

民盟各级组织加强政协协商，充分利用政协平台议政建言。三年来，民盟中央向十三届全国政协大会作了《久久为功，打赢蓝天保卫战》（2018）、《教师是立教之本兴教之源》（2019）、《“健康中国”从儿童青少年健康开始》（2020）的大会发言，提交书面发言 15 篇，提案 128 件；民盟组委员提交提案 851 件。《及时应对金融去杠杆背景下委外业务引发的风险》等 19 件提案入选全国政协重点提案，《深化科技评价体系改革，促进创新型国家建设》等 2 件提案入选全国政协提案现场办理协商会。《关于促进我国非物质文化遗产传承保护与创新发展的提案》（2018）、《关于以结构性政策解决社保费征管结构性矛盾的提案》（2019）等 4 件提案被全国政协评选为年度好提案。民盟中央分别与全国政协提案委员会、人口环境资源委员会、教科卫体委员会共同承办了“弘扬劳模精神和工匠精神”“建立生态补偿机制中存在的问题和建议”“科技创新型企业发展面临的困难和建议”为主题的3场双周协商座谈会。民盟地方组织也高度重视在政协平台上发挥作用。民盟浙江省委会打造民盟政协委员会客厅，为委员发挥作用提供平台；民盟陕西省委会“关于脱贫攻坚和乡村振兴的建议”被定为省委书记亲自督办的唯一提案。

民盟十二大以来，民盟中央注重发挥整体合力，组织协调各专委会、各省级盟组织参与调查研究，并加强与国家相关部委办局、智库和研究机构联合，促进调研成果转化。三年来，共开展重点考察、合作调研、延伸调研180余次。针对每年中共中央委托重点考察调研课题，民盟中央都要先召开专家座谈会，在充分研究和准备的基础上开展实地调研。

就中共中央委托调研课题，丁仲礼、陈晓光带队，2018年赴上海、安徽、江苏、浙江就“深化长三角一体化合作，促进区域经济协调发展”开展重点调研；2019年赴重庆、浙江、广东、贵州就“推动数字经济与实体经济深度融合，促进经济高质量发展”开展重点调研；2020年赴广东就“构建高效率治理体系，促进中心城市和城市群健康发展”开展重点调研。北京、天津、吉林、黑龙江、上海、江苏、浙江、安徽、福建、河南、湖北、广东、重庆、四川、贵州、云南、陕西等省级组织协同调研。

其中，2018年“深化长三角一体化合作”重点调研及形成的调研报告和政策建议，是民盟中央集智聚力，在长期关注长三角地区发展和研究国家区域经济发展的基础上，组织各方力量深入实地调研的新的参政议政成果。调研组兵分两路，丁仲礼带队在上海、安徽，陈晓光带队在江苏、浙江，分别与当地党委、政府和科研院所、企业同志作深入交流，召开了10次座谈会。丁仲礼强调，长三角地区应对标国家总体战略部署，起到创新引领带头作用，形成区域核心竞争力，面向世界参与国际竞争。调研形成了《关于建立责任共担、利益共享机制，促进长三角地区更高质量一体化发展的建议》，从战略规划、立体交通、信息网络、要素市场、营商环境、科技创新、环境保护、公共服务八个方面和加快构建三个层面的保障体系提出意见建议。该建议获中共中央、国务院领导的高度重视和重要批示。2019年，中共中央、国务院印发《长江三角洲区域一体化发展规划纲要》，民盟中央提出的部分建议被吸纳和采用。

★ 2018年4月，丁仲礼（右五）调研“深化长三角一体化合作，促进区域经济协调发展”，在上海考察中国商用飞机有限公司。

2019年，民盟中央建立了领导班子全体成员分头率队调研的工作机制，大幅增加主席、副主席率队调研的频率和力度。如徐辉赴上海、湖南就“教育供给侧结构性改革”进行调研。张道宏赴山西、陕西就“深化农村改革，全面实施乡村振兴战略”，赴福建就“着力推进区域协调发展，加快建设现代化经济体系”进行调研。陈晓光、张道宏赴宁夏、四川就“建立市场化、多元化生态补偿机制”进行调研。郑功成赴广东、四川、吉林就“构建高质量社会保障制度”进行调研。龙庄伟赴广东就“破除制度性障碍，充分激发科技人员创造力”进行调研。田刚赴北京、海南、云南就二维码有关产业和管理问题进行调研。曹卫星赴河南、江苏就“推进城乡基本公共服务体系标准化建设”进行调研。程红赴天津就“建设京津冀长城生态文化发展带，构建中华民族文明标识”进行调研。陈群赴海南就“加快自由贸易试验区制度创新，更好地发挥改革开放示范引领作用”进行调研。陈晓光、张平、龙庄伟赴青海就“推进三江源国家公园体制改革、促进人与自然和谐共生”进行调研。张平赴新疆就“新时代如何坚持我国宗教的中国化”进行调研。

“保护黄河是事关中华民族伟大复兴和永续发展的千秋大计”。2020年8月至11月间，围绕黄河流域生态保护和高质量发展、南水北调西线调水工程这一课题，丁仲礼率队分别到青海、甘肃、山东、内蒙古、陕西、山西等黄河沿线省份进行实地调研，王光谦率队到宁夏、河北进行调研，与当地党委、政府及水利、生态、农业等部门进行了深入交流。丁仲礼认为，着力破解黄河流域存在的困难和问题，要因地制宜推动建立和完善生态补偿机制；要将黄土高原的水土保持和生态治理工作做好，将水资源充分使用在西部、北部的区域发展上，以加大国内循环的战略纵深，将西部、北部的沙土和高原改造成千万亩良田。调研形成了《关于加快南水北调西线工程论证规划和建设的建议》。该建议获得中共中央领导重要批示，国家发展和改革委负责研究落实批示精神并为此专程拜访民盟中央领导。

民盟中央还就“十四五”时期人口结构变化、促进社会保障高质量发展、加快自由贸易试验区制度创新等重大课题分赴20余个省份开展调研。2018年，民盟中央联合财政部就“完善重点生态功能区转移支付生态补偿机制”赴江苏、黑龙江开展实地调研；2019年，分别联合财政部、教育部就“农业转移人口市民化成本分担机制”“教师教育队伍建设”开展实地调研；2020年，与财政部就“财政预算绩效管理的进展与难点”赴云南、四川开展联合调研。各专委会、省级民盟组织承担了发展长三角科技创新走廊、推进环渤海区域经济一体化等40余项合作课题调研。

在调研基础上，民盟中央向中共中央、国务院报送政策建议信38件，得到中共中央、国务院领导的重要批示，多件成为中办、国办的重点督办件。2018年，民盟中央受邀参加由国家发展改革委、水利部、河南省发展改革委、山东省发展改革委等单位召开的座谈会，就民盟中央提出的《关于黄河下游滩区综合治理的建议》，共同研究如何进一步做好黄河滩区居民迁建规划实施等相关工作；生态环境部、国家发展改革委有关负责人率队专程走访民盟中央，就民盟中央提出的《加快推进渤海综合治理由“粗糙盲拼型”向“精准优配型”转变》的建议，与调研组座谈交流，研究如何落实建议有关内容。2019年，民盟中央提出《重视香港青少年社会心态失衡问题，重构新生代国家认同观念》的建议，香港中联办专门与调研组专家举行联合座谈，听取专家对未来做好香港青年工作的意见建议；民盟中央提交的《关于巩固扩大四川凉山彝区脱贫攻坚成果的建议》得到中共中央、国务院领导批示，国务院扶贫办领导专程走访民盟中央，就落实领导批示精神进行座谈，自然资源部、文化和旅游部、农业部、国家卫健委、国务院扶贫办、科技部等单位走访民盟中央，研讨促进政策建议转化落地。2020年，科技部社会发展科技司负责人走访民盟中央，就民盟中央提出的《关于统筹开放我国病原学研究，提高公共卫生应对能力的建议》与民盟中央领导交流情况。

民盟各省级组织也积极创新调研内容和形式。民盟山西省委会扎实开展“6个1”中长期调研，同时要求和指导各市级组织开展该项工作，2019年出版《乡村调研：宋家沟》一书；民盟海南省委会重点围绕中国（海南）自贸区（港）建设开展课题调研，完成调研报告38篇；民盟宁夏区委会、青海省委会注重跨区域的比较研究，赴多个省区市开展调研，成功探索出协作调研的有效方式。

为提升重点议政工作质量，2019年2月，民盟中央制定《关于建立重点议政工作联席机制的意见（试行）》，成立民盟中央重点议政工作联席领导小组，对中共中央委托开展的重点调研课题，民盟中央重点调研课题，高层协商座谈会上的发言，在全国政协平台上的大会发言、书面发言和提案，向中共中央、国务院报送的政策建议信等方面工作加强组织领导和统筹协调，为进一步提高议政建言质量提供机制保障。2020年9月24日，民盟中央首个参政议政调研基地在上海金山区枫泾镇成立，张道宏、陈群出席揭牌仪式。

民盟中央不断健全反映社情民意信息工作机制，制定了《信息工作评选表彰奖励办法》，并根据全国政协发布的重点选题完善约稿机制，强化信息来稿的针对性。截至 2020 年 12 月，民盟中央三年来共向全国政协、中共中央统战部报送信息 2400 余件，其中《关于工业挥发性有机污染物绿色治理的建议》《扩大高校相关自主权为建设创新型国家提供有力支撑》等 687 件被全国政协采用。民盟中央还注重加强对各级盟组织信息工作的指导，赴河南、天津、吉林等地组织开展培训，累计培训超过 3200 人次。民盟上海市委会启用对上海所有盟员开放的社情民意信息网上报送系统，实现社情民意信息处理全流程电子化；民盟河南省委会成立了由 23 名专家组成的社情民意信息采集中心；辽宁、福建等省级组织反映的社情民意信息，被全国政协评为年度优秀社情民意信息。

为更好地发挥盟员专家在各自专业领域的作用，增强履职合力，2018 年，民盟中央组建了新一届专门委员会，新增宣传、青年工作、卫生与健康三个委员会，加上原有的经济、社会、教育、文化、科技、生态、法制、农业、妇女、社会服务工作委员会，共 13 个专门委员会和工作委员会，制定了《民盟中央专门委员会工作条例》。民盟中央建立了专委会向常委会述职机制、委员履职情况统计制度等，并通过共办论坛等形式，逐步深化与各地民盟组织及相关单位的合作，有效拓展了盟内外智力资源渠道。

民盟中央经济委员会分别与民盟山东省委会、民盟湖北省委会、民盟浙江省委会联合主办了以“聚焦聚力经济高质量发展”“推动数字经济与实体经济深度融合，促进经济高质量发展”“构建高效率治理体系，促进中心城市和城市群健康发展”为主题的第四至六届民盟经济论坛，与民盟福建省委会联合举办了“一带一路”核心区建设研讨会；民盟中央社会委员会分别与民盟广东省委会、民盟陕西省委会、中国社会保障学会联合主办了以“社会建设再出发”“新中国七十年来的民生发展”“面向‘十四五’和 2035 年的社会保障”为主题的民盟第九至十一届民生论坛；民盟中央教育委员会分别与民盟上海市委会、民盟云南省委会、民盟贵州省委会联合主办了以“统筹推进优质教育教学资源共享”“加快教育均衡，助力脱贫攻坚”“高等教育评价与‘双一流’建设”为主题的第六至八届民盟教育论坛，与民盟北京市委会合作举办了生态文明教育论坛；民盟中央文化委员会、妇女委员会、宣传委员会与民盟福建省委会联合举办了“一带一路世界遗产文化论坛”；民盟中央科技委员会与民盟中国科学院委员会、民盟广东省委会联合举办了以“创新体系：主体功能定位”为主题的2018民盟科技论坛，与吉林省工业和信息化厅等单位联合举办了国际二维码产业发展峰会；民盟中央生态环境委员会与民盟内蒙古区委会合作举办了第五届民盟北方生态论坛；民盟中央法制委员会与民盟四川省委会联合主办了以“完善法制体系，优化营商环境”“科技创新的法治保障”“公共卫生安全及应急体系的法治建设”为主题的民盟法治论坛。此外，民盟中央与民盟上海市委会、上海社科院联合举办了以“文化担当”“文化传承”“文化创新：在自觉中前行”为主题的第九至十一届民盟文化论坛；与中国世界遗产高峰论坛组委会联合举办了第二、三届中国世界遗产（福州）高峰论坛。民盟各省级组织还立足各自地域特点，组建了不同形式的智库机构。民盟江苏省委会与江苏省社科院共建了江苏城乡发展研究中心。民盟内蒙古区委会成立民盟民族历史文化研究院，着眼民族历史文化、民族区域自治制度等开展调查研究。

民盟中央和地方盟组织持续开展对台港澳的交流工作。2018年和2019年，“海峡两岸暨港澳地区大学校长联谊活动”先后在青海、黑龙江—吉林举办（2020年因疫情原因停办）。在联谊活动的大学校长论坛上，共有34所大学38位校长围绕“大学发展战略”（2018）、“时代变革下的大学使命与挑战”（2019）主题深入研讨，分享经验，增进共识。2018年11月，民盟福建省委会主办了第二届海峡两岸大学生博物馆文创艺术设计大赛，为推动两岸文化交流融合提供思想启迪和智力支持。

（四）稳步推进脱贫攻坚民主监督工作

脱贫攻坚民主监督是中共中央交给民主党派的重要政治任务。2020年是脱贫攻坚决胜年，民盟中央对口河南省的脱贫攻坚民主监督工作也到了最关键时刻。

2018 年 2 月，民盟十二届三次主席办公会议对脱贫攻坚民主监督工作领导小组进行调整，丁仲礼任组长，陈晓光、龙庄伟任副组长，张平、徐辉、张道宏为成员，龙庄伟兼领导小组办公室主任。2018 年 12 月、2019 年 10 月，民盟中央两次召开脱贫攻坚民主监督工作座谈会，对脱贫攻坚工作提出明确要求，特别是在 2019 年的工作会上指出，2020 年脱贫攻坚迎来决战重要关头，要重点查找在落实“两不愁三保障”中存在的突出问题，聚焦脱贫质量开展监督，研究思考脱贫攻坚与乡村振兴衔接的问题，为夺取脱贫攻坚战的全面胜利贡献力量。

★ 2018 年 5 月，丁仲礼（正面右一）在河南民权县石北村与贫困户交流。

民盟中央创新监督方式，动员地方组织和盟员，聚焦关键，深入推进这项工作。丁仲礼、陈晓光、龙庄伟等民盟中央领导多次赴河南，深入贫困户家、田间地头、带贫企业，实地考察各项政策落实、贫困村变化及贫困群众增收情况，了解当地产业发展、农村教育有关情况，并与中共河南省委、省政府负责同志深入交流意见。民盟中央在工作中认真把握民主监督的性质特点，与中共河南省委、省政府的联系会商机制不断完善。中共河南省委、省政府定期派员到民盟中央汇报脱贫攻坚情况。丁仲礼、陈晓光、龙庄伟在民盟中央两次会见来访的河南省副省长武国定一行，听取脱贫攻坚情况汇报。

2019年年初，河南省有19个国家级贫困县、14个省级贫困县面临贫困县摘帽验收。为此民盟中央针对性地开展了专项调研，在国家验收之前对这些贫困县进行先期“体检”，从全国抽调专家学者、扶贫一线干部、有经验的专职干部组成调研队伍，利用春节前后务工农民返乡时机，分两期实施，实现19个国家级贫困县全覆盖。河南地方县市的同志对此次调研成果十分认可，认为时机很及时，发现的问题很精准。

民盟中央依托民盟河南省委会、各市级盟组织以及由专职干部和骨干盟员组成的联络员队伍，在10个县选择26个贫困村作为观测点，长期跟踪，分析样本、解剖麻雀，对脱贫攻坚效果进行精准分析。河南民盟组织和广大盟员积极参与，联络员主动发挥作用，向民盟中央报送了大量工作信息和意见建议。除了组织专家和专职干部开展专题调研外，调研组在不通知地方、没有当地干部陪同的情况下进村入户，发现问题，及时通报情况，做好监督。从2016年开展这项工作以来，民盟中央先后组织调研40余次，深入河南53个国家级贫困县及部分省级贫困县320余个村、社区，走访贫困群众2100余户。民盟中央向河南省各级党委、政府反馈了各次调研情况，提出意见建议300余条，并向中共中央提交脱贫攻坚民主监督调研报告，提出进一步改进工作、全面打赢脱贫攻坚战的意见建议。2020年2月28日，河南省宣布全省53个贫困县全部脱贫摘帽，剩余35.7万贫困人口、52个贫困村也于年底前全部脱贫、出列。

民盟中央还注重把民主监督与社会服务相结合，如先后在南阳、驻马店等地开展“烛光行动”助学活动，在鹤壁市建立“民盟助力乡村振兴实践基地”，在范县人民医院建立民盟“守护天使工程”示范基地。

民盟各级组织按照当地中共党委部署，开展了与当地经济社会发展紧密相关的专项民主监督工作。陕西、云南、黑龙江、江西、海南等15个省级民盟组织在本省内开展了脱贫攻坚民主监督工作。民盟青海省委会、安徽省委会将民主监督和参政议政相结合，组织不同专业领域的盟员专家开展专题调研，受到当地党委、政府的高度肯定。民盟中央组织召开五次专题培训会、座谈会，搭建工作交流平台，提升脱贫攻坚民主监督工作水平。

（五）为推动经济社会发展和增进人民福祉做好事、做实事

社会服务是发挥参政党作用的重要内容，是扩大民盟社会影响的重要途径。民盟各级组织以参与脱贫攻坚为工作主线，注重发挥人才和智力资源优势，取得了社会服务工作新进展。

2018 年和 2019 年，民盟中央分别在浙江建德、重庆召开社会服务工作会议，强调正确处理好社会服务工作与其他工作的关系、品牌继承与创新的关系、物资投入与智力投入的关系，做好机制保障，加强上下联动，不断打造社会服务新品牌。

民盟持续精准发力，助推定点扶贫、对口帮扶地区打赢脱贫攻坚战。民盟中央领导多次深入河北广宗、贵州毕节等扶贫联系点考察调研。民盟中央向河北广宗县、贵州毕节七星关区和四川凉山州捐款 300 万元，用于改善当地中小学教学条件和资助贫困学生；继续完善东部十省市帮扶机制，牵头协调东部十省市民盟组织利用自身优势和资源参与帮扶工作。

民盟中央继续加大对广宗的扶贫力度。民盟中央联系民盟北京市委会和民盟中国农业大学委员会为广宗特色农业和乡村建设进行规划指导，建立教授工作站和“科技小院”；协调新东方教育科技集团在广宗一中等 7 所学校开展“双师课堂”远程实时教学；协调盟员企业家熊方军捐款 100 万元；协调民盟上海市委会、盟员企业家李少华向广宗县中小学捐赠价值 100 万元的直饮水设备；协调民盟天津市委会捐赠 40 万元用于更新教学设备；协调民盟北京市委会捐赠奖学金 20 万元；协调北京、天津、湖北等地名师开展全学科培训和心理课程辅导；安排广宗各中学校长、教学骨干赴教育发达省份学习；协调民盟上海市委会与广宗县签署乡村医生健康

扶贫合作协议；联系中科院大学华北医院结对帮扶广宗县人民医院，组织乡村医生参加“善医行”全科医生培训；社会服务工作委员会协调资金300万元实施“健康心动”项目，为广宗贫困心脏病患者提供免费救治。新冠肺炎疫情防控期间，民盟中央还向广宗捐赠了价值170万元的计算机断层扫描设备及防疫物资，支持广宗抗击疫情、复工复产。民盟十二大以来，民盟中央累计向广宗直接投入资金320万元，协调帮扶物资、资金600余万元，培训当地医生、教师、基层干部2200余人次。广宗县于2019年5月脱贫摘帽。

2018年是毕节试验区成立30周年。7月，丁仲礼、龙庄伟出席统一战线参与毕节试验区建设座谈会，丁仲礼代表民盟中央发言，总结了民盟参与毕节试验区建设30年来的“四个坚持”：一是坚持民盟中央主要领导亲自参与协调，推动了倒天河水库综合治理、飞雄机场建设等重大项目落地；二是坚持发挥民盟资源优势，以教育、医疗为主要帮扶领域，帮助改善民生；三是坚持示范引领，集中力量打造示范点，以点带面推动工作开展；四是坚持与试验区紧密联系，不间断地派驻挂职干部，推动帮扶项目实施。民盟中央帮助落实了毕节七星关区微少年宫建设项目及韭菜坪花期延续科研支持项目；继续实施七星关区人民医院系列“天使工程”项目、干堰村特色产业项目；出资20万元建设七星关区“同心社区”服务站；上海、广东、山东、江苏等多地盟组织多次带领企业家到七星关区考察，启动了服装加工等一批优质产业项目。民盟中央协调盟员企业家熊方军、张德森、刘少宾向七星关区捐赠扶贫款项；协调东部十省市优质校与七星关区44所中小学签约结对帮扶，“同心助学”范围从原来的15所扩大到44所。东部十省市盟组织一如既往地组织优秀盟员教师到七星关区开展支教活动，民盟江苏省委会每年出资10万元在七星关区设立奖教金，民盟广东省委会、上海市委会开展名师讲座、捐助软硬件教学资源，天津、浙江民盟组织盟员专家举办心理健康辅导讲座。2019年，丁仲礼、陈晓光又先后带队赴七星关区考察近年来民盟在教育、医疗、农业产业等方面的帮扶情况。七星关区于2020年3月脱贫摘帽。

民盟中央认真履行黔西南“星火计划、科技扶贫”试验区联合推动组秘书长单位职责，协调专项资金430万元用于解决望谟县、晴隆县脱贫攻坚短板问题。民盟中央协调东部优质教育资源，多次组织“民盟名师大讲堂”，来自北京、上海、浙江等地的知名教师为1800余名中小学教师进行了全学科培训；牵线民盟北京市委会、西城区委会与兴义市第三中学签订为期三年的教育帮扶协议，开展系列帮扶活动；协调盟员专家董瑞对口帮扶兴义市下五屯街道卫生院，建立“民盟名中医工作室”，累计投入资金100余万元，有效带动当地中医药、苗药以及康养产业发展。2019年10月，第五届黔西南试验区联合推动组成立，龙庄伟任组长，办公室设在民盟中央社会服务部。

2019年6月、2020年5月，民盟中央两次向全盟发出开展消费扶贫助力打赢脱贫攻坚战的倡议书，并公布部分扶贫联系地区电商平台，鼓励引导各级组织和广大盟员购买贫困地区农特产品。据不完全统计，2019年当年，民盟各级组织和盟员即采购贫困地区农副产品超过3000万元。2020年，民盟中央与中央文明办合作开展“圆梦工程”，面向贫困地区乡村学校少年宫，为九省（市、区）农村未成年人提供科普志愿服务。各地民盟组织结合当地实际，在脱贫攻坚战中努力发挥作用。民盟河南省委会组织实施“盟动中原——民盟河南省委脱贫攻坚行动计划”，民盟上海市委会注册成立上海民盟同舟公益基金会，民盟新疆区委会开展“民族团结一家亲”和民族团结联谊活动，甘肃、四川、福建、湖北、江西、重庆、宁夏、吉林、陕西、云南等省级民盟组织协调资金、组织专家，助力对口帮扶地区基础设施建设和产业发展。

民盟社会服务工作紧跟脱贫攻坚、乡村振兴、“一带一路”等国家重大战略，广泛发动各省市民盟组织抓品牌、立品牌、巩固品牌。教育扶贫方面，“农村教育烛光行动”加快转型，重点围绕推动农村学校教育理念转变、教学质量提升开展工作。民盟中央继续与新东方教育科技集团携手开展“烛光行动——新东方教师社会责任行”活动，选派约150名优秀教师，对河北、安徽、四川等16个省区市7000多名一线教师进行现场培训。民盟中央在青岛、江阴两地试点建立“农村教育烛光行动培训基地”，定期开展贫困地区学校校长和教师培训；为河北、河南、陕西、贵州四省14个贫困县25所乡村小学引入英语“双师课堂”项目；开展“烛光行动——统一战线教育帮扶”活动，在重庆、上海、浙江等省级盟组织的支持下，协助中央统战部完成5个定点帮扶县的教育帮扶工作。江苏、浙江、广东、山东、福建等地民盟组织立足本地实际，组织中西部地区教师到教育发达地区集中培训、跟岗实践，丰富了“烛光行动”的形式内容。

医疗扶贫方面，2018年，民盟深入开展“守护天使工程”，为基层医疗机构提供影像诊疗设备及培训咨询服务。“守护天使工程”在河南、广西、甘肃等15个省区先后落地，惠及80家县级医院、81家乡镇级医院，提供市场价值约14.7亿余元的医疗设备，帮助地方节约资金约8亿元；在协和医院举办了两期影像医学培训班；疫情防控期间开展12期“空中课堂”，培训影像科医生近600人次；在河北、贵州、河南等地开展了8次“民盟天使健康行”义诊活动，培训基层医护人员1200余人次，2000余名贫困群众接受义诊；向云南、甘肃、贵州等贫困地区乡镇卫生院捐赠彩色多普勒超声设备12台，总价值600万元。“民盟名医大讲堂”“民盟增爱义诊”等系列品牌活动持续开展，帮助当地医疗机构提高诊疗水平，为贫困患者提供医疗救助。民盟河北省委会的“新肝行动”、民盟吉林省委会的“健康保胃战，吉林大地行”、民盟福建省委会的“闽盟守护天使”工程、民盟云南省委会关爱养路工大型义诊等活动，均取得良好社会反响。

民盟各级组织立足自身特色优势，“黄丝带”帮教行动在部分省市继续推进，社区服务探索取得新进展。民盟安徽省委会与安徽省司法厅联合举办“与爱同行”黄丝带帮教行动大型公益晚会；民盟广东省委会组织心理学专家为狱警开展压力与情绪管理课程培训；民盟广西区委会在钦州监狱建立“民盟黄丝带法律援助站”；云南等省级民盟组织依托“黄丝带”帮教基地为服刑人员提供法律咨询和心理辅导；民盟浙江省委会与浙江省未成年犯管教所共建“谢丽娟实训基地”。到2020年，民盟已在千余所监狱、少管所开展了帮教工作，建立各类帮教基地百余个，得到司法部门的充分肯定。各级民盟组织还积极探索新形势下参与社会管理创新、多方位推动地方经济社会发展的有效途径。北京、上海、新疆、南京、青岛等地盟组织打造同心社区服务示范基地，成立“民盟志愿者服务队”，积极开展法律咨询、纠纷调解、专家义诊、文化讲座等活动；浙江民盟组织建立民盟名医工作站、民盟专家工作站，有效服务当地群众和企业；江苏等省基层盟员利用自身优势为企业和社区居民服务，增强了基层组织的活力，扩大了民盟的影响。

2020年6月，民盟召开十二届十一次中常会，专题研讨在脱贫攻坚任务完成、全面建成小康社会目标实现的新形势下，如何实现社会服务工作平稳转型、提质升级。丁仲礼在会上强调，开展社会服务，为推动经济社会发展和增进人民福祉做好事、做实事，不仅直接体现了民盟作为参政党的价值，也是盟员深入社会、了解民情的重要方式，对参政议政工作起到拓展视野的作用。当前，民盟的社会服务应紧扣“两个一百年”奋斗目标，从帮扶脱贫攻坚向助推乡村振兴顺利过渡；要坚持在继承中创新，实现社会服务传统品牌的提质升级，特别是要着力探索在5G时代如何利用信息化手段更好地推进城乡教育均衡发展，提升“农村教育烛光行动”效能，并在留守儿童、城市弱势学校、高中教育、大学生就业创业等方面加大研究力度；要发挥特色优势，拓展社会服务工作新领域；要完善工作机制建设，尤其是资源整合调配机制和品牌培育推广机制，提升社会服务工作的组织化、专业化程度。

（六）在抗击新冠肺炎疫情中勇于担当

2020年年初，新冠肺炎疫情暴发，严重危害人民群众的生命安全和生产生活。以习近平同志为核心的中共中央高度重视，提出了坚定信心、同舟共济、科学防治、精准施策的总要求，研究部署了一系列疫情防控措施，全国形成了全面动员、全面部署、全面加强疫情防控工作的局面。中国作为负责任的大国，秉持人类命运共同体理念，积极向世界各国分享经验，提供援助，为增进世界人民福祉、稳定全球经济作出了贡献。

民盟响应中共中央号召，各级组织和广大盟员迅速投入到抗击疫情工作中。民盟中央成立了抗击疫情领导小组，丁仲礼任组长，陈晓光、张平、徐辉、龙庄伟、张道宏、王荣彬任副组长。领导小组下设办公室，具体负责抗击疫情工作。民盟各级组织和广大盟员深入贯彻落实习近平总书记关于疫情防控和经济社会发展系列重要讲话精神，在抗击疫情的严峻考验前展现出了强大的凝聚力和战斗力。

疫情暴发之初，民盟中央第一时间发出致全体盟员的一封信，号召各级组织和广大盟员紧密团结在以习近平同志为核心的中共中央周围，积极为抗击疫情发挥作用。民盟中央还向抗击新冠肺炎疫情的盟员医卫工作者发出慰问信，为他们加油鼓劲。3 月 25 日，民盟中央召开专题会议，深入学习贯彻习近平总书记关于疫情防控工作重要讲话和指示批示精神，审议通过了《关于深入学习贯彻习近平总书记关于疫情防控工作重要讲话和指示批示精神的通知》。丁仲礼主持会议并讲话。他指出，民盟各级组织和广大盟员要深入学习贯彻习近平总书记关于疫情防控重要讲话和指示批示精神，增强“四个意识”、坚定“四个自信”、做到“两个维护”，提高政治站位，进一步凝聚共识、凝聚力量；认真履职尽责，积极建言献策，做好对口河南脱贫攻坚民主监督，加强对毕节、广宗等地的帮扶力度；坚持双向发力，努力把疫情造成的损失抢回来、补回来；加强对先进集体和人物的宣传报道；做好对盟员医务人员及家庭的关爱保障和走访慰问。

民盟中央宣传平台从除夕开始，就不间断宣传民盟参与抗击疫情情况。民盟地方组织及时跟进，形成了中央带动引领、各地深入推进的宣传格局。民盟中央微信公众号开辟“民盟在行动”“走近民盟的白衣战士”“盟员美术家以笔寄愿”“夜听”等专栏，以多种形式鼓舞人心、凝聚力量。民盟中央微信公众号发布抗击疫情信息 300 余篇。民盟各级组织微信、网站累计发稿 2 万余篇。3 月，民盟中央通过网络调研方式，向 30 个省级组织的代表人士、盟务工作者、专家学者和普通盟员发出问卷，回收答卷2.4万份，形成《疫情期间民盟盟员思想态势调查问卷分析报告》。从调研反映的情况来看，民盟盟员思想状况呈现稳定积极、健康向上的良好态势。3月18日，丁仲礼在中共中央统战部召开的民主党派思想政治工作座谈会上，就疫情期间盟员思想状况代表民盟中央发言。

民盟中央积极协调各级组织和广大盟员为疫情较为严重地区捐款捐物。丁仲礼、陈晓光、张平等民盟中央领导通过各种渠道，向广大盟员和盟员医务工作者送去问候和祝愿。民盟中央领导、机关干部职工向湖北孝感市汉川人民医院定向捐款30万元；民盟中央先后捐赠近400万元专项用于购买相关物资，还协调联系各地盟组织、盟员企业和广大盟员捐款捐物，极大支持了疫情防控工作。

应湖北省疾控中心支援请求，民盟中央从民盟大连市委会捐赠款项中拨款100万元，会同民盟上海市委会、公羊会公益基金会、同舟公益基金会等多家单位，于2月5日将价值217.5万元的核酸检测试剂盒、仪器等物资紧急空运至湖北黄冈、武汉、孝感三市。此后，民盟中央再次拨款100万元，携手民盟上海市委会、公羊会、青年演员胡歌，分别于2月24日、3月1日、3月5日，3次空运医疗物资援助湖北。随同捐赠物资一起送达的胡歌手书“愿平安，盼早归”条幅和祝福卡，给了一线医护人员莫大的慰藉和鼓励。针对疫情趋势向好的情况，民盟中央向毕节和广宗等地捐赠了口罩等必需物资，支持定点扶贫点尽快复工复产。民盟为抗疫捐赠款项及物资折合人民币共计6.3亿多元。

民盟中央还组织盟员专家围绕疫情防控相关问题建言献策。民盟中央围绕“加强城市群层面联防联控”“加强我国病原学研究”等方面，通过党派“直通车”向中共中央、国务院报送了13篇政策建议信；并着眼疫后恢复及各项制度完善，围绕“公共卫生长效机制建设”“危机管理体系建设”“社会治理创新”等突出问题展开专题研究，提出提案。民盟各级组织和广大盟员根据疫情各阶段的重要问题，提出许多有针对性的具体建议，对当地党委和政府的抗击疫情工作起到积极作用。

5月8日，中共中央召开党外人士座谈会，就新冠肺炎疫情防控工作听取各民主党派中央、全国工商联和无党派人士代表的意见和建议。习近平总书记主持座谈会并发表重要讲话，丁仲礼、陈晓光出席会议。丁仲礼代表民盟中央发言表示，习近平总书记亲自部署、亲自指挥，中共中央运筹帷幄，带领全国各族人民共克时艰，遏制了国内疫情蔓延，取得了阶段性重要成效，并为全球抗疫提供援助，彰显了中国特色社会主义的制度优势和传统文化优势。民盟中央赞同中共中央统筹推进常态化疫情防控和加快恢复生产生活正常秩序的部署。丁仲礼还就加强对应对突发公共卫生事件的教育和人才培养、加强突发新发传染病的科研工作、充分总结抗疫过程中出现的各种文化现象、积极稳妥开展国际合作并坚决维护国家声誉等提出意见和建议。

各级民盟组织积极响应民盟中央号召，吹响战疫集结号，全力以赴投入到疫情防控阻击战中。民盟湖北省委会动员盟员医务工作者迅速投入到抗击疫情第一线。民盟上海市委会积极募集各类善款和医用物资，盟员企业家所在的复星集团、德邦证券等向疫情重点地区捐赠大批医用物资，许多海内外人士也纷纷通过民盟上海市委会向湖北地区定向捐赠；民盟上海市委会还组织采访援鄂医务工作者，制作了感人至深的视频《平凡英雄——上海民盟援鄂医务工作者纪实》。民盟浙江省委会用一场3.5小时的爱心接力募集资金24万元购买口罩，并出台“暖心七条”，关心关爱医务人员。民盟江苏省委会聚焦黄冈，号召盟员以特殊盟费的形式，捐款捐物，驰援黄冈。民盟山西省委会围绕积极应对疫情对国内经济的冲击、修订完善相关法律法规等方面建言献策。民盟辽宁省委会组织盟员，通过网络开展心理咨询、法律援助等活动。民盟重庆市委会大力开展“战疫·典型在我身边”主题美术作品创作活动。

为抗击新冠疫情，全国累计有1万余名盟员医卫工作者奋战在疫情防控第一线，345名湖北盟员医务工作者在一线奋战，164名盟员医卫工作者驰援湖北，涌现出王泠、朱同玉、陈亮、姜凯丽、吴小军、曹建冰等优秀医护工作者。他们为守护人民群众的生命安全和身体健康，为打赢疫情防控阻击战作出了贡献。

与此同时，广大盟员发挥自身优势，以各种方式主动为抗击疫情发挥作用。如盟员何军率领公羊会开辟陆空双线运送医疗物资，驰援湖北开展防疫消杀作业。俞敏洪在疫情期间连载抗疫日记，通过视频直播传播积极向上的人生态度，其所属新东方教育科技集团向湖北省红十字会捐款2000万元。

2020年11月，在抗击新冠肺炎疫情斗争取得重大战略成果之际，民盟中央在北京召开了中国民主同盟抗击新冠肺炎疫情表彰会。会议以“现场+视频会”形式召开，各省级组织设分会场。会议决定授予丁邦晗等380位同志“中国民主同盟抗击新冠肺炎疫情先进个人”荣誉称号，授予民盟北京市委员会等70个集体“中国民主同盟抗击新冠肺炎疫情先进集体”荣誉称号。会上还下发了《典型在身边——民盟盟员抗击新冠肺炎疫情先进事迹选编》。

（七）按照“四新”“三好”要求建设新时代中国特色社会主义参政党

在习近平总书记对民主党派提出多党合作要有新气象、思想共识要有新提高、履职尽责要有新作为、参政党要有新面貌的“四新”要求，以及要做中国共产党的好参谋、好帮手、好同事的“三好”要求后，民盟进一步加大自身建设力度，努力建设新时代中国特色社会主义参政党。

民盟中央研究制定了《2018—2022年民盟中央组织工作规划》《2018—2022年民盟组织发展工作规划》《2018—2022年民盟干部人才教育培训规划》，稳步推进组织发展，加大培训力度，加强领导班子、人才队伍和基层组织建设，为更好履行参政党职能提供组织保证。

为深入学习贯彻中共十九大精神，总结经验，推动新形势下民盟组织工作再上新台阶，2018年3月，民盟组织工作会议在北京召开。会议指出，新型政党制度对于参政党的组织建设提出了新的更高要求，做好新时期组织工作要做到立足大局，切实增强做好组织工作的责任感和使命感；

突出重点，扎实推进领导班子建设；明确任务，深入实施“人才强盟”战略；创新机制，坚持抓好基层组织建设；提高标准，着力加强机关干部队伍建设。2019 年 6 月，民盟组织工作会议在安徽合肥召开。会议指出，要站在事关多党合作事业和民盟事业持续健康发展的高度，正确理解推动组织工作高质量发展的重要意义；要优先发展重点界别人才，优化民盟人才队伍结构，着力帮助青年盟员在实践中成长；要强化主体责任，建设高素质专业化的组工干部队伍。

关于加强参政党建设“三个文件”印发后，民盟中央召开主席办公会议专题学习文件精神，要求民盟各级组织把学习贯彻文件精神作为重要政治任务。2019 年 10 月，民盟中央在北京举办民盟组织工作研讨班，深入学习贯彻“三个文件”精神。要求民盟各级组织深入学习领会“三个文件”的精神实质，紧密联系实际，高质量推进组织建设重点工作，加强组织领导，确保取得工作实效。会后，民盟中央将有关文件转发各省级组织，并进行书面调研，编写学习材料供省级民盟组织参考使用；制定了《中国民主同盟组织发展条例》《2020 年民盟成员发展规划》，对省级组织新发展盟员进行分类指导。

民盟各级组织坚持组织发展“三个为主”的基本方针，不断巩固民盟主界别传统优势，发展了一批思想素质好、业务水平高、有一定社会影响的代表人士，如中国科学院院士谢心澄，长江学者吕小兵、雷爱文、韩俊宏，“国家杰出青年科学基金”获得者刘健华、潘波、金石、邓春晖，首届鲁迅文学奖获得者陈桂棣，导演张纪中，配音演员王苏，演员胡歌，歌唱家解晓东，戏剧梅花奖获得者虞佳等。民盟人才队伍不断壮大，在职盟员数量稳步增长，年龄结构更加合理，盟员队伍专业结构和分布领域进一步优化。截至 2020 年年底，民盟共有省级组织 30 个，地市级组织 317 个，县级地方组织 95 个，基层组织 7973 个；全国盟员总数 33 万余人。全体盟员平均年龄为 54. 49 岁，大学以上文化程度占比 79. 25% ，在职盟员比例上升到 70. 56% 。

民盟各级组织以提升“五种能力”为抓手，认真贯彻民主集中制，努力打造勤于盟务、干净担当、团结协作的领导班子。民盟各级组织将民主生活会和谈心会作为组织生活的重要形式和加强领导班子建设的重要手段，通过开展批评与自我批评，规范盟内政治生活，提升领导班子建设水平。民盟中央于2018年12月、2019年12月和2020年12月，召开了3次领导班子民主生活会。民盟30个省级组织也陆续召开领导班子民主生活会（谈心会）。

民盟各级组织不断完善代表人士队伍建设，特别是青年骨干的培养、使用和推荐机制。一批优秀盟员进入政府部门、高等院校、科研院所担任重要职务。2020年，有1760名盟员在政府及司法机关担任县处级及以上职务，其中国家部委副部长2人，副省（市）长5人。盟员中有高校校（院）长173人，其中正职45人；两院院士47人。

民盟各级组织注重创新培训形式，提高培训的针对性，扩大培训的覆盖面。民盟中央按照“分级负责、分层培训、分类施教”的原则，相继举办了新任民盟中央委员培训班、省级组织专职副主委及秘书长研讨班、高校基层组织负责人培训班、新盟员培训班、中青年盟员培训班和民盟中央青年工作委员会委员培训班，培训学员850余人次。民盟北京市委会实施“百千人才工程”，建立了600人的代表人士队伍库和1000人的专业人才库；民盟吉林省委会实施“百名人才工程”，发展了100名“双高”人才；民盟安徽省委会注重抓好源头和培养年轻力量，举办了新盟员、青年盟员骨干和基层组织盟务骨干培训班。民盟中央青年工作委员会自2018年5月成立以来，制定了工作条例，培训了部分委员，举办了首届青年论坛。民盟省级组织均成立了青年（工作）委员会。

按照《2018—2022年民盟中央组织工作规划》，民盟中央2018年赴山东、天津、北京等20个省市开展了高校基层组织建设专题调研，2019年又赴上海、湖南、云南等6个省市开展了文化界组织建设专题调研。30个省级组织也同时开展调研走访，力求巩固传统优势，突出民盟特色，推动新形势下民盟主要界别组织建设向更高质量发展。

民盟十二大以来，新一届监督委员会结合重要历史节点和主题教育活动，强化思想政治引领，制定了《中国民主同盟盟内监督工作条例》《中国民主同盟中央委员会领导班子民主生活会实施细则》等相关配套文件，构建更加规范的盟内监督体系。委员们认真学习《中国共产党纪律处分条例（修订）》，做好工作对标，开展了“关于对盟员纪律处分工作的重点问题”书面调研和加强地方组织领导班子建设工作调研。民盟中央监督委员会指导省级组织完成监督委员会换届，中央、省两级民盟内部监督工作体系形成。监督委员会还先后委派监督委员 27 人次指导部分省级组织的领导班子民主生活会。监督委员会办公室认真处理来信来访，妥善提出处理意见和建议，及时对处理情况进行核查、反馈和备案。民盟各省级组织监督委员会结合实际，通过推行监督委员会列席会议制度、设立“主委接待日”和“主委信箱”等方式，积极探索内部监督工作新形式，为进一步改进监督工作、拓宽监督领域作出有益探索。

民盟中央加强与地方组织的联系，促进省级盟组织间的合作交流，努力做到上下联动、左右互动。民盟西部、华东、中南、华北、东北等片区和副省级城市盟务工作会议相继召开，促进了盟务工作的研讨和交流。

2017 年 12 月 19 日，当选民盟中央主席仅 9 天，丁仲礼就走访了民盟福建省委会机关，与省委会领导班子成员和部分机关干部座谈。至 2018 年 11 月 23 日走访民盟广西区委会机关，丁仲礼在一年内完成了对民盟 30 个省级组织机关的走访。每到一地，他都与机关干部职工及盟员代表进行座谈交流，听取意见建议，并对各地盟务工作提出期望。2018 年 11 月 12 日，民盟中央机关召开青年干部座谈会，丁仲礼在会上与青年干部交流了工作、学习各方面情况。丁仲礼说，年轻人有激情、有勇气、有信心，建设学习型、研究型、和谐型机关靠的是年轻人。机关青年干部要树立专业意识、特长意识，立足新时代多党合作新形势，加强理论学习，深入调查研究，不断提高自身水平，逐渐成长为专家型、学者型机关干部。他鼓励青年干部一方面聚焦民盟参政议政重点；一方面拓宽研究视野，围绕经济社会发展的热点、难点，在文化、教育、生态、科技、法律等多个领域找准研究课题，在参政议政、社会服务和理论研究等各项工作中发挥作用。

2019 年 10 月，民盟机关建设工作会议在北京召开。会议指出，加强新形势下民盟各级机关建设，要提高政治站位，加强思想引领，继承优良传统；要以建设一流机关为目标，着力优化标准流程，推进专业化建设；广大机关干部要强化主体责任，改进工作作风，加强学习研究，努力打造政治强、业务精、作风优、纪律严的高素质机关干部队伍。

民盟中央机关以建立“学习型机关、研究型机关、和谐型机关、合作型机关”为目标，以制度建设为抓手，修订了《民盟中央机关秘书长办公会议规则》等各项规章制度，制定了重要文稿起草审核暂行办法、公文处理试行办法、机关内控制度，修订完善了财务、人事、机关资产管理制度，启动了信息化平台建设工作。民盟中央机关还通过组织主题摄影展、经典诵读等活动，丰富机关文化生活。2018 年 4 月，民盟中央组织机关干部到河北西柏坡、李家庄参观学习，纪念中共中央发布“五一口号”70 周年；2019 年 11 月，在四川广安、南充、成都等地开展主题教育现场活动。各级组织机关注重加强干部培训尤其是对青年干部的培养，选派干部到地方政府挂职，在机关内部进行干部轮岗，提高干部素质；加强机关软硬件建设，为干部职工营造更好的工作条件和氛围，如民盟湖北省委会、民盟四川省委会逐步推进办公自动化系统建设；有些机关还在制度上进行探索创新，如民盟江苏省委会建立了发言人和法律顾问制度。通过各种方式和措施，民盟各级组织机关服务能力、管理水平、工作效能进一步提高。

换届以来，广大盟员在本职岗位上奋发有为，屡创佳绩。王汝成等 100 人获得国家科学技术奖励，谭蔚泓等 6 人获何梁何利基金奖，陈学伟等 6 人获“科学探索奖”，刘竹获“求是杰出青年学者奖”，田刚当选中国数学会理事长，鲁安怀当选国际矿物学协会主席，吴为山当选法兰西艺术院通讯院士，张福锁当选发展中国家科学院院士，张金龙当选欧洲科学院院士，张振军当选国际宇航科学院院士，杨毛吉等 23 人获全国教书育人楷模、全国优秀教师、模范教师荣誉称号，马金莲的短篇小说《1987

年的浆水和酸菜》获鲁迅文学奖，梁晓声的长篇小说《人世间》获茅盾文学奖，王晋康获中国科幻“银河奖”终身成就奖，傅希如等 8 人获戏剧梅花奖等表演类大奖，王铁成获“中国文联终身成就电影艺术家”称号，贾秀芳等 11 人获全国三八红旗手标兵、全国三八红旗手、全国巾帼建功标兵荣誉称号，张立政等 26 人获全国五一劳动奖章或全国劳动模范、全国先进工作者荣誉称号，俞敏洪等 4 人获全国脱贫攻坚奖，左宗申等 3 人获“改革开放 40 年百名杰出民营企业家”称号，吴良镛等 787 人获颁“庆祝中华人民共和国成立 70 周年”纪念章。

2021 年是中国共产党成立 100 周年，中国民主同盟成立 80 周年。站在“两个一百年”的历史交汇点，全面建设社会主义现代化国家新征程即将开启。民盟紧密团结在以习近平同志为核心的中共中央周围，高举中国特色社会主义伟大旗帜，将以更加饱满的政治热情、更加昂扬的精神面貌，继承优良传统，不断加强自身建设，积极履行参政党职能，努力开创民盟工作新局面，为全面建设社会主义现代化国家、实现中华民族伟大复兴的中国梦作出新的更大贡献。

附　录

大 事 记

1941 年

3 月 19 日　中国民主政团同盟在重庆特园秘密举行成立大会，中华职业教育社的黄炎培、江恒源、冷遹，乡村建设协会的梁漱溟，中国青年党的左舜生、李璜、林可玑、杨赓陶，国家社会党的张君劢、罗隆基（蒋匀田代），中华民族解放行动委员会的章伯钧、丘哲，社会贤达张澜出席。会上通过《中国民主政团同盟政纲》《敬告政府及国人》《中国民主政团同盟简章》。确认与会 13 人为中央执行委员，推选黄炎培、左舜生、张君劢、梁漱溟、章伯钧为中央常务委员，黄炎培为主席，左舜生为总书记。同年 10 月黄炎培辞去主席职务，由张澜接任。

9 月 18 日　中国民主政团同盟机关报《光明报》在香港公开出版。

10 月 10 日　《光明报》发表《中国民主政团同盟成立宣言》和《中国民主政团同盟对时局主张纲领（简称十大纲领）》。

11 月 16 日　中国民主政团同盟第一次公开以组织名义在重庆临江路俄国餐厅举行茶会，宣布中国民主政团同盟已正式成立。

11 月　国民参政会二届二次会议期间，中国民主政团同盟参政员张澜、张君劢、左舜生、罗隆基等向参政会秘书处提交《实现民主以加强抗战力量树立建国基础案》，得到 23 位参政员联署。

1942 年

全国各界救国联合会加入中国民主政团同盟。

1943 年

5 月　中国民主政团同盟建立了第一个地方支部——昆明支部，罗隆基为负责人。

1944 年

5 月　中国民主政团同盟发表《对目前时局的看法与主张》，强调要使中国“成为一个十足道地的民主国家”，“民主体系的形成已刻不容缓，万万不可向战后推宕”。

9 月 19 日　中国民主政团同盟在重庆特园举行全国代表会议，决议将“中国民主政团同盟”改为“中国民主同盟”，改团体会员制为个人加入。会议拟定了《中国民主同盟纲领（草案）》。选举产生中央执行委员 33 人，常务委员 13 人。推选张澜为主席，左舜生为总秘书。中央常委会下设组织、宣传、文化、财务、国内关系、国际关系委员会和秘书处。

10 月 10 日　中国民主同盟发表《对抗战最后阶段的政治主张》，响应中共提出的建立民主联合政府的号召，从“贯彻抗战国策，切实整理军队”“结束一党专政，建立各党派之联合政权”等 5 个方面提出 36 条主张。

1945 年

1 月 15 日　民盟针对蒋介石新年文告发表对时局宣言，要求国民政府“立即结束一党专政，建立联合政权”。

3 月 10 日　民盟针对蒋介石在宪政实施协进会上的演说，发表对最近国内民主与团结问题的谈话，反对国民大会的旧代表，主张以普选产生新代表。

春　民盟华北总支部在北平成立，张东荪任主任委员。

7 月 1 日至 5 日　黄炎培、左舜生、章伯钧、冷遹等六参政员访问延安，与毛泽东、朱德、周恩来等中共中央领导人举行会谈，后整理成《会谈纪要》。

7 月 28 日　民盟发表《对时局宣言》，重申必须召集各党派及无党派人士的政治性的会议，达成改组举国一致政府之目的。

8 月 3 日　张澜在外国记者招待会上代表民盟宣告“我们绝对反对国民党与共产党间发生内战”，反对当年召集所谓“国民大会”。

8 月 16 日　民盟发表《在抗战胜利声中的紧急呼吁》，提出“民主统一，和平建国”的口号。

8 月 28 日　毛泽东、周恩来、王若飞抵重庆同蒋介石进行和平谈判。张澜、沈钧儒、黄炎培、左舜生、章伯钧等在九龙坡机场迎接。

8 月 30 日　下午，毛泽东在周恩来陪同下到特园访晤张澜。晚上，毛泽东在桂园宴请张澜等民盟领导人和其他民主人士。

9 月 2 日　民盟以中央常委会名义在特园举行午宴，宴请毛泽东、周恩来、王若飞。

9 月 15 日　毛泽东至特园夜访张澜，作长时间密谈。

9 月 18 日　张澜发表致国共两党领袖的公开信，对国共两党谈判表示关切。

10 月 1 日至 12 日　民盟在重庆特园召开临时全国代表大会（1956 年民盟一届八中全会追认其为第一次全国代表大会）。大会共有代表 63 人。通过了《政治报告》《中国民主同盟纲领》《中国民主同盟组织规程》。推选张澜任主席。增选中央执行委员 33 人，连同原有的中央执行委员共 66 人。

10 月 15 日至 16 日　民盟一届一中全会在重庆特园召开。会上通过了《临时全国代表大会宣言》。决议设置西南、西北、东南、南方、东北、华北及海外七区总支部。选出常务委员 18 人。正式成立各处会并推选主任、副主任，左舜生任秘书处主任。

11 月 2 日　民盟发言人为制止内战发表谈话，主张国共双方停止冲突，政府正式召集政治协商会议。

11 月 11 日　国共双方代表张群、王世杰、邵力子、周恩来、王若飞邀请民盟领导人张澜、沈钧儒、黄炎培、左舜生、罗隆基、章伯钧、张申府、鲜英、周鲸文在重庆特园商谈政治协商会议和国民大会召开时间及停止军事冲突问题。

11月19日　张澜、沈钧儒、黄炎培等发起的“陪都各界反内战联合会”举行成立大会。

12月6日　民盟总部发言人为昆明一二·一惨案发表谈话，严厉谴责国民党特务暴行，要求政府严惩凶犯、赔偿损失、撤销特务、保障人权。

12月29日　民盟南方总支部在香港成立，领导广东、广西、福建及香港、澳门和海外的民盟工作，李章达任主任委员。1946年1月1日发表成立大会宣言。

12月　青年党从民盟组织中分裂出去。左舜生秘书处主任职务被解除，由张东荪代理，张东荪去北平后，由梁漱溟代理。

1946年

1月2日　民盟发言人对停战问题、政治协商会议问题及蒋介石元旦广播演说等发表谈话。

1月10日至31日　政治协商会议在重庆召开。民盟由张澜、罗隆基、张君劢、张东荪、沈钧儒、张申府、黄炎培、梁漱溟、章伯钧9人组成代表团出席会议。

2月1日　民盟总部机关报《民主报》在重庆出版。

2月10日　重庆各界群众在较场口举行陪都各界庆祝政治协商会议成功大会，国民党特务破坏会场，民盟中央执行委员李公朴等被殴伤。

2月22日　国民党捣毁《新华日报》和《民主报》营业部，殴伤工作人员多人。

2月　民盟西北总支部在西安成立，杜斌丞任主任委员。

3月1日　民盟西北总支部机关报《秦风日报·工商日报联合版》营业部被国民党特务捣毁。5月3日报社被大批武装特务封锁，该报被迫停刊。

3月21日　张澜对新华社记者发表谈话，谴责国民党六届二中全会通过的决议公开违反政协决议的各项民主原则，把各党派参加政府变成请客。

4月10日　民盟政协代表张澜、沈钧儒、章伯钧、罗隆基等在特园邀请国共两党政协代表，对停止东北冲突提出调解方案。

4月28日　民盟举行中常会第七次会议，通过《中国民主同盟调整盟内党派问题试行办法》《中国民主同盟国内外总支部组织规程》《中国民主同盟省、市（特别市）支部组织规程》《中国民主同盟省、市（普通市）分部组织规程》《中国民主同盟盟员规约》《中国民主同盟盟员入盟办法》。

5月15日　民盟政协代表在上海招待新闻记者，发表谈话，对当前时局提出制止内战、挽救危局等四项主张。

5月29日　民盟就国民党特务在西安杀害盟员李敷仁、王任及捣毁《秦风日报·工商日报联合版》报社向国民政府提出抗议，要求彻底追究责任，惩办祸首。

5月　民盟总部由重庆国府路300号迁到南京蓝家庄15号和高门楼。

6月20日至21日　为调解国共关系，民盟政协代表到南京约国共双方代表进行会谈。

6月23日　上海各界人民反内战大会推选马叙伦等为代表赴南京请愿，代表到达南京下关车站时遭国民党特务围殴数小时，马叙伦等多人受伤，民盟中央执行委员叶笃义和《新民报》记者、盟员浦熙修亦被殴重伤，是为下关惨案。

6月25日　民盟政协代表致函国民党代表，对南京下关惨案提出严正抗议，要求立即惩办有关主谋人，取消特务机关，保障各项自由。

7月11日　民盟中央执行委员、云南省支部委员李公朴在昆明遭国民党特务暗杀，翌日清晨不治逝世。

7月15日　民盟中央执行委员、云南省支部宣传委员兼民主周刊社社长闻一多参加云南大学召开的李公朴追悼会并作了“最后一次讲演”。后参加民主周刊社为李公朴被暗杀事件举行的记者招待会，归家途中遭国民党特务暗杀身亡。

7 月 18 日　张澜为李、闻被害案电责蒋介石。21 日，《民主报》发表《正告国民政府》社论，要求政府取消特务机关。22 日，民盟政协代表向国民政府提出严重抗议，提出调查真相、严惩凶手等 6 项要求。

7 月 25 日　民盟中央常务委员陶行知因李、闻被害愤激过度加之日夜辛劳，突发脑溢血逝世。

8 月 6 日至 22 日　梁漱溟、周新民在昆明调查李、闻事件真相。9 月 30 日发表《李闻案调查报告书》。

8 月 18 日　张澜在成都参加各界追悼李公朴、闻一多两烈士大会，在会上怒斥国民党特务暴行，散会后被国民党特务围攻殴伤。

8 月 25 日　沈钧儒、罗隆基、章伯钧、梁漱溟、张君劢、张东荪在上海举行记者招待会，谴责国民党破坏政协决议和停战协定发动内战。梁漱溟报告了李闻案调查经过与结果，张东荪报告了北平孙中原被绑架案详情。

10 月 4 日　上海各界人士举行李、闻两先生追悼大会，邓颖超在会上宣读周恩来亲笔撰写的挽词。

10 月　民盟等第三方面代表在上海、南京调解国共关系，陪同参加双方会谈，并在南京交通银行连续集会商议，但调停最终失败。后梁漱溟辞去秘书处主任职务。

11 月 11 日　民盟举行留京中执委第十一次谈话会议，决议："民盟历次宣言拥护政协决议，一切行动以此为唯一依据。同人当竭尽最后一切努力，以求政协决议于国大开会以前各项手续之完成。完成以后，即一致参加国大。未完成前，暂不参加。"

11 月 14 日　民盟总部秘书处将民盟不参加"国大"的决议送登各报发表，并就此事向各区总支部及各省市支部发出紧急通告。

11 月 24 日　民盟在南京招待记者，声明"国大""违背了政协决议的整个精神，破坏了政协决议的程序"，民盟拒绝参加。

12 月 23 日至 24 日　民盟举行中常会第十一次会议，决议开除参加"国大"的民主社会党党员盟籍。

12 月 31 日　民盟发表声明，坚决否认“国民大会”制定的“中华民国宪法”。

是年，民盟港九支部、暹罗支部、美国支部、苏门答腊支部、西贡支部成立。

1947 年

1 月 6 日至 10 日　民盟在上海举行一届二中全会。会议通过《二中全会政治报告》和《关于目前应采取的政治主张及行动的决议案》《关于现况下的组织原则的决议案》《关于废除〈调整盟内党派问题试行办法〉决议案》；决定设立政治计划委员会，通过了《政治计划委员会组织规程》。

3 月 5 日　因国民党限令中共代表撤离，中共与民盟签订契约，委托民盟代管中共在南京、上海、重庆等地全部房屋、财产。6 日，中共代表王炳南登报声明委托民盟保管遗留财产，罗隆基代表民盟登报作相应内容的紧急声明。

3 月 8 日　民盟为和谈正式破裂发表宣言，重申不参加“国大”和政府。

4 月 25 日　民盟发表《对时局宣言》，指出国民党所谓改组的政府，不是依据政协程序及精神产生、促进和平和实现民主的政府，而是“国民党领导而民、青两党参加的政府，乃共同负责与共产党作战之政府”。

5 月 14 日　民盟中常会决议：民盟参政员出席国民参政会，并联合民主团体共同推进和平运动。

5 月 23 日　民盟参政员张澜、黄炎培、梁漱溟、章伯钧、韩兆鹗向国民参政会提出《停止内战恢复和平案》。

6 月 1 日　国民政府在成都、重庆两地同时宣布深夜戒严，逮捕大批民主人士，民盟盟员数十人被捕。

6 月 7 日　民盟总部由南京蓝家庄 15 号迁到南京梅园新村 30 号。

10 月 7 日　民盟中央常委、西北总支部主任委员杜斌丞被国民党西安警备司令部枪杀。

10 月 27 日　国民政府内政部发言人宣布民盟为“非法团体”。28 日，国民党中央社发表《政府宣布民盟非法》的声明。

11 月 5 日　民盟在上海召开中常委扩大会议，决定民盟总部被迫解散。

11 月 6 日　民盟总部解散公告以主席张澜名义发表：“自即日起一律停止政治活动，本盟总部同人即日起总辞职，总部亦即日解散。”

11 月 7 日　张澜在《时代日报》发表声明：“余迫不得已，忍痛于十一月六日通告全体民主同盟盟员，停止政治活动，并宣布民盟总部解散，但我个人对国家之和平民主统一团结之信念，及为此而努力之决心，绝不变更。”

12 月 2 日　民盟第一个地下支部——上海市支部秘密成立。

是年，民盟马来亚支部、英国支部成立。

1948 年

1 月 5 日至 19 日　民盟在香港举行一届三中全会。会议通过了《三中全会紧急声明》《三中全会政治报告》《三中全会宣言》《今后组织工作计划》，决定香港为民盟总部临时所在地，由沈钧儒、章伯钧以中常委名义暂时领导全盟工作。

3 月 1 日　民盟总部机关刊物《光明报》在香港出版。

3 月　民盟上海执行部成立，领导鲁、豫、皖、苏、浙、赣六省和沪、宁、青三市盟务工作，辛志超任主任委员。1949 年 6 月改华东区执行部，领导苏、浙、皖三省和沪、宁两市工作，史良任主任委员。

5 月 3 日　民盟发表《关于否认伪国大伪宪法伪总统的紧急声明》。

5 月 5 日　沈钧儒、章伯钧代表中国民主同盟与各民主党派领导人及无党派民主人士联合致电国内外各报馆各团体并转全国同胞，赞同和响应中共中央“五一口号”关于召开政治协商会议、成立民主联合政府的号召，并同时致电毛泽东。8 月 1 日毛泽东复电。

6月14日　民盟发表《致全国各民主党派各人民团体各报馆暨全国同胞书》，指出中共中央“五一口号”关于召开政治协商会议、实现民主联合政府的主张，“是一切民主党派和民主团体乃至全国人民的共同要求”，“是今日救国建国的惟一正确途径”，也与民盟一贯的政治主张相符合。

6月18日　民盟举行第二十一次中常委暨各处会联席会议，通过《中国民主同盟现阶段工作纲领》，规定了总的工作方针以及在蒋管区、解放区、海外和对外工作的方针。

7月15日　纪念李公朴、闻一多、陶行知、杜斌丞四烈士茶会在香港举行。

9月12日　沈钧儒、章伯钧由香港秘密启程前往东北解放区，29日到达哈尔滨，参加新政协筹备工作。

11月16日　沈钧儒、章伯钧代表民盟发表对时局声明，表示民主、和平、统一的新中国，只有在消灭反动独裁集团之后，通过新政协，组织民主联合政府，才能完全实现。

11月25日　中共领导人高岗、李富春等在哈尔滨与沈钧儒、章伯钧及其他民主人士经反复协商，就《关于召开新的政治协商会议诸问题》达成共同协议。

1949年

1月21日　民盟发表《我们对和平的态度》，拥护毛泽东于1月14日发表的《关于时局的声明》中提出的八项和平条件。

1月22日　沈钧儒与李济深、马叙伦等民主人士55人联名发表《我们对于时局的意见》，表示对于召开新政治协商会议、实现人民民主联合政府，“愿在中共领导下，献其绵薄，共策进行”。

3月5日　民盟总部由香港迁到北平，成立总部临时工作委员会。沈钧儒、章伯钧主持总部工作，同时宣布香港总部结束。

3月7日　民盟总部临工会函告毛泽东，表示“愿以志诚接受贵党之领导”。

3月25日　毛泽东、朱德、周恩来等中共中央领导人抵达北平，民盟及各民主党派领导人和无党派人士到西苑机场迎接。

4月23日　沈钧儒、章伯钧代表民盟和各民主党派发表《联合声明》，拥护中国人民革命军事委员会进军命令。24日，沈钧儒、章伯钧代表民盟和各民主党派致电祝贺人民解放军解放南京。

5月28日　张澜、罗隆基、史良等在上海发表联合声明，庆祝上海解放。

6月15日至19日　新政治协商会议筹备会第一次全体会议召开，民盟代表7人参加。沈钧儒在6月16日召开的新政协筹备会常务委员会第一次会议上当选常务委员会副主任。

6月16日　民盟总部机关报《光明日报》在北平创刊。

7月15日　民盟总部临时工作委员会与北平市支部在北平联合举行民盟殉难先烈纪念会。

8月　民盟总部迁到北平太平胡同1号办公（即今天民盟中央所在地北京东厂北巷1号）。

9月21日至30日　中国人民政治协商会议第一届全体会议在北平召开。民盟正式代表张澜、沈钧儒、章伯钧、张东荪、罗隆基、史良、周新民、楚图南、丘哲、周鲸文、费孝通、李相符、李文宜、胡愈之、辛志超、刘王立明16人，候补代表叶笃义、罗子为2人组成代表团出席大会。9月30日，张澜当选中华人民共和国中央人民政府副主席。

10月1日　下午2时，中央人民政府委员会举行第一次会议，主席毛泽东，副主席朱德、刘少奇、宋庆龄、李济深、张澜、高岗和56名委员宣布就职。沈钧儒被任命为最高人民法院院长。下午3时，民盟领导人在天安门参加中华人民共和国中央人民政府成立典礼。同日，民盟电贺中华人民共和国中央人民政府成立，宣布“本盟今后当竭诚地以全力拥护新政府，坚决执行中国人民政治协商会议共同纲领，以完成新民主主义新中国的建设”。

10月9日　全国政协一届一次会议在北京召开，会议选举沈钧儒为全国政协副主席，张澜、沈钧儒、章伯钧等为常务委员。

10 月 19 日　中央人民政府委员会会议通过政务院及其下属机构主要负责人任命名单，黄炎培任副总理兼轻工业部部长，章伯钧任交通部部长，马叙伦任教育部部长，史良任司法部部长，胡愈之任出版总署署长。

11 月 15 日至 12 月 20 日　民盟在北京举行一届四中全会扩大会议。会议通过了《政治报告》《盟务研讨总结报告》《地方盟务总结》《中国民主同盟盟章》《关于接受共同纲领及停止民盟纲领的决议》《四中全会扩大会议宣言》等决议和文件。盟章总纲明确规定“本盟接受中国共产党的领导”。增选中央委员 47 人，候补中央委员 33 人。12 月 5 日傍晚，毛泽东和中共中央其他领导同志在中南海接见民盟出席会议人员。12 月 6 日，周恩来招待出席会议人员并发表讲话。

11 月 27 日　重庆解放前夕，国民党对白公馆、渣滓洞等狱中几百名革命志士进行大规模屠杀，并纵火焚烧了渣滓洞，制造了震惊中外的一一·二七惨案。在一一·二七惨案及其前后的屠杀中，有 28 名民盟盟员遇难。

12 月 7 日　成都解放前夕，国民党在成都十二桥集中杀害了 32 名革命志士，制造了成都十二桥惨案，有 14 名民盟盟员遇难。

12 月 27 日　民盟举行一届五中全会，选举张澜为主席，沈钧儒为副主席。决定设立中央政治局，推选张澜、沈钧儒、章伯钧、张东荪、黄炎培、马叙伦、罗隆基、史良、彭泽民、周新民为委员，章伯钧为政治局秘书长。民盟总部临时工作委员会宣告结束。

年底　民盟总部颁布《中国民主同盟盟员登记暂行办法》。

1950 年

4 月 22 日　民盟一届五次中常会通过《中国民主同盟各地方组织选举办法》。

5 月 6 日　民盟一届六次中常会通过《中国民主同盟各处会组织大纲》。

6月17日　张澜在全国政协一届二次会议上代表民盟发言，拥护中共中央提出的土地改革法草案。

7月8日　民盟一届八次中常会决定成立西南总支部临时工作委员会。同日，民盟总部召开海外盟务工作座谈会，就今后海外工作问题交换意见。

7月22日　民盟中央政治局第十五次会议通过《中国民主同盟区总支部组织规程》。

7月25日　民盟总部机关刊物《盟讯》创刊。

8月4日　民盟总部发出《关于发动盟员参加土地改革的通知》，动员盟员积极参加土地改革运动。

11月4日　中国共产党与各民主党派发表联合宣言，全力拥护抗美援朝运动。

11月26日至12月10日　民盟一届六中全会在北京举行。会议通过《政治报告》《盟务报告》等文件和决议案，确定民盟的中心任务是参加抗美援朝运动。

1951年

1月25日　张澜、沈钧儒发表《中国民主同盟调查海外归国盟员通告》，举办海外归国盟员登记，并公布登记办法。

5月26日　民盟一届十五次中常会决议，通告各级地方组织扩大和深入进行抗美援朝、土地改革、镇压反革命三大运动。

6月16日　民盟中央政治局第四十一次扩大会议决议，成立中国民主同盟抗美援朝爱国武器捐献委员会。

6月21日　民盟与各民主党派及无党派民主人士联合发表宣言，庆祝中国共产党成立30周年。

7月2日　民盟一届十六次中常会决定成立民盟总部临时学习委员会，张澜任主任，沈钧儒任副主任。

11月13日至27日　民盟在北京召开全国组织宣传工作会议，提倡广泛开展思想改造运动。

12 月 19 日　民盟一届二十三次中常会通过《关于开展增产节约反贪污反浪费反官僚主义运动的指示》。民盟总部随后成立“节约检查委员会”，开展机关的“三反”运动。

1952 年

5 月 31 日　民盟一届二十七次中常会决议成立临时文教工作组，配合政府对高等院校院系调整及课程改革工作。

7 月 12 日　民盟中央常委会发布《关于发展组织工作的指示》，决定将组织路线调整为“以发展中上层为主”。

9 月 5 日　民盟总部印发《关于学习共同纲领的通知》。

11 月 26 日　民盟一届三十四次中常会决议，将《光明日报》改组为各民主党派共同主办的报纸。

1953 年

3 月 1 日至 14 日　民盟地方组织文教工作汇报会召开，交流各地参加文教工作的情况和经验。

5 月 27 日至 6 月 8 日　民盟一届七中全会扩大会议确定以积极参加国家文教建设为中心工作。会议通过《政治报告》《盟务报告》《中国民主同盟盟章》。决定撤销中央政治局，增选章伯钧、罗隆基、马叙伦、史良、高崇民为副主席；中央委员会设秘书长；撤销海外工作委员会，停止海外支部活动。

6 月 21 日　民盟一届四十二次中常会推选胡愈之任秘书长。

12 月 15 日　民盟一届四十六次中常会扩大会议号召地方组织拥护并宣传政府粮食计划收购和计划供应政策，支持国家发行经济建设公债。

1954 年

6 月 22 日　民盟一届五十一次中常会扩大会议通过《关于学习讨论

和宣传中华人民共和国宪法草案的指示》。

8 月 22 日　民盟与政协全国委员会、中国共产党、各民主党派、各人民团体联合发出《解放台湾联合宣言》。

9 月 15 日至 28 日　一届全国人大一次会议在北京召开。会议通过了《中华人民共和国宪法》。选举张澜、沈钧儒、黄炎培为全国人大常委会副委员长。

12 月 21 日至 25 日　全国政协二届一次会议在北京召开。会议选举张澜、沈钧儒、黄炎培、章伯钧为全国政协副主席。

1955 年

2 月 9 日　张澜逝世。

2 月 10 日　民盟召开中常会临时扩大会议，推举沈钧儒为代理主席。

12 月 2 日　民盟总部印发《要求各级组织继续对有关知识分子的各项问题进行深入调查研究的通知》。

1956 年

1 月 23 日　民盟总部将《关于高级知识分子问题主要情况的分析和建议》《关于政协全国委员会设立高级知识分子问题委员会的建议》分别报送中共中央统战部和政协全国委员会。

2 月 9 日至 20 日　民盟第二次全国代表大会在北京召开。大会共有代表 348 人。大会提出“一切为了社会主义”的口号，通过了盟务报告和《中国民主同盟章程》。修改后的盟章指出“中国民主同盟是中国人民民主统一战线中的一个民主党派”。

2 月 21 日　民盟二届一中全会选举沈钧儒为主席，章伯钧、罗隆基、马叙伦、史良、高崇民为副主席。

5 月 16 日　民盟二届二次中常会选任胡愈之为秘书长。

7 月 5 日、9 日、16 日　民盟中央举行座谈会，讨论“百花齐放、百家争鸣”方针。

7月18日　民盟中央举行座谈会，讨论贯彻“长期共存、互相监督”的方针。

10月9日　民盟二届五次中常会决定出版《争鸣》月刊，代替《盟讯》，在国内公开发行。

11月1日　《争鸣》创刊。共出版23期，最后一期为1958年12月号。

1957年

3月27日至4月5日　民盟在北京召开全国工作会议，学习讨论毛泽东《关于正确处理人民内部矛盾问题》重要讲话和“长期共存、互相监督”“百花齐放、百家争鸣”的方针。

4月30日　毛泽东、刘少奇、周恩来、朱德等中共领导人在天安门城楼约集各民主党派中央负责人和无党派民主人士座谈，请他们帮助中共整风。沈钧儒、黄炎培、罗隆基、史良、高崇民、马叙伦等出席。

5月13日　民盟中央举行会议，决定成立四个工作组，分别对“高等院校党委负责制”“科学规划”“有职有权”和“长期共存、互相监督”“百花齐放、百家争鸣”四个专题进行研究。

6月9日　民盟中央在《光明日报》发表《对于有关我国科学体制问题的几点意见》，并配发《为互相监督开拓了新路》的短评。

6月17日　民盟中央将《我们对于高等学校领导制度的建议（草案初稿）》分送有关方面征求意见。

6月18日　民盟二届十三次中常会紧急扩大会议通过《为号召全盟展开反右派斗争并开始盟内整风的决定》。

6月25日　民盟二届十五次中常会通过《关于盟内整风运动的补充指示》。会议决定成立民盟中央整风领导小组。

9月13日至21日　民盟召开全国整风工作会议，提出全面开展盟内整风的方针和任务。

1958 年

3 月 4 日　民盟与各民主党派中央联合发出《关于在各民主党派内部进一步开展整风运动的决定》。

3 月 16 日　沈钧儒和在京中央委员及北京市盟员参加各民主党派和无党派民主人士在天安门广场举行的“社会主义自我改造促进大会”。

11 月 12 日至 12 月 4 日　民盟第三次全国代表大会在北京召开。大会共有代表 339 人，候补代表 33 人。会议通过了《中国民主同盟第二届中央委员会工作报告》《中国民主同盟关于社会主义改造规划》。

12 月 6 日　民盟三届一中全会选举沈钧儒为主席，杨明轩、马叙伦、史良、高崇民、胡愈之、邓初民、陈望道、吴晗、楚图南为副主席。同日，民盟三届一次中常会决定闵刚侯担任秘书长。

1959 年

1 月 15 日　民盟中央内部刊物《中央盟讯》创刊。

4 月　沈钧儒、黄炎培在二届全国人大一次会议上当选为全国人大常委会副委员长，在全国政协三届一次会议上当选为全国政协副主席。

6 月 17 日　民盟中央发出《关于号召全盟积极投入增产节约运动的通知》。

9 月 29 日　民盟与各民主党派、工商联，无党派人士共同向毛泽东致献辞，庆祝中华人民共和国成立十周年。

12 月 11 日　民盟三届十一次中常会扩大会议讨论关于“右派分子”摘帽问题，决议摘掉一部分中委及候补中委“右派分子”帽子。

1960 年

7 月 25 日至 9 月 5 日　民盟三届二中全会扩大会议在北京召开。会议的任务是进行形势教育，交流工作经验，推动盟员积极服务，加强改造。会议期间中共中央领导人毛泽东、刘少奇、朱德、周恩来等接见了与会人员。

1961 年

12 月 4 日至 11 日　民盟中央在北京召集北京、上海、河北、山西、辽宁、吉林、黑龙江、陕西、江苏、浙江十省、市组织负责人举行基层工作座谈会。

1962 年

4 月 19 日至 24 日　民盟三届二十六次中常会扩大会议在北京召开。会议通过了《中国民主同盟关于加强基层组织工作的几点意见（草案）》《关于调整巩固组织和发展盟员的意见》等文件。

8 月 8 日　民盟中央印发《中国民主同盟中央常务委员会关于积极参加文教界方面精简工作的通知》。

1963 年

1 月 17 日至 20 日　民盟三届三中全会在北京举行。会议号召在全盟认真进行一次爱国主义、国际主义和社会主义（即“三个主义”）的思想教育。

6 月 11 日　沈钧儒逝世。

6 月 12 日　民盟三届中常会举行第二十九次紧急扩大会议，决定杨明轩为代理主席。

12 月 11 日　民盟三届四中全会选举杨明轩为主席。同日，民盟三届四十三次中常会扩大会议同意闵刚侯辞去秘书长职务，推选胡愈之兼任秘书长。

1964 年

1 月 31 日　民盟三届四十五次中常会决定设立“三个主义教育学习委员会”，胡愈之兼主任委员。

8 月 9 日　民盟中央负责人及机关干部参加北京市各界举行的谴责美国武装侵略越南的 10 万人大会，杨明轩代表各民主党派在大会上讲话。

1965 年

1 月　杨明轩、黄炎培、周建人在三届全国人大一次会议上当选为全国人大常委会副委员长，高崇民、马叙伦、黄炎培在全国政协四届一次会议上当选为全国政协副主席。

12 月 21 日　黄炎培逝世。

1966 年

7 月 25 日　民盟三届六十一次中常会决定在中常会领导下成立民盟中央机关“文革办公室”。

8 月 5 日至 10 日　民盟中央举行座谈会，分组学习《中国共产党中央委员会关于无产阶级文化大革命的决定》。

8 月 24 日　民盟中央机关接到北京市中学红卫兵“通牒”，勒令限期 72 小时内自动解散民盟组织。25 日，民盟中央以办公厅名义贴出《中国民主同盟公告》，“自即日起停止办公”。26 日，北京市中学红卫兵到机关进行查封。

1967 年

8 月 22 日　杨明轩逝世。

1969 年

5 月 17 日　章伯钧逝世。

是年，民盟部分中央委员和民盟中央机关全体干部下放至湖北沙洋五七干校劳动。

1970 年

5 月 4 日　马叙伦逝世。

10 月　各民主党派中央机关迁入全国工商联大楼合署办公，成立联合办事组。

1971 年

7 月 29 日　高崇民逝世。

1972 年

10 月 9 日　各民主党派中央机关成立 7 人组成的临时领导小组，李文宜任组长。

10 月 30 日　各党派以全国政协名义成立学习领导小组，正式恢复学习活动，民盟、民进组成一个学习组。

1973 年

5 月　全国政协组织人大、政协部分常委和各民主党派、工商联、无党派爱国人士学习组部分成员分华东、中南、北京三路参观学习，民盟同志参加。后 1974 年、1975 年都有此类活动。

10 月　民盟、民进学习组传达中共中央副主席叶剑英关于统一战线工作的讲话。

1977 年

2 月 18 日　全国政协在北京饭店举行春节联欢会，叶剑英、李先念、邓颖超、乌兰夫、廖承志及各民主党派、工商联负责人出席。史良、胡愈之、童第周、闻家驷、沙千里、萨空了、楚图南等参加联欢会。

8 月 4 日至 8 日　邓小平主持召开“科学和教育工作座谈会”。这次会议决定恢复高考。苏步青、唐敖庆、马大猷、童第周等参加会议。

10 月 28 日　中共中央统战部召开座谈会，传达中共中央关于各民主党派、工商联恢复工作的通知。民盟中央开始酝酿成立临时领导小组。

1978 年

2 月 15 日　民盟召开三届六十二次中常会，这是民盟恢复工作后第一次召开中央常务委员会。会议决定成立民盟中央临时领导小组。领导小组由史良、胡愈之、邓初民、楚图南、萨空了、李文宜组成，史良为第一负责人，胡愈之为第二负责人。

2月24日至3月8日　全国政协五届一次会议在北京召开。会议选举史良、庄希泉、童第周为全国政协副主席。

3月9日至11日　民盟中央邀请民盟出席五届全国人大一次会议的代表和全国政协五届一次会议的委员举行盟务座谈会。会后中共中央统战部设宴招待各党派参会人员，全国政协主席邓小平出席并讲话。

5月23日　民盟三届六十三次中常会扩大会议决定在民盟中央临时领导小组下设立工作委员会。

8月1日　民盟中央临时领导小组第一次会议讨论通过《关于开展调查研究，召开区域性盟务座谈会的计划》，决定编印内部刊物《盟务简讯》，确定工作委员会分工负责人名单。

12月28日　民盟中央成立落实政策小组，李文宜任组长，下设办公室，由罗涵先、林亨元负责。

1979年

2月7日　民盟中央机关迁回东厂北巷1号原址办公。

3月30日　童第周逝世。

6月15日至7月2日　全国政协五届二次会议在北京召开。会议增选胡愈之为全国政协副主席。

6月18日至7月1日　五届全国人大二次会议在北京召开。会议增选史良为全国人大常委会副委员长。

10月11日至22日　民盟第四次全国代表大会在北京召开。大会共有代表474人。通过《中国民主同盟第三届中央委员会工作报告》和《中国民主同盟章程》，提出把民盟的工作重点转移到为四个现代化服务上来。10月19日，中共中央和国家领导人叶剑英、邓小平、李先念等在人民大会堂接见参加各民主党派和工商联全国代表大会的代表。

10月23日　民盟四届一中全会选举史良为主席，胡愈之、邓初民、楚图南、苏步青、华罗庚、彭迪先、萨空了、李文宜、费孝通为副主席，高天为秘书长。

10 月 24 日　民盟四届一次中常会决定民盟中央机关下设办公厅、组织部、宣传部和文史资料委员会、文教科技委员会、联络委员会。

12 月 28 日　民盟盟员唐敖庆、王金陵、彭少逸、吴执中、潘世宬、李秉权、吴征镒获全国劳动模范称号。29 日，民盟中央为参加表彰会的盟员举行茶会。

1980 年

1 月 1 日　《中央盟讯》复刊。

4 月 2 日　民盟四届二次中常会通过《关于撤销原错划为右派分子，现已改正的本盟第二届中央委员和候补中央委员的盟纪处分的决定》《关于成立民盟中央教育计划和教育体制研究小组的决议》《关于当前组织工作几个问题的意见》。

6 月 27 日　民盟举行在京中常委（扩大）座谈会，传达中共中央批转中央统战部《关于爱国人士中的右派复查问题的请示报告》的通知。

7 月 21 日至 8 月 6 日　民盟中央在青岛召开教育问题座谈会。会议草拟了《对于我国教育改革的建议（草稿）》。

9 月 14 日至 16 日　民盟四届三次中常会扩大会议讨论通过《关于我国教育工作的几点建议》，10 月 8 日提交中共中央书记处参考。

11 月　史良发表谈话，拥护最高人民检察院特别检察厅对林彪、江青为首的反革命集团犯罪事实的起诉，以及最高人民法院特别法庭对林彪、江青反革命集团依法进行审判。民盟中央选派费孝通任特别法庭审判员。

1981 年

1 月 1 日至 15 日　民盟中央在北京召开全国工作会议，交流各地盟组织推动盟员为“四化”服务的经验。

6月22日　中共中央邀请在京各民主党派、全国工商联负责人，无党派人士和全国政协部分同志举行座谈，就即将提交中共十一届六中全会的《关于建国以来党的若干历史问题的决议（草案）》征求意见。史良等民盟中央领导同志出席并发言。中共中央就全会重要文件、重大国家事务等向党外人士征求意见成为定例。

12月15日　中国民主同盟成立40周年纪念大会在北京召开。乌兰夫代表中共中央到会祝贺，史良作讲话。

12月20日　民盟四届二中全会增选闻家驷为副主席。

1982年

2月17日至19日　民盟四届八次中常会决定成立民盟中央知识分子工作研究小组，楚图南任组长。

3月13日　民盟中央向各省、市、自治区委员会发出《关于开展知识分子政策落实情况调查研究工作的通知》。

4月1日　民盟中央在全国政协礼堂举行纪念张澜先生诞辰110周年大会。

7月15日至17日　民盟四届九次中常会通过《关于进一步落实知识分子政策的若干建议》，19日提交中共中央书记处。

9月1日至11日　中国共产党第十二次全国代表大会召开，史良、胡愈之、楚图南、苏步青、华罗庚、萨空了、李文宜、费孝通等应邀列席。此后，中共历次全国代表大会均邀请各民主党派负责人列席。

1983年

1月4日至28日　民盟中央组织叶笃义、钱伟长、费孝通、千家驹、林亨元、刘思慕、陶大镛、龚祥瑞、芮沐、王铁崖、潘大逵、侯学煜分选12个题目举办新宪法讲座，后将讲稿编成《新宪法十二讲》出版。

1月29日至2月4日　民盟中央在北京召开城市中学教育调查研究工作汇报会。会议形成《关于改革城市中等教育的几点建议》，2月23日提交中共中央书记处。

2 月 20 日至 27 日　中共中央统战部和国家民委召开民主党派为边疆少数民族地区“四化”建设服务挂钩会。民盟中央和新疆、内蒙古、云南、贵州、宁夏、甘肃、吉林、黑龙江、辽宁九省区达成智力支边协议 39 项。

3 月 15 日至 31 日　中国民主同盟盟员美术作品展览会在北京民族文化宫举行。

6 月 4 日至 22 日　全国政协六届一次会议在北京召开。会议选举费孝通、庄希泉为全国政协副主席。

6 月 6 日至 21 日　六届全国人大一次会议在北京召开。会议选举史良、胡愈之为全国人大常委会副委员长。

6 月 12 日　民盟中央文教科技委员会举办的“多学科学术讲座”在北京中国历史博物馆举行开学典礼。“多学科学术讲座”从 1983 年至 1988 年每年举办，听课达 2.7 万余人次。

9 月 22 日　史良就中国政府将于 1997 年收回香港主权问题发表谈话。

12 月 14 日至 25 日　民盟第五次全国代表大会在北京召开。大会共有代表 686 人。习仲勋出席开幕式并宣读中共中央贺词。大会通过了《团结起来，为建设社会主义物质文明和精神文明贡献一切力量》的工作报告和《中国民主同盟章程》。

12 月 27 日　民盟五届一中全会选举史良为主席，胡愈之、楚图南、苏步青、华罗庚、彭迪先、萨空了、李文宜、费孝通、闻家驷、钱伟长、高天、叶笃义、谈家桢、陶大镛为副主席，叶笃义兼秘书长。设立中央执行局，高天任执行局主任。

1984 年

3 月 3 日　民盟召开五届二次中常会，决定民盟中央工作机构增设研究室、学习委员会、社会服务部。

6 月 2 日至 12 日　民盟全国组宣工作会议在北京召开，本着“遵守协议，照顾历史，尊重自愿，协商解决”原则，研究民盟的组织建设与思想建设问题。

9月15日至25日　费孝通率队考察甘肃定西，后向中共中央提交《关于定西地区区域发展的刍议》。民盟中央自此开始对定西的帮扶。

10月30日至11月8日　民盟中央召开民盟为“四化”服务经验交流会。

1985年

1月2日　民盟中央在人民大会堂举行纪念沈钧儒先生诞辰110周年座谈会。

1月7日至13日　由天津、上海、福建三省市民盟组织发起，民盟九省市普通教育研究讨论会在福建漳州市举行。这是民盟首届部分省市普通教育研讨会。会议形成《关于城市普通教育改革的几点建议》。

1月16日　民盟中央向中共中央书记处提交《关于高等教育改革的几点建议》《关于城市普通教育改革的几点建议》。

3月25日至4月8日　全国政协六届三次会议在北京召开。会议增选华罗庚为全国政协副主席。

4月7日　民盟中央主办的综合性月刊《群言》创刊并在国内外公开发行。20日，《群言》杂志在北京民族文化宫举行创刊茶话会。

6月12日　华罗庚在东京大学向日本数学界作演讲，突发急性心肌梗塞，当晚不治逝世。

9月6日　史良逝世。

9月27日　民盟五届八次中常会推选胡愈之为代理主席。

10月2日　各民主党派、工商联为“四化”服务先进集体和个人代表表彰大会在北京举行。60位盟员受到表彰。

11月11日　民盟中央和农工党中央在全国政协礼堂联合举行纪念章伯钧同志诞辰90周年座谈会。

1986 年

1 月 16 日　胡愈之逝世。

1 月 30 日至 31 日　民盟五届九次中常会推选楚图南为代理主席，推定费孝通为常务副主席。

3 月 25 日至 4 月 12 日　六届全国人大四次会议在北京召开。会议补选楚图南为全国人大常委会副委员长。

6 月 7 日至 24 日　费孝通陪同中共中央总书记胡耀邦赴英国、联邦德国、法国、意大利进行友好访问。

7 月 9 日至 16 日　民盟全国组宣工作会议在北京召开，着重研究民盟组织领导层新老合作交替问题。

7 月 15 日　民盟中央在北京举行纪念民盟成立 45 周年暨李公朴、闻一多烈士殉难 40 周年大会。此后，纪念李闻殉难大会逢十周年召开。

7 月 20 日至 8 月 20 日　民盟中央在中国革命博物馆举办“中国民主同盟历史资料暨先烈生平事迹展览”。

10 月 21 日至 26 日　民盟中央在北京举办第四期“多学科学术讲座”，以“我国社会经济科技发展战略问题”为总题目，费孝通、钱伟长等 10 位专家主讲，中央电视台全程录像并向全国播出。

10 月 24 日　民盟中央在全国政协礼堂举行纪念罗隆基同志诞辰 90 周年座谈会。

12 月 12 日至 19 日　应费孝通邀请，英国前首相詹姆斯・卡拉汉来华访问。

12 月 31 日　民盟五届三中全会选举楚图南为主席，通过召开全国代表会议的决定。

是年，民盟四川省委会与中共遂宁市委、市政府在智力扶贫等方面开展合作，拉开“盟遂合作”的序幕。1987 年 12 月 19 日正式签订《协议书》。

1987年

1月2日至8日　民盟全国代表会议在北京召开。会议通过《关于补充和修改盟章部分条文的决议》《中国民主同盟中央参议委员会暂行条例》《关于同意一部分老同志不再担任中央委员会委员、候补委员的请求提请全国代表大会审议的报告》等文件。接受楚图南辞去主席，苏步青和闻家驷辞去副主席职务。决定撤销中央执行局，设立中央参议委员会。

1月9日　民盟五届四中全会选举楚图南为名誉主席，选举费孝通为主席，增选千家驹、关梦觉、罗涵先、马大猷、冯之浚为副主席。接受叶笃义辞去秘书长职务，选举吴修平为秘书长。同日，民盟第一届中央参议委员会举行全体会议，选举苏步青为主任，闻家驷、潘大逵、黄药眠、沈兹九、冯素陶、林亨元为副主任，吴春选为秘书长。

1月10日　民盟五届十四次中常会推定高天为常务副主席。

2月18日至20日　民盟中央在北京召开28个省（自治区、直辖市）及9个市委会秘书长会议。

3月24日至4月8日　全国政协六届五次会议在北京召开。会议增选钱伟长为全国政协副主席。

7月6日至22日　应波兰民主党邀请，钱伟长率领民盟代表团赴波兰访问。

8月8日至11日　民盟中央在北京召开咨询服务工作会议。

9月18日　民盟中央向中共中央书记处报送《关于当前知识分子情况的报告》。

9月　中共中央召开党外人士座谈会，征求对中共十三大报告草稿的意见。楚图南、费孝通、钱伟长、彭迪先、李文宜、高天、叶笃义、陶大镛、千家驹、罗涵先、马大猷、冯之浚等27位民盟同志出席。中共中央就全国代表大会报告征求党外人士意见建议成为定例。

10月11日至16日　民盟在天津召开普通教育改革研讨会，28个省、自治区、直辖市参加。

1988 年

3 月 24 日至 4 月 10 日　全国政协七届一次会议在北京召开。会议选举钱伟长、苏步青为全国政协副主席。

3 月 25 日至 4 月 13 日　七届全国人大一次会议在北京召开。会议选举费孝通为全国人大常委会副委员长。4 月 8 日，各民主党派首次在人民大会堂联袂举行中外记者会，费孝通、钱伟长出席并回答中外记者提问。

4 月　民盟中央成立区域发展研究委员会，费孝通为召集人。

5 月 10 日　民盟中央在全国政协礼堂召开纪念杜斌丞同志诞辰 100 周年纪念会。

5 月 17 日　民盟中央向中共中央和有关部门报送《关于当前职称评审工作的调查报告》。

6 月 28 日至 7 月 4 日　民盟中央与山东省政府在山东东营市召开“黄河三角洲经济、技术和社会发展战略研讨会”。

6 月 29 日至 7 月 2 日　民盟辽宁、沈阳、大连、唐山、天津五省市高教改革研讨会在天津召开。这是民盟首届部分省市高等教育研讨会。

7 月 11 日至 12 日　民盟中央在甘肃兰州举行“甘宁青黄河上游多民族经济开发区建设研讨会”。

7 月 13 日　民盟中央向中共中央、国务院提交《关于建立黄河上游多民族经济开发区的建议》。

10 月 8 日至 16 日　民盟第六次全国代表大会在北京召开。大会共有代表 883 人。阎明复出席开幕式并宣读中共中央贺词。会议通过题为《在社会主义和爱国主义旗帜下，推进政治民主、改革开放，为建设有中国特色的社会主义而奋斗》的报告、《参议委员会向民盟六大的工作报告》和《中国民主同盟章程》。选举楚图南为名誉主席。

10 月 17 日　民盟六届一中全会选举费孝通为主席，钱伟长、高天、叶笃义、谈家桢、陶大镛、千家驹、关梦觉、罗涵先、马大猷、冯之浚、丁石孙、康振黄、孔令仁、谢颂凯为副主席，吴修平为秘书长。同日，民盟第二届中央参议委员会举行第一次全体会议，选举苏步青为主任，冯素陶、李文宜、沈兹九、陈敏之、林亨元、闻家驷、彭迪先、潘大逵为副主任。

12 月 3 日　民盟六届二次主席会议通过《民盟中央主席会议制度》。

12 月 14 日至 18 日　民盟中央在北京召开农业问题研讨会，形成《关于农业问题的意见和建议》，1989 年 3 月 20 日提交中共中央参考。

1989 年

1 月 16 日至 19 日　民盟六届二次中常会讨论当前形势和中国共产党领导下的多党合作问题。通过《民盟中央专门委员会组织条例》。

2 月 12 日至 16 日　民盟中央在北京召开教育问题研讨会，研讨我国教育事业宏观发展战略。28 日，民盟中央向中共中央提交关于教育问题的十条意见。

3 月 19 日至 27 日　全国政协七届二次会议在北京召开。民盟中央作《振兴教育，刻不容缓》的大会发言。政协民盟组作《对三峡工程论证的意见》的大会发言。

3 月　民盟中央主办的群言出版社成立。1991 年 1 月正式开业。

4 月 12 日至 16 日　民盟中央在北京举行“多党合作问题研讨会”。会议形成的有关意见和建议报送由中共中央和各民主党派共同组成的多党合作专门小组。

4 月 15 日　应波兰民主党邀请，费孝通率领民盟代表团参加波兰民主党代表大会。

9 月 20 日　中共中央统战部、国家民委、各民主党派中央、全国工商联支援贵州省毕节开发扶贫、生态建设试验区发展规划实施顾问组成立，钱伟长任组长。同月，民盟中央在毕节县何官屯乡建立“开发扶贫、生态建设”示范基地，开始对毕节的对口帮扶。

11 月 8 日　民盟在江苏徐州召开区域规划与咨询工作经验交流会，费孝通在会上提出民盟要为经济建设做实事、做好事。

11 月 23 日　民盟中央在全国政协礼堂举行纪念邓初民同志诞辰

100 周年座谈会。

12 月 25 日　民盟中央向中共中央、国务院提交关于黄河三角洲经济开发问题的建议。

1990 年

2 月 19 日至 22 日　民盟六届二中全会通过《认真学习贯彻〈中共中央关于坚持和完善中国共产党领导的多党合作和政治协商制度的意见〉决议》和《民盟中央关于当前加强思想建设和组织建设的若干意见》。

3 月 18 日至 29 日　全国政协七届三次会议在北京召开。民盟中央作《科技队伍青黄不接的问题亟待解决》的大会发言。政协民盟组提出《关于加速建设国家商品粮基地的建议》。

4 月 1 日至 9 日　钱伟长率调研组赴福建考察。5 月 29 日，民盟中央向中共中央提交《关于发展闽东经济的几点建议》《反映福建省南平地区几个急迫的问题》。

4 月 9 日　民盟中央向中共中央提交《关于建立长江三角洲经济开发区的初步设想》。4 月 10 日，中共中央总书记江泽民在中南海会见费孝通，就建立长江三角洲经济开发区的初步设想交换意见。4 月 10 日至 5 月 5 日，费孝通在江苏、浙江、上海就建立长江三角洲经济协作开发区设想进行调研。5 月 5 日，民盟中央向中共中央提交《关于开发长江三角洲的建议》。

5 月 7 日至 10 日　费孝通、高天、罗涵先、吴修平参加青海、甘肃、宁夏、内蒙古四省区在甘肃兰州召开的“黄河上游多民族经济开发区第一次协调会议”，费孝通作《开发大西北，迎接 21 世纪》的发言。5 月 16 日，民盟中央向中共中央、国务院提交《关于黄河上游多民族经济开发区工作的建议》。

6 月 25 日至 27 日　民盟六届八次中常会传达贯彻全国统战工作会议精神，通过《民盟中央关于当前巩固、健全组织的决定》。

7 月 23 日至 28 日　民盟在北京召开全国工作会议，进一步贯彻《中共中央关于坚持和完善中国共产党领导的多党合作和政治协商制度的意见》。

7月　国务院召开长江三峡工程论证汇报会，陶大镛代表民盟中央发言。

11月26日至30日　民盟中央在北京召开全国社会服务工作会议，号召全盟发扬做实事、做好事的精神，努力为社会主义建设服务。

10月22日至23日、12月17日　中共中央在中南海举行党外人士座谈会，征求对国民经济和社会发展十年规划和“八五”计划纲要的意见。费孝通代表民盟中央发言。中共中央就国民经济和社会发展五年计划（“十一五”起为五年规划）向各民主党派中央、全国工商联和无党派代表人士征求意见成为定例。

1991年

1月12日　民盟中央邀请部分担任特约监察员、特约检察员及参加国务院税收财务物价大检查的盟员举行座谈会，研究探讨民盟参政议政问题。

1月13日　江泽民、李鹏在中南海邀请党外人士共迎新春。费孝通、钱伟长出席。中共中央每年召开党外人士新春座谈会成为定例。

2月19日　民盟中央印发《关于干部后备队伍建设的意见》。

3月19日　民盟中央、中国革命博物馆、文物出版社共同举办的“中国民主同盟50年历史文献暨盟员著作展览”在中国革命博物馆开幕。

3月23日至4月4日　全国政协七届四次会议在北京召开。民盟中央作《充分发挥知识分子在社会主义现代化建设中的作用》的大会发言。政协民盟组作《支持社会力量办学，重视多渠道培养人才》的大会发言。

4月27日　中国民主同盟成立50周年纪念大会在北京召开。乔石、丁关根代表中共中央到会祝贺。费孝通作讲话，提出“出主意、想办法，做实事、做好事”12字主张。

4月30日至5月11日　费孝通考察山东惠民和河北广宗，后形成

《赴山东省惠民地区和河北省广宗县扶贫考察报告》，5 月 28 日提交中共中央。民盟中央自此开始对广宗的帮扶。1994 年国务院扶贫办确立广宗为民盟中央定点帮扶县。

6 月 13 日　民盟中央在人民大会堂召开杨明轩同志诞辰 100 周年纪念座谈会。

6 月上旬　费孝通考察四川攀西地区。7 月 24 日，民盟中央向中共中央、国务院提交《关于建立攀西开发区重建南方丝绸之路开发大西南的设想》。

7 月 4 日至 20 日　费孝通考察吉林延边地区。7 月 27 日，民盟中央向中共中央、国务院提交《关于珲春出海口岸建设及图们江地区开发开放的建议》。

10 月 18 日　陶行知先生诞辰 100 周年纪念大会在人民大会堂举行。“陶行知先生生平事迹展览”同月 17 日在中国革命博物馆开幕。

11 月 5 日至 8 日　民盟全国妇女工作经验交流会在北京举行。

11 月 14 日　民盟中央在全国政协礼堂召开高崇民同志诞辰 100 周年纪念会。

1992 年

1 月 14 日至 17 日　民盟智力扶贫工作经验交流会在北京举行。

3 月 18 日至 28 日　全国政协七届五次会议在北京召开。民盟中央作《扭住经济建设中心不放，努力促进地区经济协调发展》的大会发言。政协民盟组作《从战略高度进一步发挥知识分子作用》的书面发言。3 月 25 日，冯之浚代表民盟中央在中外记者招待会上答记者问。

4 月 26 日至 5 月 4 日　费孝通在上海调研。5 月 4 日，费孝通与上海市领导吴邦国、汪道涵等座谈，希望上海在全国经济发展中当好“龙头”。5 月 15 日，民盟中央向中共中央提交《关于振兴上海经济的设想和建议》。

9 月 18 日　民盟中央向中共中央提交《对进一步加快黄河上游多民

族地区经济发展的建议》。

11月26日至29日　费孝通、冯之浚考察河北沧州职业教育状况，后向全国人大常委会提交《要提倡利用贷款发展教育——关于河北省沧州地、市职业教育的视察报告》。

12月9日　民盟中央向中共中央提交《关于加快黄河三角洲开发的建议》。

12月22日至28日　民盟第七次全国代表大会在北京召开。大会共有代表850人。田纪云出席开幕式并宣读中共中央贺词。大会通过题为《努力发挥参政党作用，在建设有中国特色社会主义的伟大事业中作出新贡献》的报告、《第二届中央参议委员会向民盟七大的工作报告》和《中国民主同盟章程》。推举楚图南为名誉主席。

12月29日　民盟七届一中全会选举费孝通为主席，钱伟长、高天、谈家桢、陶大镛、罗涵先、马大猷、冯之浚、丁石孙、康振黄、孔令仁、谢颂凯、吴修平、张毓茂为副主席，俞泽猷为秘书长。同日，民盟七届一次中常会决定高天为常务副主席。民盟第三届中央参议委员会第一次全体会议推举苏步青为主任，叶笃义、冯素陶、刘开渠、李文宜、吴作人、陈敏之、林亨元、闻家驷、萧乾为副主任。

1993年

3月14日至27日　全国政协八届一次会议在北京召开。会议选举钱伟长、苏步青为全国政协副主席。民盟中央作《关于扶持和发展民办高等教育的建议》的大会发言。3月18日，丁石孙在两会新闻中心答中外记者问。

3月15日至31日　八届全国人大一次会议在北京召开。会议选举费孝通为全国人大常委会副委员长。

5月15日　民盟全国办学工作会议在广东佛山举行。

6月29日　中共中央在中南海举行各民主党派中央、全国工商联负责人和无党派代表人士座谈会，征求对当前经济工作的意见。费孝通、钱伟长出席并发言。中共中央就经济工作向各民主党派中央、全国工商联和无党派代表人士征求意见成为定例。

9 月 7 日至 8 日　民盟中央在北京召开“开发环渤海地区战略座谈会”。9 月 26 日，民盟中央向中共中央提交《关于加快发展环渤海地区的若干建议》。

11 月 12 日至 13 日　民盟中央在北京召开“中原、淮海地区发展战略座谈会”。

11 月 22 日　国务院在中南海召开座谈会，听取各民主党派中央、全国工商联负责人和无党派人士考察三峡工程的意见。钱伟长、叶笃义在会上发言。

12 月 15 日至 17 日　中共中央统战部、国家民委联合召开“全国智力支边扶贫经验交流暨表彰大会”。民盟有 10 个先进集体和 19 位先进个人受到表彰。

12 月 23 日　中共中央政治局常委、全国政协主席李瑞环走访民盟中央。

1994 年

2 月 17 日　国务院召开党外人士座谈会，就《政府工作报告（征求意见稿）》征求意见。钱伟长代表民盟中央发言。每年政府工作报告向各民主党派中央、全国工商联和无党派代表人士征求意见成为定例。

3 月 8 日至 19 日　全国政协八届二次会议在北京召开。民盟中央作《加强民主监督，发挥民主党派在社会主义民主政治建设中的作用》的大会发言，提交书面发言 2 篇，提案 2 件。

4 月 11 日　楚图南逝世。

6 月 21 日至 23 日　民盟中央在北京召开“东西互助、联手扶贫”会议，揭开民盟省级组织一帮一、共同扶贫的序幕。

6 月 28 日　民盟中央向中共中央提交《关于西北黄土高原和西南岩溶地区扶贫开发的建议》。

7月3日　民盟七届六次中常会决定丁石孙为常务副主席。

9月25日　费孝通在山东主持召开黄河三角洲滨州跨世纪发展战略研讨会。

11月5日　民盟中央在河北沧州举办“沧州跨世纪发展战略研讨会”。

12月5日　民盟七届七次中常会通过《民盟中央关于加强自身建设的若干意见》。

1995年

3月3日至14日　全国政协八届三次会议在北京召开。3月4日，江泽民、李瑞环等参加民盟委员小组讨论，听取委员意见建议。此次政协会议，民盟中央作《依法治教，全面落实教育优先发展的战略地位》的大会发言，提交书面发言2篇，提案2件。3月6日，冯之浚在中外记者会上答记者问。

5月3日　中共中央举行党外人士座谈会，征求对《关于加速科学技术进步的决定（修改稿）》的意见。费孝通、钱伟长、丁石孙出席，费孝通发言。

6月15日至17日　费孝通、冯之浚考察河北廊坊和天津。26日，民盟中央向中共中央提交关于如何加快天津及其所在的京津冀、环渤海湾地区发展以及建立我国北方经济中心的建议。

7月15日　民盟中央向中共中央提交《关于在黔、滇、川三省交界修建隆黄铁路的建议》。

8月28日　民盟中央向中共中央提交《关于将牡丹江市列入开放城市和在哈尔滨市建立内陆港的建议》。

8月31日　全国政协在人民大会堂举行纪念中国抗日战争暨世界反法西斯战争胜利50周年座谈会。费孝通代表各民主党派中央、全国工商联和无党派人士作《毋忘历史　自强不息》的发言。

11月　中共中央统战部组织各民主党派中央、全国工商联领导人及无党派代表人士赴苏南和浦东参观考察。费孝通、钱伟长参加。

12 月 5 日至 8 日　民盟七届四中全会在北京举行。补选厉以宁为副主席。

12 月 15 日　民盟中央向中共中央、国务院提交《关于加快长江三角洲经济区域发展的设想和建议》。

1996 年

3 月 3 日至 13 日　全国政协八届四次会议在北京召开。民盟中央作《贯彻“科教兴国”战略，迎接 21 世纪挑战——对我国高等教育发展的几点意见》的大会发言，提交《加快京津冀经济联合发展、重塑我国华北经济中心》书面发言，提案 6 件。3 月 6 日，厉以宁在人民大会堂新闻发布厅答中外记者问。

5 月 17 日至 23 日　各民主党派中央、全国工商联主要领导人和无党派人士对京九铁路沿线进行考察，费孝通、钱伟长、丁石孙、冯之浚参加。

6 月 18 日　中共中央在中南海召开座谈会，邀请考察京九铁路及沿线部分省市的各民主党派中央、全国工商联领导人和无党派人士进行座谈。费孝通在会上发言。

9 月 3 日　纪念胡愈之同志诞辰 100 周年座谈会在人民大会堂举行。

11 月 7 日　各民主党派、工商联“为两个文明建设服务经验交流会”在北京举行，民盟 5 个先进集体和 14 个先进个人代表出席。

11 月 23 日至 26 日　民盟七届五中全会在北京举行。会议接受费孝通辞去主席，钱伟长、谈家桢辞去副主席职务，推举三人为名誉主席。选举丁石孙为主席，补选江景波、袁行霈为副主席。

12 月 14 日至 16 日　民盟中央教育座谈会在北京召开。来自全国 50 余位教育领域专家学者参加，讨论高教事业改革与发展问题。费孝通、钱伟长、丁石孙等出席。

1997 年

2 月 27 日至 3 月 12 日　全国政协八届五次会议在北京召开。民盟中央作《依法保证对教育的投入，是落实科教兴国战略的根本保证》的大会发言，提交《对深化高等院校教学改革的建议》书面发言，提案 2 件。3 月 2 日，丁石孙在新闻发布会上答中外记者问。

4 月 15 日　民盟中央、民盟深圳市委会在深圳举行“京九沿线区域经济发展研讨会”，费孝通、丁石孙等出席并讲话。

7 月 1 日　费孝通作为中国政府代表团成员出席香港政权交接仪式、特区成立暨特区政府宣誓就职仪式。当晚，费孝通代表各民主党派中央和全国工商联在首都各界庆祝香港回归祖国大会上发表讲话。

10 月 7 日　民盟中央在北京举行杜斌丞同志殉难 50 周年纪念座谈会。

10 月 17 日至 22 日　民盟第八次全国代表大会在北京召开。大会共有代表 638 名。姜春云出席开幕式并代表中共中央致贺词。大会通过题为《高举爱国主义、社会主义旗帜，为实现我国跨世纪的宏伟目标而奋斗》的报告和《中国民主同盟章程》。决定撤销中央参议委员会。

10 月 23 日　民盟八届一中全会推举费孝通、钱伟长、谈家桢、苏步青为名誉主席，闻家驷、叶笃义、陶大镛、马大猷、康振黄为名誉副主席，冯素陶、邬沧萍、张楚琨、陈敏之、萧乾为顾问。选举丁石孙为主席，罗涵先、冯之浚、孔令仁、谢颂凯、吴修平、张毓茂、厉以宁、江景波、袁行霈、卢强、俞泽猷、吴正德、张宝文为副主席，任命张宝文兼任秘书长。

12 月 19 日至 21 日　各民主党派中央、全国工商联和深圳市联合举办“京九铁路沿线地区经济合作与社会发展研讨会”，费孝通、钱伟长、丁石孙等出席，费孝通主持会议。

1998 年

3 月 3 日至 14 日　全国政协九届一次会议在北京召开。会议选举钱伟长为全国政协副主席。民盟中央作《对京九铁路沿线城乡经济发展的若干建议》《增加科技投入，调整科技结构，促进科技发展》的大会发言，提交书面发言《解放思想，积极探索，建立多元化的高等教育办学和投资体制》《对实施依法治国战略的几点建议》，提案《落实科教兴国战略，切实保证教育投入》。

3 月 5 日至 19 日　九届全国人大一次会议在北京召开。会议选举丁石孙为全国人大常委会副委员长。3 月 6 日，丁石孙代表民盟中央在两会新闻中心举行的记者招待会上答中外记者问。

5 月　费孝通、丁石孙考察山东菏泽和聊城地区，就抓住京九铁路开通机遇，加快山东特别是鲁西落后地区发展提出意见建议。

7 月 11 日　民盟中央和中共甘肃省委、省政府在北京联合召开"甘肃河西走廊跨世纪综合开发研讨会"。丁石孙致辞，费孝通、钱伟长提出开发河西走廊的设想。

9 月 22 日　"各民主党派响应中共'五一口号'，为建立新中国而奋斗五十周年纪念座谈会"在北京召开。费孝通、丁石孙在座谈会上发言。

10 月 5 日至 7 日　中共中央统战部组织各民主党派新一届领导人到西柏坡参观、学习，纪念各民主党派响应中共"五一口号"50 周年，举行"风雨同舟、继往开来"纪念活动。费孝通在纪念会上讲话，丁石孙、罗涵先、吴修平、俞泽猷、张宝文出席纪念活动。

11 月 3 日至 6 日　民盟全国工作会议在北京举行。

12 月 17 日　民盟中央在北京举行纪念中共十一届三中全会召开 20 周年座谈会。

1999 年

3 月 2 日　民盟八届八次主席会议通过《民盟中央关于加强后备干部队伍建设的意见》《中国民主同盟组织发展暂行条例》。

3 月 3 日至 11 日　全国政协九届二次会议在北京召开。民盟中央作《我国基础教育跨世纪发展的对策建议》的大会发言，提交书面发言 3 篇，提案 7 件。

5月19日　国务院召开党外人士座谈会，征求对《中共中央、国务院关于深化教育改革全面推进素质教育的决定（征求意见稿）》的意见。张宝文代表民盟中央发言。

8月22日　中共中央在中南海举行各民主党派中央、全国工商联负责人和无党派人士座谈会，征求对《中共中央关于国有企业改革和发展若干重大问题的决定（征求意见稿）》的意见建议。钱伟长出席并发言。

11月4日至6日　民盟八届七次中常会在杭州召开。会议学习贯彻中共十五届四中全会精神和江泽民在庆祝人民政协成立50周年大会上的讲话，讨论和部署进一步加强自身建设问题。

11月12日　纪念楚图南同志诞辰100周年座谈会在人民大会堂举行。

11月22日　纪念闻一多先生诞辰100周年座谈会在人民大会堂举行。

12月20日　丁石孙作为中国政府代表团成员出席澳门政权交接仪式、特区成立暨特区政府宣誓就职仪式。

12月27日　中共中央统战部和各民主党派中央在北京举行座谈会，纪念中国共产党领导的多党合作和政治协商制度创立50周年。丁石孙主持座谈会，冯之浚发言。

2000年

1月13日　民盟中央向中共中央提交《关于在京九铁路沿线建设若干中心城市的建议》。

3月3日至11日　全国政协九届三次会议在北京召开。民盟中央作《按市场规律和科学规律办事，推进西部开发》大会发言，提交书面发言4篇，提案6件。

4月26日　纪念史良同志诞辰100周年座谈会在人民大会堂举行。

5月8日至17日、6月10日至19日　丁石孙率西部大开发考察团先后赴鄂西北、陕西考察。费孝通参加了部分考察活动。

7月22日至23日　民盟首次从政人员座谈会在北京召开。

9月15日　中共中央在中南海召开座谈会，听取各民主党派中央、全国工商联负责人和无党派人士关于实施西部大开发战略的意见建议。丁石孙在会上发言。

12 月 13 日至 15 日　民盟八届四中全会在北京举行。增选王维城、张梅颖为副主席。接受张宝文辞去秘书长职务，任命俞泽猷兼任秘书长。

2001 年

3 月 3 日至 13 日　全国政协九届四次会议在北京召开。民盟中央作《转变观念，大力扶持，积极发展民办高等教育》大会发言，提交书面发言 5 篇，提案 5 件。

5 月 10 日　国务院召开党外人士座谈会，征求对《国务院关于积极推进基础教育改革和发展的决定（征求意见稿）》的意见。丁石孙出席并发言。

5 月 20 日至 24 日　丁石孙率队在江苏淮安考察农业发展和农村工作。冯之浚、谢颂凯、吴修平、俞泽猷、张宝文、张梅颖等参加考察。

6 月 19 日　中国民主同盟成立 60 周年纪念大会在北京召开。江泽民、李瑞环为民盟成立 60 周年题词，李瑞环代表中共中央到会祝贺并讲话。丁石孙作讲话。

8 月 8 日　民盟中央理论学习中心组举行专题学习座谈会，学习江泽民同志“七一”重要讲话精神。

10 月 29 日　中共中央统战部召开双月座谈会，请各民主党派中央负责人分析美国 9 · 11 事件对我国安全的影响，并提出意见建议。丁石孙在会上发言。

2002 年

3 月 3 日至 13 日　全国政协九届五次会议在北京召开。3 月 4 日，江泽民、李瑞环等参加民盟、致公党联组会，听取委员意见建议。此次政协会议，民盟中央作题为《积极推进社会保障制度的改革》的大会发言，提交书面发言 3 篇，提案 11 件。

4月14日至20日　张梅颖率队考察贵州毕节地区的义务教育状况。形成《推进贫困地区义务教育发展的关键是加大投入》和《毕节地区义务教育现状调研报告》。

6月12日　纪念童第周同志诞辰100周年座谈会在全国政协礼堂举行。

9月4日至9日　丁石孙率考察团就“可持续发展”赴广东珠江三角洲调研。冯之浚、谢颂凯、吴修平、张梅颖等参加调研。

9月14日至16日　民盟中央“东西互助，联手扶贫”经验交流会在甘肃酒泉召开。

11月25日　纪念李公朴先生诞辰100周年座谈会在人民大会堂举行。

12月13日至18日　民盟第九次全国代表大会在北京召开。大会共有代表806人。吴仪出席开幕式并代表中共中央致贺词。大会通过题为《努力建设适应新世纪要求的参政党，为全面建设小康社会作出新贡献》的报告和《中国民主同盟章程》。

12月19日　民盟九届一中全会推举费孝通、钱伟长、谈家桢、苏步青为名誉主席，叶笃义、陶大镛、马大猷、康振黄、罗涵先、孔令仁、吴修平、厉以宁、江景波、冯克熙为名誉副主席，冯素陶、邬沧萍为顾问。选举丁石孙为主席，冯之浚、张毓茂、袁行霈、卢强、俞泽猷、吴正德、张宝文、王维城、张梅颖、李重庵、郑兰荪、张平为副主席。同日，民盟九届一次中常会任命高拴平为秘书长。

12月23日　中共中央总书记胡锦涛走访民盟中央，与民盟中央新一届领导机构成员座谈。胡锦涛作重要讲话，丁石孙发言。

2003年

3月3日至14日　全国政协十届一次会议在北京召开。民盟中央作《合理配置义务教育资源，促进义务教育均衡发展》的大会发言，提交书面发言5篇，提案12件。

3月17日　苏步青逝世。

3 月 5 日至 18 日　十届全国人大一次会议在北京召开。会议选举丁石孙为全国人大常委会副委员长。

3 月 13 日　民盟九届三次主席会决定张梅颖任常务副主席。

4 月 11 日　国务院召开座谈会，听取各民主党派中央、全国工商联负责人和无党派人士对当前经济形势和非典型肺炎防治工作的意见建议。丁石孙、张梅颖出席，丁石孙在会上发言。

5 月 22 日　民盟中央向中共中央提交《关于我国当前经济形势的基本认识和对策建议》和民盟中央名誉副主席厉以宁的《“非典”对中国经济的影响和我们应当采取的对策》。

7 月 9 日　民盟中央在北京召开抗击“非典”先进事迹报告暨表彰会。

7 月 14 日至 23 日　丁石孙率民盟中央调研组赴黑龙江、辽宁就振兴东北老工业基地问题调研。8 月 12 日至 26 日，厉以宁率调研组赴吉林、辽宁就同一问题开展调研。9 月 23 日，民盟中央向中共中央、国务院提交《关于振兴东北老工业基地的建议》。

9 月 6 日至 13 日　丁石孙率调研组赴山东考察农村教育。后形成《民盟中央“完善现代国民教育体系”调研报告》，向中共中央、国务院提出完善各级政府的义务教育经费保障机制、在贫困农村建立最低教育保障机制的建议。

9 月 26 日至 28 日　民盟九届四次中常会在福州召开。会议提出实施“人才强盟”战略。

10 月 21 日　民盟中央在北京举行以“城市灾害管理”为主题的首届“灾害与社会管理”专家论坛。该论坛至 2012 年每年举办，共举办十届。

12 月 11 日至 14 日　民盟九届二中全会在北京举行。增选蒋树声为副主席。

2004 年

年初　中国民主同盟网站正式开通。

2月24日　民盟中央邀请部分盟内外专家学者就《国务院有关部门（单位）制定和修订突发事件应急预案框架指南（征求意见稿）》进行座谈。

3月3日至12日　全国政协十届二次会议在北京召开。民盟中央作题为《以就业为导向，促进我国高教改革与发展》的大会发言，提交书面发言3篇，提案20件。

3月28日　民盟中央向中共中央、国务院提交《农民的粮食直补问题》。

4月28日　民盟中央专门委员会综合办公室更名为参政议政部。

5月26日　民盟九届十一次主席会议在山西太原召开。通过《民盟中央关于加强省级组织领导班子制度建设的意见》和修订后的《中国民主同盟组织发展暂行条例》《民盟中央关于加强后备干部队伍建设的意见》。

5月26日至27日　民盟九届八次中常会在山西太原召开。会议讨论如何做好新形势下全盟思想政治工作。

6月4日　民盟中央"中国生物技术产业发展与人才强国战略研讨会"在天津召开。7月26日，民盟中央向中共中央、国务院提交《关于把发展生物技术产业作为国家战略的建议》。

6月15日至18日　民盟省级组织专职干部培训暨机关建设工作会议在北京召开。

10月13日至15日　民盟首届沿海省市发展海洋经济研讨会在辽宁盘锦举行。该研讨会至2011年每年举办，共举办八届。

10月16日　民盟中央、九三学社中央、中国工程院和中国科协共同主办的"中国粮食安全高层论坛"在北京举行。11月12日，民盟中央向国务院提交《实施农业科技入户示范工程的建议》。

12月14日至17日　民盟九届三中全会在北京举行。增选索丽生为副主席。

2005 年

2 月 23 日　中共中央举行党外人士座谈会，听取对中共十六大以来中央政治局常委会工作的意见和建议，丁石孙在会上发言。

3 月 3 日至 12 日　全国政协十届三次会议在北京召开。会议增选张梅颖为全国政协副主席。民盟中央在会上作《确立合理公平共享的收入分配原则，构建和谐社会》的大会发言，提交书面发言 6 篇，提案 23 件。

4 月 13 日至 14 日　丁石孙、张梅颖、李重庵赴甘肃定西考察。国家科技部、农业部、国务院扶贫办有关同志和部分盟员企业家参加考察活动。

4 月 24 日　费孝通逝世。

5 月 14 日至 15 日　民盟中央、中国生产力学会、湖北省人民政府联合举办的“2005 中部崛起战略论坛”在武汉举行。5 月 13 日至 22 日，丁石孙、张梅颖率调研组就“企业自主技术创新”问题在湖北调研。7 月 1 日，民盟中央向中共中央、国务院提交关于我国中部地区发展问题的建议。

5 月 31 日至 6 月 1 日　民盟九届十二次中常会在浙江宁波召开，就贯彻落实《中共中央关于进一步加强中国共产党领导的多党合作和政治协商制度建设的意见》精神作出部署。

7 月 25 日至 27 日　民盟中央联合北京大学、南京大学共同在江西庐山举办首届“海峡两岸暨港澳地区大学校长联谊活动”。此后民盟中央每年暑期举办这项联谊活动，至 2019 年共举办 15 届（2020 年因疫情原因停办）。

8 月 3 日至 9 日　张梅颖率队考察青海湖流域生态恶化及治理情况。8 月 16 日，民盟中央向中共中央、国务院提交《关于加强青海湖及其流域生态环境保护与治理的建议》。

8 月 3 日至 12 日　丁石孙、李重庵、蒋树声、厉以宁在黑龙江就中俄经贸战略升级问题开展调研。8 月 4 日至 18 日，厉以宁率民盟中央调研组（北线）在黑龙江、内蒙古考察中俄经济、贸易、技术合作问题。9 月 7 日，民盟中央向中共中央、国务院提交《关于提升我国与俄罗斯经济技术合作战略地位的建议》。

9月8日至9日　民盟中央在四川成都召开基层组织建设经验交流暨表彰大会。

9月26日至27日　民盟九届十三次中常会在北京召开，研究后备干部队伍建设问题。会议通过《民盟中央关于加强基层组织建设的意见（草案）》《中国民主同盟组织发展暂行条例（修订草案）》。两个文件于12月27日正式印发。

11月4日　民盟中央向中共中央、国务院提交《关于发展海洋事业的建议》。

12月7日至9日　民盟九届四中全会在北京举行。选举蒋树声为主席，推举丁石孙为名誉主席。接受张毓茂辞去副主席职务。

2006年

2月19日至22日　张梅颖率民盟中央三峡移民问题专题组赴三峡库区考察。吴正德、索丽生随团考察。3月1日，民盟中央向中共中央、国务院提交《关于三峡库区发展与移民工作的几点建议》。

3月3日至13日　全国政协十届四次会议在北京召开。3月4日，胡锦涛在参加民盟、民进联组会时，提出树立以"八荣八耻"为主要内容的社会主义荣辱观。此次政协会上，民盟中央作《有教无类，为了一切孩子》的大会发言，提交书面发言7篇，提案26件。

3月17日至18日　民盟部分省市帮教失足人员工作座谈会在北京召开，成立了民盟帮教工作联络网。民盟的帮教工作从1985年民盟重庆市委会与重庆市监狱合作开展工作起揭开序幕。

6月1日至5日　蒋树声、索丽生率调研组赴陕西就"高等教育改革与创新"进行重点调研。

6月13日　蒋树声、索丽生、吴正德考察四川遂宁社会主义新农村建设和黑龙凼水库重建工程。

8月6日至11日　蒋树声率民盟中央调研组到黑龙江调研"两江一

湖”水资源利用情况。索丽生及有关单位水利专家随团调研。10月19日，民盟中央向中共中央、国务院提交《关于在黑龙江省“两江一湖”地区开发利用水资源建设水稻生产基地的建议》。

8月14日　中共中央举行党外人士座谈会，征求对《中共中央关于构建社会主义和谐社会若干重大问题的意见（征求意见稿）》的意见。蒋树声、张梅颖出席，蒋树声代表民盟中央发言。

9月15日　民盟中央向中共中央、国务院提交《关于加强海岛管理、开发、建设和保护的政策建议》。

9月18日　“盟遂合作20年庆典暨黑龙凼水库大坝落成剪彩仪式”在四川遂宁举行。

9月20日　“各民主党派、工商联、无党派人士为全面建设小康社会作贡献先进集体、先进个人表彰大会”在人民大会堂召开。民盟有15个基层组织被评为先进集体，50位盟员被评为先进个人。民盟中央为受表彰的先进集体和先进个人举行经验交流暨表彰大会。

10月15日　民盟中央向中共中央、国务院提交《关于黑龙江农垦发展模式战略问题的建议》。

2007年

3月3日至15日　全国政协十届五次会议在北京召开。民盟中央作《遵循高教规律，培养创新人才》的大会发言，提交书面发言5篇，提案29件。

3月27日　民盟中央印发《关于开展政治交接主题学习实践活动的意见》。

4月18日　民盟中央向中共中央、国务院提交《关于加快推进西部教育结构调整的建议》。

4月13日至19日　张梅颖率队赴四川绵阳、阿坝，就退耕还林、湿地保护、草原沙化等问题进行调研。吴正德、索丽生及国家发改委、水利部、林业局相关领导和专家随行考察。5月20日，民盟中央向中共中央、国务院提交《关于退耕还林、湿地保护的建议》。

6月14日至21日　蒋树声、张圣坤、索丽生率专家组赴浙江就高校贷款问题进行调研。7月23日，民盟中央向中共中央、国务院提交《关于高校贷款问题的建议》。

7月3日至5日　民盟社会服务暨新农村建设工作研讨会在贵州贵阳、毕节召开，会议发出《民盟"农村教育烛光行动"倡议书》。当月民盟中央印发《关于开展"农村教育烛光行动"的意见》，民盟"农村教育烛光行动"全面启动。

9月26日至29日　蒋树声赴甘肃定西考察扶贫开发与新农村建设情况。

10月12日至13日　民盟高等教育研讨会在福建厦门召开。持续多年的民盟部分省市高等教育研讨会升级为全国性会议。

10月11日至12日　民盟部分省市城市社区服务工作研讨会在上海召开。民盟上海市委会从1995年起最早开展社区服务工作。

11月29日至12月2日　民盟第十次全国代表大会在北京召开。大会共有代表810名。习近平出席开幕式并代表中共中央致贺词。大会通过题为《坚持走中国特色社会主义政治发展道路，为全面建设小康社会作出新贡献》的报告和《中国民主同盟章程》。

12月3日　民盟十届一中全会选举蒋树声为主席，张梅颖、张宝文、吴正德、张圣坤、李重庵、郑兰荪、张平、索丽生、丁仲礼、陈晓光、徐辉、温思美、欧阳明高为副主席。同日，民盟十届一次主席会议协商确定张梅颖为第一副主席，张宝文为常务副主席。民盟十届一次中常会任命高拴平为秘书长。

12月2日至10日　民盟中央与中国美术馆共同主办的"中国民主同盟盟员美术作品展"在中国美术馆举行。

2008年

1月8日　民盟盟员吴征镒获2007年度国家最高科学技术奖。

3月3日至14日　全国政协十一届一次会议在北京召开。会议选举张梅颖为全国政协副主席。民盟中央作《高等教育持续发展呼唤制度创新》的大会发言，提交书面发言4篇，提案27件。

3月5日至15日　十一届全国人大一次会议在北京召开。会议选举蒋树声为全国人大常委会副委员长。3月6日，蒋树声在以“民主党派中央主席谈多党合作”为主题的记者招待会上答记者问。

4月20日至21日　蒋树声、张梅颖、张宝文、索丽生出席中共中央统战部组织的各民主党派中央新老领导人和无党派人士西柏坡参观学习活动。

4月29日　中共中央统战部召开纪念中共中央“五一口号”发布60周年座谈会，蒋树声在会上发言。

5月7日至8日　民盟十届三次中常会暨民盟政治交接主题学习教育活动经验交流会在重庆召开。

5月21日至22日　蒋树声、李重庵考察毕节试验区扶贫开发与新农村建设工作。

5月24日　民盟中央成立“抗震救灾、重建家园”工作领导小组。

5月29日至31日　蒋树声和各民主党派中央、全国工商联领导人随中共中央政治局常委、全国政协主席贾庆林深入汶川大地震灾区察看灾情，看望慰问灾区干部群众和救援人员。

7月7日至8日　民盟组织参与地震灾后重建工作会议在成都召开。

9月17日至18日　民盟基础教育研讨会在陕西西安召开。持续多年的民盟部分省市基础（普通）教育研讨会升级为全国性会议。

10月13日至15日　民盟在威海举行组织工作会议，提出组织发展要在坚持“三个为主”方针的基础上，注重质量，保证数量，着力发展民盟工作亟需的代表性人士、有发展潜力的高层次中青年人才以及参政议政等工作亟需的专门人才。

10月20日至21日　民盟十届四次中常会在北京举行。会议学习贯彻中共十七届三中全会精神，通过了《民盟中央关于加强省级组织领导班子后备干部队伍建设的意见》《民盟中央监督委员会工作试行条例》。

12月1日至2日　民盟十届二中全会在北京举行。会议决定成立民盟中央监督委员会，决定张宝文兼主任，索丽生兼副主任。

12月2日　民盟中央在北京举行纪念改革开放30周年报告会。

12月3日　民盟抗震救灾总结表彰大会在北京召开。

是年，民盟中央向中共中央、国务院提交《关于建立合理的资源开发补偿的长效机制的建议》《关于确立“避防为先”战略思路，进一步强化灾害与应急社会管理建设的建议》等建议信6件。

2009年

1月9日　民盟盟员徐光宪获2008年度国家最高科学技术奖。

2月23日　民盟中央向各省级组织转发《关于各民主党派深化坚持走中国特色社会主义道路学习教育活动的意见》，对深化学习教育活动进行部署。

3月3日至12日　全国政协十一届二次会议在北京召开。民盟中央作《提高农民教育水平，促进现代农业发展》的大会发言，提交书面发言3篇，提案25件。

5月6日至12日　蒋树声率调研组赴云南就“发展农村职业教育与技能培训”进行重点调研。8月28日，民盟中央向中共中央提交《关于推进职业教育与技能培训事业科学发展的建议》。

5月18日至19日　蒋树声、李重庵赴广宗县考察扶贫开发与新农村建设工作。

6月10日　民盟中央印发《关于加强思想建设的意见》。

8月11日至15日　蒋树声、索丽生等率民盟中央和水利部联合调研组，在甘肃定西市调研坡耕地水土流失综合整治、渭河源区生态保护与治理情况，并考察扶贫开发工作。11月24日，民盟中央向中共中央提交《关于加强坡耕地水土流失综合治理的建议》。

9月5日　“中国民主同盟庆祝中华人民共和国成立六十周年大会暨

文艺演出”在北京举行。

12 月 8 日　民盟中央机关盟史陈列室布展完成，中国民主同盟盟史图片展开展。

是年，民盟中央向中共中央、国务院提交《关于对黄河下游滩区进行综合治理的建议》等建议信 6 件。

2010 年

1 月 11 日　民盟盟员谷超豪获 2009 年度国家最高科学技术奖。

3 月 3 日至 13 日　全国政协十一届三次会议在北京召开。民盟中央作《转变发展方式，关键在于转变政府职能》大会发言，提交书面发言 2 篇，提案 24 件。

3 月 24 日　民盟中央向各省级组织转发中共中央统战部《关于支持民主党派树立和践行社会主义核心价值体系的意见》。

4 月 16 日　民盟中央成立青海玉树地震抗震救灾工作领导小组。

5 月 20 日至 26 日　蒋树声、张宝文率民盟中央调研组在广东就“完善收入分配机制，促进社会和谐发展”进行重点调研。8 月 16 日，民盟中央向中共中央、国务院提交《关于完善收入分配机制、促进社会和谐发展的建议》。

7 月 30 日　钱伟长逝世。

8 月 5 日至 9 日　蒋树声、索丽生率队在甘肃省调研祁连山生态保护与综合治理问题。10 月 20 日，民盟中央向中共中央、国务院提交《关于祁连山生态保护与综合治理的建议》。

9 月 20 日　民盟中央印发《民盟中央关于把树立和践行社会主义核心价值体系活动不断推向深入的通知》。

11 月 2 日　纪念费孝通同志诞辰 100 周年座谈会在人民大会堂举行。

11 月 12 日　纪念华罗庚同志诞辰 100 周年座谈会在人民大会堂举行。

12 月 7 日至 8 日　民盟十届四中全会在北京举行。接受张圣坤辞去副主席职务，补选郑惠强为副主席。

12月9日　民盟中央“首届民生论坛（2010）：收入分配与民生”在北京举行。该论坛此后每年举办，至2020年共举办十届。

12月13日　中共中央统战部在北京召开“身边的榜样——树立和践行社会主义核心价值体系先进人物事迹报告会”。民盟中央代表王光谦作题为《把论文写进祖国的江河》的报告。

是年，民盟中央向中共中央、国务院提交《关于促进高校毕业生就业工作的建议》等建议信5件。

2011年

3月3日至13日　全国政协十一届四次会议在北京召开。民盟中央作《统筹城乡教育，推进教育公平》的大会发言，提交书面发言3篇，提案26篇。

3月28日至29日　中共中央统战部在重庆举行各民主党派中央、全国工商联领导人和无党派人士代表“重温历史，同心同行”主题教育活动，并举行中国民主党派历史陈列馆开馆仪式。蒋树声、张宝文出席，蒋树声代表各民主党派中央在历史陈列馆开馆仪式上讲话。

4月26日　民盟中央美术院、民盟中央艺术团成立仪式在北京举行。

5月3日至9日　蒋树声、张宝文率民盟中央调研组在湖南就“社会保障制度的建设与完善”进行重点调研。11月10日，民盟中央向中共中央、国务院提交《关于加快构建完整的中国特色社保体系的建议》。

5月15日　纪念中国民主同盟成立70周年大会在北京召开。刘延东出席并代表中共中央致贺词，蒋树声作讲话。

7月1日至6日　蒋树声、索丽生率队调研黄河河源区生态保护问题。12月2日，民盟中央向中共中央、国务院提交《关于加强黄河河源区水资源与生态保护的建议》。

10月9日至13日　蒋树声、张宝文率队在重庆就“统筹城乡基本公共服务体系建设，促进共同富裕”进行调研。2012年1月12日，民盟中央向中共中央、国务院提交《关于推进我国基本公共服务体系全面建设的建议》。

11 月 30 日　各民主党派、工商联、无党派人士为全面建设小康社会作贡献表彰大会在北京召开。民盟中央《关于推进坡耕地水土流失综合整治的建议》等 5 个建言献策优秀成果、民盟中央“农村教育烛光行动”等 4 个社会服务优秀成果，民盟石家庄市委等 10 个先进集体、王光谦等 14 名优秀个人获得表彰。同日，民盟中央召开表彰大会，表彰为全面建设小康社会作贡献的先进个人和集体。

是年，民盟中央向中共中央、国务院提交《关于将积极应对人口老龄化战略拓展进基本国策的建议》《关于将天津列为全国海洋经济发展试点，推进海洋经济科学发展的建议》等建议信 8 件。

2012 年

1 月 11 日　民盟中央“农村教育烛光行动”获 2011 年度中国扶贫创新项目奖。

2 月 6 日　民盟中央举行纪念叶笃义同志诞辰 100 周年座谈会。

2 月 14 日　民盟盟员吴良镛获 2011 年度国家最高科学技术奖。

3 月 3 日至 13 日　全国政协第十一届五次会议在北京召开。民盟中央作《坚定不移地加速推进社会保障体系建设》的大会发言，提交书面发言 2 篇，提案 24 件。

4 月 10 日　民盟“明眸工程”获第七届中华慈善奖“最具影响力慈善项目”。

4 月 28 日　实践“同心”思想，深化政治交接——各民主党派学习践行社会主义核心价值体系活动经验交流会在北京举行。蒋树声在会上发言。

6 月 3 日至 8 日　蒋树声、张宝文、索丽生、陈晓光、徐辉率民盟中央调研组赴湖北就“统筹教育资源配置，促进教育公平发展”进行重点调研。9 月 5 日形成《“统筹教育资源配置，促进教育公平发展”调研报告》。

9 月 24 日　民盟中央、民盟上海市委会、上海社会科学院共同主办的“文化自觉——当代中国文化发展的反思与前瞻”论坛在上海举行。此后，民盟中央联合民盟上海市委会、上海社会科学院每年举行文化论坛。

9 月 27 日　民盟中央理论研究会议在北京举行，成立了民盟中央参政党理论研究中心。

10 月 9 日　纪念钱伟长同志诞辰 100 周年座谈会在人民大会堂举行。

10 月 29 日至 30 日　民盟宣传暨网络管理工作会议在北京举行。

12 月 9 日至 13 日　民盟第十一次全国代表大会在北京召开。大会共有代表 807 名。张高丽出席开幕式并代表中共中央致贺词。会议通过题为《继往开来，团结奋进，为全面建成小康社会贡献更大力量》的报告和《中国民主同盟章程》。

12 月 13 日　民盟十一届一中全会选举张宝文为主席，陈晓光、郑兰荪、张平、丁仲礼、徐辉、温思美、欧阳明高、郑惠强、田刚、龙庄伟、葛剑平、倪慧芳、王光谦为副主席。通过《中国民主同盟第十一届中央监督委员会组成人员名单》。同日，民盟十一届一次主席会议确定陈晓光为常务副主席。民盟十一届一次中常会任命高拴平为秘书长。民盟十一届中央监督委员会第一次会议推选陈晓光兼主任，龙庄伟兼副主任。

12 月 24 日　中共中央总书记习近平走访民盟中央，与民盟中央新老两届领导班子成员座谈。习近平作重要讲话，张宝文、蒋树声发言。

是年，民盟中央向中共中央、国务院提交《关于加强质量体系与创新能力建设的建议》《关于加强“两江一水”生态保护与综合治理的建议》等建议信 10 件。

2013 年

1 月 18 日　民盟盟员郑哲敏获 2012 年度国家最高科学技术奖。

3 月 3 日至 12 日　全国政协十二届一次会议在北京召开。会议选举陈晓光为全国政协副主席。民盟中央作《必须高度重视民众金融资产的保值增值问题》的大会发言，提交书面发言1篇，提案25件。

3月5日至14日　十二届全国人大一次会议在北京召开，会议选举张宝文为全国人大常委会副委员长。6日，张宝文出席民主党派中央和全国工商联领导人记者会。

4月17日　民盟全国工作会议在北京举行。

5月3日　民盟中央印发《民盟中央五年工作规划（2013—2017年）》。

5月5日至9日　张宝文、陈晓光、张平、徐辉率民盟中央调研组赴山东就“全面优化制度安排，实现社会保障定型、稳定、可持续发展”主题进行重点调研。8月16日，民盟中央向中共中央提交《关于全面优化制度安排，实现社会保障定型、稳定、可持续发展的建议》。

5月27日至30日　张宝文、龙庄伟赴毕节考察脱贫开发及民盟中央帮扶项目，并为七星关区鸭池镇光汇烛光学校揭牌。

9月3日至8日　张平率队赴江西、安徽调研，就新形势下如何提高思想宣传工作科学化水平、加强思想宣传工作队伍建设以及如何深入开展“坚持和发展中国特色社会主义”学习实践活动等问题征求盟员意见建议。

9月23日至24日　首届民盟教育论坛在河南开封举行。民盟不再分别举办高等教育研讨会和基础教育研讨会。该论坛此后每年举办，至2020年共举办八届。

10月25日至29日、11月6日至10日　张宝文率调研组先后赴宁夏、甘肃就“西北旱区农牧业可持续发展”进行重点调研。2014年2月20日，民盟中央向中共中央、国务院提交《关于加强西北旱区农牧业可持续综合开发，提高我国粮食安全保障能力的建议》。

11月5日至7日　民盟社会服务工作暨“黄丝带”帮教计划研讨会在四川成都召开。民盟的帮教工作发展成为“黄丝带”品牌。

11月21日　民盟中央印发《民盟中央关于开展坚持和发展中国特色社会主义学习实践活动的通知》。

是年，民盟中央向中共中央、国务院提交《关于促进太湖流域水资源保护与社会经济协调发展的建议》《关于试点建设钒钛产业高技能人才培养基地的建议》等建议信9件。

2014年

1月10日　民盟盟员张存浩获2013年度国家最高科学技术奖。

2月27日　民盟中央微信公众号上线。

3月3日至13日　全国政协第十二届二次会议在北京召开。民盟中央作《关于推进我国农村土地制度改革的几点建议》的大会发言，提交书面发言5篇，提案31件。

4月7日至13日　张宝文、徐辉、温思美率调研组赴江西、广东就“大学生就业、创业环境优化”问题进行调研。4月8日至11日、14日至17日，陈晓光、龙庄伟、葛剑平率调研组先后赴陕西、辽宁就同一问题进行调研。6月6日，民盟中央向中共中央、国务院提交《关于大学生就业、创业环境优化的建议》。

5月22日　国务院召开研究西北旱区农牧业可持续发展问题座谈会，中共中央政治局委员、国务院副总理汪洋主持会议并讲话，张宝文、陈晓光发言。

6月26日　全国政协召开双周协商座谈会，专题研讨“大学毕业生创业就业环境优化”问题。陈晓光、徐辉出席，徐辉代表民盟中央发言。

11月27日　民盟十一届八次中常会审议通过《民盟中央关于进一步加强基层组织建设的意见》。该文件于12月1日印发。

是年，民盟中央向中共中央、国务院提交《关于推动服务贸易加快发展的建议》《关于加强长江中下游水资源保护的建议》等建议信9件。

2015年

1月8日　中共中央政治局委员、统战部部长孙春兰走访民盟中央。

3月3日至13日　全国政协第十二届三次会议在北京召开。民盟中央作《深化高等教育改革大力推进大学生自主创业》的大会发言，提交书面发言5篇，提案32件。

3月17日　民盟中央“微天使工程”在北京举行启动仪式。该项目致力于在贫困地区医院创建肿瘤微创治疗示范中心。之后，民盟中央分别于2016年、2017年相继启动“超天使工程”“守护天使工程”系列医疗扶贫项目。

4月13日至17日　张宝文率调研组赴浙江就“养老服务产业化发展”问题进行重点调研。8月20日，民盟中央向中共中央、国务院提交《关于“十三五”期间加快发展养老服务业的建议》。

5月13日至17日　陈晓光、葛剑平率调研组赴吉林就“中国东北虎和东北豹恢复与保护重大生态工程”进行调研。5月26日，民盟中央向中共中央、国务院提交《关于实施“中国野生东北虎和东北豹恢复与保护重大生态工程”的建议》。

5月14日　以中国经济发展与“一带一路”为主题的首届民盟经济论坛在上海举行。该论坛此后每年举办，至2020年共举办六届。

7月18日至28日　民盟中央和中国美术馆共同主办的“继往开来——中国民主同盟盟员美术作品展”在中国美术馆举行。

10月14日　坚持和发展中国特色社会主义学习实践活动经验交流暨中期推动会在人民大会堂举行。张宝文代表民盟中央发言。

是年，民盟中央向中共中央、国务院提交《关于加强与完善我国非物质文化遗产保护工作的建议》《关于深化改革，创新机制，加快推进高等教育强国建设的十条建议》等建议信9件。

2016年

1月27日　民盟中央与吉林省人民政府联合举办的“中国东北虎和东北豹保护战略”研讨会在北京召开。陈晓光出席并讲话，葛剑平主持研讨会，王光谦出席。

3月3日至14日　全国政协第十二届四次会议在北京召开。民盟中央作《借力“一带一路”建设重构消费品工业发展新格局》的大会发言，提交书面发言5篇，提案39件。

3月20日至23日　张宝文率调研组赴广东就“改革开发区管理体制，促进开发区转型创新发展”课题进行重点调研。4月5日至19日，陈晓光率调研组在上海、北京就同一课题进行调研。7月22日，民盟中央向中共中央、国务院提交《关于加快开发区管理体制改革与创新的建议》。

7月4日　民盟中央召开第十一届三十七次主席办公会议，就民盟开展脱贫攻坚民主监督工作进行专题研究，决定成立民盟中央脱贫攻坚民主监督工作领导小组，张宝文任组长，陈晓光、张平、徐辉、龙庄伟任副组长，下设办公室，龙庄伟兼领导小组办公室主任。

7月5日至6日　民盟中央、民盟云南省委会在昆明联合举办纪念李公朴、闻一多殉难70周年系列活动，张平、倪慧芳出席。7月12日、15日，民盟中央又分别在江苏常州、湖北黄冈举办李闻殉难纪念活动。

7月9日　张宝文、龙庄伟赴河北广宗调研脱贫攻坚工作。

8月23日　“盟遂合作”30周年纪念座谈会在四川遂宁举行。

9月19日至20日　张宝文、龙庄伟赴河南开展脱贫攻坚民主监督工作调研。

11月10日至11日　民盟思想宣传工作暨学习实践活动推进会在福建古田召开。

是年，民盟中央向中共中央、国务院提交《关于振兴与保护中医药的建议》《关于加快大数据安全保障能力建设的建议》等建议信11件。

2017年

3月3日至13日　全国政协第十二届五次会议在北京召开。民盟中央作《振兴实体经济，打造制造强国》的大会发言，提交书面发言5篇，提案38件。

3月至4月　张宝文、陈晓光、张平、徐辉率调研组分赴江苏、山东、河南，就“以改革创新为引领，加快推进我国农业机械装备制造转型升级”课题进行调研。9月1日，民盟中央向中共中央、国务院提交《关于以改革创新为引领加快推进我国农机装备产业转型升级的建议》。

9月25日　民盟中央在北京举办首场“身边的榜样”宣讲会。

9月26日　民盟中央机关盟史陈列室扩建完成，中国民主同盟历史展开展。

11月6日　民盟中央法制委员会、民盟四川省委会主办的首届民盟法治论坛在成都举行。

11月10日　中共中央书记处书记、中央统战部部长尤权走访民盟中央。

12月6日至10日　民盟第十二次全国代表大会在北京召开。大会共有代表804名。栗战书出席开幕式并代表中共中央致贺词。会议通过了题为《不忘合作初心，切实履行职能，为推进新时代中国特色社会主义伟大事业贡献力量》的报告和《中国民主同盟章程》。

12月10日　民盟十二届一中全会选举丁仲礼为主席，陈晓光、张平、徐辉、欧阳明高、田刚、龙庄伟、王光谦、曹卫星、程红、张道宏、陈群、邓秀新、郑功成为副主席。会议通过《中国民主同盟第十二届中央委员会监督委员会组成人员名单》，陈晓光兼主任，张道宏兼副主任。同日，民盟十二届一次主席会议决定陈晓光任常务副主席。民盟十二届一次中常会任命高拴平为秘书长。

12月15日　中共中央举行党外人士座谈会，征求对修改宪法部分内容的建议，丁仲礼、陈晓光出席，丁仲礼代表民盟中央发言。

是年，民盟中央向中共中央、国务院提交《关于大力加强南海生态环境保护工作的建议》《关于改进和改善师范生免费教育工作的建议》等建议信8件。

2018年

2月6日　中共中央在人民大会堂召开各民主党派中央、全国工商联负责人和无党派人士代表新春座谈会。习近平总书记出席并对民主党派提出多党合作要有新气象、思想共识要有新提高、履职尽责要有新作为、参政党要有新面貌的“四新”要求。丁仲礼、陈晓光、蒋树声、张宝文、张梅颖出席。

2月23日　民盟十二届三次主席办公会议对脱贫攻坚民主监督工作领导小组进行调整，丁仲礼任组长，陈晓光、龙庄伟任副组长，张平、徐辉、张道宏为成员，龙庄伟兼领导小组办公室主任。

3月3日至15日　全国政协十三届一次会议在北京召开。3月4日，习近平总书记参加民盟、致公党、无党派人士、侨联界联组会，发表关于“新型政党制度”的重要讲话，对各民主党派和无党派人士提出做中国共产党的好参谋、好帮手、好同事的“三好”要求。此次政协会议选举陈晓光为全国政协副主席。民盟中央作《久久为功，打赢蓝天保卫战》的大会发言，提交书面发言5篇，提案40件。

3月5日至17日　十三届全国人大一次会议在北京召开。会议选举丁仲礼为全国人大常委会副委员长。6日，丁仲礼在人民大会堂参加民主党派中央和全国工商联领导人记者会并回答记者提问。

3月22日　中共中央政治局常委、全国政协主席汪洋走访民盟中央。同日，民盟中央举行纪念陶大镛同志诞辰100周年座谈会。

4月8日至14日　丁仲礼率调研组赴上海、安徽就“深化长三角一体化合作，促进区域经济协调发展”课题进行重点调研。4月9日至13日，陈晓光率调研组赴江苏、浙江就同一课题开展调研。9月17日，民盟中央向中共中央、国务院提交《关于建立责任共担、利益共享机制，促进长三角地区更高质量一体化发展的建议》。

4月19日　中共中央统战部组织各民主党派中央负责人和无党派人士代表赴河北省平山县西柏坡、李家庄参观学习并举行座谈会，纪念中共中央发布“五一口号”70周年。丁仲礼、陈晓光出席。

4月20日　民盟中央印发《民盟中央五年工作规划（2018—2022）》。

4月28日　纪念中共中央发布“五一口号”70周年座谈会在北京举行。丁仲礼在会上发言。

5月2日至3日　丁仲礼、龙庄伟赴河南开展脱贫攻坚民主监督工作调研。

7月19日　毕节试验区成立30周年之际，统一战线参与毕节试验区建设座谈会在贵州毕节市召开。汪洋出席并讲话，丁仲礼代表民盟中央发言。

9月1日　民盟中央在河南兰考县、郑州举办学习教育现场活动。丁仲礼、陈晓光、张平、龙庄伟、王光谦、程红、张道宏、陈群、郑功成和民盟各省级组织主委等出席。

11月15日　民盟十二届九次主席办公会议审议通过《民盟中央关于加强高校基层组织建设的意见》。该文件于12月3日印发。

11月18日　上午，民盟庆祝改革开放40周年大会在深圳召开。下午，“向时代致敬——庆祝改革开放40周年民盟盟员美术作品展”在深圳开幕。

12月4日至5日　民盟十二届二中全会在北京举行。会议通过了《中国民主同盟第十二届中央委员会第二次全体会议关于中国民主同盟第十二届中央委员会监督委员会调整的决定》，决定徐辉兼监督委员会主任，欧阳明高兼副主任。

12月18日　庆祝改革开放40周年大会在人民大会堂举行。厉以宁、李谷一、吴良镛获得“改革先锋”称号。

是年，民盟中央向中共中央、国务院提交《关于全面提升博物馆发展水平的建议》《加快推进渤海综合治理由“粗糙盲拼型”向“精准优配型”转变》等建议信8件。

2019年

2月19日至20日　民盟中央、民盟河南省委会等单位出品的话剧《焦裕禄》在国家大剧院上演。

3月3日至13日　全国政协第十三届二次会议在北京召开。民盟中央作《教师是立教之本、兴教之源》的大会发言，提交书面发言5篇，提案42件。

3月19日至22日、4月8日至10日　丁仲礼率调研组先后赴重庆、浙江，就“推动数字经济与实体经济深度融合，促进经济高质量发展”课题进行重点调研。4月10日至4月15日，陈晓光率调研组赴广东、贵州就同一课题开展调研。6月24日，民盟中央向中共中央、国务院提交《关于推动数字经济与实体经济深度融合，促进经济高质量发展的建议》。

4月18日、25日　徐辉率调研组赴上海、湖南就“教育供给侧结构性改革”进行重点调研。陈群参加上海调研。

4月23日至25日、7月9日至11日　张道宏率调研组先后赴山西、陕西就“深化农村改革、全面实施乡村振兴战略”进行重点调研。

5月5日至8日、7月3日至12日、8月12日至13日　郑功成率调研组先后赴广东、四川、吉林就“构建高质量社会保障制度”进行重点调研。

5月7日至10日　龙庄伟率调研组赴广东就“破除制度性障碍，充分激发科技人员创造力”进行重点调研。

5月20日至23日　曹卫星率调研组赴河南、江苏就“推进城乡基本公共服务体系标准化建设”进行重点调研。

5月20日、7月7日至11日　田刚率调研组先后赴北京、海南就二维码代码发行管理机制和产业发展问题进行重点调研。

5月22日　程红率调研组赴天津就“建设京津冀长城生态文化发展带，构建中华民族文明标识”进行重点调研。

5月26日至31日　陈晓光率调研组赴宁夏、四川就“建立市场化、多元化生态补偿机制”进行重点调研。张道宏参加调研。

6月4日至5日　民盟十二届七次中常会在山西太原举行。任命王荣彬为秘书长。

6月11日至14日　陈晓光、龙庄伟赴河南洛阳开展脱贫攻坚民主监督工作调研。

6月24日至27日　陈群率调研组赴海南就“加快自由贸易试验区制

度创新，更好地发挥改革开放示范引领作用”进行重点调研。

6 月 26 日　民盟中央印发《开展消费扶贫助力打赢脱贫攻坚战的倡议书》。

7 月 1 日至 4 日　陈晓光率调研组赴青海就“推进三江源国家公园体制改革、促进人与自然和谐共生”进行重点调研。张平、龙庄伟、王光谦参加调研。

7 月 16 日　丁仲礼、龙庄伟赴河北广宗调研脱贫攻坚工作。

7 月 16 日至 18 日　张道宏率调研组赴福建就“着力推进区域协调发展，加快建设现代化经济体系”进行重点调研。

7 月 26 日　民盟十二届十五次主席办公会议通过《民盟中央关于开展“不忘合作初心，继续携手前进”主题教育活动方案》，决定从 7 月底至 12 月底在全盟深入开展“不忘合作初心，继续携手前进”主题教育活动。

8 月 18 日至 19 日　丁仲礼赴甘肃定西、白银调研脱贫攻坚和黄土高原生态综合治理工作，考察了民盟中央帮扶项目。

8 月 25 日　民盟“不忘合作初心，继续携手前进”主题教育活动动员部署会在北京举行。

9 月 1 日　“壮丽 70 年·奋进新时代——中国民主同盟庆祝中华人民共和国成立 70 周年大会”在北京举行。

9 月 2 日　丁仲礼在民盟中央机关作以《谈谈民盟的合作初心》为题的“不忘合作初心，继续携手前进”主题教育活动首场宣讲报告。之后至年底，陈晓光、张平、徐辉、田刚、龙庄伟、王光谦、曹卫星、张道宏、索丽生、贾庆国分别作主题宣讲。

9 月 26 日　丁仲礼赴河南新乡开展脱贫攻坚民主监督工作调研。

10 月 12 日　丁石孙逝世。

10 月 17 日至 19 日　张平率调研组赴新疆就“新时代如何坚持我国宗教的中国化”进行重点调研。

11 月 21 日　民盟中央举行“不忘合作初心，继续携手前进”主题教育重庆现场活动，纪念一一·二七烈士殉难70周年，缅怀全体民盟英烈。丁仲礼、陈晓光、张平、王光谦、曹卫星、程红、张道宏、陈群、郑功成及部分民盟中央常委出席活动。

11月25日至26日　丁仲礼、张平赴江苏常州出席“不忘合作初心，继续携手前进”主题教育系列现场活动。

12月11日　民盟中央“不忘合作初心，继续携手前进”主题教育活动专题民主生活会在北京召开，丁仲礼主持会议。

12月12日至13日　民盟十二届三中全会在北京举行。通过了《中国民主同盟第十二届中央委员会第三次全体会议关于中国民主同盟第十二届中央委员会监督委员会调整的决定》，决定陈晓光兼监督委员会主任。

12月19日　民盟中央“不忘合作初心，继续携手前进”主题教育活动总结大会在民盟中央机关举行。

是年，民盟中央向中共中央、国务院提交《加快发展对外文化贸易，提升中国文化软实力》《关于巩固扩大四川凉山彝区脱贫攻坚成果的建议》等建议信9件。

2020年

1月17日　中共中央统战部召开各民主党派、无党派人士“不忘合作初心，继续携手前进”主题教育活动总结会。丁仲礼、陈晓光出席，丁仲礼在会上发言。

1月26日　民盟中央发出《在新型冠状病毒肺炎疫情防控战中致全体盟员的一封信》。2月5日又发出《致抗击新型冠状病毒肺炎疫情的盟员医卫工作者的慰问信》。

2月5日、2月24日、3月1日、3月5日　民盟中央、民盟上海市委会联合公羊会四次紧急空运医疗物资驰援湖北。

2月18日　各民主党派中央脱贫攻坚民主监督工作座谈会在北京召开。丁仲礼、龙庄伟出席，丁仲礼代表民盟中央发言。

3月25日　民盟中央召开专题会议，深入学习贯彻习近平总书记关于疫情防控工作重要讲话和指示批示精神，审议通过了《关于深入学习贯彻习近平总书记关于疫情防控工作重要讲话和指示批示精神的通知》。

5 月 8 日　中共中央在北京召开党外人士座谈会，就新冠肺炎疫情防控工作听取意见建议。丁仲礼、陈晓光出席，丁仲礼代表民盟中央发言。

5 月 21 日至 27 日　全国政协十三届三次会议在北京召开。民盟中央作《健康中国从儿童青少年开始》的大会发言，提交书面发言 5 篇，提案 46 件。

6 月 15 日至 16 日　丁仲礼赴河南信阳开展脱贫攻坚民主监督工作调研。

6 月 21 日　民盟十二届十一次中常会在北京举行，专题研讨在脱贫攻坚任务完成、全面建成小康社会目标实现的新形势下，如何实现社会服务工作平稳转型、提质升级。

7 月 24 日　民盟中央理论学习中心组举行集体学习，学习习近平总书记 5 月 8 日在中共中央召开的党外人士座谈会上的讲话精神和相关文件精神，强调要进一步加强意识形态工作。

8 月 1 日至 7 日、9 月 10 日至 11 日、9 月 15 日至 18 日、11 月 3 日至 5 日　丁仲礼率调研组先后赴甘肃、青海；山东；内蒙古、陕西；山西就黄河流域生态保护与高质量发展、南水北调西线工程课题进行调研。张平、田刚、王光谦、曹卫星、张道宏参加部分调研。11 月 16 日，民盟中央向中共中央、国务院提交《关于加快南水北调西线工程论证规划和建设的建议》。

8 月 25 日　中共中央在北京召开党外人士座谈会，就中共中央关于制定国民经济和社会发展第十四个五年规划和 2035 年远景目标的建议听取意见建议。丁仲礼、陈晓光出席，丁仲礼在会上发言。

8 月 31 日至 9 月 4 日　丁仲礼、陈晓光率调研组赴广东就“构建高效率治理体系，促进中心城市和城市群健康发展”进行重点调研。田刚、曹卫星、程红、张道宏参加调研。9 月 13 日至 17 日，曹卫星率调研组赴重庆、四川就同一课题进行调研。11 月 13 日，民盟中央向中共中央、国务院提交《关于构建高效率治理体系，促进中心城市和城市群健康发展的建议》。

9月8日　全国抗击新冠肺炎疫情表彰大会在北京举行。丁仲礼、陈晓光、张道宏出席。11名盟员荣获全国抗击新冠肺炎疫情先进个人荣誉称号。

9月10日　中国特色社会主义参政党建设研讨会在北京召开。尤权出席会议并讲话，丁仲礼代表民盟中央发言。

9月24日　民盟中央首个参政议政调研基地在上海金山区枫泾镇成立，张道宏、陈群出席揭牌仪式。

11月8日　民盟召开十二届十二次中常会，学习贯彻中共十九届五中全会精神，研究在全面建设社会主义现代化国家新征程上，民盟更好履行参政党职能的思路和举措。同日，民盟抗击新冠肺炎疫情表彰会在北京举行。丁仲礼出席并讲话，陈晓光主持会议，张平宣读表彰决定。会议以“现场+视频会”形式召开，各省级组织设分会场。

12月9日　民盟十二届四中全会在北京举行。会议学习贯彻中共十九届五中全会精神，审议民盟十二届中央常务委员会工作报告和十二届中央监督委员会工作报告等文件。同日，民盟中央领导班子民主生活会召开，丁仲礼主持。

12月10日　中共中央统战部举行各民主党派中央脱贫攻坚民主监督成果会商会，龙庄伟出席并发言。

12月16日至18日　丁仲礼率队赴贵州毕节调研脱贫攻坚帮扶工作，赴云南调研水污染防治和高原湖泊保护治理工作。

是年，民盟中央向中共中央、国务院提交《关于提高政策针对性有效性，帮助中小企业渡过难关的建议》《关于加快我国通用航空业发展的建议》等建议信21件。

后　记

《中国民主同盟史》是“中国参政党丛书”之一，适值中国共产党成立 100 周年、第一个百年目标实现之际，接到这样的编写任务，我们感到使命光荣、职责重大、任务艰巨。

民盟中央高度重视这项工作，专门成立了以宣传部为主要班底的编写小组，另聘请部分老同志担任顾问。民盟中央领导指示编写小组，要把正确的政治方向放在首位，增强“四个意识”、坚定“四个自信”、做到“两个维护”，认真把好政治导向关、价值取向关、内容题材关、写作质量关，打磨出一部经得起历史和实践检验的信史、良史。

编写组的成员都是宣传部的骨干，接到这项任务，首先感到的是与责任俱来的压力。虽然大家的日常工作都离不开对盟史的学习和研究，对民盟历史上的重大事件、著名人物也早已烂熟于胸，但真要动笔完整呈现，每个人的心里还是难免打鼓，担心自己的知识储备、理论水平和对史实的理解把握能否胜任，特别是想到这部书将被作为民盟 80 年历史的官定读本，被后人作为权威引用，更是顿感压力倍增。

接到写作任务之时，正值新冠肺炎疫情暴发高峰期，因各自封闭在家，查阅资料、彼此沟通殊为不便。大家克服困难，多方搜求资料，反复商讨方案，每个人都倾注了极大的热情，以临渊履薄之心谨慎求证每一则材料、推敲每一个细节，查阅大量信息，仔细核对信源，务求无一字无来历。

在写作过程中，我们以马克思主义唯物史观和习近平新时代中国特色社会主义思想为指导，力求全面、准确、公正地记述这 80 年来的历程。我们展示中国特色的政党制度，讲述多党合作的中国故事，用历史的真实启迪后人，实现为史存照、镜鉴后人的撰写初衷。

80 年的岁月，在历史长河中只是倏忽一瞬，但中华民族却已饱受战祸兵燹、灾荒变乱的摧折，经历了由乱而治、由治而兴的大变局。其间史料漫漶湮灭，真伪莫辨，很多记述难免言人人殊，彼此矛盾，有些更在反复誊写中造成错讹，相沿不察。2001 年、2011 年，民盟中央分别出版过《中国民主同盟六十年》和《中国民主同盟七十年》两部史籍。这次修史，我们以此为基础，裨补阙漏，芟削繁冗，又特别注意吸纳近年来新的研究成果。近十年来，随着信息化程度的日益加深，文书档案管理的日趋规范，我们对资料的占有已达到前人无力达到的水平。大家爬梳剔抉、参互考寻，在查证资料、比对校勘上下大功夫、用足力气，力求驱散迷雾，澄清本源。

民盟诞生于民族危亡之际，代表了当时中国很多中上层知识分子对民族命运与前途的真诚思考与实践追求。在为国家民族命运呼号奔走的求索中，民盟先贤逐渐认识到中国的解放没有中间道路可走，要争得民族独立、实现民主自由，只有一条坦途——接受中国共产党的领导，走社会主义道路。惟其如此，方能破除千年不易的“周期率”，走出兴勃亡忽的历史怪圈。80 年来，民盟与中国共产党共克时艰、共历风雨、共襄伟业，这 80 年的发展历程已充分表明，接受中国共产党的领导是民盟的历史选择、自觉选择，中国共产党领导的多党合作和政治协商制度是从中国土壤中生长出来的、适合中国国情的政党制度。

真实是史书的生命。很多重大选择的谜题、历史走向的内在逻辑正是在真实、准确的记述中自然呈现的，也只有这种还原本真的记述才是最有力量、最能悦服人心的。这一点在编写过程中，我们已深有感触。

书稿的写作其实也是一个再学习、再研究的过程。编写这本书，使人更加明了一个问题，那就是民盟从哪里来、到哪里去。只有充分了解民盟的过去，才能理解民盟的现在，憧憬民盟的未来。同时，民盟的历史也从一个侧面反映了中国现当代政治史，见证了中国特色社会主义政治发展道路和新型政党制度的形成与发展过程。对史料的再研究、再消化，让我们每个人都对这段历史有了新的认识，对新型政党制度有了更深刻的理解。在这段历史中，民盟的众多前辈先贤，在关键时刻都选择了中国共产党领导，即使在动乱年代仍不离不弃、无怨无悔，以一种近乎殉道的精神坚守信念、坚持工作，继续为社会主义事业作贡献。他们的选择不是盲目的，他们的忠诚更不是迂腐的。而这大概正是源于一种制度魅力的吸引，一种发自内心的笃信。作为后来者，我们深为感佩，每思及此，内心常常鼓荡起一种难以自抑的激情。我们深信，在多党合作舞台更加广阔、协商民主更加广泛和有效的新时代，民盟作为中国特色社会主义参政党，必将在中国共产党的领导下，与全国人民一道，共创中华民族伟大复兴征程上新的辉煌。

在成书过程中，民盟中央各部门给予了大力协助，提供了丰富的素材，纠正了书稿中的一些讹误。部分地方组织和专家也提出了宝贵意见。可以说，这部书稿的完成是汇集多方合力、广泛吸纳众智的成果。然而我们深知，中国民主同盟 80 年的历史要浓缩在一部 30 余万字的著作中，是一件非常不容易的事，难免挂一漏万，有所疏失。尽管几经打磨，但书中不当、不周之处在所难免，还有一些问题因资料掌握不够充分，加之时间急迫，资源有限，只能暂且存疑，留待日后继续研究。在此，我们恳请广大读者朋友不吝指正，为我们提供更多线索与材料；同时也再次向所有为此书的完成付出心血与努力的领导、同志表示诚挚的谢意！

本书编写小组

2020 年 12 月